Naturheilkundliches Ernährungsbrevier

Impressum

Der Autor: **Walter Binder,** Naturheilpraktiker
Jahrgang 1947, seit 1977 in eigener Praxis tätig; ist Autor und medizinischer Fachschriftsteller zahlreicher Fachartikel und mehrerer Naturheilkundebücher.
Praxisanschrift: Westliche Zwingergasse 3, 8360 Deggendorf.

Für die gute Mitarbeit im Rezepteteil möchte ich ganz besonders Frau **Ute Denk** danken.
Frau Ute Denk, Jahrgang 1939, ist seit Jahren eine engagierte Vhs-Dozentin für Vollwerternährung und gibt laufend praktische Vollwert-Kochkurse. Sie ist anerkannte Gesundheitsberaterin (GGB).
Anschrift: Edelweißstraße 8, 8360 Deggendorf/Metten.
Lektorat: Augusta Schnabel und Hildrun Binder

Abbildungen:

S. 119, 135, 146, 157, 165, 196, 220, Verlag Tempo medical München, „Kytta-Kräuterfibel".
S. 71, TIME-LIFE BOOKS, Time Inc. New York, „The Cell".
S. 107, Fa. Bio-Naturkraft GmbH, Biologische Präparate, Gruberstraße 64, 8011 Poing, copyright regazell energen.
S. 257, Fa. Robugen GmbH, Pharmazeutische Fabrik, Esslingen/Neckar, „Über Chemie im Kochtopf".

Einbandgestaltung/Titelei: **Karl Richard Lang,** Diplomgrafiker und Designer, Plattling.

CIP-Kurztitelaufnahme der Deutschen Bibliothek

Binder Walter:
Naturheilkundliches Ernährungsbrevier mit Top-Vollwertrezepten für gesunde und kranke Tage.
Walter Binder, Deggendorf: Verlag für Naturmedizin und Bioenergetik 1987
ISBN 3-9800985-3-2

1. Auflage 1987

Gesamtherstellung: Passavia Druckerei GmbH, Passau

ISBN 3-9800985-3-2

Verlag für Naturmedizin und Bioenergetik

Walter Binder

Naturheilkundliches Ernährungsbrevier

mit Top-Vollwertrezepten für gesunde und kranke Tage

unter Mitarbeit von
Ute Denk, Vhs-Dozentin für Vollwertkost
und Gesundheitsberaterin (GGB)

Verlag für Naturmedizin und Bioenergetik

Inhaltsverzeichnis

II. Kapitel: Zündfunken des Stoffwechsels

III. Kapitel: Lebensmitteleinzeldarstellung

Was soll man essen?

Diese schon oft gestellte Frage wird immer lauter, zumal dahinter gleichzeitig der Vorwurf einer vergifteten Nahrung steht und häufig auch die Ratlosigkeit angesichts des großen Wirrwarrs der verschiedenen Ernährungsvorschläge. Jeder, der ein Buch über das Thema Ernährung schreibt, gerät in Gefahr, einseitig zu werden, aber man kann eben auch nur seine Erfahrung und sein Wissen einbringen, und das ist allemal begrenzt. Ernährungslehre muß nicht sektiererisch sein, auch nicht ein abseitiges Glaubenspostulat, sie darf aber nicht zu einer lauen Polypragmasie werden, in der jedes und alles als irgendwie berechtigt anerkannt wird. Es gibt eben Erfahrungen, die man um des lieben Friedens willen und um den Anschein, es jedem recht machen zu wollen, nicht verschweigen kann. Daher habe ich in diesem Buch kein Blatt vor den Mund genommen, habe aber versucht, jede einseitige Parteinahme zu vermeiden. Sieht man die Ernährung im internationalen Blickfeld, dann scheint das Tohuwabohu vollendet zu sein, da man auf unzählige Richtungen stößt. Die Krankheitsstatistiken im internationalen Vergleich zeigen indes an, wo der Hase im Pfeffer liegt. Es sind die einseitigen Ernährungsgewohnheiten, welche die Häufung bestimmter Volkskrankheiten verursachen; nur das Völklein merkt es nicht, denn es fühlt sich in den guten alten Sitten der Väter ganz wohl.

Naturheilkundliche Ernährung ist die Kunst, mit einer naturbelassenen Vollwertkost und ihren gesundheitlichen Erfahrungswerten, kranke Menschen zu heilen und Krankheiten vorzubeugen. Wer sich mit Ernährung befaßt, kommt nicht um diese zentrale Erkenntnis herum, und er wird sie immer mehr in seine therapeutischen Überlegungen einbeziehen.

Das was die moderne Biochemie in den letzten Jahrzehnten alles zutage förderte, darf nicht unberücksichtigt bleiben, sondern muß in die Überlegungen auch einer naturheilkundlichen Ernährung einbezogen werden. Sie liefert uns das theoretische Rückgrat und gibt uns mehr Sicherheit auf dem schwankenden Boden der vielen gegensätzlichen Vorstellungen.

Was also sollen wir essen? Das was uns schmeckt? Das was gesund ist? Das was nicht dick macht? Das was wir vertragen und bekömmlich ist?

Ich würde sagen: alles zusammen ist möglich mit einer naturheilkundlichen Ernährung!

Ernährungslehre aus naturheilkundlicher Sicht

Die vegetarischen Fleischkolosse

Wenn wir ins Tierreich schauen, dann kommen wir aus dem Staunen nicht mehr heraus. Elefanten, Nashörner, Nilpferde, Wale und andere große Säugetiere mit einer gewaltigen tonnenschweren Fleischmasse ernähren sich fast ausschließlich von Pflanzen. Sie decken also damit ihren täglichen Eiweißbedarf, der doch am leichtesten über das Fleisch gedeckt werden kann – so sagen die Ernährungsexperten.

Auch was die Langlebigkeit angeht, liegen die Pflanzenfresser weit vorne. Wie ist das zu erklären?

Warum entwickelt ausgerechnet der Pflanzenfresser bei der überwiegend zellulosehaltigen, faserreichen und relativ eiweißarmen Ernährung eine solche Konstitution?

Die wesentliche Ursache sieht man heute in einer hochwertigen Darmflora dieser Tiere, die in der Lage ist, mit Hilfe hochspezialisierter Darmbakterien sämtliche essentiellen Bausteine – darunter auch Aminosäuren (Eiweißaufbaustoffe) – zu synthetisieren. Ausgerechnet Bakterien liefern also jene Wuchs- und Vitalstoffe, dafür dürfen sie auch im Darm – bei konstanter Temperatur und gleichgesinnter Gemeinschaft – schmarotzen. Nun taucht die Frage auf, warum der Mensch dazu nicht fähig ist und weshalb seine Darmflora diese bakterielle Differenziertheit nicht besitzt?

Ich glaube, es ist nicht weit hergeholt, wenn man feststellt, daß die verfeinerte Kulturkost – über Jahrtausende – die Darmflora immer mehr degenerieren ließ und jetzt nur noch Hilfsfunktion besitzt. Freilich wird der Mensch niemals die Darmflora eines Elefanten oder einer Kuh erlangen, dazu sind die anatomischen Verhältnisse zu verschieden und natürlich auch die Nahrungsauswahl. Aber es besteht kaum Zweifel darüber, daß das seit Anbeginn zugrundeliegende Genußstreben eine Großmacht in der menschlichen Psyche darstellt und Ursache für den Verfall der nährstoffliefernden Bakterien ist. Genußsucht und verfeinerte Zivilisationskost hat eben seinen Preis. *Eine hochwertige Darmflora hat – ähnlich wie das Hormonsystem – eine Steuerfunktion auf alle Stoffwechselvorgänge und ist praktisch die Nachschubbasis aller essentiellen Nähr- und Wirkstoffe.* Was nützt es, wenn trotz intakter Hormondrüsen die Bau- und Energiestoffe für die Hormonsynthese aus der Darmflora fehlen. Mangelnder Nachschub bringt selbst den besten Organismus zu Fall, darüber muß man sich im klaren sein. Wir sollten also – was die sogenannten unentbehrlichen Nährstoffe angeht – zur Zeit sind 50 bekannt – daran denken, daß eine intakte Darmflora potentiell fähig ist, alle essentiellen Nährstoffe zu synthetisieren. Auch kommt es darauf an, sie *wie einen guten Humus* (siehe Abb. 1) zu pflegen, ihr also beständig das Beste zukommen zu lassen.

Das Baumgleichnis

Abb. 1 Das Gleichnis bezieht sich nur auf den Organismus! Die Wurzel des geistigen Menschen ist gegen den Himmel gerichtet, d. h., der geistige Mensch empfängt seine Lebensimpulse aus ideellen höheren Welten.

I. KAPITEL

Wesentliche Elemente der Ernährungslehre

Was ist ein vollwertiges Nahrungsmittel

Es gibt mindestens fünf Kriterien, welche die Vollwertigkeit eines Lebensmittels näher bestimmen.

1. Der Grad der Naturbelassenheit. Dies bedeutet, daß ein Lebensmittel um so vollwertiger ist, je unangetasteter das naturgegebene Nährstoffpotential ist. Wenn also chemische oder natürliche Zusätze fehlen, noch irgendwelche essentiellen Nährstoffe entfernt oder zerstört wurden.
2. Biologische Wertigkeit. Das heißt: Jenes Potential an essentiellen Nährstoffen, die in einem Nahrungsmittel vorhanden sind. Damit sind alle bekannten Nähr- und Wirkstoffe angesprochen: essentielle Eiweiße und Fett, Vitamine, Mineralien und Spurenelemente. Anzumerken sind auch die noch nicht identifizierten Nährstoffe. Hohe biologische Wertigkeit haben integrale Nahrungsmittel, die in der Lage sind, das strukturelle, organische Ordnungsschema aufrechtzuerhalten.
3. Konzentration der Schadstoffbehaftung. Dies bedeutet: Je weniger Schadstoffkonzentrationen aus Pflanzenschutzmitteln, Unkrautvertilgungs- und Vorratsschutzmitteln sowie Schwermetallrückstände und Konservierungsstoffe in einem Lebensmittel enthalten sind, desto gesünder und unbedenklicher ist es.
4. Hygienische Qualität heißt, das Fehlen von parasitärem und mikrobiellem Befall, Lagerungsschäden – etwa Fäulnis, Schimmelbildung, Stoß-, Druck- und Stauchstellen. Die hygienische Qualität ist vorwiegend eine Frage der Frischequalität.
5. Verträglichkeit. Je verträglicher ein Nahrungsmittel ist, desto besser ist es für den Verzehr geeignet, desto verdaulicher ist es und desto vollständiger gelangt es in den Stoffwechsel. Zu all dem ist anzumerken: Je länger ein Lebensmittel gelagert wird, desto mehr schwinden die o. g. Qualitäten. Aus Berechnungen und Untersuchungen geht hervor, daß besonders der Vitaminanteil unter der Lebensmittelbevorratung und Konservierung leidet. So ist der Schwund des Vitamin C bei einigen Lebensmitteln mehr als 50%.

Was sind Eiweiße?

Eiweißstoffe sind aus Eiweißbausteinen – den Aminosäuren – zusammengesetzt. Sie bestehen aus den Grundstoffen Kohlenstoff, Wasserstoff, Sauerstoff und Stickstoff. In geringer Menge befinden sich auch Schwefel und Phosphor darunter. Im Nahrungseiweiß sind etwa 20 Aminosäuren zu Hunderten und Tausenden in wechselnder Zahl miteinander verknüpft. Der innere Arzt kann davon 11 selbst synthetisieren, die übrigen müssen mit der Nahrung als „essentielle Aminosäuren" zugeführt werden. Die sehr unterschiedlichen Aminosäuremischungen in den Nahrungsproteinen bedingen eine Einstufung nach dem Gehalt der essentiellen

Aminosäuren. Nicht die Menge der vorhandenen Nahrungsproteine entscheidet, also die biologische Wertigkeit, sondern der Anteil der essentiellen Aminosäuren. Ein Beispiel für eine typische Aminosäuremangelerkrankung ist die Pellagra. Sie entsteht, wenn überwiegend Mais oder Hirse die Hauptnahrung ist. Bei den genannten Nahrungsmitteln fehlt die Aminosäure L-Tryptophan. Prinzipiell kommt es bei der täglichen Eiweißzufuhr darauf an, daß das Bilanzminimum so niedrig wie möglich gehalten wird und sich Aufnahme und Ausscheidung die Waage halten. Es leuchtet ein, daß weniger, aber dafür hochwertiges Eiweiß dem Organismus besser zuträglich ist als viel minderwertiges Eiweiß, also die nichtessentiellen Aminosäuren. Je niedriger das Bilanzminimum ist, desto höher ist die Eiweißwertigkeit. *Manche Nahrungsproteine aus verschiedenen Lebensmitteln ergänzen sich und steigern die Wertigkeitsziffer:*

Eiweiß	*Mindestbedarf pro kg Körpergewicht*	*Wertigkeit*
Vollei	500 mg	100
Kartoffeln	512 mg	98
Rindfleisch	547 mg	91
Milch	568 mg	88
Soja	581 mg	86
Fisch	575 mg	87
Käse	597 mg	84
Reis	620 mg	81

Steigerung der Wertigkeit durch Proteinmischungen

Eiweißgemisch in %	*Mindestbedarf*	*Wertigkeit*
Vollei 36% + Kartoffeln 64%	369 mg	136
Vollei 60% + Soja 40%	405 mg	123
Vollei 71% + Milch 29%	409 mg	122
Weizen 24% + Milch 76%	455 mg	110
Vollei 60% + Reis 40%	471 mg	106
Mais 49% + Bohnen 51%	501 mg	100

Die hohe Wertigkeitsziffer bei Kartoffel-Ei-Gemisch von 136 ermöglicht eine niedrigere Gesamteiweißzufuhr von nur 369 mg pro Kilogramm Körpergewicht, das entspricht knapp 0,4 g pro Kilogramm. Proteinmischungen dieser Güte können bei verschiedenen Erkrankungen sehr nützlich sein, z. B. bei einer Eiweißverlustniere oder chronischer Leberentzündung mit Leberverhärtung (Leberzirrhose). Trotz aller Wertigkeitstabellen darf darüber hinaus nicht vergessen werden, daß etwa die Kartoffel-Ei-Diät als Dauerkost wegen des hohen Cholesteringehaltes des Eidotters (siehe S. 107) nicht geeignet ist. Daher wird von namhaften Ernährungsforschern eine vielseitige Proteinmischung gefordert, die jede Einseitigkeit vermeidet.

Die empfohlene Tagesmenge des Eiweißbedarfes bei gemischter, ungezielter Proteinauswahl wird zur Zeit mit 0,5 g Eiweiß pro Kilogramm Körpergewicht angegeben, siehe Abb. 1a.

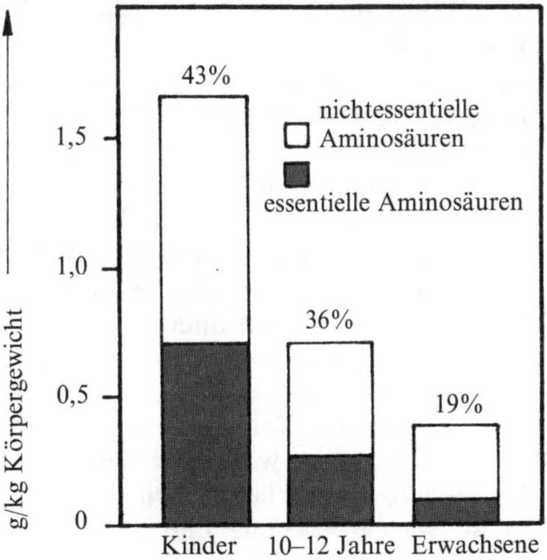

Abb. 1a Aminosäurebedarf in Relation zum Alter.

Was sind Kohlehydrate

Kohlehydrate sind energiereiche Stoffe, die aus Kohlensäure und Wasser mit Hilfe des Sonnenlichtes und des Blattgrün (Chlorophyll) in den Pflanzen synthetisiert werden. Ihr Aufbau wird von den Elementen Kohlenstoff, Wasserstoff und Sauerstoff bestimmt.

Von den Kohlehydraten unterscheidet man Einfachzucker (Monosaccharide), Zweifachzucker (Disaccharide) und Mehrfachzucker (Polysaccharide). Einfachzucker sind vor allem Traubenzucker, Fruchtzucker und Schleimzucker. Diese Zuckerform braucht von den Verdauungsenzymen nicht mehr aufgeschlossen zu werden, ist leicht löslich und wird von den Dünndarmzotten unmittelbar aufgenommen. Ihr biologischer Wert liegt in der schnellen Bereitstellung von Energie. Traubenzucker kommt in den Pflanzen am häufigsten vor. Im Obst und Honig liegt der Traubenzucker ungebunden vor, während er z. B. im Zuckerrohr, Zuckerrüben und in den hochmolekularen Kohlehydraten, der Stärke, Zellulose und Glykogen, in gebundener Form vorkommt. Der Traubenzucker wird von vielen Mikroorganismen im Stoffwechsel vergärt. Milchsäurebakterien vergären ihn beispielsweise zu Milchsäure, Hefezellen zu Alkohol und Kohlendioxyd. Damit Traubenzucker sofort von den Körperzellen verwertet bzw. eingeschleust werden kann, muß die Bauchspeicheldrüse genügend Insulin freisetzen. Hohe Traubenzuckermengen führen zu schädlichen Blutzuckerüberschwemmungen und können einen latenten Diabetes wecken.

Fruchtzucker ist reichlich in Früchten – vor allem Obst und Honig – enthalten. In gebundener Form kommt er auch in beträchtlichen Mengen im Rüben- und Rohrzucker sowie in Insulin (Stärkekohlehydraten) vor. Da die enzymatische Zerlegung des Fruchtzuckers mehr Aufwand erfordert, wird er etwas langsamer resorbiert als Traubenzucker. Der diätetische Vorteil des Fruchtzuckers ist sein

geringer Verbrauch von Insulin, bei kleinen Mengen benötigen die Körperzellen für seine Einschleusung kein Insulin (Diabetikerdiät).
Schleimzucker wird hauptsächlich mit der Milch aufgenommen, aber auch aus verschiedenen Schleimstoffen des Obst- und Gemüsefruchtfleisches. (Hemizellulosen und Pektine). Ähnlich wie der Traubenzucker wird Schleimzucker schnell resorbiert und unter Insulinaufwand in die Zelle eingebracht.
Die Zweifachzucker sind – wie der Name schon sagt – aus zwei gekoppelten Einfachzuckern zusammengesetzt. Zu ihnen gehören der Rohr- und Rübenzucker (Saccharose), Milchzucker (Laktose) und Malzzucker (Maltose). Die Spaltung des Zweifachzucker, zu Einfachzucker erfolgt, wie bei allen anderen Zuckern auch, mit Hilfe von Enzymen – den Glukosidasen – und durch Wasseraufnahme im Dünndarm. Unser Handelszucker ist ein Zweifachzucker aus Zuckerrüben oder Zuckerrohr. Milchzucker kommt zu 4,5–5% in der Vollmilch und Frauenmilch vor. Von den Milchsäurebakterien und Kefirbazillen wird er zu Milchsäure und Alkohol vergärt. Die Bifidusflora des Säuglings vergärt einen Teil des hohen Milchzuckeranteils der Muttermilch ebenfalls zu Milchsäure und fördert auf diese Weise eine gesunde Darmflora.
Malzzucker kommt natürlich in keimenden Getreidesprößlingen und in Kartoffelkeimen vor. Beim Abbau von Stärkekohlehydraten entsteht ebenfalls Malzzukker. *Zu den Mehrfachzuckern* gehören Stärke, Glykogen, Pektine, Zellulose und Hemizellulose.
Mehrfachzucker bestehen aus Tausenden von Einfachzuckermolekülen, die durch Glykosidbindungen zusammengehalten werden. Fast immer ist der Traubenzukker der elementare Baustein. Seltener kommt auch Fruchtzucker als elementarer Baustein vor, z. B. in Artischocken, Topinambur und Zichoriengemüse. Da die glykosidischen Bindungen im Wasser nur schwer löslich sind, vermögen die Mehrfachzucker kaum oder nur gering zu süßen. Die Enzyme des Dünndarmes müssen unter erheblichem Zeit- und Materialaufwand die komplexen Moleküle des Mehrfachzuckers zu Einfach- und Traubenzucker spalten, was einige Zeit braucht. Die Überführung ins Blut geschieht also langsam, und der Insulinverbrauch sowie der Anstieg des Blutzuckers ist schonend, siehe Abb. 2.
Die Stärke wird in vielen Gemüseknollen und Gemüsefrüchten in Form von Körnern gespeichert. Besonders viel Stärke hat die Kartoffel und der Reis. *Glykogen* ist die Speicherform des Zuckers und wird im menschlichen und tierischen Organismus in der Leber und den Muskelzellen eingebaut. *Pektine* besitzen eine hohe Wasseraufnahme und fördern im Darm durch ihr enormes Quellvermögen die Giftbindung und den Defäktionsreiz. Ein Teil der Pektine wird von den Darmbakterien gespalten und gelangt als Traubenzucker (Einfachzucker) ins Blut. Ähnlich ergeht es auch den *Zellulosen und Hemizellulosen.* Diese langkettigen zähen Moleküle werden von den Darmbakterien mittels dem Enzym der als Zellulase teilweise aufgespalten und als Zweifachzucker zu Milchsäure umgesetzt. Zellulosemoleküle haben eine starke Giftbindungskapazität und vermögen wie die Pektine und Pentosane durch ihren Füllungsreiz den Stuhlgang zu fördern. Die Bedeutung der stoffwechselaktiven Ballaststoffe hat man erst in den letzten Jahren richtig erkannt. Sie verbessern das Darmmilieu, verhindern eine Fäulnis-

flora und Gärungsdyspepsie. Es gibt inzwischen klinische Studien über den Zusammenhang von Divertikulose und ballastarmer Kost. Immer mehr erhärtet sich der Verdacht, daß eine ganze Reihe von Darmerkrankungen durch die industrialisierte zellulosearme Dosenkost verursacht wird.

Die Kohlehydrate sind die wichtigsten energieliefernden Stoffe in der Natur. Ihr Mangel führt zum Zusammenbruch des normalen Betriebsstoffwechsels und zur Übersäuerung, da der Organismus aus der Leber sozusagen das Notbenzin in den Systemkreislauf abgibt, das sind unvollständig oxydierte Fettsäuren, z. B. Ketonkörper, Aceton und Acetessigsäure. Der Acetongeruch mancher Fastenden ist dafür ein Beispiel. Aus naturheilkundlicher Sicht sollten stets Mehrfachzucker und Zweifachzucker – z. B. der Milchzucker – den Vorzug erhalten, um überhöhte Blutzuckerwerte zu vermeiden. Raffinierter Weißzucker und nackte, also reine Kohlehydrate, begünstigen auch die übermäßige Säurebildung im Darm durch den Zuckerstoffwechsel der Darmbakterien. Die Folge ist eine Übersäuerung des Darmblutes, des Bindegewebes und der Bauchorgane, das aber ist, wenn sie lange einwirkt, die Bedingung einer krebsigen Entartung.

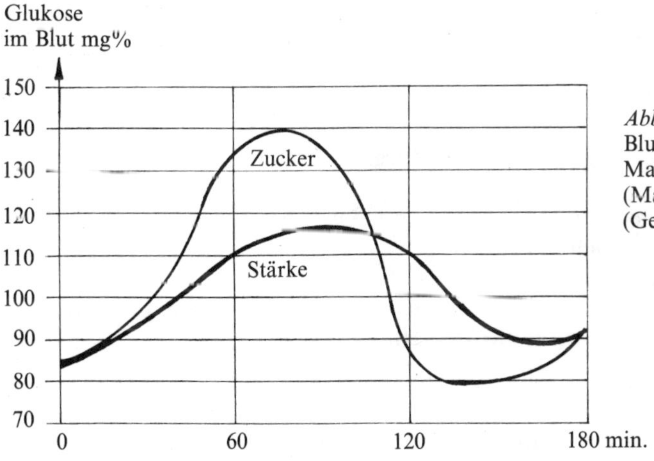

Abb. 2
Blutzuckerkurve nach Mahlzeiten mit Zucker (Marmeladebrot) bzw. Stärke (Gemüse, Obst).

Was sind Fette

Fette sind im Vergleich zu Kohlehydraten sauerstoffärmer und haben wesentlich mehr Kohlenstoffatome; sie können optimal gespeichert werden. In der Speicherform haben sie einen doppelt so hohen Energiegehalt als im Blut, daher beanspruchen sie wenig Platz und noch weniger Gewicht. Man schätzt, daß ein 70 kg schwerer Mensch etwa 10 kg Speicherfett besitzt und bei totalem Nahrungsentzug davon etwa einen Monat zehren kann. Die Fettsäuren sind kettenförmig aufgebaut und sind je nach der Anzahl der Kohlenstoffatome unterschiedlich lang. So gibt es kurz-, mittel- und langkettige Fettsäuren; die kurzen enthalten bis zu 6, die langen über 12 Kohlenstoffatome. Ins Darmblut gelangen die sogenannten *Triglyceride* (Neutralfette). Das sind jeweils drei unterschiedliche oder gleichlange Fettsäuren, die an ein dreiwertiges Glycerin gebunden sind. Um aber im Blut an das Zielorgan zu gelangen, müssen die Triglyceride wasserlöslich gemacht werden, deshalb verbinden sie sich mit den Eiweißen zu Lipoproteinkomplexen und schwimmen so zu den Zellen der Organe und vor allem zur Leber. Es gibt Hunderte von Blutfetten und Fettsäuren, die alle unterschiedliche Mischungen und Bindungen eingehen. Hierunter fallen auch Cholesterin (siehe S. 19) und die Phosphatide. Von Bedeutung sind die Glyzerin-Phosphatide, z. B. Lezithin, die den Fettstoffwechsel in der Leber beschleunigen und den Bluttransport der Lipoproteine erleichtern. In den letzten Jahren wurden die Kenntnisse auf dem Gebiet der Blutfette wesentlich erweitert. Mit neuen Untersuchungsmethoden gelang es, die Pathogenität, d. h. die krank machenden Fette, näher zu bestimmen. Die erhöhten Blutfettwerte bei Arteriosklerose, Herzinfarkt und Hochdruck wurden näher differenziert. Es zeigte sich, daß nur bestimmte Lipoproteine den Einbau von Cholesterin in den Arterienwänden begünstigt, s. S. 20.

Was sind gesättigte und ungesättigte Fettsäuren?
Die Kohlenstoffatome der gesättigten Fettsäuren, z. B. Palmitinsäure und Stearinsäure, sind mit Wasserstoffatomen vollbesetzt und können daher keine mehr anlagern. Anders bei den Ungesättigten, an ihren Kohlenstoffketten gibt es noch Freiplätze, die Wasserstoffatome aufnehmen können. Je mehr Freiplätze eine Fettsäure hat, desto ungesättigter bzw. hochungesättigter ist sie.
Zur Zeit kennt man vier ungesättigte Fettsäuren:
Ölsäure ungesättigt
Linolsäure ist hochungesättigt und kann vom Organismus nicht synthetisiert werden, somit ist sie essentiell.
Linolensäure hochungesättigt, ebenfalls essentiell
Arachidonsäure – hochungesättigt – kann aber von der Leber aus Linolensäure aufgebaut werden und ist somit indirekt essentiell.

Welchen Stoffwechselvorteil haben ungesättigte Fettsäuren?
Sie liefern für eine ganze Reihe körpereigener Baustoffe das Rohmaterial, z. B. für die hochwirksamen Gewebshormone der Prostagladine aus der Arachidonsäure. Die Prostagladine steigern die Nierendurchblutung, heben die Abwehr, erweitern die Bronchien (wichtig für Asthmatiker), setzen den Blutdruck herab und hemmen den Fettabbau, d. h. der Blutfettspiegel wird nicht belastet. Die hemmende Wirkung der ungesättigten Fettsäuren auf die Lipasen (Fettabbauenzyme) ist wohl der entscheidende Faktor für die Senkung des Blutfettspiegels, namentlich des Cholesterins.
Die hochungesättigten Fettsäuren greifen also tief in das Stoffwechselgeschehen ein und können bei ausreichender Zufuhr einen zu hohen Blutfettspiegel verhindern.
In welchen Lebensmitteln kommen ungesättigte Fettsäuren reichlich vor?
In bestimmten Pflanzenölen, z. B. Distelöl, Sonnenblumenöl, Maiskeimöl, Leinöl,

in Nußölen und Samen (Weizenkeimen, Sojabohnenkeimen und anderen Pflanzenkeimen).
Fast alle Pflanzenöle sind frei von Cholesterin und im Vergleich zu den tierischen Fetten wesentlich gesünder, da sie reicher an fettlöslichen Vitaminen sind.

Zuviel hochungesättigte Fettsäuren können schaden
Der Pharmakologe Dr. H. Bräuer fand heraus, daß eine überhöhte Aufnahme von hochungesättigten Fettsäuren über längere Zeit Herz, Niere und Leber schädigen. Am Herzen entstanden kleinfleckige Muskelnekrosen, und die Leber zeigte Verfettungserscheinungen. Indirekt über Leber- und Nierenschädigung entwickelte sich auch eine Blutarmut. In England wurde von einer Verdoppelung des Gallensteinrisikos gesprochen. Als wahrscheinlich gilt auch, daß der Anteil der leichten Lipoproteine (VLDL siehe S. 20) steigt und die Cholesterineinlagerung in den Gefäßwänden beschleunigt wird (Arteriosklerosegefahr). An diesem Beispiel wird deutlich, daß jede einseitige Bewertung, jedes Übermaß schädlich ist und die alte Weisheit des Paracelsus – wonach ein jedes Ding ein Gift ist, wenn die natürliche Dosis überschritten wird – heute mehr denn je gilt.

Fettsäurenanteil in den Nahrungsfetten

Öle und Fette	*gesättigt %*	*ungesättigt %*	*mehrfach ungesättigt %*
Olivenöl	19	73	8
Maiskeimöl	14	29	57
Rapsöl	7	71	22
Sojaöl	14	24	62
Sonnenblumenöl	8	27	65
Leinöl	11	19	70
Distelöl	10	15	75
Mohnöl	6	31	63
Sesamöl	13	46	41
Palmöl	46	44	10
Baumwollkeimöl	25	25	50
Erdnußöl	19	50	31

Das harmlose und das gefährliche Blutfett – oder wie nützlich oder schädlich ist das Cholesterin?

Cholesterin in reiner Form kommt praktisch nur in tierischen Nahrungsmitteln vor. In Pflanzen gibt es kein Cholesterin, wohl aber die nötigen Bausteine zum Aufbau des Grundgerüstes (Sterine). Der tierische und menschliche Organismus synthetisiert in fast allen Organen – je nach Bedarf – dieses wichtige Fettmolekül. So werden etwa 25% des produzierten Cholesterins für die Steroidhormone verbraucht, beträchtliche Mengen werden als Zellmembranschutzsubstanzen, als Gallensäurebestandteile und Nervenenergiestoffe benötigt. In der Haut befindet

sich die Vitaminvorstufe Calciferol zur Aktivierung des Vitamin D, das ebenfalls durch Cholesterin bereitgestellt wird. Neuere Forschungen ergaben, daß Cholesterin die roten Blutkörperchen vor der Zersetzung bewahrt (Hämolyse). Den höchsten Verbrauch weist das Gehirn auf, daher haben Fleisch und Wurstwaren aus Hirn die höchsten Konzentrationen. Überwiegend erzeugt die Dünndarmschleimhaut und die Leber das Cholesterin, man rechnet pro Tag 1 g, und zwar in Abhängigkeit der aus dem oberen Darmabschnitt zurückgesaugten Gallensäure. Bleibt die cholesterinreiche Gallensäurerückresorption aus, dann sinkt der Cholesterinspiegel deutlich ab, was heute medikamentös ausgenutzt wird (Cholifibrin). Die empfohlenen oberen Grenzwerte liegen bei 230 mg%, dennoch muß ein erhöhter Cholesterinspiegel nicht unbedingt eine Anlage für eine Gefäßverkalkung sein. Im Blut wird das Cholesterin in den niedermolekularen Lipoproteinen – den VLDL (very low density lipoproteins) – und den hochmolekularen Lipoproteinen – den HDL (high density lipoproteins) – transportiert. Entscheidend für die Einlagerung des Cholesterins in die Intima der Gefäßwände ist die Konzentration der leichten Lipoproteine (VLDL). Die Möglichkeit, den Anteil der leichten Lipoproteine zu senken, besteht nur in der Senkung des Gesamtcholesterins durch die Zufuhr hochungesättigter Fettsäuren und ausreichend Lezithin (Glycerin-Phosphatide). Dadurch erhöht sich der Anteil der HDL, die einen fast gegenteiligen Effekt auf das Cholesterin ausüben. Sie steigern den Cholesterinstoffwechsel und beschleunigen den Bluttransport, so daß eine Ablagerung in den Gefäßwänden unterbleibt.
Die überhöhten VLDL-Konzentrationen – so vermutet man – könnten durch eine fehlerhafte Darmlymphe entstehen; diese Vermutung war schon immer in der Naturheilkunde lebendig, denn ein überforderter Darm kann selten eine geordnete Fettresorption durchführen.

Welche Nahrungsmittel erhöhen den Cholesterinspiegel?

Da der Organismus für seinen Bedarf selbst ausreichend Cholesterin herstellt, ist eine Zufuhr von außen nur eine unphysiologische Mehrbelastung. Erhöhte Cholesterinwerte werden regelmäßig nach dem Verzehr tierischer Fette beobachtet, besonders dann, wenn die Leber geschwächt ist.
Es stellt sich die Frage, wie man auf natürliche Weise den Cholesterinspiegel senken kann?
Neben dem hohen Bedarf in fast allen Organen, benötigt die Haut bei verstärkter Sonneneinstrahlung mehr Cholesterin. Normalerweise verbraucht sie 0,2 g pro Tag, der Bedarf kann aber durch Sonnenbäder auf das Doppelte ansteigen. Da überschüssiges Cholesterin nur von der Leber abgebaut wird, kommt es vor allem dort auf einen störungsfreien Stoffwechselbetrieb an. Bei einer ausreichenden Gallensäurenproduktion wird viel Cholesterin aus dem Blut abgezogen. Daher muß für ständigen Gallenfluß gesorgt werden. Eine Leber kann jedoch nur störungsfrei arbeiten, wenn die Darmflora gesund ist.

Zusammenfassend müssen folgende Maßnahmen geschehen:
1. Immer für einen guten Gallenfluß sorgen (Gallentee, Blattgemüse).
2. Die Leber schonen und unterstützen (Lebertee, Alkohol meiden oder mäßig)

3. Den Hautstoffwechsel anregen (Bürstenmassagen, kurze Sonnenbäder, Wechselduschen).
4. Immer für guten Stuhlgang sorgen (zellulosereiche Ballastkost).
5. Wenig tierische Fette, dafür pflanzliche Öle (Maiskeimöl, Distelöl usw.).
6. Der Darmflora durch mehrmals kleine – statt großer – Mahlzeiten, außerdem durch den Genuß von Diätmolke, Buttermilch, milchsauer vergorenem Gemüse, keine Gelegenheit zur Entartung geben.

Gibt es natürliche Cholesterinsenker?

Vitamin PP oder Nikotinsäure (siehe S. 75) sowie die hochwirksamen Phosphatide (Lezithin) senken das Cholesterin. Letztere finden sich reichlich in den Sojabohnen, Hühnerei, Weizen- und Sojakeimen, Sonnenblumenkernen und Nüssen. Nikotinsäure kommt ebenfalls reichlich in Sojabohnen, Bierhefe, Erdnüssen, Sonnenblumenkernen, Gartenkresse und Reiskleie bzw. im ungeschälten Reis vor. Die hochungesättigten Fettsäuren haben in mäßiger Dosis ebenfalls einen senkenden Effekt, siehe Liste S. 19.

Cholesteringehalt in Nahrungsmitteln je 100 g

Hirn	3100 mg	Butter	bis 290 mg
Vollei	282 mg	Vollmilch	12 mg
Niere	350 mg	Magermilch	3 mg
Leber	400 mg	Buttermilch	0 mg
Wiener Würstchen	100 mg	Molke	0 mg
Kaviar	330 mg	Doppelrahmkäse	105 mg
Huhn	70 mg	Vollfettkäse	75 mg
Kalbfleisch	150 mg	Fettkäse	75 mg
Wild	110 mg	Dreiviertelfettkäse	60 mg
Fischfleisch	bis 450 mg	Halbfettkäse	30 mg
Butter	bis 290 mg	Viertelfettkäse	45 mg
Krabben	150 mg	Schlagsahne 30%	102 mg
Hummer	150 mg	Kondensmilch	26 mg
Rindfleisch	bis 90 mg	Sahneeis	45 mg
Austern	150 mg	Speisequark mager	0 mg
Hammelfleisch	bis 80 mg	Speisequark 20%	14 mg
Zunge	140 mg	Joghurt	bis 10 mg
Mayonnaise	144 mg	Schweineschmalz	bis 125 mg
Flüssiges Eigelb	1400 mg	Pflanzenmargarine	0 mg

Pflanzliche Nahrungsmittel wie Gemüse, Obst, Nüsse und Getreide, enthalten kein Cholesterin. Zu den cholesterinsenkenden Tees werden in der Naturheilkunde vorwiegend Löwenzahnblätter und Schöllkraut zu gleichen Teilen gemischt und als kurze Aufkochung handwarm getrunken.

Vorteile der pflanzlichen Fette im Vergleich zu tierischen

Neben dem schon herausgestellten Unterschied des Cholesteringehaltes haben pflanzliche Fette meist einen höheren Gehalt an ungesättigten Fettsäuren, sie sind nicht mit Hormonrückständen verunreinigt und lassen sich wesentlich leichter gewinnen, was wirtschaftliche Vorteile hat. Deutlich überlegen ist ihr Gehalt an

fettlöslichen Vitaminen A, D, E, K und ihren Vorstufen, etwa die Carotinoide. Weiters haben die pflanzlichen Öle auch noch Sitosterine, welche in der Hochdrucktherapie und bei rheumatischen Entzündungen beachtliche Heilwirkungen entfalten. Nicht vergessen werden darf, daß fast alle stark riechenden ätherischen Öle Träger wichtiger arzneilich wirksamer Stoffe und häufig bakterienhemmend sind. Pflanzenöle enthalten energiereiche Verbindungen, die im Stoffwechsel wie Zündfunken wirken, siehe S. 69. Schließlich liefern sie physiologisch wertvolles Rohmaterial für Zellbausteine (Zellmembranstrukturen).
Ich glaube, daß diese Liste an Wirkungen noch längst nicht komplett ist. Es ist abzusehen, daß in den kommenden Jahren zahlreiche weitere Entdeckungen gemacht werden, welche die Überlegenheit der Pflanzenöle noch deutlicher herausstellt.

Lezithin – das energiereiche Phosphatid

Lezithin synthetisiert der Organismus selbst (Nervengewebe, Gehirn, Leber), allerdings nur dann, wenn er die essentielle Linolsäure zur Verfügung hat. Generell sind die Phosphatide Verbindungen aus Glyzerin, Phosphorsäure, Linolsäure, Colamin und Cholin. Also ziemlich komplex. Das Lezithin kann fast mit allen Fettsäuren reagieren und steigert den Verbrauch von Cholesterin. Im Fettstoffwechsel der Leber kommt ihm eine Promoterfunktion zu. Ausreichende Mengen Lecithin enthält das Eigelb, Sojabohnen, ölhaltige Pflanzensamen, z. B. Sonnenblumenkerne, Sesam, viele Nußsorten und Weizen- sowie Sojakeime.

Das Mengenverhältnis der täglichen Eiweiße, Fette und Kohlehydrate

Viele naturbelassene Lebensmittel haben ein natürliches Mengenverhältnis (Nährstoffrelation), das dem Organismus zuträglich ist. Die verfeinerte Nahrungsmittelbearbeitung der Lebensmittelindustrie, hat es mit sich gebracht, daß nicht wenige der hergestellten Nahrungsprodukte eine unnatürliche, unausgewogene Nährstoffrelation aufweisen. Die Ernährungswissenschaft hat auf Grund von Messungen der Ausscheidungen und des Grundumsatzes Berechnungen über den notwendigen Anteil der drei Hauptnährstoffe durchgeführt. Man glaubt, in dem Mengenverhältnis von 50% Kohlehydrate, 35% Fett und 15% Eiweiß, ein Idealmaß gefunden zu haben. Der Eiweißanteil kann jedoch noch weiter reduziert werden, wenn seine biologische Wertigkeit (siehe S. 14) steigt. Die Erfahrung hat gezeigt, daß bei diesen Empfehlungswerten die Lebensweise nicht berücksichtigt ist. Ein Schwerstarbeiter dürfte einen höheren Eiweiß- und Kohlehydratverbrauch haben als ein Büroangestellter. Menschen in kühleren Regionen verbrauchen mehr Fett. All das kann die Relationen um einige Prozente verschieben.

Nahrungsenergie und ihre Berechnung

Jeder Organismus verbraucht Energie und Substanz. Die Nahrungsenergie benötigt der Organismus einmal für seine Eigenbewegung und zum anderen, um den Betriebs- und Aufbaustoffwechsel in Gang zu halten. Die in den Nahrungsmitteln enthaltene Energie wird in Kilokalorien (kcal) oder Kilojoule (kJ) gemessen.

Eine Kilokalorie ist diejenige Wärmeenergie, die ein Kilogramm Wasser von 14,5 auf 15,5 °C erwärmt. Es handelt sich also um den jeweiligen Brennwert der entsprechenden Nahrungsmittel.
Seit 1978 wurde die Joule als neues Energiemaß international eingeführt. *Bei der Umrechnung von Kilokalorien auf Kilojoule muß der Wert der Kilokalorie mit 4,2 multipliziert werden.*
Die Menge der zugeführten Nahrungsenergie sollte sich nach körperlicher Belastung, z. B. leichte Büroarbeiten, mittelschwere Haushaltsarbeit, schwere Muskelarbeit und nach Geschlecht, Körpergröße und Körperbau richten. Liegt die Energiezufuhr über dem tatsächlichen Bedarf, dann wird die überschüssige Energie in Form von Fettdepots angebaut. Zu den entscheidenden Fettmachern zählen die überschüssigen Kohlehydrate und versteckte Fette.

Wie berechnet man seinen täglichen Kalorienbedarf?

1 g Kohlehydrat	= 4,1 Kilokalorien bzw. ca. 16 Kilojoule
1 g Eiweiß	= 4,1 Kilokalorien bzw. ca. 16 Kilojoule
1 g Fett	= 9,3 Kilokalorien bzw. ca. 36 Kilojoule

Aus der Tabelle auf S. 205 können Sie Ihr theoretisches Idealgewicht ersehen. Nach der Broca'schen Formel berechnet sich das Idealgewicht aus Körpergröße in Zentimetern minus 100 = Normalgewicht in Kilogramm. Dabei muß der Körperbau berücksichtigt werden. In der Tabelle finden Sie drei Abstufungen:

1. Maßnahme
Stellen Sie sich unbekleidet auf die Waage und ermitteln Sie Ihr Istgewicht. Vergleichen Sie dieses Istgewicht mit der Tabelle. Ein Blick vor dem großen Spiegel wird Ihnen untrüglich sagen, welchen Körperbau Sie haben.

2. Maßnahme
In der Tabelle S. 206 finden Sie den täglichen Energiebedarf pro Kilogramm Körpergewicht, je nach körperlicher Tätigkeit: Multiplizieren Sie nun das Idealgewicht mit dem entsprechenden täglichen Energiebedarf.
Beispiel: Idealgewicht 70,8 kg mal 37 kcal (155 kJ) = 2619,6 kcal (11 002,32 kJ). Dieser Energiebedarf wird nun auf die drei Hauptnährstoffe Kohlehydrate, Eiweiß und Fette nach der allgemein anerkannten Nährstoffrelation verteilt.

Kohlehydrate	50% gleich	1309,8 kcal (5500,16 kJ)	=	319,5 g
Eiweiß	15% gleich	392,9 kcal (1650,34 kJ)	=	95,0 g bei unspez. Proteinmischung
Fett	35% gleich	916,8 kcal (3850,80 kJ)	=	98,5 g

Bei aller exakter Berechnung darf man darüber hinaus nicht die Wirklichkeit aus den Augen lassen, denn nur in den seltensten Fällen läßt sich eine ganz genaue Kalorienzahl einhalten. In den Lebensmitteln z. B. Wurst und Konserven sind oft Fette und Kohlehydrate versteckt; oder bei der Speisezubereitung können Bratfette, Zucker, Soßen u. a. die Kalorienzahl beträchtlich erhöhen, so daß die ganze Berechnung über den Haufen geworfen wird. Auch ist es nicht jedermanns Sache, mit Kalorientabellen umzugehen, nicht nur weil die Gaumenfreuden dabei erheblich getrübt, sondern oftmals auch noch der Speisezettel in Gefahr gerät, einseitig zu werden. Bei Übergewichtigen, die eine ärztlich verordnete Reduktionskost, siehe S. 202, einhalten müssen, ist das etwas anderes. Dennoch hilft alles Jammern nichts, der Energiewert der zugeführten Nahrung ist der Hauptfaktor bei der Entstehung von Übergewicht.

Der Stoffwechsel aus naturheilkundlicher Sicht

Im folgenden wird der Versuch unternommen, den Stoffwechsel der Zellen vereinfacht und allgemeinverständlich darzustellen, d. h., wie die zugeführten Nährstoffe in den Zellen verarbeitet und energetisch verwertet werden und welche naturheilkundlichen Schlußfolgerungen sich daraus ergeben.

Was ist ein Stoffwechsel?

Der Wechsel von Stoffen und Substraten – ihr Umbau, Abbau, Aufbau und Ergänzung – in einem Organismus, nennt man Stoffwechsel. All diese Vorgänge besorgen Enzyme und Vitamine (siehe S. 69), welche in programmierten Kettenreaktionen die stofflichen Umsetzungen herbeiführen. Dazu benötigt der innere Arzt jedoch Energie, die er aus den Kohlehydraten (Zucker, Stärke), Fett und Eiweißen gewinnt. Der Energiegewinn im Organismus ist unglaublich hoch, er beträgt 50% Wirkungsgrad und übersteigt den der technischen Hochleistungsgeräte um ein Vielfaches. Diese Energie wird überwiegend aus der enzymatischen Abspaltung von Wasserstoffatomen gewonnen, deren freiwerdende Elektronenenergie wiederum zum Aufbau energiereicher Phosphorverbindungen benutzt wird. Die zentrale, entscheidende Phosphorverbindung ist das ATP (Adenosintriphosphat) – ein Zuckermolekül (Ribose) –; an das drei Phosphatreste gebunden sind. Die mehrfache Energie ATP wird für alle Abbau- und Aufbauvorgänge im Zellstoffwechsel eingesetzt, ohne dieses – in den Mitochondrien erzeugte Molekül – läuft nichts in der Zelle.

Der Bau- und Betriebsstoffwechsel mit allen anhängigen Um- und Abbauvorgängen läßt sich zwar schematisch voneinander trennen, doch in der Wirklichkeit erweist sich das als reine Theorie und hat für die Therapie keinen Nutzen. Ein Stoffwechsel ist dann gesund, wenn sich Auf- und Abbau die Waage halten, d. h. wenn der innere Arzt mit dem Verbrauch und Untergang von leistungsschwachen oder kranken Zellen Schritt halten kann und den nötigen Ersatz liefert. Das Gleichgewicht zwischen Auf- und Abbau erfährt während einer Lebensspanne eine langsame Veränderung, siehe Abb. 3. Etwa bis zum 25. Lebensjahr herrscht der Aufbaustoffwechsel vor (Anabolismus), in dem durch optimale Hormonsteuerung die assimilierten Nährstoffe in körpereigene Substanz umgesetzt werden. Zwischen dem 25. und 45. Lebensjahr hält sich bei relativ krankheitsfreiem Verlauf, Auf- und Abbau die Waage, und ab dem 50. Lebensjahr überwiegt der langsame, kaum merkliche Verbrauch körpereigener Substanzen, infolge ungenügender hormoneller Steuerung, Ernährungsfehlern, Krankheitseinbrüchen, seelischer Dissonanz und fehlerhafter Lebensweise. Goethe sagte dazu sehr schön: *„Die Jugend gibt, das Alter nimmt"*. Wir können also zusammenfassend sagen: Damit der Stoffwechsel reibungslos ablaufen kann, benötigt er mehrere Voraussetzungen:

1. Ein komplettes, alle essentiellen Nährstoffe enthaltendes, giftfreies Nahrungsangebot
2. Reines Wasser
3. Wärme und Sonnenlicht
4. Seelische Harmonie
5. Ausreichende Bewegungsreize (Bewegung ist das billigste Medikament)
6. Sauerstoff

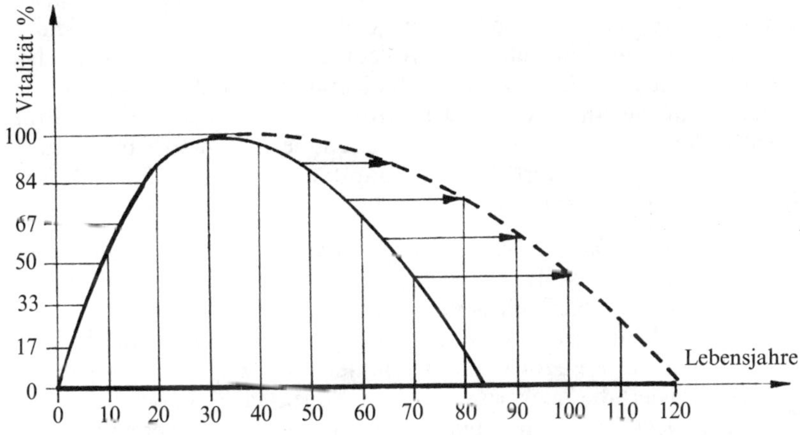

Abb. 3 Mögliche Vitalitätserhaltung und Altersinvolution bei lebenslanger Vollwerternährung und mäßiger Lebensweise.

Der Kohlehydratstoffwechsel

Zucker wird zuerst von den Enzymen des oberen Verdauungskanals gespalten (Amylasen, Ptyalin, Glukosidasen), wodurch die resorptionsfähigen Einfachzukker entstehen, die sehr schnell in das Darmblut eingeschleust werden können. Ein Teil wird von der Leber als Betriebsstoff verbraucht, ein anderer als Glykogen gespeichert. Der Hauptteil gelangt jedoch unter Anwesenheit von Insulin als Glucose direkt zu den Zellen – wo er als Energiestoff eingeschleußt wird.

Was wird aus dem Zucker in der Zelle?

In der Zelle kann der Zucker auf zwei Wegen abgebaut werden: entweder mit oder ohne Sauerstoffeinwirkung. Zunächst wird der Zucker ohne Sauerstoff (Glykolyse) in Benztraubensäure und Wasserstoffionen aufgespalten. Aus der freiwerdenden Energie gewinnt der Stoffwechsel 2 ATP-Moleküle. Bei Sauerstoffmangel, z. B. starker Muskelbeanspruchung, kann die Benztraubensäure enzymatisch nicht reagieren und verwandelt sich unter Aufnahme zweier Wasserstoffatome zur Milchsäure, die nach ihrem Zellaustritt von der Leber und dem Herzmuskel wieder verwertet werden können (Glykogenbildung). Bei hohen Milchsäurekonzentrationen, z. B. in der Muskulatur, entsteht der bekannte Muskelkater. Bei ausreichender Sauerstoffanwesenheit in der Zelle reagiert die Benztraubensäure mit einem Coenzym, wobei aktivierte Essigsäure entsteht (Acetyl Coenzym A). Die aktivierte Essigsäure hat ein hohes Übertragungspotential und ist der Ausgangsstoff für den nun folgenden Zitronensäurezyklus. In dieser sogenannten Energiemühle laufen die Abbau- und Aufbauwege von Kohlehydraten, Fetten und Eiweißen (Aminosäuren) zusammen. Die aktivierte Essigsäure reagiert zunächst mit dem Endprodukt des Zyklus – der Oxalessigsäure – und wird zur Zitronensäure, die über sieben enzymatisch gesteuerte Reaktionsschritte wieder zu Oxalessigsäure abgebaut wird. Die dabei freiwerdenden Elektronen aus Wasserstoffatomen werden dazu benutzt, um ATP aufzubauen. Der vollständige Abbau eines Glucosemoleküls läßt 38 Moleküle ATP entstehen. Ausscheidungsprodukt des Zitronensäurezyklus ist Kohlendioxyd und Wasser, welches dem Systemkreislauf zugeführt wird. Der Zitronensäurezyklus ist die zentrale Achse des Stoffwechsels, denn in ihm werden auch die Fette und Aminosäuren abgebaut bzw. energetisch verwertet. Er verknüpft also alle drei Nährstoffgruppen in einem zyklischen Kreisprozeß.

Die hormonelle, übergeordnete Steuerung des Kohlehydratstoffwechsels ergreift auch den Eiweiß- und Fettstoffwechsel, so daß eine schematische Trennung dilettantisch erscheinen muß. Grob gesagt wird der Zuckerstoffwechsel hauptsächlich vom Insulin beherrscht. Ohne Insulin kann keine Glucose in die Zelle, noch kann ein geordneter Fettstoffwechsel ablaufen. Glucagon – der Gegenspieler des Insulins – aktiviert die Zuckerreserven (Glykogen) in der Leber und erhöht so den Blutzuckerspiegel. Ähnlich reagiert Adrenalin im Nebennierenmark, das aber speziell die Zuckerverwertung in den Zellen steigert. Die feineren Regulationsmechanismen des Kohlehydratstoffwechsels sind noch längst nicht bekannt und dürften zur Zeit Gegenstand intensiver Forschung sein. Über den diabetischen Stoffwechsel finden Sie auf S. 85 und in meinem Büchlein: „Erfolgreiche Naturheilbehandlung bei Haut- und Stoffwechselkrankheiten“, naturheilkundliche Behandlungstips und nähere Erläuterungen.

Naturheilkundliche Schlußfolgerungen aus dem Kohlehydratstoffwechsel
Die einseitige, rein biochemische Sichtweise der Verstoffwechselung von Kohlehydraten, hat nicht nur die Nahrungsstoffe auf wenige, jedoch immer wiederkehrende, Grundsubstanzen reduziert, z. B. die Glucose, sondern zu der verhängnisvollen Annahme verleitet, daß nur die chemisch reinen Substanzen die energieliefernden Stoffe seien. Als Hans Adolf Krebs im Jahre 1937 den Zitronensäurezyklus entdeckte, ging durch die chemische Fachwelt eine Welle der Euphorie, die jetzt erst durch die ernüchternde chemische Umweltverschmutzung abzuebben beginnt. Man glaubte den wissenschaftlichen Beweis für isolierte Kohlehydratzufuhr zu haben, denn nur die Grundbausteine wie Fettsäuren, Glucose und Aminosäuren läßt der Organismus nach enzymatisch fein säuberlicher Trennung in die Blutbahn und zu den Zellen gelangen. Wie schon so oft in der Wissenschaft,

hat man wieder einmal vergessen, daß der innere Arzt alles verwertet und mit den zugeführten Nährstoffen sehr umsichtig umgeht. Die Stoffe und Energiepartikel, die bei der enzymatischen Zerlegung in die Grundsubstanzen übrigbleiben, benötigt der innere Arzt dringend zum Strukturaufbau der Enzyme und hochmolekularer Verbindungen. Ohne Enzyme und Sauerstoff gäbe es keinen höheren Stoffwechsel, sondern nur Gärung und Gestank, daher sind gerade die Ballaststoffe aus Zellulose, Häuten, Schalen und Umhüllungen die besten Rohstofflieferanten für Enzyme und energiereiche Verbindungen. Das müßte auch dem eifrigsten Biochemiker einleuchten. Ballaststoffe sind noch viel zuwenig erforscht, jedoch weiß man, daß sie erst dann ihre stoffwechselaktive Wirkung entfalten, wenn sie unverändert – in ihrer natürlichen Zusammensetzung – in den Darm gelangen. Sie haben unzählige Wirkungen, denn es gibt kaum eine Stoffwechselreaktion, die nicht an Vitamine, Mineralien, Spurenelemente und Enzyme gebunden wäre. So können wir heute sagen, daß die Vorteile einer ballastreichen Kost biochemisch voll begründet werden kann. Über die schädlichen Auswirkungen des raffinierten Industriezuckers finden Sie auf S. 31 eine erschöpfende Darstellung.

Der Fettstoffwechsel

Die Nahrungsfette müssen im oberen Dünndarm wegen ihrer hohen Oberflächenspannung zunächst von den Gallensäuren emulgiert werden (feinster Verteilungszustand), hierbei wird es den Enzymen der Dünndarmschleimhaut und der Bauchspeicheldrüse (Lipasen) möglich, die Fette in Fettsäuren und Glycerin aufzuspalten (Hydrolyse), um dann erneut von der Dünndarmschleimhaut zu komplexeren Fettmolekülen aufgebaut zu werden. Etwa 60% der so entstandenen Fette gelangen als großmolekulare Chylomikrone (feinste Fettkügelchen) über den indirekten Lymphweg in die Blutbahn, und die Chylomikrone werden als Bau- und Depotfette ins Fettgewebe eingebaut. Der Rest wird unter erheblichem Energieaufwand (ATP-Verbrauch) an Eiweißkörper gebunden, um dann in dieser transportablen Form als komplexe Lipoproteine (Fetteiweißkörper) zu den Körperzellen zu gelangen.

Was geschieht mit den Fetten in der Zelle?

Die in den Systemkreislauf übergeführten Lipoproteine werden in der Leber erneut gespalten, wobei das Glycerin von den Fettsäuren abgetrennt und durch weitere energieverbrauchende Reaktionsschritte zur aktivierten Essigsäure umgewandelt wird. An dieser Stelle beginnt der gleiche energieliefernde Prozeß im Zitronensäurezyklus wie bei den Kohlehydraten, siehe S. 25. Die verbleibenden Fettsäuren können – je nach Bedarf – in Anwesenheit von Sauerstoff zu Glucose und Fructose abgewandelt oder auf dem Wege der Glykolyse zu Benztraubensäure abgebaut werden. Auf oxydativem Weg – d.h. unter Einbringung von Sauerstoffatomen – können die aktivierten Fettsäuren denselben Abbauweg beschreiten wie die Kohlehydrate. Es ist möglich, aus den Fettsäuren durch enzymatische Stoffübertragung körpereigene Eiweiße aufzubauen. Die ungesättigten essentiellen Fettsäuren können vom Zellstoffwechsel nicht synthetisiert werden. Da sie lebensnotwendige Bestandteile von Zellstrukturen und energiereichen

Phosphatverbindungen sind, führt ihr Fehlen zu schweren Mangelerscheinungen. Im Hungerstoffwechsel oder bei mangelnder Zucker- und Fettverwertung – z. B. bei Diabetes – kommt es zu einem Überschuß an aktivierter Essigsäure (Acetyl Coenzym A), die sich in weiteren Reaktionsschritten zu sauer reagierenden Ketonkörpern kondensiert. Diese werden dann von den Zellen ins Blut ausgestoßen, mit der Gefahr der Übersäuerung.

Die hormonelle, übergeordnete Steuerung des Fettstoffwechsels wird von einer ganzen Reihe von Hormonen bestimmt. An erster Stelle steht das Schilddrüsenhormon Thyroxin, das bei einem periodischen Minimalmangel zu schleichenden Verzögerungen im Fettstoffwechsel führt und damit zum Fettansatz. Die Funktion der Schilddrüse ist von der Gegenwart bestimmter Spurenelemente abhängig, z. B. Jod und Fluor, siehe S. 59, 65. Insulin beschleunigt die Aufnahme und Verwertung der im Blut kreisenden freien Fettsäuren in das Fettgewebe, gleichzeitig bewirkt es in der Zelle eine vermehrte Umwandlung der Kohlehydrate in Fettsäuren und hemmt deren Abbau. Insulinmangel bedingt also Fettansatz.
Von Bedeutung sind auch noch die Geschlechtshormone, vor allem die weiblichen. Sie bedingen die spezielle Fettverteilung (Proportionen). Ihr Mangel im Klimakterium zeigt sich im Ansatz von Matronenspeck und verringerter Gewebsfestigkeit. Adrenalin beeinflußt in derselben Weise den Fettstoffwechsel wie den Zuckerstoffwechsel. Seine vermehrte Ausschüttung (Streß) bewirkt Einschmelzung der Fettdepots und Fettsäureaktivierung in der Zelle. Und schließlich sei noch auf das Cortison hingewiesen, das heute in vielen chemotherapeutischen Medikamenten verarbeitet ist. Überdosierungen dieses körpereigenen Hormonstoffes steigert den Fettansatz um die Hüften, entkalkt die Knochen und kann zu Fettgeschwulsten im Nacken führen, von den inneren Schäden an Leber und Niere ganz zu schweigen. Naturheilkundliche Erfahrungen haben den Verdacht erhärtet, daß eine fehlerhaft arbeitende Darmlymphe – über die normalerweise 60% der Fette (Chylomikrone) abtransportiert werden – zu Fettleibigkeit und erhöhtem Blutfettspiegel führen. Die physiologisch einwandfreie Fettresorption im Darm kann nur dann funktionieren, wenn die Darmflora eine gesunde gleichgewichtige Bakterienbesiedlung aufweist. Erfolgreiche Darmsanierungen können nur mit Rohkost, Saftfasten und Symbioselenkung erreicht werden.

Der Eiweißstoffwechsel

Eiweiße werden zuerst im Magen und Darm unter der Einwirkung von eiweißspaltenden Verdauungsenzymen (Pepsin, Trypsin, Peptidasen, Chymotrypsin) in die einzelnen Aminosäuren aufgespalten. Über aktive Transportprozesse gelangen die Aminosäuren ins Blut und zur Leber, der ersten und wichtigsten Auffang- und Umbaustation sämtlicher Nährstoffe. Etwa 6% werden von der Leber zu Bindungs- und Transporteiweißen synthetisiert, 14% werden von ihr für eine ganze Reihe weiterer Biosynthesen zurückbehalten, und der Rest geht zu 25% als aufbauende Aminosäuren und 55% als energieliefernder Anteil in den Systemkreislauf ein.

Was geschieht mit den Aminosäuren in der Zelle?
In der Zelle werden die Aminosäuren je nach Bedarf entweder im Energiestoffwechsel verbraucht oder zu individuellen, körperspezifischen Struktureiweißen aufgebaut. Im Vorgang der Transaminierung (Übertragung von Stickstoffmolekülen) tauschen Aminosäuren und Ketosäuren bestimmte Moleküle miteinander aus, so daß die nun neu entstandenen Verbindungen auf verkürztem Weg zur Energieverwertung in den Zitronensäurezyklus eintreten können. Andere Aminosäuren werden durch Decarboxilierung (Kohlendioxydabspaltung) so weit reduziert, daß sie schließlich zu wichtigen biogenen Aminen (Hormonvorstufen, Gewebshormone, Enzyme usw.) und Struktureiweißen aufgebaut werden können. Bei der Desaminierung wird von den Aminosäuren Stickstoff abgespalten, der als giftiges Ammoniak dem Ornithin-Zyklus zugeführt wird, dort wird es als wasserlöslicher Harnstoff unwirksam und ausscheidungsfähig gemacht. Neben diesen Abbaumöglichkeiten gibt es noch viele andere subtile Vorgänge, vor allem für die schwefelhaltigen Aminosäuren. Aus den in die Zellen eingeschleusten essentiellen Aminosäuren können alle körpereigenen Eiweiße der Gewebe synthetisiert werden. Die genaue Vorlage für die Gewebseiweiße erhält die Zelle von RNS-Matrizen (Ribonukleinsäuren) aus dem Zellkern. Fehlerhafte Matrizen – z. B. durch Strahlenschäden oder Pestizide – der DNS (Desoxyribonukleinsäure) haben eine unvollständige Biosynthese der Gewebseiweiße zur Folge, mit unabsehbaren Schädigungen. Das Stoffwechselendprodukt des Kernstoffwechsels aus der Matrizenübertragung in das Zellplasma, ist die Harnsäure, siehe S. 39.

Die hormonelle, übergeordnete Steuerung des Eiweißstoffwechsels ist noch wenig erforscht. Den Eiweißaufbau steuern vorwiegend alle Wachstumshormone hauptsächlich die anabolen Steroide – wie männliche und weibliche Geschlechtshormone – obschon sie auch fundamental in den Fett- und Kohlehydratstoffwechsel eingreifen. Speziell das übergeordnete Steuerhormon Somatotropin aus der Hirnanhangdrüse scheint auf die Eiweißvermehrung Einfluß zu haben. Andere Hormone, wie Adrenalin, Noradrenalin und Glukokortikoide aus der Nebennierenrinde, können – wie auch die Fettdepots – Eiweiße einschmelzen, wenn besondere Streßsituationen den Organismus belasten. Ähnlich wie beim Fett- und Kohlehydratstoffwechsel dürfte die Darmflora eine Hauptsteuerfunktion auf den Eiweißstoffwechsel haben.

Gefahren der heutigen Eiweiß- und Fettmast
Der Mensch scheidet mit dem Urin täglich ca. 30–40 g Stickstoff aus. Würde er die gleiche Menge über das Nahrungseiweiß aufnehmen, dann wäre er im Stickstoffgleichgewicht und hätte keine Stickstoffvergiftung oder Verschlackung – vor allem der Leber und Niere – zu befürchten. Tatsächlich nimmt er aber die doppelte bis dreifache Menge tagtäglich zu sich (Steaks, zuviel Wurst und Fleisch) und vergiftet sich langsam. Die Vergiftung beginnt zuerst im Darm, da zunächst die eiweißspaltenden Darmenzyme überfordert sind und die unverdauten Eiweiße den Fäulnis- und Gärungsbildnern anheimfallen. Bekannte Vertreter dieser Sorte sind: Proteus vulgaris, Bucculus subt. und Pseudomonas. Zu den giftigsten Fäulnisprodukten gehören Indol, Scatol, Phenol und Schwefelwasserstoffverbindun-

gen. Letztere machen sich als übelriechende Gase bemerkbar und gelten als erste Warnsymptome einer beginnenden Darmvergiftung. Die giftigen Fäulnisstoffe gelangen zusammen mit einem Überschuß an Säuren ins Darmblut. Zunächst trifft es die Leber und Milz, welche die ersten Auffangorgane des Pfortaderblutes sind. Die Leber wird mit zusätzlichen Entgiftungsaufgaben belastet und im Laufe der Zeit überfordert. Da sie die überschüssigen Aminosäuren nicht verwerten kann, gelangen sie in den Systemkreislauf, wo sie sich schließlich an den Innenwänden der kleinen Blutgefäße ablagern. Die Folge ist eine Verdickung der Gefäßwände mit teilweisem Porenverschluß, so daß der Stoffaustausch zwischen Zelle und Blutgefäß wesentlich behindert wird, siehe Abb. 4 u. 5. Es kommt zu einer Stauung und zum Druckanstieg der kleinen Blutgefäße (Erhöhung des diastolischen Blutdrucks); hierbei rollen sich die Gefäße korkenzieherartig auf, bis sie schließlich ganz verstopft sind. Die Folge davon: schwere Durchblutungsstörungen, Sauerstoffmangel in den Zellen und schließlich ischämischer Organinfarkt. Eine weitere üble Folge der Eiweißmast ist *die schleichende Amyloidose*. Hierbei wird das Bindegewebe von Stärkeeiweiß regelrecht zugekleistert; um es einmal drastisch zu sagen. Die überschüssigen Eiweiße – die von den Organzellen nicht angenommen werden – bleiben draußen und lagern sich an den Kollagenfasern des Bindegewebes ab. Die Fasern verdicken und quellen auf, bis es im Bindegewebe schließlich wie in einem unzugänglichen Urwaldgestrüpp aussieht. Damit aber wird der Stofftransport von der Zelle zum Blutgefäß und zurück nahezu unmöglich, und die Folge ist, daß die Zellen regelrecht verhungern. Da nützt dann die beste Kraftkost nichts mehr. Glücklicherweise ist die Eiweißablagerung lange Zeit reversibel (rückgängig). Durch Saftfasten und Rohkosttage kann man sie fast vollständig rückgängig machen. Daher sollten Sie zwischendurch Rohkost- und Safttage einlegen; der innere Arzt wird es Ihnen danken.

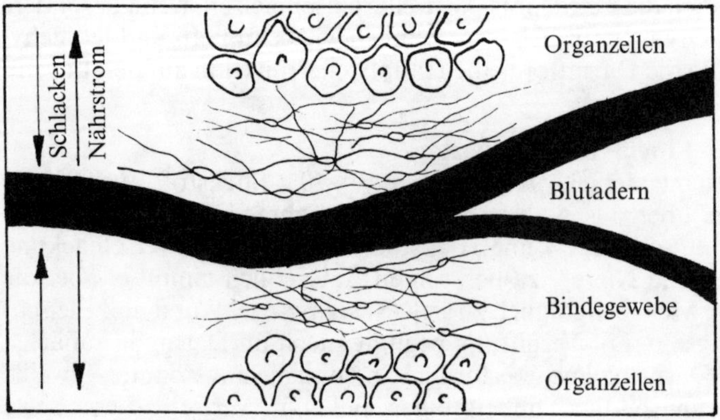

Abb. 4 Normales gesundes Kapillarbett und durchgängiges Bindegewebe (Korridorzone).

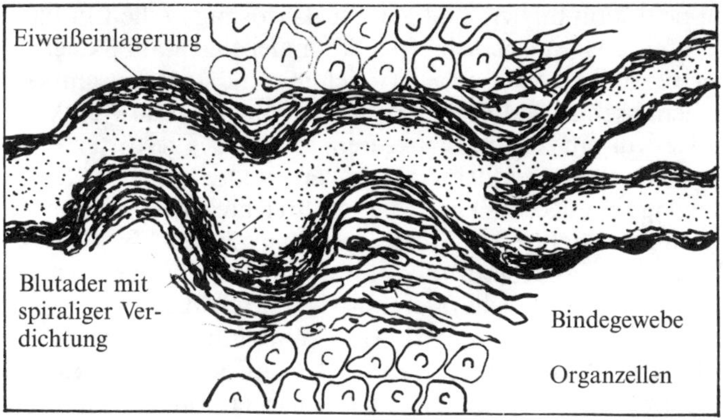

Abb. 5 Veränderungen im Kapillarbett und Bindegewebe nach Eiweißmast.

Weißzucker – die süße Verführung

Wahrscheinlich stammt das Zuckerrohr aus Indien und hat sich von dort allmählich über alle Erdteile ausgebreitet. Die Pflanze kann allerdings nur in den Tropen gedeihen, da sie stabile Temperaturen von mindestens 28 °C benötigt. Sobald Frost einsetzt, wird das Zuckerrohr vernichtet. Der Zuckergewinnungsprozeß wird durch Auspressen des Zuckerrohrsaftes eingeleitet. Nach seiner Reinigung wird der Saft gekocht und eingedickt, bis er kristallisiert. Um den Zucker von seiner sirupartigen Masse zu trennen, wird er zentrifugiert und so zum braunen Rohzucker. Die Melasse – das eigentlich Wertvolle bei der Zuckergewinnung – wird eigens zu Futterzwecken gesammelt. Inzwischen gibt es über die Melasse biochemische Analysen, die beweisen, daß alle wertvollen Mineralien und Spurenelemente darin enthalten sind. Es zeugt von wahrer Dummheit, wenn dieser wertvolle Stoff statt dem Menschen den Tieren zugeführt wird.
Der Rohzucker wird durch mehrere chemische Einwirkungsprozesse schließlich in weißen Kristallzucker verwandelt und ist chemisch reine Saccharose. Zucker in dieser raffinierten Form ist einer der höchsten Kalorienträger und hat eine starke Süßkraft. Die Vorteile sind allen bekannt, weniger aber die gesundheitlichen Nachteile – über die ich nun einiges sagen muß.
In den Industriestaaten ist der Zuckerverbrauch extrem hoch, etwa 20% des Kalorienbedarfs werden allein durch Weißzucker gedeckt. Inzwischen ist fast allen der Zusammenhang zwischen Zucker und Kariesbildung einsichtig geworden. Kariesbakterien demineralisieren mit ihren aggressiven Säuren den Zahnschmelz, d. h. durch den Entzug von härtenden Mineralien wird er so weit aufgeweicht, daß die Bakterien in den Dentinbereich eindringen können.
Besonders alarmierend waren die eindrucksvollen Versuche des japanischen Pathologen Katase aus Osaka, der in einer zehnjährigen Versuchsdauer die Wirkung des isolierten Zuckers an Kaninchen testete. Die Kaninchen erhielten täglich bis zu 4 g Rohrzucker pro Kilogramm Körpergewicht zusätzlich zur Nahrung. Eine

andere Kaninchengruppe bekam täglich 2 ml Rohrzuckerlösung in die Blutbahn gespritzt. Nach 5 Monaten zeigten sich schwerste Veränderungen am Skelettsystem. Es kam zu einer regelrechten Knochenerweichung und zum Zusammenbruch einzelner Knochenabschnitte. Die Knochensubstanz war stark entkalkt und zeigte unregelmäßige Auf- und Abbaustrukturen. Infolge des gestörten Knochenstoffwechsels war die Nebenschilddrüse vergrößert, und es stellte sich eine diabetische Stoffwechsellage ein. Rechnet man die verabreichte Zuckermenge auf den Menschen um, dann entspricht diese Dosis etwa 60 g Zucker für ein 30 kg schweres Kind. Die japanische Forschergruppe gab sich aber damit nicht zufrieden und versuchte herauszufinden, welche Tagesdosis ohne Schädigung des Knochenstoffwechsels gerade noch vertragen wird. Man kam zu dem Ergebnis von 1/2 g pro kg Körpergewicht. Rechnet man dies wieder auf den Menschen um, dann dürfte ein 20 kg schweres Kind höchstens 6 g isolierten Zucker täglich zu sich nehmen. Das mag vielleicht übertrieben sein, ist aber durch die wissenschaftliche Erhärtung kaum zu widerlegen.
Bedenkt man z. B., daß in einer 0,3 Liter Coladose 36 g Zucker enthalten sind und gerade Cola und Limonaden zu den Lieblingsgetränken an den Schulen zählen, dann muß man sich nicht wundern, wenn die Kinder alle möglichen Krankheiten bekommen, insbesondere Karies und Infektanfälligkeiten.
Ein Zusammenhang zwischen dem erhöhten Zuckerkonsum, der inzwischen bei fast 50 kg pro Kopf jährlich in unseren Landen liegt, und dem gesteigerten degenerativen Längenwachstum der Röhrenknochen (Beine und Arme), wird ebenfalls diskutiert. Diese sogenannte Akzeleration hat in den letzten 40 Jahren verstärkt eingesetzt, besonders in den Ländern der Erde, wo der Zuckerkonsum hoch ist. Nackter Zucker oder chemisch reine Saccharose ist also ein Kalkräuber, ein Gesundheitsfeind ersten Ranges und verkürzt, wie eine Rattenstudie gezeigt hat, umgerechnet auf den Menschen die Lebenserwartung von 70 auf 51 Jahre.
Wie läßt sich diese schädliche Wirkung biochemisch erklären?
Zucker wird im Kohlehydratstoffwechsel zur Gewinnung von energiereichen Phosphorverbindungen (ATP) genutzt, siehe auch S. 24. Durch diesen Energiegewinn ist der Organismus in der Lage, die individuellen Eiweißstrukturen und alle biochemisch lebenswichtigen Verbindungen aufzubauen. Der zyklische Energiegewinnungsprozeß erfordert zu seiner Aufrechterhaltung hochmolekulare komplizierte Moleküle – vor allem Enzyme und Vitamine – die alle während der einzelnen Reaktionsschritte ineinandergreifen. Gelangt isolierter Zucker in die Zelle, so wird er unter Verbrauch von Enzymen und Vitaminen als Betriebsstoff für die Energiegewinnung verwertet. Natürlicher Zucker – z. B. Zuckersirup – liefert bei seiner Zelleneinschleusung aber gleichzeitig Vitamine und Mineralien mit, er kommt also gleich mit den Stoffen herein, welche der Zellstoffwechsel für seine Verwertung benötigt. Daher ist der Verbrauch an stoffwechselaktiven Vitaminen, Enzymen, Mineralien und Spurenelementen bei isolierten Kohlehydraten wie raffinierter Zucker, Weißmehl u. a. zu hoch und raubt dem Stoffwechsel letztlich das Rüstzeug für ein physiologisches Gleichmaß (Homöostase). Von den Vitaminen ist es vor allem die B-Gruppe, die defizitär wird und eine unterschwellige chronische Avitaminose bedingt. Liest man die Entstehungsursachen

vieler Krankheiten, dann findet man nicht selten Vitaminmangelhinweise und Verdachtsmomente; z. B. bei Rheuma, Knochenerweichung und Entkalkung, Nervenentzündungen, Arteriosklerose, Herzinfarkt, Hauterkrankungen bis hin zum Krebs.
Man kann sich denken, daß das chronische Fehlen wichtiger Stoffwechselaktivierungsfaktoren unüberschaubare Krankheitsmöglichkeiten offen läßt, hinzu kommt noch die individuelle Reaktionsabweichung.
Daß übermäßiger Zuckerkonsum eine latente Krebsdisposition wecken kann, sagte ich bereits im Kapitel über die Krebsernährung. Für Krebskranke ist isolierter Zucker das reinste Gift, da der ohnehin entgleiste Stoffwechsel des Krebspatienten mit jeder weiteren Belastung, die Möglichkeit ins Gleichgewicht zu kommen, zunehmend verliert. Drastisch gesagt, wird mit isolierten Kohlehydraten der Tumor gemästet und die Abwehr lahmgelegt.
Interessant sind auch die Untersuchungsergebnisse des Lebensmittelchemikers Preußmann, der nachweisen konnte, daß das karzinogene Benzpyren – ein aromatischer Kohlenwasserstoff, der massenhaft aus den Autoauspuffgasen entweicht, sich fast unlöslich an Kristallzucker bindet, insbesondere bei seiner chemischen Weißfärbung bzw. Reinigung. Damit ist Kristallzucker – soweit er chemisch gereinigt wird – zumindest krebsverdächtig.

Wie beeinflußt die Ernährung den Stoffwechsel?

Die modernen Überlegungen über die Einflußnahme der Ernährung auf den Stoffwechsel sind mehr quantitativer Art, d. h. es ist vorwiegend von einer mengenbezogenen Energiebilanz die Rede, die etwa so ermittelt wird, daß man entweder den bei der Harnausscheidung enthaltenen Stickstoff zur Berechnungsgrundlage des Eiweißumsatzes heranzieht oder aus dem abgeatmeten Kohlendioxyd auf die Energiebilanz schließt. Es gibt da noch einige Gleichungen, wobei Sauerstoffaufnahme und abgeatmetes Kohlendioxyd bei Ruhe und Bewegung und bestimmten Temperaturbedingungen zur näheren Ermittlung des Energieumsatzes herangezogen werden. So wie in der Wirtschaft die Leistung nicht an der Qualität, sondern hauptsächlich am Gesamtumsatz gemessen wird, so verfährt man auch mit dem Energieumsatz des Organismus. Die Geringschätzung der Vollwertkost ist Ausdruck dieses Dilemmas.
Daher erscheint es mir nützlich und zweckmäßig, aus naturheilkundlicher Sicht, einmal die biochemischen Vorteile der Vollwertkost etwas zu beleuchten, um auch dem Skeptiker eine Ahnung von den Möglichkeiten der Vollwerternährung zu geben.
Vollwertnahrungsmittel liefern dem Stoffwechsel nicht nur Energie, sondern das Rohmaterial für die Biosynthese von Enzymen, Vitaminen, Hormonen und Zellstrukturen. Die im Stoffwechsel freiwerdende Nahrungsenergie wird in der Zelle so weit transformiert, daß die nötigen Elektronen für den Aufbau und den Ersatz von Strukturen zur Verfügung stehen. Es müssen also solche Nahrungsmittel zugeführt werden, die vor allem das nötige Strukturmaterial möglichst reichhaltig

dem Stoffwechsel anbieten; gleichzeitig aber nur so viel Energie enthalten, daß eine Energiefehlverwertung unterbleibt. Am Beispiel des fastenden Organismus wird klar, daß die Fähigkeit der Zellen, Energie aus den Fettdepots zu gewinnen, ungleich höher ist als die Biosynthese von Strukturmaterial, z. B. Enzyme. Leider wird in der Ernährungswissenschaft dem Energiegehalt eines Nahrungsmittels immer noch ein zu hoher Stellenwert eingeräumt. Damit die Zelle überhaupt Energie gewinnen kann, benötigt sie Multienzymkomplexe und zahlreiche biogene Amine, mit denen sie in einer Kette von Redoxreaktionen aus den Nährstoffverbindungen die Elektronen freisetzt, die in einem Kreisprozeß der Umlagerung ihre Energien abgeben. So bewirkt z. B. das Warburg'sche Atmungsenzym (Cytochromoxydase), nachdem es zunächst aus dem Nährsubstrat die Elektronen abgekoppelt hat, die Übertragung ihrer Energien auf Sauerstoffatome, hierbei wird erst die Ausscheidung von Wasserstoff in Form von Wasser und Kohlendioxyd möglich, da das Atmungsenzym das letzte entscheidende Glied im Energiegewinnungszyklus ist. Nun hat aber ausgerechnet die Cytochromoxydase als Metallenzym Eisen bzw. Kupfer in hoher Konzentration eingelagert. Ein Mangel an diesen Spurenelementen hat schwerwiegende Ausfälle zur Folge. Es kommt also wesentlich darauf an, den Zellen solche Nahrungsmittel anzubieten, die möglichst eine komplexe Mischung aller wichtigen Bausteine für den Aufbau von dynamischen Enzymstrukturen beinhaltet. Ich bin nach längeren Studien zu der Ansicht gelangt, daß eine geordnete Dynamik der Enzyme für einen gesunden Zellstoffwechsel von größter Bedeutung ist. Das aber ist nur mit einer rückstandsfreien Vollwerternährung möglich. In dem Zusammenhang scheint es nötig, darauf aufmerksam zu machen, *daß je mehr Bearbeitungsstadien ein Lebensmittel durchlaufen hat, desto höher sind die Rückstandsmengen und obendrein die Verarmung an lebenswichtigen Strukturelementen.* Es ist jedenfalls eine erbärmliche Illusion zu meinen, daß die Bearbeitung von Lebensmitteln so eine Art Reinigungsprozeß sei, etwa wie in der Wäscherei. Welche Art von Reinigung dabei praktiziert wird, brauche ich wohl nicht näher auszuführen.

Ich fasse also nochmals zusammen:

Da die Zelle ein excellenter Energietransformator ist, benötigt sie an erster Stelle das Rohmaterial zur Biosynthese der energiegewinnenden Zellstrukturen, z. B. Enzyme, Vitamine und Spurenstoffe. Die übermäßige Energiezuführung aus einer überkalorischen Kost, bedingt Energiefehlverwertung, da die überschüssigen Energien das Enzymsystem der Zelle überlasten mit der Folge von Verschlackung und langsamen Erstickungstod der Zellen.

Das Fehlen von wichtigen Strukturelementen muß zum Verlust der Enzymdynamik und damit zu schwerwiegenden Störungen im Zellstoffwechsel führen. Es kommt zu Ausfällen im Energiegewinnungszyklus, der Ausscheidung und Biosynthese wichtiger Zellstrukturen.

Um das zu vermeiden und einen langen ungestörten Ablauf im Zellstoffwechsel zu erhalten, muß dem Organismus möglichst naturbelassene Nahrungsmittel mit einer komplexen umfassenden Mischung von allen wichtigen Zellbausteinen angeboten werden. Das aber ist nur mit einer vollwertigen naturbelassenen Ernährung möglich.

Noch etwas scheint mir bemerkenswert: Die alten Naturheilärzte waren nicht nur große Arztbotaniker und Priesterphilosophen, sondern auch sehr bescheidene Menschen, was sie in meinen Augen noch größer macht. Ihre Forderung nach einer einfachen mäßigen Kost war die natürliche Folge ihrer Grundeinstellung. Aus biochemischer Sicht muß man ihnen voll zustimmen, denn je konzentrierter eine Nahrung ist, je voluminöser und je verfälschter, desto größer ist der Enzym- und Vitaminverbrauch und die hierzu benötigte Sauerstoffmenge. Es kommt aber gerade darauf an, den Sauerstoffverbrauch und Verschleiß an arbeitsintensiven Strukturelementen so gering wie möglich zu halten, nur das garantiert einen möglichst langen, störungsfreien, biochemischen Betrieb und schont die Reserven. Wiederum ist das alles nur mit einer Vollwertkost möglich.

Vom Säure-Basengleichgewicht

Auf keinem anderen Gebiet herrscht so viel Verwirrung wie auf dem Gebiet der organischen Physiologie des Säure-Basenhaushaltes. Das ist auch nicht weiter verwunderlich, denn die vielen biochemischen Begriffe verwirren, und selbst unter Fachleuten ist man sich nicht einig über die letzten Ursachen einer Störung des Säure-Basengleichgewichtes.

Was ist denn nun eine Base, was eine Säure?
Eine Base nimmt Wasserstoffionen auf, eine Säure gibt sie ab. Je mehr freie Wasserstoffionen in einer Lösung sind, desto saurer ist sie, je mehr sie gebunden sind, desto alkalischer oder basischer ist sie. Der Organismus oder der innere Arzt ist immer bestrebt, ein konstantes Milieu, d. h. ein leicht laugenartig-alkalisches Milieu eines pH von 7,4 zu erhalten, denn unter diesen Bedingungen können die biochemischen Reaktionen in der Zelle am besten ablaufen und der Stofftransport im Blut und zu den Zellen ungestört vorangehen. Wird nun dem Organismus Nahrung zugeführt und in den Zellen verbraucht, dann müssen die anfallenden Schlacken so zu den Ausscheidungsorganen gebracht werden, daß sie weder das konstante Milieu des pH von 7,4 gefährden, noch die festen Blutbestandteile in ihrer Funktion beeinträchtigen. Der Löwenanteil der Schlacken stammt aus dem Kohlehydrat- und Fettstoffwechsel, d. h. die aus der Energiegewinnung ausscheidenden Wasserstoffionen und Kohlenstoffatome (Kohlensäure) müssen in gebundener Form zur Ausscheidung gebracht werden. Diese Schlacken werden also nach ihrem Zellaustritt z. T. chemisch in Bikarbonat umgewandelt und zu 75% in den roten Blutkörperchen zur Lunge transportiert, wo unter erneuter Umwandlung durch das Enzym Carboanhydrase das Bikarbonat als Kohlendioxyd abgeatmet wird. Etwa 10% der bei diesem Prozeß freiwerdenden Wasserstoffionen werden zusätzlich an spezielle Bluteiweiße gebunden, und ca. 15% übernimmt das freie ungebundene Hämoglobin – der rote Blutfarbstoff. Wie man sieht, kommt es also auf die Bikarbonatkapazität als Hauptpuffersystem an. Die aus dem Abpufferungsprozeß entstehenden Bikarbonatsverluste werden vom Nierentubuli aus Kohlensäure und Wasser laufend ersetzt. Daraus mag man ersehen, wie wichtig die Nierenfunktion ist und jede Beeinträchtigung dieses

Organs zu einer ernsten Störung des Säure-Basengleichgewichtes führen muß. Zum Bikarbonatsystem sind noch zwei weitere – direkt der Niere angehörende – Puffersysteme bereitgestellt. Einmal die Phosphatpuffer, welche aber nur zu etwa 1% an der Abpufferung beteiligt sind und das System der Ammoniakbildung mit einem Kapazitätsanteil von 25%. Die Niere verbindet Ammoniak mit Wasserstoffionen zu Ammoniumionen und scheidet mit diesem Trick sehr viel Wasserstoff aus. Allein in 24 Stunden 1,3 g Ammoniumionen. Im geringen Maße wird auch ein kleiner Teil der freien Wasserstoffionen im Abtausch gegen Natrium ausgeschieden. Dieser Teil säuert den Harn an und ist ein Maß für die Alkalireserve. Wenn also der Urin stark angesäuert ist, dann befinden sich darin viele freie Wasserstoffionen, die vom Puffersystem der Niere nicht neutralisiert werden konnten. Bei bestimmten Erkrankungen, z.B. Diabetes, Harnsäureüberschuß, Krebs und bestimmten Nierenerkrankungen, ist der Urin stets angesäuert und ein ernstes Alarmsymptom.
Das Kation Kalium steigt bei Blutübersäuerung im Serum grundsätzlich an, da es aus den Körperzellen heraustritt, um die Übersäuerung zu kompensieren. Ein hoher Kaliumspiegel, der endogen verursacht ist, kann also die Übersäuerung anzeigen. Da es sich aber um den Kaliumbestand der Zelle handelt und nicht um das extrazelluläre Kalium, liegt ein Kaliummangel vor, der am besten durch viel Obst- und Gemüsesäfte ausgeglichen werden kann.
Verliert eine Niere viel Natrium, dann ist das ebenfalls ein Hinweis auf Übersäuerung, hier muß vorrangig die Niere behandelt werden. Manche Medikamente, die stark diuretisch wirken, treiben ebenfalls den Stoffwechsel in die Übersäuerung hinein, da die vermehrte Ausscheidung bestimmter Mineralien, z.B. Natrium, Kalium, Calcium und Magnesium, die Eliminierung von Wasserstoffionen blockiert. O.g. Mineralien müssen bei solchen drastischen Therapiemaßnahmen unbedingt wieder zugeführt werden, am besten noch während der gesteigerten Diurese. Lebensmittel, die entweder stark eiweißreich oder kohlehydratreich sind, belasten das Puffersystem, indem sie vorzeitig die Alkalireserven erschöpfen (siehe Liste S. 38), und zwingen den inneren Arzt zu einer Notmaßnahme, indem er die sauren Valenzen einfach im Bindegewebe liegen läßt, wo sie mit der Zeit versalzen. Die Bindegewebsversalzung und Verkäsung ist zwar das Schicksal eines jeden alternden Organismus, aber es kommt immer auf das Tempo an, und das bestimmt die Menge der zugeführten Nahrungsqualität. Von den Aminosäuren sind 15 neutral, 3 basisch und zwei sauer (Asparaginsäure und Glutaminsäure). Daraus könnte man den Trugschluß ableiten, daß eine eiweißreiche Kost die Übersäuerung verhindert, jedoch erfordert die eiweißreiche Ernährung einen erhöhten Energieaufwand, welcher wegen mangelnder Kohlehydratzufuhr aus den Fettdepots und Zuckerreserven der Leber bereitgestellt wird, was wiederum die Wasserstoffionenkonzentration in die Höhe treibt. Weit verbreitet ist die latente Acidose – die unterschwellige Übersäuerung –, die eindeutig aus einer konzentrierten industriellen Zivilisationskost resultiert. Zwar spielen Klima und seelische Faktoren ebenfalls eine Rolle, aber sie sind von untergeordneter Bedeutung. Normalerweise darf der Urin nur 10% vom normalen pH 7,0 (leicht sauer) nach oben oder nach unten abweichen, tatsächlich weicht er aber bei den

meisten Krankheiten um 20–35% ab. Bei einer krebsigen Stoffwechsellage sinkt der Urin-pH auf 5,4–4,4 ab und bleibt auf diesem Niveau. Man kann anhand von Urinteststreifen den 24-Stunden-Mittelwert (mittlerer Aciditätsquotient) errechnen und daraus ersehen, ob man chronisch übersäuert ist. Zu diesem Zweck mißt man den 1. Wert um 7.00 Uhr morgens, dann alle drei Stunden, insgesamt fünfmal, und errechnet den Mittelwert. Also 7, 10, 13, 16 und 19 Uhr. Nach Prof. Sander ist der Morgenurin infolge der nächtlich anfallenden Säureausscheidungen fast immer sauer, während er zwei Stunden nach dem Frühstück alkalisch reagieren müßte. Dieses Phänomen haben sich Salzborn und Prof. Zabel zunutze gemacht, indem sie den Kranken ständig eine Kleinigkeit zu essen reichten und ihn so künstlich in einer basischen Stoffwechsellage hielten. Kurz vor der Mittagspause – etwa um 12.30 Uhr – wird durch erneute Ausscheidungsvorgänge der Urin wieder sauer und eine Stunde nach dem Mittagessen wieder alkalisch. So geht das weiter bis in die Abendstunden. Man spricht von einer leichten Übersäuerung, wenn die Abweichungen weniger als 30% betragen, mittelschwer bis 50% und schwer über 70%. Das gleiche gilt für die weit seltenere Alkalose.

Gibt es spezielle Symptome, die eine Übersäuerung anzeigen?
Wasseransammlungen in Bauch und Beinen können, einmal abgesehen von Herz-Kreislauferkrankungen, eine Übersäuerung anzeigen. Gehäuft werden Herzrhythmusstörungen, unregelmäßige Atmung, brennende Fußsohlen, Kribbelempfinden im ganzen Körper und Nervenschmerzen beobachtet. Hier sollte – wenn keine anderen Ursachen vorliegen – ein 24stündiger Urintest vorgenommen werden.

Was kann man gegen eine Übersäuerung tun?
Es muß gleich gesagt werden, daß es gegen eine erblich vorgegebene Pufferkapazität kein Mittel gibt, außer eine entsprechend angepaßte Ernährung. Die Leistungsbreite und Anpassungsfähigkeit des Organismus ist unterschiedlich ausgeprägt, und den genetisch vorgegebenen Rahmenbedingungen sind Grenzen gesteckt. Meist sind die Alkalireserven überfordert, und eine basenreiche Kost kann ein entsprechendes Ungleichgewicht wieder korrigieren. Die Nahrung sollte etwa zu 80% basisch sein und zu 20% aus Säurebildnern bestehen. Das ist mit einer überwiegend vegetarischen Ernährung am leichtesten möglich. Eine andere Möglichkeit bietet uns die Säureausscheidung über die Atmung. Eine optimale Atmungstechnik und viel frische Luft entsäuert am schnellsten, denn ein sauerstoffreiches Blut reagiert alkalisch. Eine gute Entsäuerungsmethode ist das Schwitzen, entweder durch sportliche Betätigung oder durch saunen. Regelmäßige Sauna hilft nicht nur den häufig überhöhten Natriumbestand zu senken, sondern entrümpelt auch das Bindegewebe. Da sich Natrium und Kalium zueinander komplementär verhalten, wird bei Natriumverlusten durch erhöhte Schweißabsonderung der Kaliumanteil aktiviert. Ähnliches läßt sich auch von Calcium sagen. Es bindet Wasserstoffionen und ist ein wichtiges Entsäuerungsmineral im Säure-Basenhaushalt. Aus elektrochemischer Sicht besteht zwischen den Kationen – Kalium, Natrium, Calcium, Magnesium, Eisen, Lithium und Ammonium – und den Anionen – Chlorid, Sulfat, Hydrogenphosphat, Fluorid, Bicarbonat und

Proteinen – eine labile Elektroneutralität, da die Summe der Kationen gleich der Summe der Anionen ist. Bekanntlich wandern die positiv geladenen Kationen zum negativ geladenen Pol oder in ein negativ geladenes Energiefeld, dagegen die Anionen in umgekehrter Richtung, in ein positiv geladenes Energiefeld. Übermäßige Zufuhr von Proteinen müßte also die Elektroneutralität verändern und die Energiefelder durch Umverteilung der Ionen verlagern. Zudem kommt es durch den Wassermitreißeffekt des Natriumions (siehe S. 48) zu einer Verlagerung der Körperflüssigkeit, so etwa sackt das Blutwasser (Serum) in die Zwischenzellspalten ab, oder es sammelt sich in den Zellen direkt an. Solche Effekte sind durch eine einseitige kohlehydrat- oder eiweißreiche Ernährung experimentell nachvollziehbar. Ich finde es sehr merkwürdig, daß die offizielle Medizin diese wichtigen Erkenntnisse nicht längst schon therapeutisch durch prophylaktische Ernährungsberatung berücksichtigt. Beachtet man zudem den natürlichen Säure-Basenrhythmus, dann empfiehlt es sich, morgens ein basenreiches Frühstück, mittags eine eiweißreiche Mahlzeit und abends eine mäßige, kohlenhydratreiche, neutrale Mahlzeit einzunehmen. Dr. Howard Hay fordert sogar eine strikte Trennung von Eiweiß und Kohlehydraten, denn beide zusammen übersäuern nach seiner Meinung immer. So darf z. B. saures Obst nicht zusammen mit konzentrierten Kohlehydraten gegessen werden. Auch verschiedene Eiweißabkömmlinge sollten nicht vermischt, z. B. das Fischeiweiß sollte nicht zusammen mit Eiern oder Schweinefleisch gegessen werden. Ähnliche Erfahrungen machte auch Dr. Walb, ein deutscher Arzt. Die Hay'sche Trennkost ist leichter gesagt als getan, sie erfordert Disziplin und Stehvermögen, vor der Theorie und den Erfolgen muß man sein Haupt beugen und anerkennend zugeben, daß sie jeder medikamentösen Therapie überlegen ist.

Ein alkalisierendes Pulver nach Dr. Biedermann und Dr. Kern lautet:

Natrium bicarbonicum	600,0	Calcium citricum	140,0
Kalium bicarbonicum	100,0	Magnesium citricum	10,0
Calcium phosphoricum	150,0	Davon täglich 1 TL mit Wasser einnehmen.	

Welche Lebensmittel sind basenbildend?
Zitrusfrüchte und Fruchtsäfte, Obst, Gemüse, Salate, Kartoffeln, Vollmilch, einige Pilze, z. B. Pfifferlinge und Steinpilze, Melasse, Hafer, Topinambur, Naturreis.

Säurebildende Lebensmittel:
Fleisch, Getreideprodukte, z. B. Vollkorngetreide, Vollkornmehl, Vollkornnudeln, Weißmehl und Auszugsmehl, Weißmehlnudeln, Graubrot, Vollkornbrot, eiweißreiche Gemüsearten, z. B. Sojabohnen, weiße Bohnen, Hülsenfrüchte, polierter Reis, Nüsse, Eier, Fisch, fettarmer Käse, konzentrierte Milchprodukte, Bierhefe, Backwaren, Schokolade, Speiseeis, Quark, Kaffee, Kakao, Mayonnaise, eingemachte Essigessenzen, Cremesaucen, weißer Zucker, Marmelade, eingemachtes Obst, Gelees, Bier, Wein, alkoholische Getränke, Rübensirup, Bienenhonig. Manches saure Obst beansprucht auch das Puffersystem und wirkt säu-

ernd: Kernobst, Steinobst, Beerenobst, Ananas, Melonen, Datteln und Feigen, Rhabarber, Stachelbeeren und Preiselbeeren. Bei Gemüse gibt es einige säuernde Arten: z. B. Grünkohl, Schwarzwurzel, Artischocken und Rosenkohl, die meisten sind jedoch neutralisierend und gleichzeitig kaliumspendend.

Neutrale Lebensmittel, also solche, die weder alkalisieren noch ansäuern, sind folgende: Die meisten Fette, z.B. pflanzliche Öle, aber auch Butter, Rahmkäse, fetter Speck und Milchrahm.

Von den Gemüsen: z.B. Blattsalate, rote Rüben, Steckrüben, Blumenkohl, Spargel, Lauch, Zwiebeln, Bohnen, Erbsen, Sellerie, Wirsing, Rotkohl, Weißkohl, Sauerkraut, Mangold, Spinat, Sauerkraut (durch RMS-Wirkung), Paprikaschoten, Tomaten, Kürbis, Gurken, Kohlrabi, Radieschen, Rettich, Fenchel, Chicorée, Heidelbeeren, Rosinen, einige Nüsse, Edelkastanie, Agar-Agar, Gelatine, Hagebutte.

Neutrale Gewürze: z.B. Basilicum, Knoblauch, Paprika, Muskat, Kräutersalz. Curry besteht aus über 10 verschiedenen Gewürzen, darunter auch die Gelbwurzel (siehe S. 116), und ist ebenfalls neutral.
Aus der Liste ist leicht zu ersehen, daß die vegetarische Kost am wenigsten die Alkalireserve strapaziert. Zusammenfassend darf man sagen, daß außer Fett alle konzentrierten Nahrungsmittel – auch diejenigen natürlicher Herkunft – Säurebildner sind. Es soll hier jedoch keineswegs der Eindruck entstehen, als müßten alle acidotisch wirkenden Lebensmittel vom Speisezettel verbannt werden, dies gilt nur bei chronischen Stoffwechselentgleisungen. Ein Stoffwechsel, der zwischen leicht sauer und leicht alkalisch pendelt, ist gesund. Eine mild säuernde Kost regt übrigens die Blutbildung und das Immunsystem an und aktiviert die Blutatmung, außerdem bekommt das Atemzentrum im Hirnstamm einen milden Anregungsreiz zur vertieften Atmung. Ich habe die Übersäuerung deshalb so stark herausgestellt, weil unsere verkünstelte Industrienahrung eine im wahrsten Sinne des Wortes „versäuernde Kost“ ist. Wahrscheinlich steht die sprunghafte Zunahme der Krebserkrankungen mit einer chronischen Stoffwechselübersäuerung in Zusammenhang. Das beste Mittel gegen Übersäuerung ist immer noch eine mäßige natürliche Vollwertkost. Je höher der Energieanteil einer Nahrung und je weniger Energieverbrauch, desto größer ist die Gefahr der Übersäuerung, daher meine Empfehlung: *mäßige und kleine Mahlzeiten, etwa alle drei Stunden, ist die beste Prophylaxe gegen Übersäuerung.*

Harnsäure – der Stoff, der aus dem Fleisch kommt

Harnsäure ist ein nicht weiter abbaufähiges Ausscheidungsprodukt des Kernstoffwechsels tierischer und menschlicher Zellen. Im Zellkern ist das Erbmaterial auf langen Eiweißinformationssträngen in einer ganz bestimmten Reihenfolge (Basensequenz) codiert. Damit die Eiweißstruktur im Zellplasma mit den Informationssträngen (Desoxyribonukleinsäure) genau übereinstimmt, werden Matrizen bereitgestellt (Ribonukleinsäuren), die eine genaue Kopie der DNS darstellen.

Die laufende Biosynthese der Matrizen erfordert Energie und Substanz und bedingt Materialverschleiß, die eben als Harnsäure anfällt. Da jede Zelle einen Kern besitzt – außer den roten Blutkörperchen – wird je nach Eiweißumsatz in den Zellen überall pro Tag ca. 1 g Harnsäure produziert, wovon die Niere etwa 75–80% ausscheidet. Teilweise kann die Harnsäure im Blut an Transporteiweiße gebunden werden, jedoch besitzt sie eine nur geringe Wasserlöslichkeit.

Weshalb entsteht zuviel Harnsäure?

Die häufigste Ursache – gegen die auch der innere Arzt keine Macht hat – ist die überhöhte Zufuhr von Purinbasen aus Fleisch, Fisch, Innereien, Geflügel und Wurst. Den Beweis dafür haben wir in einem signifikanten Rückgang Gichtkranker, während Kriegs- und Notzeiten. Nur etwa 0,1% erkrankten an Gicht, während sie heute mit über 2% wieder modern geworden ist. Immerhin haben wir eine Zunahme um das Zwanzigfache zu verzeichnen, wobei der Zusammenhang mit dem ebenfalls sprunghaft angestiegenen Fleischkonsum nicht mehr geleugnet werden kann. Eine weitere Ursache ist in einer fehlerhaft arbeitenden Nierenausscheidung zu sehen. Die Nierenschwäche kann darin bestehen, daß sie zu wenig Harnsäure ausscheidet und der Harnstoffspiegel im Blut ansteigt. Die mangelnde Nierenausscheidung ist heute beinahe zur Volkskrankheit geworden, nicht zuletzt wegen der vielen Medikamentengifte, welche auf Dauer auch der besten Niere schaden.

Die dritte Möglichkeit besteht in einem gesteigerten Grundumsatz, etwa bei Schilddrüsenüberfunktion, in dem aus den vorzeitig verbrauchten Zellen die Kerneiweiße als Harnsäure anfallen. Die überschüssige Harnsäure kreist zu lange im Blut, peitscht die Nervenzellen auf und lagert sich schließlich in den Gelenken und im Bindegewebe ab. Als vierte Möglichkeit bleibt noch die angeborene Harnsäureüberproduktion. Bei diesem genetischen Enzymdefekt werden die Purinbasen zu schnell abgebaut und der ganze Kernstoffwechsel läuft in einem übersteigerten Tempo ab, siehe auch S. 60 (Molybdän). Bis heute ist die Ursache ungeklärt. Aber es muß einen Grund geben, warum der innere Arzt den Kernstoffwechsel steigert, denn immer sollten wir davon ausgehen, daß der innere Arzt zu solchen – fast schon selbstmörderischen – Schritten gezwungen ist. Bei einem übersteigerten Kernstoffwechsel entsteht oft die zwanzigfache Harnsäuremenge der üblichen Ausscheidungskonzentration pro Tag. Bei so schweren Entgleisungen muß es zu unwiderruflichen Schäden kommen, etwa Gichtanfälle, Harnsäuresteinbildungen und Ablagerungen der Harnsäure in den Gelenken.

Was kann man gegen Harnsäureüberschuß tun?

Der beste Schutz ist immer noch die Gichtdiät, siehe weiter unten. Zusätzlich sollten die Nieren gepflegt werden. In meinem Büchlein: „Erfolgreiche Naturheilbehandlung bei Nieren- und Unterleibserkrankungen", habe ich wirksame Behandlungsvorschläge gegeben, welche die Nieren anregen und ihre Funktion steigern. Noch ein Rat: Setzen Sie alle chemischen Arzneimittel ab, die eine mögliche Nebenwirkung auf die Nieren haben. Wenn die Mittel als Dauermedikation verordnet wurden, z. B. Herzglykoside, dann versuchen Sie auf ein harmloseres umzusteigen.

Die Gichtheilkost

Es ist für alle Ernährungsskeptiker immer wieder verwunderlich und kaum glaublich, daß die Gicht durch einfache Umstellung der Tageskost in kürzester Zeit verschwindet und das so lange, bis der Bauchdämon wieder einmal obsiegt. Wenn man sich über die Ursachen im klaren ist, nämlich die Ausfällung der verstoffwechselten Kerneiweiße zu Harnsäure, dann ist es nur logisch, die Zufuhr von Eiweißen in bestimmten Grenzen zu halten, um vor einer Harnsäureüberflutung weitgehendste Ruhe zu haben. Zu meiden sind also alle purinhaltigen Eiweißträger – insbesondere alle Fleischsorten mit einem Puringehalt von 100 mg pro 100 g bis auf Huhn, Hammelfleisch, beide 78 mg, und Rindfleischbrühe, die ideal durch Hefeextraktbrühe ersetzbar ist. Wer unter besonders hohen Harnsäurekonzentrationen zu leiden hat, z. B. schon bei Brot etwas spürt, muß die strenge Gichtkost einhalten, d. h. eine völlig purinfreie Kost wählen. Hierbei darf er weder Fleisch noch Fisch, Hefebrot, Eier, Linsen, Steinpilze, Pfifferlinge, Hülsenfrüchte und Bierhefe zu sich nehmen, sowie alle ansäuernden Lebensmittel, siehe S. 38. Selbstverständlich sind alle ansäuernden Getränke zu vermeiden, wozu vor allem schwarzer Tee, Mineralsäuerlinge, Alkohol und Kaffee zählen, sie lösen den akuten Gichtanfall aus. Erlaubt und zu bevorzugen ist viel Milcheiweiß, z. B. Quark, außerdem Sojabohnen, Mais, Haferflocken, kaltgeschlagene Pflanzenöle, Rohkost, Obstsäfte – vor allem Zitrusfrüchte – welche den Harn alkalisieren, z. B. Pampelmuse und Grapefruit. Damit die Harnsäureausschwemmung gut vorankommt, kann man zu folgenden Getränken greifen: Fachinger, Friedrich-Christian-Quelle, Wildunger Heilwasser; außerdem sind noch folgende Getränke erlaubt: Apfeltee, Malvenblütentee, Himbeerblättertee, Gemüsesäfte, Molke, Buttermilch und eventuell Kathreiner.

Die Gichtheilkost – 7-Tages-Plan

1. Tag

morgens:	Frischkorn aus verschiedenen Getreidearten Vollkornbrot, Butter, Honig, Rohmarmelade, Seite 150 (ohne Zucker), Quark Tee aus Malven, Hagebutten, Himbeerblättern, Brombeerblättern, Apfel
mittags:	1 Orange Grüner Salat mit Radieschen Kräuterspätzle mit Buchweizenbutter Tomatensalat Mineralwasser
abends:	Fruchtsalat mit Weizenkeimen Currysuppe Tee wie morgens oder Mineralwasser

Die genaue Rezeptanleitung finden Sie im Rezeptanhang von S. 282 bis 292.

2. Tag

morgens:	siehe 1. Tag
mittags:	Pikanter Kohlrabisalat
	Kartoffelsuppe mit Lauch
	Apfelschlemmerei
	Mineralwasser
abends:	Grapefruit
	Reissalat mit Sellerie
	Getränk wie am 1. Tag

3. Tag

morgens:	siehe 1. Tag
mittags:	Gelbrüben-Zucchinisalat
	Vollkornnudeln mit Champignonsauce
	Buttermilchgetränk mit Erdbeeren
abends:	Rohkostplatte mit Dill-Joghurtsauce
	Vollkornbrot, Tomatenbutter
	Getränk wie am 1. Tag

4. Tag

morgens:	siehe 1. Tag
mittags:	Gurken-Rettichsalat
	Bouillonkartoffeln mit Senfsprossen
	Fruchtquark
	Mineralwasser
abends:	Avocado-Tomatensalat mit Sojasprossen
	Vollkornbrot, Butter, Schnittlauch
	Getränk wie am 1. Tag

5. Tag

morgens:	siehe 1. Tag
mittags:	Endivien-Orangensalat
	Polenta, Paprikagemüse
	Apfeldessert
	Mineralwasser
abends:	Radicchiosalat fruchtig
	Hirse-Quarkcreme
	Getränk wie am 1. Tag

6. Tag

morgens:	siehe 1. Tag
mittags:	Grapefruit
	Buchweizenkäseauflauf, Weißkrautsalat
	Mineralwasser
abends:	Gemischte Rohkost auf Blattsalat mit Melonenspalten
	Vollkornbrot, Kräuter-Doppelrahmfrischkäse
	Getränk wie am 1. Tag

7. Tag

morgens:	siehe 1. Tag
mittags:	Chinakohlsalat mit Obst
	Grünkernklößchen mit Tomatensauce, Wirsing
	Zimteis
	Mineralwasser
abends:	Champignonsalat
	Vollkornbrot, Butter, Kresse
	Getränk wie am 1. Tag

Soll man Kochsalz meiden?

Auch das strikte Meiden von Kochsalz ist eine unnatürliche Übertreibung, wenn man bedenkt, wie fundamental die Salzmoleküle im Stoffwechsel verankert sind. Ohne Salz gäbe es kein Leben, die ersten organischen Gebilde – die mit den Merkmalen des Lebens ausgestattet waren – entstiegen den salzigen Ozeanen. Schwitzt der Mensch über die Haut zu viel Salz aus, etwa bei tropischen Temperaturen, dann entwickeln sich lebensbedrohliche Symptome, die unter dem Begriff „hypochlorämisches Syndrom" zusammengefaßt sind.

Der Mensch verbraucht täglich 3 g Kochsalz, das entspricht etwa einer Messerspitze.

Im Körper befindet sich das Salz überall. So hat das Blut einen leichten Salzgeschmack, der Schweiß und auch der Urin. Jede Zelle und die sie umgebende Flüssigkeit enthält Salz in fast gleicher Konzentration wie das Meerwasser.

Biochemisch gesehen besteht Salz aus Natrium-Chloridionen. Es handelt sich also um eine Kation-Anion Verbindung, die elektrochemisch im Gleichgewicht steht. Natrium kommt zu 97% im Gewebswasser der Zwischenzellräume vor, da es unwahrscheinliche Mengen an Wasser binden kann. Ein Natriumion vermag sechs Wassermoleküle an sich zu binden, oder, grob gesagt, 1 g Kochsalz bindet 70 g Wasser. Da der Mensch zu knapp 60% aus Wasser besteht, muß er eine entsprechende Salzkonzentration aufrechterhalten. Der häufige Standortwechsel der Natriumionen zwischen dem Außenraum der Zelle und der Zellmembran bedingt also eine stete Wasserverlagerung. Durch seine positiv-elektrische Ladung bedingt es bei Kontakt mit der Zellmembran eine elektrische Erregung, die für die Durchlässigkeit der Zelle von Bedeutung ist, besonders an den dynamischen Zellen des Muskel- und Nervensystems. Das hat aber für die Bewegung der in der Gewebsflüssigkeit gelösten Nährstoffe ganz wesentliche Folgen. Durch den Wassermitreißeffekt und die Erregung der Zellmembran fließen die Nährstoffe mit dem Natrium in die Zellen und können so verarbeitet werden. Das Natrium tritt jedoch sofort wieder aus der Zelle aus.

Das negativ geladene Chloridion benutzt der innere Arzt, um das durch die positiv geladenen Kationen (Kalium, Natrium, Magnesium, Calcium u. a.) entstandene elektrische Spannungsfeld zwischen Innen- und Außenraum der Zellen auszugleichen. Chloridionen befinden sich außerhalb der Zelle. Ihre übermäßige Zunahme im Blut oder in den Zwischenzellräumen, z. B. bei chronischem Magensaftmangel, kann zu einer Übersäuerung führen (siehe S. 36), da viele Chloride für die

Bereitstellung der Magensäure in den Belegzellen vom Blut abgezogen werden. Wie wichtig dieser Vorgang für den Säure-Basenhaushalt ist, vermag man daran abzuschätzen, daß täglich ca. 7 Liter Magensaft gebildet werden.

Welche Gefahren ergeben sich aus einer übermäßigen Kochsalzzufuhr?
Die Hauptgefahr liegt in der Störung des Wasserhaushaltes und in der Belastung von Niere und Kreislauf.
Da das Natriumion ein elektrisches Erregungspotential besitzt, kann es eine Promotorfunktion bei der Einlagerung von sklerotisch wirksamen Schlacken in den Gefäßwänden haben, wenn es die natürliche Konzentration übersteigt. Auf Grund seines hohen physiologischen Wertes versucht der innere Arzt, den Natriumbestand in einem steten Gleichgewicht zu halten, indem er über die Nieren eine nur minimale Ausscheidung zuläßt. Auch schon deshalb, weil mit jedem zurückgehaltenen Natriumion säuernde Wasserstoffionen ausgeschieden werden können. Überhöhte Natriumwerte steigern aber den Wassergehalt des Blutes und der Zwischenzellräume, die Folgen sind Bluthochdruck, wäßrige Gewebspolster und Nierenschädigung. Hochdruckkranke müssen auch auf die Prise Salz verzichten, das gleiche gilt für Nieren- und Herzkranke. Im übrigen braucht man um so weniger seine Speisen zu salzen, je naturbelassener sie sind, da ihre natürliche Natrium-Chlorid-Konzentration den täglichen Bedarf voll abdeckt.

Die Krebsmilchsäure und die Antikrebsmilchsäure

Die Milchsäure kommt überall in der Natur vor und wird von tierischen und menschlichen Zellen sowie von Bakterien produziert. Die sogenannte Fleischmilchsäure entstammt aus dem unvollständigen Abbau des Zuckers auf dem Wege der Glykolyse, siehe S. 25. Ihr Hauptentstehungsort ist die Muskelzelle, also die wesentlichen Bewegungsorgane. Biochemisch wird die Fleischmilchsäure als die rechtsdrehende L-Form definiert. Für diese Form – kurz als RMS bezeichnet – besitzt der Organismus ein wirksames Enzymsystem, mit dem er sie weiter verstoffwechseln kann. Ein erhöhtes Angebot an rechtsdrehender Milchsäure bewirkt eine Erweiterung der Herzkranzgefäße, vermehrte Herzmuskelkraft und eine Aktivierung des Zuckerstoffwechsels in der Leber. Des weiteren vermag die RMS das Immunsystem zu stimulieren und nach Prof. Seeger die Zellatmung, d.h. den Austausch von Sauerstoffatomen um das 3,5-fache zu steigern. Im Gegensatz dazu verhält sich die linksdrehende Milchsäure toxisch. Diese sogenannte Gärungsmilchsäure, biochemisch als D-Form bezeichnet, wird infolge industrialisierter Dosen- und Pappschachtelkost von einer daraus entstandenen gärenden Fäulnisflora des Darms in den Stoffwechsel eingeschleust. Die Folge ist nicht nur eine Übersäuerung (siehe S. 36), sondern die Weckung latenter Krebszellen und die Zerstörung der oxydativen Lebensprozesse in den Zellen. Manche Krebszellen werden nach der toxischen Blockierung ihrer Enzymsysteme zu regelrechten Gärzellen. Sie fallen damit auf eine primitive Stufe der Energiegewinnung zurück. Eine solche Gärzelle produziert nur noch linksdrehende Milch-

säure und versäuert das umliegende Bindegewebe, hierbei manövriert sie sich zunehmend in den Vergiftungs- und Erstickungstod. Was tut sie nun? Sie teilt sich in ihrer Not explosionsartig, was eigentlich paradox ist, denn woher nimmt sie bei einer so verheerenden Stoffwechsellage die nötige Energie? Das aber ist das Kennzeichen einer Krebszelle.
Dem inneren Arzt steht für die linksdrehende Milchsäure kein wirksames Enzymsystem zur Verfügung, er kann sie nur dadurch unschädlich machen, indem er durch Anlagerung der RMS eine razemische Ausscheidungsform herbeiführt, was aber zu einem zusätzlichen Verbrauch an RMS führt. Man könnte daher die RMS als Antikrebsmilchsäure bezeichnen. Die zelluläre Produktion der RMS ist an drei Bedingungen geknüpft:

1. An ausreichende Muskelarbeit (Bewegung, Sport, Wandern etc.).
2. Von der Biosyntheseleistung bestimmter Milchsäurebazillen, etwa Bifidusflora.
3. Von der Qualität der zugeführten Nahrungsmittel.

   Der Mangel an Bewegung ist der Hauptgrund, warum der innere Arzt die wichtige RMS nicht in genügender Menge zur Verfügung hat. Eine intakte Darmflora kann sich nur durch eine möglichst naturbelassene Ernährung, durch reichlich aufgenommene milchsäurehaltige Lebensmittel und durch regelmäßige Stuhlentleerungen erhalten. Wie weise und vorausschauend auch hier Mutter Natur ist, sehen wir am Beispiel der Muttermilch, siehe S. 194. Die Muttermilch ist eine der besten und natürlichsten RMS-Bildner, ihr hoher Milchzuckeranteil fördert die hochwirksame Bifidusflora im Säuglingsdarm.
   Denaturierte Büchsenkost kann jedenfalls nur zur Produktion von linksdrehender Milchsäure nützlich sein. Freilich ist die RMS kein krebsheilendes Mittel, aber sie kann dazu beitragen, daß dem Krebsgeschehen vorgebeugt wird, und das ist schon viel.

Hier noch einige Lebensmittel, die RMS enthalten. Buttermilch, Molke, Sanoghurt (Heirler), rote Bete, Diätmolke, Karotten und einige speziell milchsauer vergorene Gemüse.

Innerliche Mittel: Es gibt ein Präparat, das in sehr hoher Konzentration rechtsdrehende Milchsäure enthält und in Österreich hergestellt wird. Es heißt RMS-Tropfen von der Fa. Petrasch.

Homöopathisch kann man mit Acidum sarcolacticum D 3–D 12 eine optimalere Stoffwechselverwertung der RMS forcieren.

Sauerstoff – der Stoff höheren Lebens

Nur eine ausreichende Sauerstoffversorgung der Zellen garantiert, daß alle enzymatischen Stoffumsetzungen reibungslos ablaufen können, sozusagen bedingt Sauerstoff den Bewegungsimpuls der Enzyme.

Weshalb entsteht Sauerstoffmangel?
Der Mensch stirbt nicht nur an Ernährungs- und endogenen Körpergiften, er geht auch langsam an Sauerstoffmangel zugrunde, denn Vergiftung und Erstickung greifen ineinander.

So ist die häufig zu beobachtende nachlässige Atmung der Grund für einen minimalen Sauerstoffmangel im Blut. Eine weitere Möglichkeit, trotz ausreichendem Sauerstoffangebot besteht darin, daß durch Ernährungsgifte aus industrialisierter Büchsenkost in die Zelle toxische Stoffe eingeschleust werden, z. B. Insektizide, Schwermetalle, Nitrit und Konservierungsstoffe, die das oxydative Enzymsystem lahmlegen oder gar zerstören können. Der angebotene Sauerstoff kann nicht mehr ausgenutzt werden, und die Zellen altern vorzeitig. Dasselbe geschieht, wenn dem Enzymsystem nicht genügend Ersatzmaterial aus Vitaminen, Spurenstoffen und Mineralien zugeführt werden, wie das vor allem bei einseitiger verkünstelter Industriekost aus Dosen und Pappschachteln geschieht. Im höheren Alter kann selbst bei genügendem Sauerstoffangebot – z. B. Landwirt oder Bergbauer, infolge mangelnder Durchlässigkeit der kleinen Blutgefäße, der Sauerstoff nicht mehr zur Zelle gelangen, was einen langsamen Erstickungstod herbeiführt. Nicht anders ergeht es den Zellen, wenn die roten Blutkörperchen infolge Eisenmangel zu wenig Sauerstoff transportieren. Jeder Arzt und Heilpraktiker kann schon an der bleichen Gesichtsfarbe einen solchen Eisenmangel erkennen. Es gibt noch viele Gründe für Sauerstoffmangel – z. B. chronische Entzündungsherde, welche die Blutatmung blockieren, Blutübersäuerung usw.
Auf jeden Fall ist Sauerstoff ein wichtiges Element in der Ernährung, und man kann durch viel frische Luft einem chronischen Minimalmangel entgegenwirken.

II. KAPITEL

Zündfunken des Stoffwechsels

Teil 1

Mineralstoffe und Spurenelemente – klein, aber fein

Wer sich mit Mineralien und Spurenelementen befaßt, gelangt zu der Überzeugung, daß je kleiner und feiner ein Stoff im Organismus ist, desto tiefer greift er in das Stoffwechselgeschehen ein. Insbesondere die Spurenelemente bestimmen die Enzymdynamik, deren spezifische Eigenschaften und somit den ganzen Stoffwechselablauf in der Zelle. Als elektrisch geladene Metallionen innerhalb der Enzyme sind sie gleichsam das Zünglein an der Waage, welches das Enzym motiviert. Die Mengenelemente Kalium und Natrium, Phosphor, Calcium und Chlor sind sowohl für das elektrochemische Milieu wie auch für die Wasserverteilung zuständig. Das ist natürlich längst nicht alles, so haben sie vor allem entscheidenden Einfluß auf den Säure-Basenhaushalt (siehe S. 35), auf die Erregbarkeit der Zellmembran, auf bestimmte Eigenschaften des Blutes und noch vieles mehr, darauf werden wir im einzelnen eingehen. Grundsätzlich aber läßt sich sagen, es eröffnet sich mit dem Mineralstoffwechsel ein neues Universum im subtilen Bereich, und man bekommt Zweifel, ob ein Medizingelehrter dieses Wissen je praktisch umsetzen kann. Der Naturheilarzt und Heilpraktiker braucht sich darüber keine Sorgen zu machen, denn er behandelt nicht nur ganzheitlich, sondern motiviert den Patienten auch zu einer Vollwertkost, die dem inneren Arzt all jene wichtigen Materialien liefert, die er zur Aufrechterhaltung eines gesunden Mineralgleichgewichtes benötigt.

Noch ein Wort zu den Verhältnissen der Mineralien und Spurenelemente untereinander. Immer wieder werden von der Pharmazie Medikamente angeboten, in denen in hohen Konzentrationen hauptsächlich Spurenelemente verarbeitet sind. In guter Absicht werden diese Präparate dem Patienten verordnet, um mögliche Mangelerscheinungen auszugleichen. Indes konnte die biochemische Forschung herausfinden, daß sich die Bioelemente qualitativ und quantitativ gegenseitig in ihrer Wirkung steigern oder hemmen. Bei bestimmten Krankheiten scheint diese Wechselwirkung eine wichtige Rolle zu spielen, indem sie in ein bestimmtes Mengenverhältnis treten und so der eine oder andere Mangel entsteht. Aus dem Mengenverhältnis kann der kundige Naturheilarzt und Heilpraktiker Rückschlüsse auf den Gesamtstoffwechsel ziehen. Rilling, eine Koryphäe auf dem Gebiet der Bioelemente, konnte das antagonistische Verhalten der einzelnen Bioelemente aufdecken und für die Praxis diagnostisch verwertbar machen. Einige Beispiele sollen das verdeutlichen:

Wird zuviel Eisen resorbiert, dann verdrängt das Eisen Kupfer, indem Kupfer vermehrt ausgeschieden wird. Bei Eisenmangel vermag Kupfer den Eisenstoffwechsel zu steigern und wird aus den Leberreserven aktiviert. Dasselbe geschieht

mit Calcium und Magnesium. Sobald eines der Mineralien überdosiert wird, kommt es zur verstärkten Ausscheidung des anderen und umgekehrt. Magnesium und Kalium verhalten sich ähnlich zu Natrium und Calcium.
In der Erforschung der Mineralverhältnisse stehen wir noch ganz am Anfang, daher scheint die beste Garantie eines ausgeglichenen Mineralhaushalts in der biologischen Vollwertkost zu liegen, die wir uns mühelos und vielfach auch noch billiger zuführen können.

1. Lebenswichtige Mengenelemente

Natrium (Na)
Das Mengenelement Natrium ist ein essentieller Reglerstoff im Organismus. Auf einen 70 kg schweren Menschen kommen etwa 100 g Natrium. Da Natrium eine enge Wechselwirkung zum Kalium unterhält, kann es eigentlich nur mit diesem gesehen werden. Natrium ist allgegenwärtig, besonders im Blut als Natriumchlorid (Salz) und in den Zwischenzellflüssigkeiten. Etwa 40% des Natriumbestandes sind in den Knochen gespeichert. Da Natrium aus biochemischer Sicht ein positiv geladenes Kation ist, d. h. eine positive elektrische Ladung besitzt, vermag es die schwach geladenen Wassermoleküle an sich zu binden und auf seinen Bewegungen und Wanderungen mitzuschleppen. Die Hauptaufgabe des Natriums ist daher, die Wasserverteilung in den Körperräumen zu regulieren. Die Wasserverteilung wird durch das osmotische Gesetz bestimmt, das für alle Organismen gilt.

Was ist eine Osmose?
Osmose heißt das Ausgleichsbestreben von unterschiedlich stark konzentrierten Flüssigkeiten zwischen Innen- und Außenraum der Zelle oder zwischen Bluträumen und Zwischenzellräumen. Da in den Zellen der Proteinanteil höher ist als außerhalb, fließt nach dem Gesetz der Osmose Wasser in die Zelle, um das gleiche Konzentrationsverhältnis zwischen Flüssigkeit und gelösten Molekülen wie im Zellaußenraum herzustellen. Der Wasserdruck in der Zelle nimmt zu. Nach den biochemischen Berechnungen befinden sich 64,4% Wasser im Zellinnern, 27,6% außerhalb und im Blut ca. 56%. Aus der ungleichen Wasserverteilung geht hervor, daß der osmotische Druck innerhalb der Zelle höher sein muß als außerhalb. Im Durchschnitt liegt er bei 6,7 Atmosphären, das ergibt eine Kochsalzkonzentration von 0,9%, welche nahezu dem Meerwasser gleicht. Die Natriumionen sind an der osmotischen Reaktion wesentlich beteiligt.
Etwa 97% des Natriums befinden sich außerhalb der Zellen und ist wesentlich am Nährstofftransport vom Blutgefäß zu den Zellen beteiligt. Dabei erregen sie durch ihre elektrische Ladung die Zellmembranen und veranlassen die Anlagerungen von Nährstoffen – z. B. Zucker, Eiweiße und Fette – an die Zellwand, die dann über noch nicht genau bekannte Mechanismen ins Innere eingeschleust werden. Die Natriumionen werden im wesentlichen über die Haut und geringfügig über die Nieren ausgeschieden. Da der Mensch etwa 2–3 g täglich verliert, muß er sich diese Menge wieder zuführen. Leider wird weit mehr aufgenommen als abgegeben, ähnlich wie im Geldverkehr, wo viele meinen, je mehr sie horten, desto glücklicher werden sie.

Überhöhtes Natrium im Körper hat Wasseransammlungen in den Geweben, Bluthochdruck, Asthma, Nieren- und Herzerkrankungen zur Folge. Natriummangel kommt wesentlich seltener vor, hier handelt es sich um eine typische Tropenerkrankung, wenn durch profuse Schweißverluste zuviel Salz über die Haut verloren geht. Manchmal fließt Natrium auch durch übermäßigen Durchfall ab oder durch fehlerhaft arbeitende Nieren, die normalerweise nur geringe Natriummengen ausscheiden.
Eine Verdrängungs- und Ersatzfunktion für Natrium kann Lithium übernehmen, welches in der Behandlung von Depressionen inzwischen eine wichtige Bedeutung erlangt hat.

Wechselwirkungen: Magnesium wirkt dem Natrium entgegen, Kalium verhält sich komplementär, Calcium schwächt die Wirkung von Natrium ab.

Homöopathische Einflußnahme auf den Natriumstoffwechsel siehe unter Chlor (S. 49).

Natriumgehalt einiger wichtiger Nahrungsmittel – 100 g enthalten: in mg

Maisflocken	660	Vollmilch	160
Käse Emmentaler	620	Pilze getr.	240
Magermilchpulver	560	Seefische	320
Vollmilchpulver	370	Butter	690
Bierhefe	120	Spinat	210
Sauerkraut	356	Margarine	100
Kondensmilch	129	Nüsse	100
Mangold	91	Banane	200
Sellerie	78	Kohlarten	120
Buttermilch	56		

Chlor (Cl)

Chlor ist ebenfalls ein wichtiger Reglerstoff, der zusammen mit Natrium das Salz bildet. Der Gesamtbestand im Menschen beträgt ca. 80 g, wobei der Tagesbedarf je nach Ausscheidung zwischen 2 und 3 g schwankt. Ebenso wie Natrium ist Chlor im ganzen Körper verteilt. Zu 85% befindet es sich im Gewebswasser außerhalb der Zelle, der Rest geht in den roten Blutkörperchen und in den Belegzellen des Magens auf. In allen Zellen finden sich geringfügig Chloridionen. Da Chlor zum Natrium eine entgegengesetzte elektrische Ladung besitzt (Anion), sorgt es bei den häufigen elektrischen Konzentrationsgefällen zwischen Innen- und Außenraum der Zelle, an der Zellmembran für einen schnellen Ladungsausgleich. Es beeinflußt also den osmotischen Druck und damit auch die Wasserverteilung. Im Säure-Basenhaushalt (siehe S. 35) wirkt Chlor dem Natrium entgegen, d.h. es säuert das Milieu an und kann bei übermäßiger Aufnahme eine Übersäuerung herbeiführen. Der hohe Chlorverbrauch in den Belegzellen des Magens zur Bildung der Magensäure, sorgt dafür, daß die Blutkonzentration konstant bleibt. Ein Mangel an Chloridionen bewirkt Muskelschwäche, eine gestörte Blutatmung, Verdauungsstörungen und wahrscheinlich die gleichen

Symptome wie bei Natriummangel, da die Ausscheidung und der Verlust dieses Minerals, mit dem Natrium im selben Tempo einhergeht.
Chlor ist zur Zeit das wichtigste Mittel in der Wasserdesinfektion.

Homöopathisch setzt man für den Natrium- und Chlorstoffwechsel Natrium muriaticum ein. Manche mögen darüber lächeln, daß Kochsalz in homöopathischer Dosis wirksam sein soll. Nun, die Homöopathie dringt zum Wesen eines Stoffes vor und hat damit eine tiefergreifendere Möglichkeit in der Hand. Gelingt es dem Homöopathen das Wesen eines Stoffes zu erfassen und bei einem gleichsinnigen Kranken anzuwenden, dann spielt die Dosis keine Rolle mehr, wenn sie auch jenseits der molekularen Definition steht. Natrium muriaticum paßt auf den Typus, der empfindlich und leicht verletzlich ist. Er ist sehr nachtragend, stolz, und zeigt einen Mangel an Warmherzigkeit (Gegenteil vom Aurumtyp). Der Typus neigt – wie der Jodumtyp – zu Schilddrüsendysfunktion, fehlt ihm der Bewegungsdrang und die innere Unruhe. Allgemein ist er mager und vom leptosomen Habitus.
Alle salzhaltigen Lebensmittel enthalten Chlor.

Kalium (K)
Kalium gehört zu den lebenswichtigsten Mineralien überhaupt. Der Mensch hat etwa einen Gesamtbestand von 120 g, wobei er über die Niere etwa 90% und 10% mit dem Darm ausscheidet. Die Niere kann das Kalium nicht so gut zurückhalten wie Natrium, daher muß der Mensch mindestens täglich 3 g Kalium über die Nahrung aufnehmen. Kalium kommt zu 98% ausschließlich in den Zellen vor, besonders reichlich in den roten Blutkörperchen, der Herzmuskulatur, den Muskeln, den Nieren und in den Zellen des parasympathischen Nervensystems. Kalium – das positiv geladene Kation – gibt der Zelle eine bestimmte elektrische Ladung, es aktiviert eine Reihe wichtiger Enzyme, strafft das Muskelgewebe und steigert den Eiweiß- und Zuckerstoffwechsel, während Natrium z. B. den Zucker- und Fettabbau hemmt. Allein das Gleichgewicht zwischen Kalium und Natrium ist gesund, der Mangel oder Überschuß eines der beiden Elemente wirkt giftig. Tritt Kalium aus der Zelle aus, dann treten dafür Natriumionen in die Zelle, welches im Innenraum der Zelle eine Verschiebung des pH-Wertes (siehe S. 35) in Richtung einer leichten Ansäuerung zur Folge hat. Diese ständige Verschiebung ist wichtig für die Ingangsetzung und Unterhaltung der Stoffwechselabläufe. Bezüglich der Übersäuerung ist es interessant zu wissen, daß bei erhöhter Wasserstoffionenkonzentration außerhalb der Zelle, automatisch Kalium aus der Zelle tritt und die Wasserstoffionen in die Zelle eintreten. Es kommt zu einer zellulären Kaliumverarmung. Genau diesen Vorgang finden wir beim Krebsstoffwechsel. Die Kaliumverarmung ist meines Erachtens in vielen Fällen eine Frage des Säure-Basenhaushaltes. Weitere Ursachen für Kaliummangel sind die heute weitverbreiteten Cortisontherapien. Das Cortison steigert die Kaliumausschwemmung der Muskulatur und führt bei Mißbrauch zu schweren Mangelzuständen. Auch der Abführmittelmißbrauch und die Überdigitalisierung einer unvernünftigen Herztherapie gehören ebenfalls dazu.

Bei Kaliummangel zeigen sich folgende Symptome: Muskelschwäche, Blutunterdruck, Stuhlgangsträgheit, Wasser in den Beinen, Konzentrationsschwäche, große Herzmuskelschwäche mit Rhythmusstörungen, Nervenüberreizung, Gelenkschmerzen, Erhöhung des Cholesterinspiegels und wahrscheinlich auch Übersäuerungssymptome, siehe S. 37. Der wesentlich seltenere Kaliumüberschuß ist meist durch krankhafte, d. h. mangelhafte Nierenausscheidung bedingt.

Wechselwirkung: Während Natrium zu Kalium eine komplementäre Wechselwirkung zeigt, verstärkt Magnesium die Kaliumwirkung.

Homöopathisch setzt man zur Normalisierung des Kaliumstoffwechsels Kalium carbonicum ein. Den Kalityp kann man am besten mit dem Begriff: mangelndes Rückgrat kennzeichnen. Ihm fehlt Stehvermögen und Ausdauer. Er hält wenig durch und ermattet auch moralisch leicht. Seine seelische Spannkraft ist reduziert; ihm fehlt die Dynamik und Geladenheit des Nux-vomica-Typus, der in seiner Übererregtheit und Geschäftigkeit alle möglichen Diätfehler macht. Die übrigen sehr typischen Symptome des Kalitypen sind: Herzaffektionen, sehr oft Kreuz- und Rückenschmerzen, ständige Müdigkeit und Muskelschwäche mit Verschlimmerung im Liegen.

Kaliumhaltige Nahrungsmittel:
Milch, Obst, Gemüse, Nüsse, Bierhefe, Weizenkleie, Bananen, Feigen, Datteln, Pistazie, Mandel, Kichererbsen, Gartenkresse, Kartoffel, Meerrettich, Rosinen, Aprikose, Buchweizenvollmehl, Passionsfrucht, Pflaumen.

Calcium (Ca)
Calcium wird in den ersten Lebensjahren auf Grund des beschleunigten Knochenwachstums vom Organismus verstärkt aufgenommen. Es ist gemeinsam mit anorganischem Phosphat zu 95% in den Knochen eingelagert, der Rest kreist als gebundenes oder freies Calcium im Blut und ist am Zellstoffwechsel beteiligt. Ein normalgewichtiger Mensch von 70 kg hat ca. 1200–1500 g Calcium, er hat einen täglichen Bedarf von 1,3 g, wobei Schwangere und Jugendliche bis zu 2 g pro Tag benötigen. Wegen dieses hohen Bedarfs ist Calcium ein essentieller Baustoff, ohne den es zu schwersten Mangelerscheinungen kommt. Calcium dämpft die Erregung von Muskel- und Nervenzellen, indem es bei höherer Konzentration außerhalb der Zellen den Natriumionen den Eintritt durch die Zellwand erschwert, dadurch bleibt die Polarisation (Zellwandaufladung) durch die Natriumionen aus. Sind zu wenig Calciumionen vorhanden, dann kommt es zu überschießender Zellerregung, der Stoffwechsel läuft schneller ab, und es besteht die Gefahr, daß sich die Enzymsysteme totlaufen. Wir sehen also im Calcium eine wichtige Dämpferfunktion, ohne die kein geordneter Stoffwechsel ablaufen kann. Die Bindung des Calciums an Phosphat und Proteine hängt wesentlich vom Säure-Basen-Milieu ab, d. h. bei Übersäuerung wird die Bindung gehemmt oder wieder gelöst und der Einbau von Calciumphosphatverbindungen in das Knochensystem behindert. Weiters beeinflußt Calcium die Synthese der Blutgerinnungsfaktoren in der Leber und kann zusammen mit Vitamin-C-Gaben und Vitamin K zur Blutstillung beitragen. Die Regulation der Calciumkonzentration im Blut und in den Zellen

wird wesentlich vom Parathormon der Nebenschilddrüsen bestimmt, die bei Calciummangel aus den Knochen Calcium freisetzt, die Phosphatausscheidung steigert, aber die Calciumausscheidung in den Nieren hemmt. Die Nieren haben mit dem Calciumstoffwechsel auch insofern eine wichtige Beziehung, als sie ein bestimmtes Vitamin D3 synthetisieren, das ebenfalls Calcium aus den Knochen mobilisiert und die Calciumaufnahme aus dem Dünndarm erhöht. Die Aufnahme aus dem Dünndarm kann z. B. durch Spinat und Rhabarber, bei gleichzeitiger Milchgabe gehemmt werden, da sich das Calcium der Milch mit dem Oxalat der beiden Gemüse zu einem nicht resorbierbaren Komplex verbindet und mit dem Stuhl ausgeschieden wird. Auch kann die Phytinsäure des Hafers die Calciumaufnahme behindern, es bedarf dazu aber größerer Mengen.

Calciummangel zeigt folgende Symptome: Störungen des Knochenwachstums, Knochenerweichung, ständige Krampfneigung, Bluthochdruck (Niere), brüchige Nägel und Haare, Allergiebereitschaft, langanhaltene Regelblutungen der Frau, Knochenentkalkung mit gesteigerter Knochenverformbarkeit vor allem im Alter. Außerdem kann Calciummangel Unruhe und Übernervosität bedingen und ein Hinweis auf Übersäuerung sein. Der Calciummangel entsteht nicht selten durch Eiweißmast und fettreiche Kost, durch gesteigerten Alkohol und Kaffeekonsum, außerdem durch Vitamin-D-Mangel und nach radikaler Schilddrüsenentfernung, da auch die Schilddrüse das Parathormon erzeugt.

Soll man bei Calciummangel Vitamin D einnehmen?
Vitamin D (Calciferol) kann bei Calciummangel hilfreich sein, da es die verstärkte Aufnahme aus dem Darm fördert. Ist jedoch die Calciumpassage durch die Darmwand infolge eines verseuchten Darms behindert, dann könnte Vitamin D die Entkalkung noch weiter forcieren, da es zur vermehrten Calciumausschwemmung aus dem Knochensystem beiträgt. In Tierversuchen kann man mit überhöhten Vitamin-D-Gaben eine künstliche Gefäßverkalkung setzen. Bei Vitamin-D-Überangebot entsteht Nebenschilddrüsenüberfunktion und eine krankhafte Nierenfunktion. Dabei zeigt sich ein sehr starker Harndrang, Appetitlosigkeit, Stuhlverstopfung mit starken Blähungen, Schwindel, Magenschmerzen (Geschwürsbildung). Durch die extreme Wasserausscheidung kommt es zu unstillbarem Durst. Es empfiehlt sich daher vor jeder größeren Vitamineinnahme den Naturheilarzt oder Heilpraktiker aufzusuchen. Im übrigen wird Vitamin D durch vermehrte Sonneneinstrahlung aktiviert, siehe S. 78.

Calciumüberschuß kann bei Zinkmangel auftreten, bei Skelettumoren und zu hohem Cholesterinspiegel.

Wechselwirkungen: Calcium ist mit fast allen Mineralien funktionell verzahnt, eine besondere Beziehung unterhält es zum Magnesium und Phosphor, von dessen Blutkonzentration und Mengenverhältnis es direkt abhängig ist.

Homöopathisch setzt man das Calcium carbonicum Hahnemanni zur Steigerung des Calciumstoffwechsels bei lymphatisch dicklichen und trägen Kindern ein. Es gibt den Typus mit Neigung zu Krämpfen, häufigem Durchfall, schneller

Ermüdung und geringer psychischer Spannkraft. Häufige Schweißbildung und Milchunverträglichkeit sind typische Leitsymptome.

In welchen Lebensmitteln ist der Calciumgehalt hoch?
Vollmilch, Sesam, Hartkäse, Quark, Hafervollkorn, Nüsse, Grünkohl, Bohnen, Bierhefe, Hagebutte, Joghurt, Buttermilch.

Magnesium (Mg)
Magnesium – das zentrale Atom im Blattgrün der Pflanzen – hat auch im Menschen eine ähnlich zentrale Bedeutung für den Stoffwechsel. 95% des Gesamtbestandes gelangen in die Zellen, wo es mit energiereichen Phosphorverbindungen (ATP) komplexe Verknüpfungen eingeht und dadurch erst die Energieübertragung und Ausnutzung möglich macht. Nach den bisherigen Forschungsergebnissen ist Magnesium Bestandteil in über 200 Enzymen und dürfte im Zellstoffwechsel unentbehrlich sein. Außerhalb der Zellen ist das positive Kation Magnesium in nur schwacher Konzentration präsent, es kann aber sehr schnell aus den Knochen, wo es nur in lockerer Bindung vorliegt, mobilisiert werden. Die höchsten Gewebskonzentrationen finden sich im Gehirn bzw. im zentralen Nervensystem und in der Muskulatur, also überall dort, wo hohe Energieumsatzraten sind. Im Blut senkt Magnesium die Blutfette und das Cholesterin, wirkt dämpfend auf die Schilddrüse, senkt den erhöhten Blutdruck, verhindert Thrombosen und Blutverdickung und besonders die Arteriosklerose. Magnesium ist ein echtes Prophylaktikum in der Gefäßtherapie. Schon seit 1905 ist der beruhigende – ja dämpfende – Effekt dieses Minerals auf das Nervensystem bekannt, obwohl es den Nervenstoffwechsel anregt. Die Erklärung dieses scheinbaren Widerspruches ist recht einfach. Magnesium optimiert den Zellstoffwechsel und sorgt für einen störungsfreien Ablauf, daher auch die beruhigende Wirkung. Speziell am Herzen hat man unter Magnesiumgaben eine Erweiterung der Herzkranzgefäße beobachtet und eine Verbesserung des Herzmuskelstoffwechsels. Es gibt Herzspezialisten, die Magnesium statt Kalium in der Herztherapie verordnen. Seyle, der die Herztherapie mit Magnesium erprobt hat, konnte experimentiell mit Magnesiumgaben Herzinfarkt verhüten und bei Streßsituationen eine frühzeitige Rückkehr zu den Normalwerten beobachten. Nicht ohne Grund wurde Magnesium als das Antistreßmineral bezeichnet, denn es senkt den erhöhten Adrenalin- und Noradrenalinspiegel und verhütet die vorzeitige Freisetzung dieser beiden Nervenhormone. Ähnlich wie Phosphor, verhält sich der Magnesiumspiegel umgekehrt zur Calciumkonzentration im Blut und den Geweben. Erhöhtes Calcium steigert die Ausscheidung von Magnesium und umgekehrt. Dieser Effekt beruht wahrscheinlich auf dem steuernden Einfluß der Schilddrüsenhormone, insbesondere der Nebenschilddrüse. Aus der Krebsforschung ist bekannt, daß Krebszellen immer unter akutem Magnesiummangel stehen und die Metastasierung – d. h. Ausbreitung von Krebszellen – mit Magnesiumgaben verlangsamt werden konnte. Es gibt auch Arbeiten über die Magnesiumwirkung auf die Abwehr. Battifora hat mit magnesiumarmer Kost experimentiell eine Erhöhung der weißen Blutkörperchen erreicht, die er mit magnesiumreicher Kost wieder rückgängig machen konnte. Bei einem Teil der Versuchstiere trat jedoch keine Remission ein, und es entwik-

kelte sich bald ein unheilbarer Blutkrebs (myeloische Leukämie). Daraus mag man abschätzen, welch wichtige vorbeugende Wirkung die tägliche, ausreichende Zufuhr von Magnesium bedeutet. Holtmeier – dem wir die Aufdeckung und Definition des Magnesiummangelsyndroms zu verdanken haben, konnte in einer großangelegten Reihenuntersuchung in Freiburg ermitteln, daß von 650 nicht ausgewählten Blutseren 12,7% einen deutlichen Magnesiummangel aufwiesen, davon waren 27,7% Herzkranke, 20,5% Lebererkrankte, 14,5% Krebskranke, 14,5% Diabetiker und 10% Nierenerkrankte.
Magnesiummangel ist also weit verbreitet, und die Gründe liegen nicht nur an der falschen Ernährung, sondern auch an einer Magnesiumverarmung der landwirtschaftlichen Anbauflächen infolge jahrelanger Kunstdüngung.

Die Mangelsymptome können hier nur kurz angeschnitten werden; uns interessieren vor allem die subklinischen Kennzeichen, wie sie bei Minimalmangel auftreten: Konzentrationsschwäche, launisch und lustlos, nervöse Überempfindlichkeit, Schlaflosigkeit und Gereiztheit. Meist besteht eine Schilddrüsendysfunktion. Es besteht häufig eine larvierte Depression, der Herzrhythmus ist oftmals gestört, und bei Übernervosität setzt nicht selten Muskeltic und Krampfneigung ein. Verschiedentlich zeigte sich auch schleichender Haarausfall und Störungen in der Leber-Gallefunktion.

Der sehr seltene Magnesiumüberschuß kommt fast nur bei Vergiftungen vor, als Hauptsymptome zeigen sich starke Kopfschmerzen, Durchfall, Muskelerschlaffung, Atemstörungen und extremer Blutdruckabfall.
Magnesiumverwertungsstörungen trotz ausreichender Zufuhr, können z. B. ihre Ursache in einem erhöhten Alkoholkonsum haben, auch bei Leberschäden, Nierenerkrankungen oder – und das vor allem – Aufnahmestörungen infolge einer giftigen Darmflora, auch bei eingeschränkter Darmfunktion.

Wechselwirkung: Untersuchungen ergaben, daß kalziumreiche Kost die Magnesiumaufnahme und die Verwertung von Vitamin B6 hemmt. Calcium fördert die Magnesiumausscheidung und umgekehrt. Magnesium verstärkt die Wirkung von Kalium und die des Phosphors. Die Wechselwirkung zu den Spurenelementen ist noch wenig erforscht.

Homöopathisch setzt man für Magnesium „Magnesium carbonicum" ein. Der Magnesiumtypus ist immer ein Abendmensch, leicht erkältlich, ängstlich, immer unruhig und schnell überreizt. Er ist wegen seiner Launenhaftigkeit schwierig zu nehmen. Ganz typisch ist bei ihm das periodische Auftreten von Beschwerden, die sich meist im Leber-Galle-Bereich und im Oberbauch lokalisieren. Magnesiumtypen sind sehr temperaturempfindlich, sie können weder heiße noch kalte Einwirkungen ertragen.

Magnesiumreiche Lebensmittel:
Hirse, Weizenkeime, Sojamehl, Cashewnuß, Bierhefe, Mandeln, Paranuß, Haferflocken, weiße Bohnen, Pistazien, Dill, Hagebutten, Magermilchpulver, Reis,

Weizen-Roggenvollkornmehl, Spinat, Kichererbsen, Grünkern, Feige, Haselnuß, Walnuß, Grahambrot, Heppinger Mineralwasser.

Phosphor (P) – als Phosphat und Phosphatide
Phosphor ist einer der wichtigsten Bau- und Energiestoffe zur Aufrechterhaltung zahlloser Funktionen. Im Knochen liegt es zusammen mit Calcium, als Calciumphosphat (von ca. 700 g) zu 85% des Gesamtbestandes vor, der Rest verteilt sich auf das Blut und die übrigen Zellen. Im Blut verbindet sich Phosphor mit Fettsäuren und Eiweißen zu komplexen Phosphatiden, deren Energie vor allem in der Leber benötigt wird.
Phosphat ist besonders reich im jugendlichen Organismus vorhanden, da der Aufbaustoffwechsel noch überwiegt. Da in jeder Zelle Phosphor zu energiereichen Verbindungen aufgebaut (ATP, Phosphorylierung) und für zahlreiche Enzyme benötigt wird, muß Phosphormangel katastrophale Folgen haben. Phosphat wirkt sowohl im Zellinneren wie auch außerhalb als Puffer, es kann also einer Übersäuerung in gewissen Grenzen (1%) entgegenwirken. Interessant ist z. B. auch, daß gegen Abend – infolge Blutanreicherung mit Nahrungsphosphor – der Phosphatspiegel ansteigt und gegen Morgen wieder abnimmt. Man vermutet eine hormonelle Steuerung aus der Hirnanhangdrüse.
Der Phosphorspiegel unterliegt wesentlich größeren Konzentrationsschwankungen im Blut als Calcium, daher ist ein Mangel oder ein Überschuß keine Seltenheit. Die Ausscheidung erfolgt hauptsächlich über die Niere, geringe Mengen auch mit dem Schweiß und Stuhl. Ist zuviel Phosphor im Körper, dann wird durch das Parathormon der Nebenschilddrüse seine verstärkte Nierenausscheidung veranlaßt, ebenso bei Basenüberschuß. Übertriebene Östrogengaben – etwa im Klimakterium – steigern ebenfalls den Phosphorabfluß. Schließlich kann das häufig im Magen-Darmpräparaten verarbeitete Aluminiumhydroxylgel die Phosphoraufnahme über den Darm hemmen und zu einer gefährlichen Unterversorgung führen. Obwohl Calcium und Phosphor als Knochenaufbausubstanz wichtig sind, bedingt ein zu hoher Calciumspiegel im Blut einen Phosphormangel und umgekehrt. Wenn z. B. vermehrt Phosphor ausgeschieden wird, ist der Calciumspiegel zu hoch, und wird verstärkt Calcium ausgeschieden, steigt der Phosphorspiegel. Man kann indirekt sowohl den Calcium- wie auch den Phosphorblutspiegel entweder durch calcium- oder phosphorreiche Nahrung beeinflussen. Anzuraten wäre allerdings, einen Homöopathen zu konsultieren, der mit einer fachkundigen Ernährungsberatung oder homöopathischen Mitteln einen schnellen Ausgleich herbeiführen kann.
Phosphatüberschuß zeigt sich an einem milchigen Urin (Milchpissen), Hautblutungen, Leberschwellungen, Magenbrennschmerz und blauen Flecken auf der Haut (Purpura). Über die chronische Minimalintoxikation s. S. 272.

Unterversorgung mit Phosphor – vor allem die Minimalunterversorgung – ist meines Erachtens weiter verbreitet, als man annimmt. Da der Tagesbedarf bei ca. 700–900 mg liegt, ist diese Annahme berechtigt. Im Extremfall entwickelt sich hochgradige Muskel- und Konzentrationsschwäche, Knochendeformierungen und Zwergenwuchs. Der chronische Minimalmangel zeigt sich vorwiegend in

Leistungsschwäche der intellektuellen Fähigkeiten, vermindertem Gedächtnis, Kribbeln und Ameisenlaufen in der Haut und geringere körperliche Belastbarkeit bzw. schnelle Erschöpfung. Man hat auch den Verdacht, daß manche nichtrheumatischen Gelenkschmerzen mit einem Minimalmangel dieses so wichtigen Mengenelements zusammenhängen.

Wechselbeziehungen zu anderen Mineralien: Aus obigen Ausführungen ergibt sich, daß Phosphor als Mengenelement wohl mit allen übrigen Mineralien reagiert, jedoch mit Magnesium in einer besonderen Wechselwirkung steht, da es nur mit diesem energiereiche Enzymkomplexe aufbaut.

Homöopathisch gehört Phosphorus zu den ganz großen Konstitutionsmitteln, ähnlich wie Calcium carbonicum H. Der Phosphorustyp ist geistig beweglich und intelligent, aber rasch erschöpft und wenig ausdauernd; gegen alle möglichen Eindrücke übersensibel, leicht erregt, sich vor allem fürchtend. Er hat reiche Anlagen, die er jedoch wegen seines unsteten Wesens nicht richtig entfaltet. Bei leichter Erschöpfbarkeit, brennenden Beschwerden und schwachem zartem Skelettsystem ist Phosphorus immer angezeigt.

Lebensmittel mit hohem Phosphorgehalt: Hartkäse (Emmentaler), versch. Nüsse (sehr hoher Gehalt), Grünkern, Haferflocken, Kirchererbsen, Pistazie, Speisequark, Pinie, Bierhefe, Vollmilch.

Schwefel (Sulfur) (S)
In der mittelalterlichen Alchemie gehörten Schwefel, Quecksilber und Salz zu den drei elementaren Stoffen, die im Organismus nahezu alles zu bewirken vermochten. Wenn man in alten Büchern die Kommentare zur Wirkung der einzelnen Stoffgruppen liest, muß man nach modernem wissenschaftlichem Verständnis den Kopf schütteln. Liest man sich jedoch tiefer hinein, stellt man fest, daß z. B. Schwefel nicht im stofflichen Sinne, sondern im übertragenen Sinn stellvertretend für alle „Entgiftungsstoffe“ und Mercurius – also das Quecksilber – für alle Enzymreaktionen steht. Schließlich gingen die großen Alchemisten noch weiter. Sie suchten nicht nur aus Blei Gold herzustellen, wie es in der Profanliteratur immer wieder dargestellt wird, sondern sie suchten nach dem verbindenden Glied zwischen Geist und Materie. Die mystische Hochzeit dieser beiden bahnt sich in der Erkenntnis an, daß Materie nur eine Zustandsform des Geistes ist und die Einheit beider in dem gemeinsamen Energieäquivalent zu suchen ist. Zurück zu unserem Schwefel. Biochemisch gesehen wird Schwefel aus den Aminosäuren Cystein und Methionin gewonnen. Bei ihrem Abbau entsteht das anorganische Sulfat, das weiter in der Leber zur Giftbindung von Phenol, Indol, zahlreichen Steroiden und Arzneimittelgiften nützlich ist. Auch manche Giftstoffe – speziell aus einer giftigen Darmflora, etwa Kresol, werden durch den Schwefel entgiftet und ausscheidungsfähig gemacht. Im Bindegewebe der Haut und den Anhangsgebilden ist Schwefel unentbehrlich, ohne ihn wäre die Synthese der elastischen Kollagenfasern nicht möglich. Mangel an Schwefel hat üble Folgen für die Leber und das Bindegewebe. Es kommt zur Anhäufung von Stoffwechselschlacken, die nicht ausgeschieden werden können. Man könnte von einer chronischen

Bindegewebsverschlackung mit Leberbeteiligung sprechen. Es ergeben sich folgende *Kardinalsymptome:* Rauhe Haut, oft juckend und brennend, häufige Hautausschläge, laufend Verdauungsbeschwerden mit häufiger Durchfallneigung, Gelenkschmerzen und Stauungsempfinden im Bauch und in den Beinen. Diese Symptome beziehen sich nur auf den Minimalmangel, der ja weitaus häufiger ist.

Wechselwirkung: Offenbar hat Selen, welches zu der Aminosäure Cystein eine direkte Beziehung aufweist, indirekt auch zum Schwefel eine protektive Wirkung.

Homöopathisch wird Sulfur als eines der ganz großen Konstitutionsmittel eingesetzt. Dabei ist der Sulfurtyp ganz besonders zu beachten. Er macht einen schmutzigen Gesamteindruck. Als Homöopath sieht man gleichsam sein verschlacktes Bindegewebe durch die Haut scheinen. Die Haut ist gelblich rot und macht einen trockenen schuppigen Eindruck. Alles ist bei ihm trocken und glanzlos – auch sein Wesen. Meist mürrisch und in sich gekehrt, bleibt er für sich allein oder hat nur wenig Kontakte.

Lebensmittel mit hohem Schwefelanteil: Meerrettich, Nüsse, Kartoffeln, Datteln, Linsen, Haferflocken, Vollreis.

2. Lebensnotwendige Spurenelemente

Eisen (Fe)

Von den Spurenelementen überragt das Eisen an Wichtigkeit und Bedarf alle anderen, weil es für den lebensnotwendigen Sauerstofftransport, seine Verwertung, seine Speicherung in den Zellen, von grundlegender Bedeutung ist.
Der Mensch hat einen Gesamteisenbestand von ca. 4–5 g, wobei 70% als roter Blutfarbstoff – dem Hämoglobin – in den roten Blutkörperchen für den Sauerstofftransport benötigt werden. Der Rest von 30% befindet sich als Enzymbestandteil und als Speichereisen in dynamischen Sauerstoffenzymen der Zellen in Muskeln, Herz, Leber, Milz und Knochenmark.
Schon aus diesen wenigen Angaben geht die elementare Bedeutung des Eisens für den Gesamtorganismus hervor. Da ein Organismus ohne Sauerstoff nur maximal drei Minuten seine Funktionen aufrechterhalten kann, ist klar, daß ein Eisenmangel auf die Dauer zu schwersten Schäden führen muß.
Die Unterversorgung mit Sauerstoff hat für die Zellen fatale Folgen. Es kommt zum Massensterben, vor allem der sauerstoffempfindlichen Nervenzellen im Gehirn und Rückenmark. Bei vermindertem Sauerstoffangebot zu Störungen der Energiegewinnung aus Kohlehydraten, die ja nur unter Anwesenheit von Sauerstoff möglich ist.
Die Ursachen des Eisenmangels sind heute weitgehendst aufgeklärt. Abgesehen von ernährungsbedingtem Eisenmangel, z. B. Großküchenverpflegung aus Kantinen und Hotelküchen, sollte vor allem nach organischen Ursachen gefahndet werden. Die häufigste Form ist die einfache Eisenmangelerkrankung, wobei durch Aufnahmestörungen im Magen (mangelnde Magensäure) und oberem Dünndarm das Eisen nicht ins Blut gelangen kann (etwa 10% des Eisenangebotes werden resorbiert). Eine andere Form des Eisenmangels ist die Eisenspeicher-

krankheit. Hierbei wird das Eisen aus dem Friedhof der roten Blutkörperchen (Leber, Milz) nicht mehr in das Knochenmark freigegeben, sondern nur deponiert. Die Folge ist eine langsame schleichende Eisenvergiftung in den Speicherorganen, vor allem Leber und Milz. Andere Formen sind z. B. Transportblockaden des Eisens infolge fehlender Transporteiweiße, welche das Eisen normalerweise ins Knochenmark schleppen, damit es in die roten Blutkörperchen eingebaut werden kann. Kritisch wird der Eisenmangel, wenn eine bösartige Blutzersetzung vorliegt. Hier zerfallen die roten Blutkörperchen zu schnell, und das Knochenmark kommt mit der Neuproduktion nicht mehr nach. Beobachtungen und Mineralstoffuntersuchungen an Krebskranken ergaben einen chronisch erniedrigten Hb-Wert – also zu wenig Eisen im Blut. Das läßt sich vielleicht damit erklären, daß zu wenig Bluteisen den Stoffwechsel in die Übersäuerung treibt. Biochemisch gesehen übernimmt das freie Hämoglobin etwa 20% der Kohlensäure und freien Wasserstoffionen. Fehlt diese Neutralisierung, dann übersäuert der Organismus, da die Alkalireserven sich schnell erschöpfen. Übersäuerung ist jedenfalls wesentlich an der Krebsentstehung beteiligt, und wie man sieht, kann schon Eisenmangel eine der vielen Ursachen sein.
Am häufigsten leiden junge Frauen an Eisenmangel infolge zu starkem Blutverlust während der monatlichen Blutungen. Freilich gibt es noch andere Ursachen für chronischen Eisenmangel, wenn man vor allem an das weite Feld der unterschwelligen Vergiftungen durch Umweltgifte denkt. Es kommt dabei meist zu einer Besetzung der roten Blutkörperchen mit giftigen Schwermetallen, welche die Bindung des Sauerstoffatoms an das Eisen verhindert. Auch innere Blutungen, vor allem im Darm und im Magen, können einen Eisenmangel auslösen und nicht zuletzt übertriebenes Blutspenden.

Welche Symptome zeigen sich bei Eisenmangel:
Die Hauptsymptome sind die bleiche Gesichtsfarbe, die blassen Mundschleimhäute – meist mit wunden Mundwinkeln, graue Fingernägel, Kopfschmerzen mit Ohnmachtsneigung und Schlaflosigkeit, rasche Ermüdbarkeit, meist schneller Puls und Herzbeschwerden. Vielfach besteht ein ständiges Frösteln, das auch in den warmen Jahreszeiten anhält.

Wieviel Eisen braucht der Erwachsene täglich?
Im Durchschnitt werden 12–18 mg benötigt, das entspricht: 300 g Haferflocken, 200 g Hirse, 300 g Grünkern-Korn, 300 g Vollkornmehl, 200 g Getreidekeimlinge, 250 g Knäckebrot, 150 g Kleieflocken, 90 g Bierhefe, 100 g Sojamehlvollfett, 200 g Sojabohnen, 200 g Kichererbsen, 200 g Bohnen weiß, 250 g Erbsen gelb, 200 g Linsen, 200 g Lupinensamen, 300 g Mandeln, 200 g Pistazienkerne, 150 g Sesam-Samen, 200 g Sonnenblumenkerne, 200 g Bohnen grüne, 170 g Petersilie, 100 g Schnittlauch, 400 g Topinambur, 200 g Pfifferlinge (roh), 180 g Steinpilze, 230 g Aprikosen, 100 g Kakaopulver stark entölt, und 900 g Korinthen getrocknet. Von den Fleischnahrungsmitteln bieten sich die Leber und die Fleischbrühe mit einem sehr hohen Eisengehalt an.

In der Homöopathie wird die Eisenmangelerkrankung am wirksamsten mit dem biochemischen Funktionsmittel n. Schüßler – Ferrum phos. D4 Tabl. – behandelt.

Wechselwirkung des Eisens mit anderen Stoffen: Soweit mir bekannt ist, soll Vitamin C die Eisenaufnahme in der Magen-Darmschleimhaut steigern, schwarzer Tee und Alkohol sollen sie dagegen blockieren. Kupfer potenziert die Eisenverwertung, indem beide in den Hämoglobinstoffwechsel eingreifen. Dagegen soll Mangan den Eisenstoffwechsel verzögern. Kobalt – das zentrale Atom in den roten Blutkörperchen – scheint mit dem Eisen bzw. mit dem Hämoglobin eine enge Wechselwirkung zu haben.
Eine weitere Wechselwirkung scheint mit Fluor vorzuliegen. Erhöhte Fluoraufnahme kann die Eisenverwertung stören.

Jod (J)
Jod ist ein essentielles Spurenelement und wird zu 93% als Jodid in der Schilddrüse verwertet. Da Jod nicht nur allein mit der Nahrung aufgenommen wird, sondern mehr noch mit der Luft und dem Wasser, ist die Bedarfsdeckung von den beiden letzteren Elementen besonders abhängig. Der Jodmangel in der Luft – wie er vielfach in abgelegenen Gebirgstälern auftritt – hat endemische Kropfbildung zur Folge, die sich erst durch Jodgaben wieder zurückbildet. Das Jod scheint aber auch in allen wichtigen Organen benötigt zu werden, so in der Muskulatur, im Gehirn – besonders im vegetativen Zwischenhirn (Hypothalamus und Hirnanhangsdrüse) –, in den Knochen, Leber, Niere usw.; wie das Jod dort verwertet wird, ist nahezu unbekannt. Fest steht, daß es für das Schilddrüsenhormon unentbehrlich ist und sein Fehlen oder Mangel eine verminderte Schilddrüsenhormonproduktion bedingt.

Die Symptome bei Jodmangel oder Jodverwertungsstörungen sind: Gewichtszunahme, Trägheit, Kropfbildung, Stumpfsinn und Interessenlosigkeit, brüchige Haare und Nägel, Kälteempfindlichkeit, ständige Müdigkeit und mangelnder Antrieb. Der Jodmangel kann außer durch die jodarme Luft und Wasser auch durch jodhemmende Stoffe zustande kommen. Bekannt sind unter anderem Kohlarten (siehe S. 120) und Überdosierungen mit Fluor, die zu einem kompensatorischen Jodmangel führen, wobei wahrscheinlich das Fluor die Jodwirkung nur unzureichend ersetzt.

Der Überschuß an Jod – z. B. durch reichlichen Genuß an jodiertem Salz – kann zu einer alimentären Schilddrüsenüberfunktion führen, mit gesteigertem Grundumsatz, Übererregbarkeit, Herzklopfen, Abmagerung, ständigem Hitzegefühl, Schweißbildung an Händen und Füßen und unstillbarem Hungergefühl. Im schlimmsten Fall entwickeln sich Glotzaugen, Kropf und Herzjagen. Normalerweise bilden sich diese Symptome nach Absetzen jodreicher Speisen wieder zurück.

Homöopathisch wird Jodum als Konstitutionsmittel eingesetzt. Jodtypen sind immer ängstlich, unruhige Geister mit sprunghaften Ideen und wenig innerer Sammlung. Wärme und Hitze können sie kaum ertragen, dennoch frieren sie im Bett. Meist sind sie mager, neigen zu Katarrhen, brauchen aber viel frische Luft. Die Widersprüchlichkeit der Symptome ist oft für Jodum hinweisend.

Jodhaltige Lebensmittel: Seefische, Muscheln, Meeresalgenprodukte, Seeluft, Isländisches Moos, Efeu, Bad Reichenhaller Salz (jodiert) und manche Mineralwässer.

Molybdän (Mo)
Die Biochemie des Molybdäns ist noch sehr im dunkeln, und man hat Mühe, einige verläßliche Informationen zusammenzutragen. Fest steht, daß Molybdän in Enzymsystemen eingebaut ist, z. B. die Umwandlung des Nahrungsstickstoffes in Ammoniak. So weiß man, daß Molybdän in dem Enzym Xanthinoxydase vorkommt, welche besonders im Kernstoffwechsel der Leber eine Rolle spielt. Allerdings ist – wie bei allen Atmungsenzymen – die Gegenwart von Eisen und noch anderen Spurenelementen nötig, damit wird auch klar, daß Enzyme fast immer gleichzeitig mehrere Metallionen aufnehmen und hierin ihre erforderliche Stoffwechselspezifität erhalten. Es besteht damit ein Zusammenhang zum Purinstoffwechsel, zumal auch bei Molybdänvergiftungen eine übermäßige Harnsäureausfällung beobachtet wurde. Vielleicht kann Molybdän zukünftig eine Rolle in der Bekämpfung der Gicht spielen.
Der Tagesbedarf an Molybdän beträgt im Mittel 0,3 mg und wird überwiegend in der Leber und den Nieren aktiv.

Krankheiten die bei Molybdänmangel beobachtet werden: Karies, Impotenz und Krebsanfälligkeit (noch nicht gesichert!).

Wechselwirkungen des Molybdäns mit anderen Stoffen. Man vermutet, daß Molybdän sich zu Kupfer gegensinnig verhält und bei Kupferüberschuß Molybdänmangel auftritt. Molybdän soll die Fluorwirkung verstärken.

In der Homöopathie gibt es weder Molybdän in arzneilicher Aufbereitung noch ein entsprechendes Äquivalent.

In welchen Nahrungsmitteln ist die Molybdänkonzentration besonders hoch?
Je nach Bodenbeschaffenheit findet sich das Spurenelement reichlich in Bohnen, Linsen, Bierhefe, Bier, Erbsen, Buchweizenvollkorn und Vollkornprodukten.

Zinn (Sn)
Zinn ist in der Medizin schon lange bekannt und wurde von den alten Ärzten der Antike und besonders im Mittelalter als Schwindsuchtmittel (Lungentuberkulose) gebraucht. Leider sind auch hier die biochemischen Forschungen noch sehr am Anfang, so daß man nur aus arzneilichen Wirkungen Schlußfolgerungen ziehen kann.
Da die Haare als Hauptspeicherorgane gelten, dürfte Zinn etwas mit dem Hautstoffwechsel und dem Haarwuchs zu tun haben. Auch eine Wirkung auf die Funktion der Talgdrüsen konnte festgestellt werden.
Die bisherigen Erfahrungen lassen vermuten, daß bei Zinnmangel Haarausfall und Wachstumsstörungen auftreten, wahrscheinlich auch Leberfunktionsstörungen.

In der Homöopathie verwenden Heilpraktiker und Homöopathen Zinn (Stannum) bei Nasennebenhöhlen- und Bronchialerkrankungen. Einen Versuch bei Haarausfall und Stimmbandschwäche (Redner und Sänger) sollte man nicht scheuen, da so manche Besserung gesehen wurde.

Bemerkung: Zinn kommt in den meisten Konservenbüchsen vor und kann im Übermaß zu Vergiftungserscheinungen führen, siehe S. 273.

Zink (Zn)

Zink ist ein Spurenelement, das während der Wachstumsphasen besonders benötigt wird und im jugendlichen Organismus regelmäßig erhöht ist. Sehr reichlich findet es sich in den Keimdrüsen, der Prostata, der Hirnanhangdrüse und am höchsten in der Bauchspeicheldrüse.

Zink aktiviert zahlreiche Reaktionsschritte der Enzyme in den Zellen, sowohl des Kohlehydrat-Fett- und Eiweißstoffwechsels. Maßgeblich ist es auch an der Kohlensäureausscheidung beteiligt, da es das Zentralatom in der Carboanhydrase ist, womit es eine beachtliche Stellung im Säure-Basenhaushalt einnimmt.

Der Gesamtbestand des Zinks im menschlichen Organismus beträgt ca. 2–3 g, wobei 50% in der Bauchspeicheldrüse zu finden sind. Daraus ist zu schließen, daß die Säfte der Bauchspeicheldrüse – sowohl der Verdauungssaft als auch das Insulin – einen hohen Zinkgehalt aufweisen. Tatsächlich befindet sich in den Bauchspeicheldrüsenzellen eine hohe Zinkaktivität; selbst die Spermienflüssigkeit des Mannes weist einen hohen Zinkgehalt auf. Neuere Forschungen konnten nachweisen, daß der Zinkeinfluß für die Entwicklung des zentralen Nervensystems von ausschlaggebender Bedeutung ist. Menschen mit nachgewiesenem Zinkmangel haben erhebliche Sehstörungen, vor allem beim Dämmerungssehen und Farbsehen. Bei Kindern mit Zinkmangel zeigte sich Zwergenwuchs, bei anderen wurden Störungen der Intelligenzausreifung beobachtet oder seltener auch unterentwickelte Keimdrüsen.

Es gibt auch gewichtige Hinweise, daß bestimmte Hautkrankheiten (Dermatitis) auf Störungen der Zinkaufnahme zurückgehen, und experimentell läßt sich durch Zinkentzug ein künstlicher Diabetes herbeiführen.

Zusammenfassend darf man sagen, daß Zinkmangel das Hormon- und Nervensystem schädigt und gefährliche Unterfunktionen bewirkt. Die Krebsforschung hat auch hier – wie bei einigen anderen Spurenelementen – zeigen können, daß Tumore bei generalisiertem Zinkmangel erheblich schneller wachsen und eher metastasieren. Eine Erklärung hierfür bietet die Übersäuerung infolge mangelnder Aktivität der Carboanhydrase. Da die Umgebung des Tumors ohnehin übersäuert ist, wird dies noch durch die allgemeine Übersäuerungstendenz verstärkt, was die Krebszellen zu noch größerer Teilungsgeschwindigkeit anregt.

Krankheiten, welche bei Zinkmangel gehäuft beobachtet werden:
Schilddrüsenunterfunktion, Diabetes, Zwergenwuchs, Intelligenzschwäche, Blutarmut, Magensaft- und Bauchspeichelsaftmangel, Infektanfälligkeit, Farbenblindheit, Leberverhärtung und -schwäche, verschiedene Hautleiden, Appetitlosigkeit, Impotenz, Unfruchtbarkeit, Krebsanfälligkeit, Nervenerkrankungen (gehäuft Parkinson und organische Hirnleiden).

Wechselwirkung von Zink und anderen Stoffen:
Zink verstärkt die Ausscheidung von Eisen und Kupfer und bewirkt den Einbau des Vitamin A in die Netzhaut des Auges. Vanadium verstärkt die Zinkwirkung, Alkohol unterbindet die Zinkaufnahme in der Magen-Darmschleimhaut.

In der Homöopathie verwendet man das Präparat Zincum metallicum in höheren Potenzen. Ganz richtig sahen schon die alten Homöopathen im Zincum ein wertvolles Nervenmittel für Kinder und Jugendliche. Vor allem bei rascher intellektueller Ermüdung, Schläfrigkeit und mangelnder geistiger Präsenz.

Wieviel Zink braucht der Erwachsene täglich, und in welchen Lebensmitteln kommt es vor?
Durchschnittlich liegt der Tagesverbrauch bei 10–15 mg. Zink ist in Austern, Roggen- und Weizenkeimen enthalten, auch in Hafer, Erbsen und Nüssen.

Selen (Se)
In den letzten Jahren konnte die Biochemie die Wirkung des Spurenelementes Selen weiter aufklären und zeigen, daß dieser Stoff im Stoffwechsel der roten Blutkörperchen eine ausschlaggebende Rolle spielt. Selen verhält sich ähnlich wie Schwefel und hat bei der Entgiftung der Zelle eine wichtige Stellung inne. Der Selenbestand im menschlichen Organismus beträgt im Mittel 10–15 mg, sein täglicher Bedarf wird mit 150 tausendstel Gramm angegeben.
Besonders hoch ist der Selenverbrauch in den Keimdrüsen, den Nieren, der Schilddrüse sowie in den Zellorganellen von Leberzelle und roten Blutkörperchen. Die spezielle Wirkung des Selen kommt vor allem den Zellmembranen (Zellhaut) zugute, da Selen als Bestandteil des Enzyms Glutathionperoxidase die Sauerstoffdurchlässigkeit durch die Zellmembranen reguliert. Im einzelnen sind diese Funktionen sehr kompliziert und können hier selbst in vereinfachter Form aus Platzgründen nicht dargelegt werden. Vielleicht so viel, daß Selen den Einbau von hochungesättigten Fettsäuren in die Zellmembran anregt und damit die Durchlässigkeit für Sauerstoff fördert. Andererseits verhindert Selen die Zerstörung der Chromosomen durch Peroxydation und hat damit Antikrebswirkung.

Krankheiten, welche bei Selenmangel beobachtet wurden:
Neben Blutkrankheiten, vor allem beschleunigter Zerfall der roten Blutkörperchen, wurden Hochdruck und Herzkrankheiten (Herzinfarkt) gehäuft beobachtet. Selenmangel erhöht die Infektanfälligkeit, steigert den Cholesterinspiegel und schwächt die Leberleistung. In der Krebsforschung wurde erkannt, daß Dickdarm- und Mastdarmkrebs mit einem erniedrigten Selenspiegel in Zusammenhang stehen.

Wechselwirkung von Selen mit anderen Stoffen:
Selen potenziert die Wirkung des Vitamin E, es begünstigt die Verwertung der hochungesättigten Fettsäuren und der leberwirksamen Aminosäure Cystein. Möglicherweise hat es zum Schwefel eine Wechselwirkung.

In der Homöopathie setzt man Selenium zur Steigerung der Selenwirkung ein. Das Arzneimittelbild ist sehr weitschweifig und zeigt besonders Symptome am zentralen Nervensystem und der Sexualorgane. Gut wirksam ist es bei Samenfluß, Nervenschwäche, Schläfrigkeit und fettigen Hautausschlägen. Es gilt vielfach auch als Kehlkopfmittel.

In welchen Lebensmitteln ist der Selengehalt hoch?
Vor allem in solchen Nahrungsmitteln, die auf selenreichen Böden wachsen, Weizenkeime, verschiedene Wurzeln, Datteln, Nüssen (Paranüsse), Spargel, diverse Gemüse. Knoblauch soll einen sehr hohen Selengehalt haben und den Umsatz im Organismus steigern.

Kupfer (Cu)
Das große Spurenelement Kupfer ist absolut lebensnotwendig, vor allem für Leber und Gehirn. Der Gesamtbestand an Kupfer im menschlichen Organismus beträgt ca. 150 mg, davon werden täglich 2 mg benötigt. Da Kupfer Bestandteil vieler Atmungsenzyme ist, z. B. Cytochromoxydasen, nimmt es auf die zelluläre Sauerstoffverwertung einen wichtigen Einfluß und ist daher in sauerstoffempfindlichen Zellen, z. B. Nervenzellen, unentbehrlich. Besonders die hohe Sauerstoffumsatzrate der roten Blutkörperchen erfordert die Anwesenheit von Kupfer, ähnlich wie Selen. Tierexperimentell konnte bewiesen werden, daß bei kupferloser Nahrung die Eisenfreigabe aus den Leberdepots unterbrochen wird und akuter Eisenmangel auftritt. Kupfer hat wesentlichen Einfluß auf die Bildung des elastischen Bindegewebes und der Knochen; es ist an der Bildung von Haar- und Hautpigmenten beteiligt, wirkt abwehrstabilisierend und antiallergisch. Allgemein läßt sich sagen, ohne Kupfer geht nichts – da zu viele zelluläre Reaktionen und Enzymaktivitäten davon abhängig sind.
Daß Kupfer auf das Immunsystem Einfluß nimmt, zeigt sich z. B. daran, daß bei auftretenden Infekten, verschiedenen Blutzerfallskrankheiten, schweren Leberfunktionsstörungen, Herzinfarkt, Schilddrüsenüberfunktion, Hautkrankheiten, der Kupferspiegel im Blut fast immer erhöht ist.
Das Hauptspeicherorgan für Kupfer ist die Leber, womit wieder einmal im nachhinein der intuitive Scharfsinn der antiken Ärzte anerkannt werden muß, welche das Kupfer als Heilmittel für die Leber einsetzten. Aber auch in allen anderen sauerstoffhungrigen Organen findet sich Kupfer, z. B. Gehirn, Rückenmark, Knochenmark, roten Blutkörperchen, Schilddrüse, Hirnanhangdrüse, Herz und Nieren.

Krankheiten, welche bei Kupfermangel beobachtet werden:
Blutzerfallskrankheiten (Sichelzellanämie), Eisenmangel, Gefäßverkalkung, organische Nervenerkrankungen, Schizophrenie (Störungen der Nervenübertragungsstoffe im Gehirn), Prostataentzündungen, Frühgeburten, chronische Stirnhöhlenvereiterung und Schnupfen, Infektanfälligkeit, frühzeitiges Haarergrauen, verschiedene Lebererkrankungen, Schilddrüsenunterfunktion, Knochenerkrankungen, z. B. vermehrt Karies.

Wechselwirkungen mit anderen Stoffen:
Soweit bekannt, unterstützt Kupfer die Vitamin-B1-Wirkung, es fördert die Aufnahme von Vitamin C und den Einbau des Eisens in die roten Blutkörperchen.

Zwischen Zink und Kupfer besteht ein ergänzendes Verhältnis, d. h., je mehr Zink im Blut, desto weniger Kupfer und umgekehrt; das gleiche gilt für Molybdän und Mangan.

In der Homöopathie versucht man den Kupferstoffwechsel mit den Mitteln Cuprum metallicum oder Cuprum aceticum anzuregen und zu korrigieren. Cuprum aceticum gilt als klassisches Antikrampfmittel (Antiepileptika), aber auch bei Krämpfen in den Bauchorganen (Darmkrämpfe).

Wo und in welchen Nahrungsmitteln kommt Kupfer verstärkt vor?
U.a. Eigelb, Austern, Roggen, Hülsenfrüchte, Mais, Weizenkeime, grüne Bohnen, Pflaumen, Feige getrocknet, Kartoffel, Bierhefe, Nüsse, Gurke, Haferflokken, Linsen.

Mangan (Mn)
Mangan ist zwar funktionell dem Eisen nahestehend, aber nicht austauschbar. Ohne Mangan kommt der Zuckerstoffwechsel zum Erliegen, und es treten Störungen des Eiweiß- und Kernsäurestoffwechsels auf. Da Mangan – wie fast alle Spurenelemente – ein Co-Faktor verschiedener Enzyme ist, muß angenommen werden, daß sein Fehlen oder sein Mangel subtile Stoffwechselentgleisungen auslöst, welche eine undurchschaubare Symptomatik bedingt.
Tierexperimentelle Versuche konnten zeigen, daß z. B. Wiederkäuer auf an Mangan verarmten Böden mit Knochenentkalkung, Blutzersetzung, Wachstumsstillstand und Funktionsstörungen der Geschlechtsorgane reagieren. Auch die Bildung der Bindegewebsfasern, Kollagen, Elastin und Knorpel wird schwer gestört, so daß sich Bänderschwäche, Organsenkungen und Störungen des Knorpelstoffwechsels einstellen. Nicht unerwähnt soll bleiben, daß Mangan auf die zentrale Steuerung der Muskelkoordination Einfluß hat, was bedeutet, daß gewisse Nervenkerne im Stammhirn und Kleinhirn vermehrt Mangan benötigen.
Interessant ist die Beziehung zum Zuckerstoffwechsel. Mit intravenösen Mangangaben läßt sich der Zuckerspiegel im Blut senken, so daß angenommen werden darf, Mangan wirkt ergänzend zum Insulin und könnte – wenn auch nicht als Ersatz – bei Diabetikern hilfreich sein.

Krankheiten, welche bei Manganmangel beobachtet werden:
Sterilität bei Tieren, parkinsonähnliche Symptome, Sehnen- und Bänderschwäche, Skelettdeformierungen, hoher Zuckerspiegel, Bauchspeicheldrüsenschwäche, Epilepsie, Knochenerweichung, Fehlgeburten, Kleinhirnerkrankungen, Vagusschwäche.

Wechselwirkung mit anderen Stoffen:
Mangan wirkt gegen Kupfer, Eisen, Calcium und Vanadium, d.h. Überschuß an Mangan löst einen Mangel o.g. Spurenelemente aus (Antagonismus). Es unterstützt die Verwertung von Vitamin C, E und der B-Gruppe und potenziert in physiologischer Dosis die Eisenverwertung. Chrom verstärkt die Manganwirkung auf die Insulinproduktion.

In der Homöopathie gilt Manganum aceticum als klassisches Mittel in der Therapie des Parkinson. Auch bei multipler Sklerose konnten Schübe gemindert werden. Die Hauptsymptome sind: Gleichgewichtsstörungen, Neigung zum Hinlegen, schmerzempfindlich an der ganzen Haut, Beine wie gelähmt und heisere tonlose Stimme.

Welche Nahrungsmittel sind manganhaltig?
Spinat, Erd- und Haselnüsse, Reiskleie, Eigelb, Leber, Vollkornprodukte. Haferflocken, Heidelbeere, Avocado, Sojabohne, rote Bete, Pflaumen.

Kobalt (Co)
Kobalt ist der zentrale Kobold des Vitamin B12, um es einmal spaßhaft zu sagen. Je kleiner die Spurenelementendosis ist, desto wichtiger wird sie. Kobalt ist also das Zentralatom des Vitamin B12. Der tägliche Bedarf beträgt wenige Gamma und wird in der gleichen Menge wieder ausgeschieden. Bei Tieren sind eine Reihe von Mangelerscheinungen beobachtet worden, die durch Kobaltgaben gebessert bzw. geheilt werden konnten. Auf Grund dieser Beobachtungen wurde die hohe biologische Wertigkeit dieses Spurenelementes besonders deutlich. Da Kobalt an wichtigen Enzymaktivierungen beteiligt ist, die den Eiweißstoffwechsel mittragen, insbesondere der Bluteiweiße (roten Blutkörperchen) und Schilddrüsenhormone, wird seine zentrale Bedeutung für den Stoffwechsel klar.

Krankheiten, welche bei Kobaltmangel beobachtet werden:
Rinder und Schafe, die auf kobaltarmem Weideland leben, entwickeln eine gefährliche Blutarmut, die mit Abmagerung, struppigem glanzlosem Haarkleid, Schwäche und Infektanfälligkeit einhergeht. Auf Grund des fehlenden Kobalts unterbleibt die Biosynthese des Vitamin B12, womit eine echte Vitaminmangelerkrankung auftritt: siehe S. 74. Krebsgeschwulste und bösartige Erkrankungen zeigen, wie auch bei anderem Spurenelementenmangel, reduziertes oder fehlendes Kobalt. Zuwenig Kobalt beeinträchtigt die Bildung von Schilddrüsenhormonen, so daß mit einer Unterfunktion der Schilddrüse zu rechnen ist.

Wechselwirkung des Kobalt mit anderen Stoffen:
Vitamin B12 und Eisen können ohne Kobalt nicht wirksam werden.

Homöopathisch setzt man Cobaltum nitricum bevorzugt bei Tumorpatienten ein, die an Anämie leiden und zur Antikrebstherapie. Bei zugänglichen Tumoren können Kobaltinjektionen direkt in den Tumor hilfreich sein, wobei darauf zu achten ist, daß die Kreislaufsituation keine abnormen Abweichungen zeigt (Bluthochdruck).

In welchen Lebensmitteln befindet sich Kobalt ausreichend?
Lachs, Thunfisch, Austern, Getreide, Hülsenfrüchten, Eigelb, Nüsse, Bierhefe, Grünkohl, Molke, Vollmilch, Camembert.

Fluor (F)
Fluor gehört zu den am meisten untersuchten Spurenelementen des menschlichen

Organismus. Nicht nur, weil es inzwischen von der Zahnmedizin auf seine antikariöse Wirkung (Hemmung auf Bakterienenzyme) intensiv erforscht, sondern auch in der Homöopathie ausgiebig auf seine medikamentösen Eigenschaften untersucht wurde. Fluor wird zu 85–100% direkt in die Magen-Darmschleimhaut aufgenommen und zu 99% in das Skelettsystem, den Zähnen, Haaren und Nägeln eingebaut. Der Gesamtbestand an Fluor beträgt ca. 2,6 g, wobei ein täglicher Bedarf von 0,75 mg erforderlich zu sein scheint. Da Fluor über die Nieren sehr leicht ausgeschieden werden kann, besteht eine Vergiftungsgefahr nur dann, wenn die Dosis deutlich über der Tagesmenge liegt. Eine Anreicherung im Knochensystem ist kurzfristig möglich, kann aber bei übermäßiger Zufuhr zu fleckenförmiger Unterentwicklung des Zahnschmelzes führen, womit genau das Gegenteil des gewünschten Effektes (Zahnschmelzhärtung) erreicht wird. Die Fluorisierung des städtischen Trinkwassers scheint zwar bisher ohne irgendwelche Gefährdung verlaufen zu sein, doch gibt es hier vor allem rechtliche Bedenken (Eingriff in die freie Medikamentenwahl). Fluoride haben in höheren Dosen eine hemmende Wirkung auf die Enzyme der Zuckermobilisierung und ebenfalls auf die Eisen- und Kalziumverwertung. Damit dürfte die Beziehung zum Zucker- und Eisenstoffwechsel offenkundig sein. Außerdem scheinen sie eine engere Beziehung zum Bindegewebe zu haben, da sie die Festigkeit der elastischen Fasern ebenfalls beeinflussen. Ein Kuriosum in der Fluorforschung ist die Geschichte eines Dorfes in Anatolien. Dort war das Trinkwasser extrem fluorhaltig, so daß man eigentlich mit erheblichen Gesundheitsschäden rechnen mußte. Aus noch unbekannten Gründen traten aber keine typischen Fluorschäden auf, sondern die Menschen alterten schon in jungen Jahren so stark, daß für einen Außenstehenden das ganze Dorf den Eindruck von Überalterung machte. Die Vergreisung dürfte wohl mit dem Fluor in Zusammenhang stehen (Bindegewebsverhärtung).
Dem Heilpraktiker und Homöopathen ist Fluor aber auch noch als Kropfmittel bekannt und als Mittel bei Schilddrüsenüber- wie auch -unterfunktion.
Es gibt wissenschaftliche Untersuchungen über die Wirkung des Fluors auf den Jodspiegel des Blutes. Danach läßt sich durch Fluorgaben der Jodspiegel senken, und umgekehrt steigt der Jodspiegel bei sinkender Fluorkonzentration an, was die gegenseitige Hemmung zweier Spurenelemente verdeutlicht. Vermehrte Fluoreinnahme kann also zur Beseitigung von Schilddrüsenüberfunktion recht nützlich sein.

Krankheiten, die bei Fluormangel beobachtet wurden (homöopathisch):
Bindegewebsschwäche, Organsenkung, Haarausfall, Knochenerweichung (Osteoporose), Kröpfe (harte und weiche), Schilddrüsenüberfunktion, schlaffe, ältliche Haut, Drüsentumore, Karies, Hautausschläge.

Wechselwirkung des Fluors mit anderen Stoffen:
Offenkundig ist seine Beziehung zum Calcium, welches unter Fluorwirkung besser in die Knochen eingebaut wird (Remineralisierungseffekt des Zahnschmelzes). Eine wahrscheinliche Beziehung besteht zum Silicium, das ja ebenfalls bindegewebswirksam ist. Fluor hemmt die Jodverwertung in der Schilddrüse und senkt den Jodspiegel im Blut. Molybdän verstärkt die Verwertung von Fluor.

In welchen Nahrungsmitteln befindet sich Fluor?
Meersalz, Speisefische aus dem Meer, Heilwasser, Walnüsse, Bier, Hafer, Hirse und Leber.

Silizium (Si)
Der menschliche Organismus hat einen Gesamtbestand von 1 g Silizium, das ist für ein Spurenelement eine ganze Menge. Silicium ist das zweithäufigste Element in der Erdkruste und massenhaft als Silikat in Granit, Quarz und Glimmer eingelagert. Obwohl die Biochemie noch nicht genau herausfand, welche Bedeutung es für den Organismus hat, weiß die Homöopathie seit nahezu 250 Jahren etwas von der arzneilichen Wirkung. Es ist ziemlich wahrscheinlich, daß Silicium im Bindegewebsstoffwechsel eine nicht geringe Rolle spielt, dazu gehört auch die Haut und ihre Anhangsgebilde – wie Haare und Nägel. In allen bindegewebsreichen Organstrukturen speichert sich Silicium und hat auf Grund dessen wohl auf die Elastizität und die Stützfunktionen Einfluß. Versuche mit der Kieselsäure haben gezeigt, daß sie die Abwehr anregt, den Kalziumstoffwechsel gemeinsam mit Phosphor und Vitamin D steigert, die Haut strafft und Vernarbungsprozesse verbessert. Zur Wundnachbehandlung eignet sich Silicium bestens. *Mangel* daran hat Haarausfall, Parodontose, Pickel und Unreinheiten, sowie welke Haut, zur Folge.

Homöopathisch wird Silicea eingesetzt. Der Siliceatypus ist meist verzagt und hat wenig Vertrauen zu sich. Es fehlt ihm der Glaube an gutes Gelingen, weil er stets Angst vor dem Mißerfolg hat und schon bei den geringsten Schwierigkeiten zum schwärzesten Pessimisten wird. Das ist auch das beherrschende Kennzeichen des Siliceatypen. Alle anderen Symptome, wie starkes Frösteln, ständige Schweißbildung und die Bauchsymptome, sind nur dann beachtenswert, wenn sie auf das Wesen passen. Symptomatisch setzt man die Kieselsäure zur Besserung der Hautfunktion des Haar- und Nagelwuchses sowie zur Heilung von Mandel- und Drüsenschwellungen ein. Man kann sicher sein, daß unter Siliceagaben die Heilung schneller abläuft.

Lebensmittel mit Siliciumspuren
Luvos-Heilerde, Hafer, Gerste, Hirse, Kartoffeln, Kieselalgen, Ackerschachtelhalm und einige andere Heilkräuter und Quarzmineralien.

Vanadium (V)
Dieses Schwermetall ist essentiell und wird vom Organismus in den Zellen von den Enzymen benötigt, um wichtige Stoffwechselreaktionen aufrecht zu erhalten. Bisher hat man nur in Tierversuchen seine Eigenschaften studieren können. Danach scheint es auf die Festigkeit des Zahnschmelzes Einfluß zu nehmen und die Cholesterinbiosynthese zu hemmen. Auf die Herzkranzgefäße hat es einen positiven Durchblutungseffekt. Da Vanadium bei der Verhüttung von Kupfer- und Stahlveredelung in größeren Mengen anfällt, weiß man auch etwas über die Vergiftungssymptome. Es entstehen krampfartige Durchfälle, Muskelzittern und akute Reizungen in den Augen und den oberen Atemwegen, vor allem bei giftigen Dämpfen. Als Hauptkennzeichen verfärbt sich die Zunge lilagrün.

Lebensmittel mit Vanadiumspuren: Sojabohnenöl, Maiskeimöl, Süßwasseralgen und verschiedene Seefische.

Chrom (Cr)

In den letzten Jahrzehnten kamen über Chrom einige interessante Forschungsberichte heraus, die wieder einmal die Bestätigung liefern, daß Spurenelemente klein, aber fein sind und das Zünglein an der Stoffwechselwaage sein können. Chrom scheint auf den Zuckerstoffwechsel Einfluß zu nehmen. Bei Mangel an Chrom entsteht ein manifester Diabetes und eine Herabsetzung der Zuckertoleranz. Nun hat man festgestellt, daß Chrom ein Co-Faktor des Insulins ist und im Schwanzteil der Bauchspeicheldrüse besonders viel gespeichert wird – mit anderen Worten: *Chrommangel* vermindert die Insulinsynthese. Für manchen Diabetiker kann eine Chromsubstitution vielleicht eine Besserung bedeuten. Amerikanische Forscher befaßten sich mit Gefäßveränderungen chromfrei ernährter Ratten und konnten nachweisen, daß besonders die großen Schlagadern rapid verkalken. Da Chrom auch die Fettsäuresynthese stimuliert (Triglyceride), scheint die Arterienverkalkung mindestens z. T. auch daran zu liegen, wenn man die diabetische Stoffwechsellage mitberücksichtigt. Chrom ist in größeren Mengen absolut toxisch und verursacht Lungenkrebs. In der Industrie kann durch das Einatmen giftiger Chromdämpfe ein akutes Asthma entstehen.

Wechselwirkung: Auf Grund der molekularen Beziehungen von Zink und Mangan zum Zuckerstoffwechsel und Insulin kann angenommen werden, daß Chrom zu beiden Spurenelementen eine ergänzende Beziehung unterhält.

Lebensmittel, in denen Chrom vorkommt:
Melasse und Rohrzucker, Nüsse, Frauenmilch, Bierhefe, Bohnenkraut, verschiedene Gewürze und Kräuter, schwarzer Tee und rote Bete.
Bemerkung: Selbstverständlich ist die Chromaufnahme der Pflanze wie bei allen anderen pflanzlichen Lebensmitteln auch vom Chromgehalt des Bodens abhängig.

Nickel (Ni)

Nickel ist ein Nichteisen-Metall und wird in allen Organen gespeichert. Da es nur in Spuren vorliegt, ist sein Gesamtbestand von 10 mg sehr niedrig. In Enzymen kommt Nickel als aktivierendes Metallion vor und verleiht – wie das bei fast allen Enzymen ist – dem Enzym seine speziellen Eigenschaften, siehe über Enzyme S. 70. Der Tagesbedarf an Nickel ist noch nicht erforscht. Fest steht, daß die Nickel-Metallenzyme an der Stabilisierung des Blutgerinnungsprozesses beteiligt sind und sowohl im Insulin wie auch in dem Hormon Vasopressin anwesend sind. Letzteres ist ein Hormon aus der Hirnanhangdrüse, das sowohl die kleinen Arterien verengt als auch die Wasserausscheidung bremst. Ohne Vasopressin müßte der Mensch laufend Wasser lassen. Eine weitere dämpfende Funktion übt Nickel auf die Adrenalinausschüttung aus. Gewissermaßen dämpft es den Adrenalinschuß.

Der Mangel dieses wichtigen Spurenelementes hat unter anderem Blutarmut, Leberverhärtung (Zirrhose) und verminderte Fruchtbarkeit zur Folge. Eine Nikkelintoxikation wurde bisher nur in Berufssparten beobachtet, die mit Nickel vermehrten Kontakt haben. Galvaniseure, Schleifer, Polierer und Emaillierer sind am gefährdetsten. Übrigens gibt es im Benzin ein Antiklopfmittel, das mit Nickel hergestellt ist. Es ist hochgiftig und krebsverdächtig. Auch im Tabak ist der karzinogene Stoff, das Nickelkarbonyl, anwesend.

Wechselwirkung mit anderen Stoffen:
Calcium, Vitamin C und E sowie die pflanzlichen Pektine (siehe S. 16) dämpfen die Nickelwirkung.

Homöopathisch setzt man für Nickel Niccolum metallicum ein. Es ist ein brauchbares Kopfschmerzmittel, das manch therapieresistente Fälle beseitigen kann.

In welchen Lebensmitteln kommt Nickel vermehrt vor?
U. a. Sojabohnen, weiße Bohnen, Linsen, Bierhefe, Senfsamen und Kakao. Im übrigen ist die industrielle Nickelkontamination heute bereits im bedenklichen Toleranzbereich.

Teil 2

Vitamine und Enzyme – die Heinzelmännchen des Stoffwechsels

Vitamine und Enzyme sind die rührigsten Heinzelmännchen im Stoffwechsel. Ohne sie könnten die unzähligen Stoffwechselkreisprozesse und Kettenreaktionen der Stoffumwandlungen und Energiegewinnung nicht ablaufen, ohne sie wäre ein primitives Leben nur auf der Gärstufe möglich. Damit Enzyme und Vitamine ihre volle Wirkung entfalten können, müssen sie unversehrt eingeschleust werden, was letztlich nur mit einer naturbelassenen Langzeiternährung möglich ist. In Konserven und Pappschachtelkost sind die Eiweißkörper der hitzeempfindlichen Enzyme (bis 45 °C) meist denaturiert, d. h. strukturell so verändert, daß sie vom Stoffwechsel nur noch als substantielles Eiweiß verwendet werden können. Nicht anders ergeht es den Vitaminen, die nicht nur hitzeempfindlich, sondern teilweise auch licht- und sauerstoffempfindlich sind. Auch ihre Struktur wird vernichtet bzw. so weit verändert, daß sie nicht mehr ihre Aufgabe als Co-Faktoren in Enzymen erfüllen können. Inzwischen ist eine Reihe chemischer Medikamente bekannt geworden, die Antivitamin-Charakter haben, d. h. sie können Vitamine in den Zellen inaktivieren bzw. kaltstellen. Zu den gefährlichsten Vitaminräubern gehören die Antibiotika, deren längere Einnahme die vitaminproduzierenden Darmbakterien vernichten und einen unterschwelligen – nur selten erkennbaren – Vitaminmangel auslösen. Immer wieder erlebt man in der Praxis solche Fälle und man fragt sich, wie bei dem heutigen Wissensstand eine so zerstörerische Nebenwirkung noch zu verantworten ist.

Was sind Vitamine und Enzyme?

Vitamine sind Stoffe, die schon in kleinster Dosierung eine hohe biologische Aktivität entfalten. Vor allem die B-Gruppe dient den Enzymen als Co-Faktor (Coenzym). Ohne Vitamine können die Enzyme keine der vielen Stoffwechselaufgaben vollbringen. Viele Vitamine sind für den menschlichen Organismus essentiell, d.h. unentbehrlich, und müssen – da sie nicht synthetisiert werden können – von außen mit der Nahrung zugeführt werden. Um die Vitamine etwas besser zu verstehen, ist es notwendig, ein bißchen über die Enzyme zu plaudern. Enzyme können nur von lebendigen Zellen gebildet werden. Es sind kompliziert gebaute Eiweißmoleküle, die praktisch alle biochemischen Vorgänge in Gang setzen und beschleunigen, siehe Abb. 5a. Höheres Leben auf der Organisationsstufe des Menschen ist nur deshalb möglich geworden, weil über Jahrmilliarden die Natur alle enzymatischen Molekülbewegungen ausprobiert hat, und *letztlich im Menschen ihren erdenklich finalen Synthesegipfel erreichte*. Jedes Enzym geht mit einem bestimmten Stoff – z.B. Zucker – eine kurzfristige Verbindung ein, verändert entweder durch Spaltung, Synthese, Stoffübertragung oder Wasser-Sauerstoffanlagerung den Stoff und trennt sich dann wieder von ihm, ohne selbst verändert zu werden. Ein Zuckermolekül (Glucose) benötigt bei seinem Abbau bis zum Zwischenprodukt Benztraubensäure, 10 Enzyme. Daran mag man ermessen, wie hoch der Enzymeinsatz etwa für die Eiweißsynthese ist.
Innerhalb der Zellen sind die Enzyme in Reaktionsräume abgegrenzt, wo sie nur ganz bestimmte Stoffumwandlungen bewältigen. Meist sind ihre Reaktionen hintereinandergeschaltet, so daß man von einer Kettenreaktion sprechen kann, die wie in einem Kreis abläuft. Diese Multienzymsysteme wirken als Ganzes, wobei der Ausfall eines Enzyms, die nowendige Energiegewinnung oder Stoffumwandlung in dem entsprechenden Reaktionsraum blockiert. Näher spezifiziert wird ein Enzym durch den Eiweißkörper (Apoenzym), in dem meist die Spurenelemente als elektrisch geladene Metallionen eingelagert sind. Die Reihenfolge der Metallionen, z. B. Kobalt oder Mangan (siehe S. 64 und S. 65), bestimmt nicht nur den Standort in der Zelle, sondern die ganz spezielle Aufgabenstellung. Die Coenzyme, also Vitamine, welche sich an das Enzym anlagern, werden bei der Reaktion meist verändert, da sie mit dem zu reagierenden Stoff häufig ihre Wasserstoff- und Sauerstoffatome gleichgewichtig austauschen. Aus dieser Darstellung wird der hohe Vitaminverbrauch im Stoffwechsel erklärlich. Als Beispiel möchte ich das Azetyl Coenzym-A (aktivierte Essigsäure) nennen (siehe S. 26 und S. 72): dieses zentrale Enzym im Energie- und Eiweißstoffwechsel bedarf zu seiner Biosynthese eines ganzen Multienzymkomplexes, indem Vitamin B1 (Thiamin) und Pantothensäure eine wichtige Rolle spielen. Mangel an Vitamin B1 und Pantothensäure hat für den Zellstoffwechsel katastrophale Folgen. Daher sollten stets genügend Vitamine aus natürlichen Quellen zugeführt werden. Ein idealer Vitamin-Spender ist die Bierhefe in Tablettenform. Für die Wirkungsweise von Enzymen und Vitaminen ist allein die räumliche Struktur maßgebend. Dabei lagert sich der zu verändernde Stoff an einer bestimmten Stelle des Enzyms an und erfährt eine molekulare Abwandlung. Das sich dabei verändernde Coenzym

wird unter Energieaufwand wieder regeneriert, soweit die nötigen Materialien aus der zugeführten Nahrung vorhanden sind. Die Enzymaktivität – ihr Stoffwechseloptimum – wird wesentlich vom Säure-Basen-Milieu, der Hormonausschüttung, der Körpertemperatur und im besonderen vom Ionengehalt der Außenatmosphäre (Wetter) bestimmt. Die Hormone regeln die Geschwindigkeit der enzymatischen Reaktionen, z. B. das Schilddrüsenhormon Thyroxin. Es gibt auch im Stoffwechsel eine große Anzahl natürlicher Enzymhemmstoffe, die gewissermaßen überschießende Enzymaktivitäten blockieren. Dies geschieht durch zeitlich begrenzte Anlagerung an das Enzymmolekül, meist an sein Aktionszentrum. Manche Konservierungsmittel (siehe S. 268) haben einen ähnlich inaktivierenden Effekt im Bakterienstoffwechsel, womit sich der schwerwiegende Verdacht erhebt, daß ähnliches auch in der menschlichen Zelle geschieht. Ich hoffe, mit dieser kleinen Enzymologie einen bescheidenen Einblick in die Welt der Enzyme vermittelt und damit den hohen Wert einer naturbelassenen enzymreichen Kost herausgestellt zu haben.

Geeignete, aber abgeneigte Moleküle

Das Enzym tut seine Pflicht

Geeignete und geneigte Moleküle

Abb. 5a

Kurze Vitaminbeschreibung und ihr Vorkommen in Nahrungsmitteln

Wasserlösliche Vitamine

Vitamin B 1 Chemische Bezeichnung: *Thiamin, Aneurin*
Funktion, Wirkungsweise und Eigenschaften:
Vitamin B 1 ist hitze- und sauerstoffempfindlich, es wird im Körper nicht gespeichert und über die Nieren ausgeschieden.
Im menschlichen Stoffwechsel ist es in seiner wirksamen Form als Thiamindiphosphat unentbehrlich, da es wesentlich am Aufbau der aktivierten Essigsäure (Azetyl-Coenzym-A) beteiligt ist. Es kooperiert aufs engste mit den Enzymen des Kohlehydratstoffwechsels (Zucker- und Fettstoffwechsel). Eine wichtige Synthesefunktion hat es bei der Azetylcholinbildung, ein Nervenüberträgerstoff des Vagus (vegetativer Nerv) und seinem System. Demzufolge ist es ein Schlüsselvitamin im Zuckerumsatz der Nerven- und Muskelzellen, es hat Einfluß auf den Säure-Basenhaushalt, auf den Stoffwechsel – speziell der roten Blutkörperchen – und forciert die Nierenausscheidung.
Kupfer unterstützt die Vitamin-B 1-Wirkung.
Eine gesunde Darmflora kann Vitamin B 1 synthetisieren.

Bei Mangelerscheinungen kommt es zu Störungen des Säure-Basengleichgewichtes, Müdigkeit, Verstimmungen, Konzentrationsverlust, Herzklopfen, Gewichtsabnahme, Appetitlosigkeit, Wasseraufschwemmungen und Nervenfunktionsstörungen, bis hin zur Lähmung. Bei Kleinkindern kommt es zu psychotischen Zuständen. Eine typische Mangelerkrankung ist die Beri-Beri-Erkrankung, welche durch polierten bzw. geschälten Reis künstlich erzeugt werden kann.

Das Antivitamin von B 1 ist die Zimtsäure und diverse schilddrüsenhemmende Mittel.

In folgenden Nahrungsmitteln ist Vitamin B 1 reichlich vorhanden:
Buchweizenvollmehl, Weizenvollmehl, Bierhefe, Linsen, weiße Bohnen, Sojamehl, Grünkohl, Topinambur, Roggenmehl, Maisvollmehl, Sonnenblumenkerne, Pinie, Sesam, Hafer.

Vitamin B 2 Chemische Bezeichnung: *Riboflavin, Lactoflavin*
Funktion, Wirkungsweise und Eigenschaften:
Dieses lichtempfindliche, bis nahezu 100 °C hitzefeste Vitamin kann erst nach entsprechendem Umbau in einer intakten Darmflora (Phosphorylierung) ins Darmblut übergehen. Im Zellstoffwechsel ist es ein wichtiger Aktivator der Atmungsenzyme (Oxydasen). Es wirkt auf die Endoxydation im Zitronensäurezyklus ein, den Cytochromen und am oxydativen Umbau der Aminosäuren. Somit hat es wesentlichen Anteil an der Energieumsetzung des Sauerstoffes. Vitamin B 2 hat Einfluß auf den Eisenstoffwechsel des Blutes. In die Netzhaut des Auges wird es reichlich eingelagert.

Bei Mangel dieses Vitamins kommt es zu Linsentrübungen, Hornhautentzündung, Katarakt und schweren Sehstörungen (Netzhautdegeneration). An der Haut und den Schleimhäuten zeigen sich Mundwinkeleinrisse, Hauttrockenheit, Schuppenbildungen und als hinweisendes Anfangssymptom – eine Landkartenzunge.

Antivitamine von B 2 sind einige Antibiotika, welche die bakterielle Phosphorylierung in der Darmflora blockieren und gewisse Psychopharmaka – z. B. Megaphen.

In folgenden Nahrungsmitteln ist Vitamin B 2 reichlich vorhanden:
Gerste, Buchweizenvollmehl, Roggenvollmehl, Magerquark, Bierhefe, Mandeln, Linsen, weiße Bohnen, Sojamehl, Sojabohne, Sanddorn.

Vitamin B 3 Chemische Bezeichnung: *Pantothensäure*
Funktion, Wirkungsweise und Eigenschaften:
Die hitze- und lichtempfindliche Panthothensäure nimmt im Energiestoffwechsel der Kohlehydrate als Co-Faktor der aktivierten Essigsäure eine zentrale Schlüsselstellung ein. Ohne Pantothensäure läuft der ganze Stoffwechsel einschließlich des Aminosäureumbaues fehlerhaft ab, da die aktivierte Essigsäure (siehe S. 26) Dreh- und Angelpunkt des Stoffwechsels ist. Außerdem ist die Pantothensäure an der Biosynthese der Fettsäuren, des Cholesterins und der Gallensäure wesentlich beteiligt. Ferner unterstützt sie die Entgiftungsleistung der Leber (Medikamente), steigert die Infektabwehr in den Schleimhäuten und der Haut und ist wahrscheinlich an der Pigmentierung der Haare wesentlich beteiligt. Pantothensäure ist auch an der Synthese des Hämoglobin (Porphyrin) – dem Bluteisen beteiligt.

Ein experimenteller Mangel bedingt eine bösartige Anämie (Blutzersetzung). Funktionsstörungen der Nebennierenrinde, Schleimhautentzündungen, vorzeitiges Haarergrauen, Schleimhautschäden des Dünndarmes und brennende Fußsohlen.
Das Vitamin kann von den Darmbakterien synthetisiert werden.

In folgenden Lebensmitteln ist die Pantothensäure reichlich vorhanden:
Erbsen, Weizenvollkornmehl, Haferflocken, getr. Datteln, Roggenvollmehl, Avocadofrüchte, Bierhefe, Erdnuß, Linsen, Grünkohl, Haselnuß, weiße Bohnen, Broccoli.

Vitamin B 6 Chemische Bezeichnung: *Pyridoxin*
Funktion, Wirkungsweise und Eigenschaften:
Vitamin B 6 ist lichtempfindlich, aber bis zu 100 °C hitzefest. Es gilt als Nervenvitamin. Im Zellstoffwechsel – speziell der Nervenzellen – spielt es beim Eiweißaufbau (Glutamat) und im Fettsäureabbau eine bedeutende Rolle. Ferner ist es an der Synthese wichtiger biogener Amine, Histamin, Serotonin und Epinephrin (Gewebshormone) beteiligt – z. B. Niacin aus der Aminosäure Tryptophan. In Bakterien und Hefen stimuliert es das Wachstum. *Eine Unterversorgung* bedingt pellagraähnliche Symptome: Abschuppung und Eintrocknung der Haut, Pigmentstörungen, Blutbildungsstörungen, nervliche Krampfanfälle und Schreckhaftigkeit. Amerikanische Gynäkologen konnten durch Vitamin-B 6-Gaben die

Entbindungszeit verkürzen und die Wehen mildern.
Überdosierung des Vitamins kann die Magnesiumaufnahme und -verwertung stören.

Ein typisches Antivitamin ist der Wirkstoff „INH“ (Isonikotinsäurehydrazid), der in Tuberkulose- und Lepramitteln verarbeitet ist. Außerdem enthalten ihn Antikrampfmittel, Ovulationshemmer und bestimmte Penicillinpräparate.

In folgenden Nahrungsmitteln ist Vitamin B6 reichlich vorhanden:
Weizenvollkornmehl, Rosinen, Spargel, Linsen, Erdnuß, Bierhefe, Sojamehl, Sojabohnen, Haselnuß, Haferflocken, Hirse, Kiwi.

Vitamin B12 Chemische Bezeichnung: *Cyanocobalamin*
Funktion, Wirkungsweise und Eigenschaften:
Das licht- und hitzeempfindliche Vitamin ist ein essentieller Blutbildungsfaktor (rote Blutkörperchen). Es hat in Gemeinschaft mit dem Spurenelement Kobalt einen fundamentalen Einfluß auf den Kohlehydrat- und Kernstoffwechsel und ist an vielen subtilen Enzymreaktionen beteiligt. Cyanocobalamin ist am stärksten in hochaktiven Geweben wie Nervenzellen und Knochenmark konzentriert. Das Vitamin kann nur in Gegenwart des in der Magenschleimhaut produzierten Extrinsic-Faktor in den Blutkreislauf aufgenommen werden. Die Leber kann Vitamin B12 speichern. Mit der Folsäure ist es funktionell verzahnt.
Von der Darmflora kann es nicht synthetisiert werden.

Cyanocobalaminmangel entsteht z. B. bei Magen- und Dünndarmentfernung oder Darmfloravernichtung durch Antibiotika, außerdem bewirkt er eine bösartige Blutzersetzung und Rückenmarkserkrankungen.
Das Vitamin wird heute aus Bakterienkulturen gewonnen.

Typische Antivitamine sind die Salizylsäure, Antikrampfmittel, Antibiotika (Neomyzin) und Colchizin, ein Alkaloid aus der Herbstzeitlosen.

In folgenden Nahrungsmitteln ist Vitamin B12 reichlich vorhanden:
Molke, Bierhefe, rohe Kuhmilch, Camembert, dunkles Blattgemüse (Spinat) und Blumenkohl.

Vitamin BC Chemische Bezeichnung: *Folsäure*
Funktion, Wirkungsweise und Eigenschaften:
Folsäure ist hitzelabil und äußerst lichtempfindlich. Sie gilt ebenfalls als eines der wichtigsten Blutbildungsvitamine. Zusammen mit Vitamin B12 fördert sie die Ausreifung der roten Blutkörperchen im roten Knochenmark und ist notwendig für die Zellteilungsvorgänge im Kernstoffwechsel. *Sein Mangel* bewirkt Blutarmut, bleiche, wächserne Gesichtsfarbe, Schuppenflechte (Psoriasis) und Wachstumsstörungen.
Die Folsäure wird durch Zellteilungshemmer (Krebsmittel) blockiert bzw. unwirksam gemacht.
In folgenden Lebensmitteln kommt Folsäure reichlich vor:
Bierhefe, Sojamehl, Weizenkleie, Reiskleie, Blattgrün und in Keimlingen. Weiße

Rüben, Gurke, Mangold, Aubergine, Kohlrübe, Rettich, Broccoli, Kürbis, Rotkohl, Endivien, Weißkohl, Wirsing.

Vitamin C Chemische Bezeichnung: *Ascorbinsäure*
Funktionen, Wirkungsweise und Eigenschaften:
Die lichtempfindliche und hitzelabile Ascorbinsäure gehört zu den wichtigsten Vitaminen. Im Zuckerstoffwechsel ist sie ein wesentlicher Co-Faktor bei der Wasserstoffübertragung. In der Zelle aktiviert sie durch ihre Reaktionsbereitschaft zahlreiche Enzyme und ist von fast gleicher fundamentaler Bedeutung wie das Vitamin B 1. Im Bindegewebe ist Vitamin C maßgebend an der Kollagenbildung beteiligt (Hautelastizität, Knorpelsubstanz und Sehnengewebe) und aktiviert bzw. stimuliert die Abwehrzellen. Des weiteren hat es Steuerfunktion bei der Biosynthese der Steroide (Grundgerüste für Hormone) aus der Nebennierenrinde und den Geschlechtsdrüsen und steigert die Elastizität der Gefäßwände. Die Ascorbinsäure ist das beste Entgiftungsvitamin das wir kennen. Es macht eine ganze Reihe von karzinogenen Stoffen (freie Radikale), darunter auch das gefährliche Nitrit (siehe S. 263), unwirksam und kann bei regelmäßiger Einnahme eine echte Krebsprophylaxe sein. Vitamin C steigert die Eisenaufnahme und seine Verwertung.

Eine Unterversorgung bzw. ein Minimalmangel ist in den nördlichen Regionen der Erde weit verbreitet. Die täglich benötigte Menge von 70 mg wird nur in den seltensten Fällen erreicht (entspricht etwa einer großen Zitrone oder einer halben Pampelmuse). *Die Mangelsymptome sind:* Ständiges Zahnfleischbluten, lockere Zähne, Hautfaltenbildung und welke Haut, ständige Müdigkeit und Abgespanntheit, Neigung zu Katarrhen und grippalen Infekten, leichte Erkältungsneigung und geringe Abwehrbereitschaft. Ein typisches Kennzeichen des Mangels ist die Frühjahrsmüdigkeit, die meist mit Gliederschmerzen und allgemeinem Unwohlsein einhergeht.
Vitamin C kann nur von einigen Säugetieren selbst synthetisiert werden – z. B. von Meerschweinchen und Ratten. Für den Menschen ist es essentiell. Mangan kann die Wirkung des Vitamin C potenzieren, andererseits dämpft Vitamin C das Spurenelement Nickel.
Bei Überdosierungen des Vitamin C kann es zu Nierenschädigung (Nierensteine) kommen, ebenso kann der Zuckerspiegel abfallen. Diabetiker sollten den Zuckertest ohne Vitamin-C-Einnahme durchführen.

Als Antivitamine wirken vor allem einige Ovulationshemmer, die Acetylsalicylsäure, verschiedene Penicillinpräparate und Tabakrauch.

Lebensmittel, in denen Vitamin C reichlich vorhanden ist:
Alle Zitrusfrüchte, Meerrettich, Fenchel, Gartenkresse, Grünkohl, Rosenkohl, Acerolakirsche, Hagebutte, Sanddorn, schwarze und rote Johannisbeeren, Kiwi, Guave und Paprika.

Vitamin PP Chemische Bezeichnung: *Nikotinsäure, Niacin*
Funktionen, Wirkungsweise und Eigenschaften:
Nikotinsäure ist hitzefest und unempfindlich gegen Licht und Lufteinwirkung.

Vitamin PP ist in allen wichtigen Enzymen ein Co-Faktor, seine Synthese hängt von der ausreichenden Zufuhr der Aminosäure Tryptophan und der Gegenwart von Vitamin B6 ab, da die Aminosäure den Strukturrohstoff liefert, während Vitamin B6 an der Biosynthese von Niacin mitwirkt. Niacin kommt die Aufgabe der Wasserstoff-Sauerstoffübertragung (Oxyreduktase) im Glucosestoffwechsel zu. Ferner baut es Fettsäuren ab, fördert die Blutbildung und ist für die Haut und Verdauungsfunktion unentbehrlich. Arzneilich setzt man die Nikotinsäure in höheren Dosen bei Durchblutungsstörungen, erhöhten Blutfettwerten (Cholesterin) und gestörtem Fettstoffwechsel ein. *Nikotinsäuremangel* bedingt eine pellagraähnliche Symptomatik, ähnlich wie bei Vitamin-B6-Mangel.
Überdosierungen mit Vitamin B1 können die Wirkung der Nikotinsäure aufheben.

In folgenden Nahrungsmitteln ist Vitamin PP reichlich vorhanden:
Erdnuß, Sonnenblumenkerne, Gartenkresse, Bierhefe, Mandel, Pinie, Weizenvollkornmehl, Vollreis, Buchweizenvollmehl, Aprikosen, Gerste, Schlehen und weiße Bohnen.

Vitamin H Chemische Bezeichnung: *Biotin*
Funktion, Wirkungsweise und Eigenschaften:
Biotin ist hitzebeständig, jedoch lichtempfindlich. Experimente ergaben, daß Biotin ein enormer Wachstumsfaktor bei Kleinstlebewesen (Mikroorganismen) ist. Wahrscheinlich fördert Biotin die Ausscheidung der Kohlensäure. Seine Speicherung soll im Gehirn und in der Leber sein. Die Biotinforschung ist noch sehr im Fluß, man muß abwarten. Sicher ist nur, daß Biotin Vitamin K bei der Bildung der Blutgerinnungsfaktoren unterstützt. *Ein Mangel* äußert sich in trockener, feinschuppiger Haut durch Verlust der Talgproduktion, Hämoglobinabbau, Schwund der Zungenpapillen, starker Anstieg des Cholesterinspiegels, Müdigkeit, Verstimmungen, Gliederschmerzen und später Hautentzündungen.
Durch übertriebenen Genuß von Eiklar (Eischnee) kann künstlich ein Biotinmangel herbeigeführt werden. Das Vitamin wird von der Darmflora synthetisiert.

In welchen Lebensmitteln kommt Biotin reichlich vor?
Reiskleie, im grünen Blattgemüse, Weizenkleie, verschiedene Pflanzensamen und Keimlinge (Weizenkeime und Sojabohnenkeime) im Fleisch und vor allem in der Bierhefe.

Vitamin P Chemische Bezeichnung: *Rutin*
Funktion, Wirkungsweise und Eigenschaften:
Das Vitamin wirkt entzündungswidrig, antiallergisch und gerinnungshemmend, es steigert die Widerstandskraft und dichtet zusammen mit Vitamin C die kleinen Blutgefäße ab, indem es die Kapillardurchlässigkeit herabsetzt und senkt das Cholesterin. Rutin ist in mancher Beziehung mit den weiblichen Geschlechtshormonen verwandt (Östrogene). *Mangel* steigert die Blutungsneigung und die Ödembildung.

In folgenden Lebensmitteln ist Vitamin P reichlich vorhanden:
Blattgemüse, Buchweizenvollmehl, Zitrusfrüchte (Zitrone, Grapefruit, Orangen), Johannisbeeren, Paprika und Hagebutten.

Vitamin B 13 Chemische Bezeichnung: *Orotsäure*
Funktion, Wirkungsweise und Eigenschaften:
Orotsäure ist ein wichtiges Zwischenprodukt im Pyrimidinstoffwechsel. Strenggenommen ist es kein Vitamin, hat jedoch bei der Biosynthese der Kerneiweiße zur Regenerierung der DNS eine zentrale Stellung inne. Die Zufuhr der Orotsäure erspart hohen Energieverbrauch, denn grundsätzlich ist die Energiebilanz im Kernstoffwechsel negativ. Somit hat die Orotsäure einen wachstumssteigernden Effekt und potenziert die Wirkung des Vitamin B 12. Für Gichtkranke und solche mit erhöhtem Harnsäurespiegel ist die Orotsäure kontraindiziert.

Antivitamine der Orotsäure sind hauptsächlich krebshemmende Medikamente (Zytostatika), z. B. Fluorourazil, Zytosinarabinosid und manche Virustatika.

Lebensmittel, in denen Orotsäure natürlich vorkommt:
Molke, gestöckelte Milch, Hefe, Ziegen- und Schafsmilch und am ergiebigsten in der Leber.

Vitamin T Chemische Bezeichnung: *Carnitin*
Funktion, Wirkungsweise, Eigenschaften.
Über dieses Vitamin ist noch zu wenig bekannt. Es nimmt eine wichtige Stellung im Stoffwechsel der Fettsäuren ein. *Mangel an Vitamin T* bedingt Fettstoffwechselstörungen infolge mangelnder Oxydierung der Fettsäuren in den Zellorganellen (Mitochondrien). Das Vitamin kommt in der Leber und Muskulatur am häufigsten vor. Allgemein fördert es den Appetit und die Gewichtszunahme.

Fettlösliche Vitamine

Vitamin A Chemische Bezeichnung: *Retinol*
Funktion, Wirkungsweise und Eigenschaften:
Das Vitamin ist – wie viele Vitamine – licht- und sauerstoffempfindlich, besonders gegen UV-Einstrahlung. Da es zu den fettlöslichen Vitaminen gehört, kann es im Darm nur in Anwesenheit von Fettsäuren und Gallensäuren ins Blut aufgenommen werden. Im Fettgewebe der Haut, des Bauchfelles und der Leber kann Vitamin A gespeichert werden. Es ist für die Sehzäpfchen des Auges ein unentbehrliches Vitamin, sein Fehlen führt zur mangelnden Dunkelanpassung und Nachtblindheit. Vitamin A ist für die Funktion der Zellmembranen und der Mitochondrien wichtig, hauptsächlich zum strukturellen Aufbau dieser Gebilde. Zur Haut und den Schleimhäuten weist das Vitamin eine enge Beziehung auf. Es sorgt für eine normale Funktion und Beschaffenheit dieser Organe und steigert ihre Regenerierung. Der Magen, die Leber und die Schilddrüse scheinen ebenfalls zu den Erfolgsorganen dieses Vitamins zu gehören. Einmal vermag es die Schilddrüsenfunktion zu dämpfen, steigert die Fettverwertung in der Leber, und schließlich fördert es die Magensalzsäureproduktion.

Bei Vitaminmangel kommt es zu Eintrocknung und Verhornung der Haut, wunden Schleimhäuten und schlechter Wundheilung. Die ganze Abwehrbereitschaft wird herabgesetzt. Zudem stellt sich Nachtblindheit ein, Verminderung der Magensalzsäureproduktion, Leberfunktionsstörungen, Gallensteinbildung und die Gefahr der Leberzirrhose infolge Fettleber.

Überdosierungen, wie sie heute in der Krebstherapie angewandt werden, kann zwar die Ausbreitung von Metastasen stoppen, aber als Nebenwirkung treten Kopfschmerzen, Übelkeit und Appetitlosigkeit auf. Die Vergifteten sind sehr reizbar, bekommen Haarausfall, mitunter Fieber und Knochenhautreizungen. Da die Leber das erste und wichtigste Speicherorgan ist, kommt es zu schmerzhafter Leberanschwellung.
Viele Beobachtungen sprechen dafür, daß Übervitaminisierung die normale physiologische Östrogenwirkung hemmt.
Zink verstärkt den Einbau von Vitamin A in die Netzhaut (Sehzäpfchen).

In folgenden Lebensmitteln ist Vitamin A reichlich vorhanden:
Butter, Möhren, Mango, Kaki, Papaya, Grünkohl, Fenchel, Spinat, Feldsalat, Aprikosen, Lebertran, Eigelb, grüne Erbsen, grüne Bohnen, Gerste, rohe Kuhmilch, Rahm, Käse und allen hochwertigen Pflanzenölen.

Vitamin D – das Knochenvitamin Chemische Bezeichnung: *Calciferole*
Funktion, Wirkungsweise und Eigenschaften:
Calciferole ist nur der Oberbegriff für eine Gruppe von Vitaminen, die wesentlich in den Knochenstoffwechsel eingreifen. Die beiden wichtigsten Abwandlungen sind D2 und D3. Vitamin D ist hitzeempfindlich und anfällig gegen Luft und Säuren. Auf Grund seiner calciumregulierenden Wirkung spricht man auch von hormonartigem Einfluß, zumal es in enger Wechselwirkung mit den Hormonen aus der Nebenschilddrüse und der Schilddrüse steht (Parathormon und Calcitonin). Als Provitamin (Vitaminvorstufe von D2 mit der chemischen Bezeichnung Ergocalciferol) kann es in der Haut durch UV-Einstrahlung in die wirksame Form des D3 (Dehydrocholesterin) umgewandelt werden und steigert dann die Calciumaufnahme aus dem Darm sowie den gesamten Knochenstoffwechsel. Da Calcium und Phosphor im Blut und außerhalb der Zelle in einer ganz bestimmten Konzentration vorhanden sein müssen, kann ein Vitamin-D-Mangel nicht nur zu gestörtem Knochenaufbau führen, sondern vor allem zu Calciummangel (siehe S. 52), der letztlich in eine Stoffwechselentgleisung mündet. Bei genügender Vitaminaufnahme kann eine hormonelle Fehlregulation der Nebenschilddrüse verhindert werden, da das Parathormon nur im Notfall und bei bestimmten Belastungen ausgeschüttet wird.

Eine Unterversorgung führt zur Rachitis, verzögertem Zahndurchbruch, weichen Knochen mit meist verformten Beinen. Die Rachitis ist bei Naturvölkern – die sich viel der Sonne aussetzen – unbekannt. Erst die durch Zivilisation und Industrialisierung geänderte Lebensweise hat zu dieser Avitaminose geführt.

Überdosierungen gab es vor allem bei Kleinkindern, in der gutgemeinten Absicht, Vitamin-D-Mangel zu verhüten, dabei kam es zu massiven Knochenentkalkun-

gen und zur Verkalkung von Niere und Lunge. Da Calcium basisch wirkt, zeigen sich letztendlich Übersäuerungssymptome, weil durch den hohen renalen Calciumabfluß eine Calciumverarmung entsteht.
Geben Sie also ihrem Kind nur ab und zu einmal eine Vitamin-Tablette, und versorgen sie es mit naturbelassener Vollwertkost. Im übrigen haben wir die Sonne, unseren besten und billigsten Vitamin-D-Spender. Als *Antivitamin* sind bestimmte Antikrampfmittel bekannt.

Lebensmittel, in denen Vitamin D reichlich vorkommt:
Lebertran, Fischöle aus Dorsch, Sardine, Hering, Thunfisch und Heilbutt. Rohe Kuhmilch, Butter, Käse, Pilze und Bierhefe.

Vitamin E Chemische Bezeichnung: *Tocopherole*
Funktion, Wirkungsweise und Eigenschaften:
Das Vitamin ist hitzefest, aber licht- und sauerstoffempfindlich. Die Erforschung des Vitamins E wurde bisher nur an Ratten – die einen ähnlichen Stoffwechsel haben – durchgeführt. Es ist deshalb erstaunlich, wie namhafte Pharmaziefirmen von einer nahezu wunderartigen Wirkung sprechen können und in allen möglichen Werbeblättern die generell vorbeugenden Eigenschaften anpreisen. Da Vitamin E auch synthetisch hergestellt werden kann, besteht der begründete Verdacht einer unseriösen, rein profitorientierten Werbung. Biochemisch ist bekannt, daß das Vitamin die Fettsäuren vor der oxydativen Zerstörung bewahrt, es gilt als Stabilisator in den Zellmembranen und Fettsäuren und hat auf Grund seiner entgiftenden Eigenschaften eine Leberschutzfunktion. Des weiteren glaubt man, Anhaltspunkte zu haben, daß die Blutgefäßsprossung durch Vitamin E gefördert und die Bindegewebsfunktion gesteigert wird. Daraus leitet man eine durchblutungssteigernde Wirkung ab und übertreibt bis zur antiarteriosklerotischen Schutzwirkung. *Vitaminmangelstörungen* konnten bisher nur bei Labortieren beobachtet werden. Es zeigen sich Verkümmerung der Geschlechtsdrüsen, die teilweise irreversibel sind, fast alle Organe und besonders die Bindegewebssyntheseleistungen verkümmern. Am Gefäßsystem kommt es zu einer Degenerierung aller Haargefäße mit Hautblutungen und Pigmentstörungen und zum Absterben einzelner Areale. Bei fast allen Tieren entsteht eine Leberverfettung. In der Kombination von Vitamin E und C, glaubt man eine besonders wirksame Leber- und Bindegewebsentgiftung zu haben. Selen soll die Wirkung von Vitamin E potenzieren und hemmend auf Tumore einwirken.
Wir werden uns am Ende der Vitaminbesprechung mit diesen Fragen etwas näher auseinandersetzen. Mindernd auf Vitamin E wirkt die gleichzeitige Eisenaufnahme.

In welchen Lebensmitteln ist Vitamin E reichlich enthalten?
Roggenvollmehl, weiße Bohnen, Möhren, Hagebutte, Sonnenblumenkerne, Weizenkeimöl, Haselnuß, Sojaöl, Maiskeimöl, Sonnenblumenöl, Pecannuß, Mandeln, Erbsen, Paranuß, Weizenkeime, Eidotter, Butter, rohe Kuhmilch und in einigen Gemüsen.

Vitamin B15 Chemische Bezeichnung: *Pangamsäure*
Funktion, Wirkungsweise und Eigenschaften:
Auch über dieses Vitamin existieren noch wenig biochemisch gesicherte Erkenntnisse. Es soll die Sauerstoffaufnahme und Verwertung in den Zellen verbessern (innere Atmung). Speziell steigert es den oxydativen Abbau der Glucose im Zitronensäurezyklus, indem es die Sauerstoffübertragung verbessert. Im Experiment konnten mit erhöhten Gaben die Blutgefäße erweitert, die Leberleistung gesteigert und die Niere angeregt werden. Der Cholesterinspiegel wurde dabei etwas gesenkt. *Vitaminmangelzustände* sind bisher nicht bekannt.

Vorkommen in einigen Lebensmitteln:
Weizenkleie, Reiskleie, verschiedene Samen und Steinobstkerne.

Vitamin K Chemische Bezeichnung: *Phyllochinon*
Funktion, Wirkungsweise und Eigenschaften:
Das Vitamin ist licht- und sauerstoffempfindlich, aber hitzefest. Vitamin K und seine Untergruppe wird in der Leber gespeichert und veranlaßt sie zur Biosynthese von Blutgerinnungsfaktoren, hauptsächlich des Prothrombin. *Vitamin-K-Mangel* kann zu unstillbaren Blutungen oder Unterhautblutungen führen, wobei der Mangel verschiedene Ursachen hat. Zu den häufigsten gehört eine krankhafte Bakterienbesiedlung (Dysbiose), die nicht in der Lage ist, die Vitamin-K-Synthese zu bewerkstelligen. Andererseits kann die Störung auch in der Leber selbst liegen. Zu fast 90% ist die Darmflora gestört, da die Darmbakterien das Vitamin synthetisieren können.
Unter den Antivitaminen sind vor allem einige Krampfmittel gegen Epilepsie bekannt geworden.

In folgenden Lebensmitteln ist Vitamin K reichlich vorhanden:
Spinat, Weißkohl, Blumenkohl, Kartoffeln, Tomaten, Hagebutten, Erdbeeren, Leber und in vielen Pflanzenölen.

Vitamin Q Chemische Bezeichnung: *Ubichinon oder Coenzym Q*
Funktion, Wirkungsweise, Eigenschaften:
Strukturell hat dieses Vitamin große Ähnlichkeit mit den Vitaminen K und E, es ist ein in den Mitochondrien anwesendes Fettmolekül, das in den Energiestoffwechsel der Atmungsenzyme (Cytochrome) eingreift. Sein Fehlen bedingt Unterbrechung des Energiegewinnungszyklus.

Vitaminkapseln oder Vollwertkost?

Am Ende unserer kleinen Vitaminbesprechung wollen wir uns noch der Frage zuwenden, ob und in welchem Ausmaß Vitaminkapseln notwendig sind. Die Entdeckung der Vitamine – zwischen 1911 und 1912 – bedeutete in der Medizin einen Meilenstein, denn mit ihnen wurde allen Medizinern bewußt, daß die Gesundheit und das Leben der Organismen von kleinsten „Lebensstoffen" abhängig ist und ihr Fehlen zu Mangelerscheinungen führen muß, die auf das weitere Schicksal des Organismus und dem darin agierenden Individuum wesentlichen

Einfluß hat. Daß die Vitamine entdeckt wurden, verdankte man der scharfsinnigen Überlegung und Beobachtung einzelner Forscher, die einen kausalen Zusammenhang zwischen einseitiger Ernährung und Krankheit fanden. So wurde die Beri-Beri-Erkrankung als eine Mangelernährung infolge B 1 Avitaminose durchschaut oder die Rachitis, die vor allem im europäischen Industrieproletariat des ausgehenden 19. Jahrhunderts grassierte, als Vitamin-D-Mangel erkannt. Zeitweise wurden Stimmen laut, die meinten, fast jede Erkrankung ginge mit einem Vitaminmangel einher, denn es liegt nun mal im Wesen des Menschen, seiner Entdeckung einen möglichst umfassenden Stellenwert zu geben. Vitamine sind in der Tat sehr wichtig, allerdings längst nicht alles und nur ein Faktor in der Gesundheitserhaltung. Es ist für einen zweifachen Nobelpreisträger wie Linus Pauling nicht gerade rühmlich, wenn er bis zu 7 g Vitamin C pro Tag empfiehlt, nur weil er den Nobelpreis für die Aufklärung der Vitamin-C-Wirkung bekommen hat. Jeder Vitaminkundige weiß, daß hierbei die Nieren geschädigt werden. Das leitet uns gleich zu der Frage hin, ob und inwieweit Vitaminkapseln angebracht sind. Ich möchte die Antwort mit den Ergebnissen eines Experimentes beantworten. Prof. W. Kollath untersuchte die Wirkung der künstlichen Vitamingaben an Ratten und verglich deren Gesundheitszustand mit einer Rattengruppe, die ausschließlich Frischkornbrei bekam. Es zeigte sich, daß trotz der Zugabe aller bekannten Vitamine die Rattengruppe degenerierte, während die Frischkornratten vital und munter blieben. Nun ist die Ratte für solche Versuche sehr gut geeignet, weil sie einige Vitamine selbst synthetisieren kann, darunter auch das Vitamin C, so daß man eigentlich Vitaminmangel ausschließen müßte. Gerade dieses Beispiel macht deutlich, daß in der frischen Vollwertkost Stoffe enthalten sein müssen, die den Biochemikern und Vitaminforschern noch unbekannt sind. Kollath nannte sie Auxine und Wuchsstoffe, ohne sie je identifiziert zu haben. Wichtig war ihm, den Nachweis erbracht zu haben, daß mit der naturbelassenen Frischkost nicht nur die Vitamine, Enzyme und Spurenstoffe unversehrt in den Organismus gelangen, sondern auch noch unbekannte Vitalstoffe, die so subtil sind, daß sie wahrscheinlich biochemisch niemals erfaßbar sind. Die heutige Zivilisationskost aus Dosen und Pappschachteln ist biologisch tot, und die Vitaminhersteller wissen mit diesem Argument geschickt ihren Umsatz zu steigern. In diesem Zusammenhang sei nochmals auf das Phänomen der Akzeleration hingewiesen. Die Beschleunigung des Wachstums- und körperlichen Reifeprozesses junger Menschen im 20. Jahrhundert, z. B. Längenwachstum, Vorverlegung der geschlechtlichen Reife und bessere proportionale Ausprägung, scheint mir hauptsächlich durch eine übervitaminisierte Ernährung verursacht. Man hat behauptet, daß infolge der verstärkten Vitaminzufuhr das genetische Potential besser zur Geltung komme, dabei aber ganz vergessen, daß diese vorzeitige Ausreifung auch die Widerstandsreserven vorzeitig erschöpft und den Vitalitätsgipfel vorverlegt. Immerhin konnte die Krankheitsstatistik zeigen, daß typische Alterserkrankungen, wie Rheumatismus, Arteriosklerose und Senilität (Frührentnertum) mit der Akzelerationskurve korreliert. Nicht überhört werden darf auch die Mahnung, daß künstliche Vitaminzusätze die selektive Fähigkeit der Darmschleimhaut, aus den natürlichen Nährstoffen die nötigen Vitamine enzymatisch herauszulösen, zunehmend einschläfert. Daß obendrein auch noch pathogene Fäulnisbakterien im Darm mit Vitaminpillen gemästet werden, ist sicherlich ein Faktor, warum die Immunschwäche jetzt weltweit grassiert. Es ist so einfach und simpel, seinen Vitaminbedarf auf natürliche Weise zu decken. Eines scheint mir noch wichtig: Zwischen den natürlichen und künstlichen Vitaminen besteht ein Wirkungsunterschied von 3:1, d. h. natürliche Vitamine wirken dreimal so stark. Die einzige Erklärung, die mir plausibel erscheint, ist, daß sie in Verbindung mit natürlichen Promoterstoffen in den Stoffwechsel gelangen und sich mit deren Hilfe dynamischer entfalten. Bleibt noch die Frage der Überschwemmung mit künstlichen Vitaminen. Paracelsus sagte schon vor rund 460 Jahren: „Was ist das nit gifft ist? Alle ding sind gifft und nichts ohn gifft / allein die dosis macht das ein ding kein gifft ist.“ Das gilt uneingeschränkt auch für die Vitamine. Lebensstoffe sollten fein dosiert werden! Zu hohe Vitamindosen machen krank, aber meist nur unterschwellig, denn es bedarf schon sehr hoher Konzentrationen, um spürbare Nebenwirkungen zu bekommen. Dennoch gefährden Vitaminüberschwemmungen die subtilen meist gleichgewichtigen Stoffwechselabläufe. Man darf nicht vergessen, daß alle Stoffwechselreaktionen bestrebt sind, im Gleichgewicht zu bleiben und um es metaphysisch zu sagen, die innere Mitte zu halten.

Parade der Nährstoffspitzenreiter

100 g enthalten im Durchschnitt in mg

	Bierhefe getr.	Sojamehl	Sonnenblumenkerne	Hartkäse 45%	Weiße Bohne	Linse	Sesam	Mandel	Magerquark	Pistazie
Eiweiß	48,0	37	28,0	27,5	21,1	23,6	20,0	19	17,9	19
	Macadamiannuß	Pecannuß	Butter	Walnuß	Haselnuß	Paranuß	Pinie	Mandel	Sesam	Pistazie
Fett	72,0	71,3	82	64	61	67	60	54	50,2	53
	Maisflocken (Cornflakes)	Maisvollmehl	Vollreis	Roggenmehl 70%	Gerste	Datteln getr.	Hirse	Weizenvollkornmehl	Buchweizenvollmehl	Haferflocken
Kohlehydrate	82,6	78	75,4	75	72	72	70,8	71,2	70,1	68,0
	Maisflocken	Hartkäse 45%	Sauerkraut	Bierhefe getr.	Fenchel	Kondensmilch	Mangold	Sellerie	Buttermilch	Rosinen
Natrium	660	621	356	120	86	129	91	78	56	53
	Sojamehl	Bierhefe getr.	Rosinen	Feige getr.	Dattel getr.	Aprikose getr.	Buchweizenvollmehl	Pistazie	Mandel	Haselnuß
Kalium	1872	1500	862	768	649	1172	681	970	690	630
	Sesam	Hartkäse 45%	Hagebutte	Hafervollkorn	Mandel	Haselnuß	Grünkohl	Gartenkresse	Sojabohne	Weiße Bohne
Calcium	1500	1182	512	251	235	226	231	215	247	197
	Cashewnuß	Mandel	Sojamehl	Sojabohne	Bierhefe getr.	Paranuß	Weiße Bohne	Haferflocken	Hirse	Pistazie
Magnesium	271	252	235	247	231	225	132	145	170	160
	Bierhefe getr.	Hartkäse 45%	Nüsse versch.	Sojabohne	Grünkern	Haferflocken	Kichererbsen	Pistazie	Sojamehl	Grün kern
Phosphor	1800	861	350–600	592	411	408	429	500	554	419
	Bierhefe getr.	Sojamehl	Sojabohne	Hagebutte	Aprikose getr.	Weiße Bohne	Kichererbsen	Sesam	Pistazie	Linse
Eisen	17,6	12,0	8,5	8	5	7,1	7,2	10	7,4	7,0
	Hagebutte	Grünkohl	Kokosnuß	Datteln getr.	Gerste	Feige	Vollmilch	Magerquark	Hartkäse 45%	Endiviensalat
Chlor	501	122	114	291	106	105	106	150	210	71
	Haferflocken	Hafervollkorn	Weizenmehl	Heidelbeere	Avocado	Sojabohne	Grünkohl	Haselnuß	Mandel	Rote Bete
Mangan	4,8	4,8	4,4	2,3	2,26	4	2,2	4,23	20	0,95
	Bierhefe getr.	Haselnuß	Mandel	Haferflocken	Buchweizenvollmehl	Linse	Gurke	Paranuß	Pistazie	Gemüsebohne
Kupfer	3,34	1,35	1,2	0,75	0,7	0,7	0,6	1,1	1	0,8
	Meerrettich	Kartoffel	Datteln	Linse	Aprikose getr.	Haferflocken	Vollreis	Erdnuß	Haselnuß	Paranuß
Schwefel	213	190	400	123	164	200	121	378	198	201
	Acerolakirsche	Hagebutte	Sanddorn	schwarze Johannisbeeren	Kiwi	Guave	Paprika	Meerrettich	Fenchel	Grünkohl
Vitamin C	1550	1250	451	189	150	200	140	114	94	142

	Butter	Möhren	Mango	Kaki	Papaya	Grünkohl	Spinat	Fenchel	Feldsalat	Aprikose getr.
Vitamin A	654	1100	bis 5000	bis 1200	bis 1000	832	816	784	650	770
	Hering	Sardine	Thunfisch	Lachs	Bückling	Aal				
Vitamin D	46,5 µg	11,2 µg	8,1 µg	24,4 µg	12,0 µg	36 µg				
	Hagebutte	Sonnenblumenkerne	Haselnuß	Sojamehl	Pecannuß	Mandel	Erbsen	Paranuß	Roggenvollmehl	Weiße Bohne
Vitamin E	47	22	21,1	21	20	15	3,1	6,3	10	4,1
	Blumenkohl	Kartoffel	Zitrone	Erbsen	Erdbeere	Hagebutte	Gemüsebohne	Möhren		
Vitamin K	3,6	0,65	0,5	0,3	0,1	0,1	0,29	0,23		
	Bierhefe	Maisvollmehl	Sonnenblumenkerne	Pinie	Sesam	Hafervollkorn	Sojabohne	Buchweizenvollmehl	Weizenvollkornmehl	Weiße Bohne
Vitamin B_1	14	0,94	1,92	1,3	1	0,6	1	0,56	0,57	0,5
	Bierhefe	Mandel	Kichererbsen	Linse	Weiße Bohnen	Magerquark	Sojamehl	Sanddorn	Gerste	Buchweizenvollmehl
Vitamin B_2	4	0,96	0,48	0,44	0,5	0,31	0,5	0,21	0,19	0,15
	Bierhefe getr.	Sojamehl	Sojabohne	Haselnuß	Haferflocken	Hirse	Spargel	Kiwi	Weizenvollkornmehl	Rosinen
Vitamin B_6	4,42	bis 0,96	0,64	0,65	0,76	0,8	0,6	0,43	0,58	0,3
	Molke	Bierhefe getr.	Vollmilch roh	Camembert Käse						
Vitamin B_{12}	0,01	0,02	0,021	0,01						
	Bierhefe getr.	Erdnuß	Linse	Grünkohl	Broccoli	Haselnuß	Weiße Bohne	Erbsen	Weizenvollkornmehl	Avocado
Pantothensäure	7,23	2,15	1,5	1,43	1,32	1,15	0,98	0,82	1,6	0,9
	Erdnuß	Sonnenblumenkerne	Gartenkresse	Bierhefe	Mandel	Pinie	Weizenvollkornmehl	Weiße Bohne	Gerste	Vollreis
Niacin (Nikotinsäure)	15	5,8	1,8	4,1	3,47	4,5	6,21	3,45	4,85	5,2
	Bierhefe getr.	Sojamehl	Rote Bete	Wirsing roh	Weißkohl roh	Spinat	Rosenkohl			
Folsäure	3,19 mg	0,19 mg	186 µg	180 µg	158 µg	156 µg	156 µg			

III. KAPITEL

Lebensmitteleinzeldarstellung

In diesem Kapitel:

Vollgetreide – die Grundlage und Lebensquelle unserer Kultur

Mit dem Seßhaftwerden der Jäger- und Fischersippen in der Steinzeit setzte der Ackerbau und die Viehzucht ein und gab dem damaligen Menschen die Möglichkeit, aus Gräsern hochwertige Körnerfrüchte zu züchten, die er seitdem zu seiner Nahrungsgrundlage machte. Diese relativ wenigen Pflanzen können in geringer Menge ausgesät werden und werfen nach ihrer Ausreifung den hundertfachen, ja bis tausendfachen Ernteertrag ab. Das war sicherlich ein wichtiger Aspekt, warum sich der Mensch den Gräserkörnern als Nahrungsgrundlage zuwandte. Analysiert man den Nährwert und die qualitative Zusammensetzung eines Weizenkorns, dann wird klar, daß es zu den vollwertigsten Nahrungsmitteln gehört und sein Nährstoffspektrum so abgerundet ist, daß allein schon der Vollkornbrei jede Mangelerscheinung verhindern kann. Daher ist es eine notwendige Einsicht, zu erkennen, daß das Vollgetreide zu unseren wichtigsten Nahrungsmitteln gehört und jede künstliche Schälung oder Verfeinerung gerade diejenigen Nährstoffe entfernt, die seit Jahrtausenden die Lebensquelle unserer Väter war.

Auszugmehl oder Vollkornmehl?
Das blütenweiße Auszugmehl mag für das Auge verlockend und hochwertig erscheinen, in Wirklichkeit ist es minderwertig und mehr Füllmasse als Lebensmittel. Die Hochmüllereien trennen in einem raffinierten technischen Verfahren die Schalenbestandteile vom Getreidekorn und leiten nach einem weiteren Reinigungsprozeß die abgetrennten Bestandteile – die Weizenkleie – dem Viehfutter zu. Gerade aber die Häutchen und Schalenbestandteile (siehe Abb. 6) sind die

eigentlichen Träger von Vitaminen und Spurenelementen und machen das Getreidekorn zu einem vollwertigen Nahrungsmittel. Dies ist nicht nur bedauerlich, sondern eine künstliche Minderung des Gesundheitswertes unserer Nahrungsmittel und ein Nachteil für die Volksgesundheit. Ein Staat, der ⅓ seines Bruttosozialproduktes für die Gesundheit ausgeben muß, sollte hier im Interesse aller endlich handeln.

Besonders hoch ist der Vitaminverlust bei Auszugsmehl. Die nachfolgende Aufstellung zeigt den hohen Verlust an Vitaminen und Spurenelementen:

Vitamin B1	84%	Kalium	76%
Vitamin B2	70%	Calcium	50%
Vitamin B6	60%	Magnesium	52%
Vitamin E	100%	Eisen	84%
Vitamin A	100%	Kupfer	75%
Niacin	85%	Mangan	71%
Pantothensäure	54%		

Die Tabelle berücksichtigt hier nur die bekannten Stoffe! Unberücksichtigt müssen alle Auxine, Wuchs- und Vitaminstoffe bleiben, die man bisher chemisch nicht erfassen konnte.

Von Ernährungsfachleuten wird immer wieder auf die biologische Überlegenheit des Vollkornbrotes hingewiesen. Danach ist sowohl das Eiweiß hochwertiger wie auch der Vitamin- und Spurengehalt vollständiger. Schon 250 g Vollkornbrot täglich würden genügen, den gesamten Vitamin-B-Bedarf zu decken, außerdem wird durch die Ballaststoffe (Kleie, Schalen- und Zellwandbestandteile) die Darmtätigkeit optimal reguliert. Schnitzer hat als Zahnarzt und Verfechter des Vollkornverzehrs auf die zunehmende Degeneration des Gebisses hingewiesen und dafür die verkünstelte Feinkost – insbesondere das Weißmehl und seine Brotformen – verantwortlich gemacht.

Dinkel – der Urahn des Getreidekorns

Der Dinkel ist ein uraltes Getreidekorn und wird heute im Ökoanbau wieder vermehrt angebaut. Woher er genau stammt, ist nur zu vermuten, jedenfalls war er einer der ersten Anbaugräser in Mitteleuropa. Zur Erntezeit trägt er nur wenige reife Körner in seiner Ähre, die unreifen grünen Kerne (Grünkern) werden schon vorher während der Milchreife eingesammelt und können ebenfalls verwertet werden. Dinkel zeigt in der Analyse ein abgerundetes Spektrum an Nährstoffen und kann als vollwertig eingestuft werden. Ich vermute, daß er wegen seiner Widerstandsfähigkeit gegen Umwelteinflüsse zunehmend an Bedeutung gewinnen wird.

Hafer und Haferflocken – das Diabetikergetreide

Die Haferkörner sind sehr spelzig, deshalb werden sie zu Haferflocken verarbeitet und so der menschlichen Nahrung zugänglich gemacht. Das, was die Haferflokken so überragend macht, ist ihre magen- und darmfreundliche Wirkung, daher auch ihre häufige Verwendung als Diätetikum.

Haferflocken haben von allen Getreidearten den höchsten Eiweißgehalt und sind glutenfrei. Bei Glutenallergie ist Hafer das richtige Diätetikum. Neben dem hohen Eiweißanteil ist der Fettgehalt – insbesondere die hochungesättigten Fettsäuren – sehr hoch. Von den Kohlehydraten ragt das Haferglukan heraus, welches dem Hafer ein enormes Quellvermögen im Wasser gibt und bei Magen- und Darmgeschwüren wie ein Balsam wirkt. Für Diabetiker eignet sich Hafer schon deshalb sehr gut, weil die Fruktose nur langsam aus dem Hafer frei wird und Insulin spart. Diabetiker können in den sogenannten Hafertagen das diabetische Geschehen mildern oder weitgehendst hinauszögern. Hafer vermag auch durch sein hohes basisches Potential besonders der Mineralien von Magnesium, Kalium und den Quellsubstanzen günstig auf den Säure-Basenhaushalt einzuwirken. Für Diabetiker mit einer übersäuerten Stoffwechsellage ist Hafer das Mittel der Wahl. Von Bedeutung sind die vielen Mineralien und Spurenelemente. Sie sind – wie bekannt – für einen ordnungsgemäßen Stoffwechselablauf unabdingbar. Menschen mit einem hohen Cholesterinspiegel sollten Haferflocken zu ihrem täglichen Frühstück machen, da die im Hafer vorkommenden Phytosterine die Reabsorption von Cholesterin verhindern.

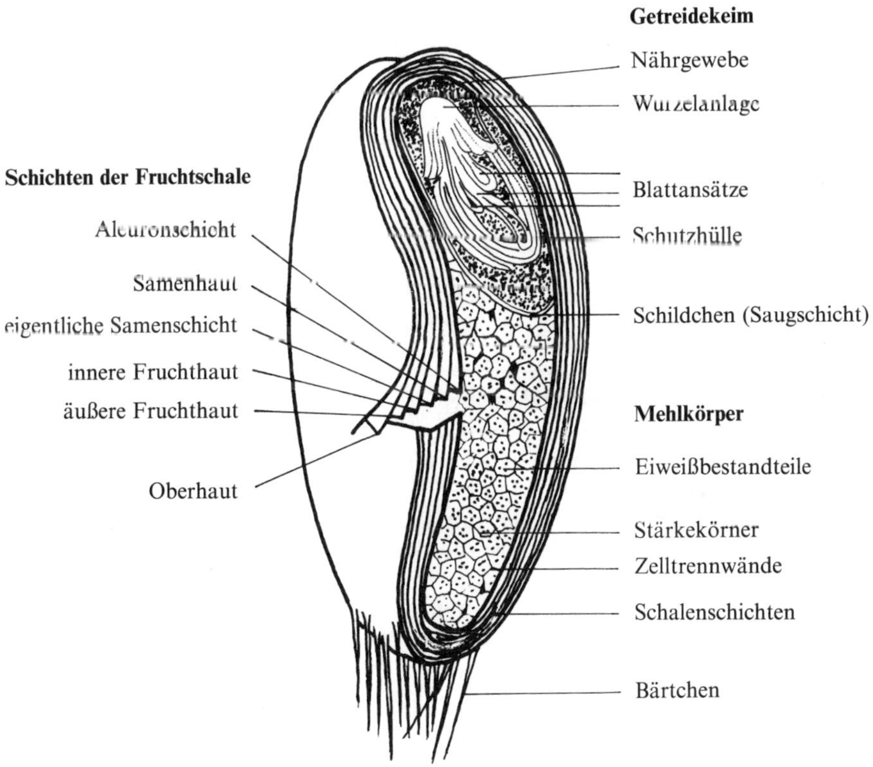

Abb. 6 Längsschnitt durch ein Weizenkorn.

Hier ein Frischkornbrei mit Hafer

3 EL	Hafer	– Zubereitung wie Rezept Nr. 1. Hafer muß nicht unbedingt am Abend vorher eingeweicht werden. Es genügt eine Einweichzeit von ½–1 Stunde am Morgen.
1	Apfel	
Saft von ½	Zitrone	
½	Banane	
2 EL	Erdbeeren	
1 EL	Sahne	
1 TL	Sesam	

Buchweizen verhindert hohen Cholesterinspiegel

Der Buchweizen soll aus Ostasien stammen und von den Mongolen im 14. Jh. eingeführt worden sein. Obwohl er im strengen Sinne kein Getreide ist, hat er alle wichtigen Getreideeigenschaften. Neben reichhaltigen Mineralien und Spurenelementen besitzt er alle essentiellen Aminosäuren und ungesättigte Fettsäuren. Der Buchweizen ist eine recht anspruchslose Pflanze, die auch auf sandigen Heideböden gedeiht. Das macht ihn sicher zu einer interessanten Pflanze in Notzeiten, wo die Düngemittel rar sind. Noch eine wichtige Eigenschaft läßt ihn herausragen: Sein Beta-Sitosterin senkt den Cholesterinspiegel und kann als entsprechendes Diätetikum eingesetzt werden.

Ein Buchweizenrezept

3 EL	Buchweizen ganz	– am Abend einweichen
1	Apfel	
Saft von ½	Zitrone	
½	Banane	
3 EL	Weintrauben	
1 EL	Rosinen	
1 EL	Sahne	
1 EL	Sonnenblumenkerne	

Weizenkeime – die Vitaminschatzkammer

Der Weizenkeim ist der Teil des Weizens, der die höchsten Vitaminanteile speichert. Neben einem sehr hohen Gehalt an Vitamin-B-Komplex hat er vor allem auch Vitamin E, D und A. Das Vitamin F und die Folsäure zur Blutbildung sind besonders reichlich vertreten. Ferner tummeln sich noch hochwertige Aminosäuren und Mineralstoffe in leicht resorbierbarer Form. Daraus sieht man, wie wertvoll Weizenkeime – besonders für den wachsenden Organismus – sind. Kinder und Säuglinge sollten zu ihrer täglichen Mahlzeit stets ein bis zwei Eßlöffel Weizenkeime zugeführt bekommen, um den Vitaminbedarf abzudecken. Es gibt interessante Studien über die Wechselwirkung zwischen Vitamingabe und Blutzuckerspiegel. Danach senkt die Vitamingabe den Blutzucker, und das Vitamin B 1 fördert die Insulinwirkung. Es erscheint daher zweckmäßig, als Diabetiker täglich zwei bis drei gehäufte Eßlöffel Weizenkeime einzunehmen, um die diabetische Stoffwechsellage zu bessern. Besonders wertvoll ist das Weizenkeimöl, in dem die höchsten Konzentrationen an fettlöslichen Vitaminen, vor allem Vitamin

E und ungesättigten Fettsäuren vorkommen. In Keimölen befinden sich zudem noch unbekannte Naturstoffe, die arzneiliche Wirkung entfalten.

Mais ist nützlich für Nieren und Knochen (Zähne)

Der Mais wurde schon vor 4600 Jahren von den Mayas und Azteken in Mittelamerika kultiviert und diente dort als Haupteiweißquelle. Kolumbus brachte ihn dann nach Europa, wo er zunächst in Spanien, später in fast allen südeuropäischen Ländern und schließlich auch in Mittel- und Nordeuropa angebaut wurde. Die Landwirte in Deutschland bauen den Mais als Futterpflanze an, in der Meinung, er sei wegen seines geringen Eiweißgehaltes minderwertig. Diese irrige Meinung widerlegte in den letzten Jahren die Lebensmittelforschung. Sie fand heraus, daß alle Aminosäuren in ausreichender Menge vorhanden sind, außer der nervenwirksamen Aminosäure L-Tryptophan. L-Tryptophan bildet die Eiweißvorstufe für das Gewebshormon Serotonin. Serotonin kommt unter anderem auch im Gehirn in größeren Mengen als Neurotransmitter (Nervenüberträgerstoff) vor und wirkt antidepressiv sowie stimmungsaufhellend. Ebenso wie Reis fehlt dem Mais das Klebereiweiß Gliadin, daher ist er bei Glutenallergie ein gutes Diätetikum. Bei gestörter Nierenfunktion – insbesondere der berüchtigten Schrumpfniere – wo die Ausscheidung der harnpflichtigen Stoffe vermindert ist, kann Mais wegen seiner mäßigen Eiweißkonzentration als nützliche Nierenschonkost verwendet werden. Unter den Mineralien und Spurenelementen ragt beim Mais der hohe Gehalt an Fluor heraus, ein antikariöser Stoff, der heute auch breiteren Bevölkerungsschichten bekannt ist.

Hier ein schmackhaftes Maisrezept: Maiskolben mit Butter

4–8	Maiskolben	– in milchreifem Zustand von Blättern und Haaren befreien
	Salzwasser	– 10–20 Minuten darin kochen
	Kräutersalz	– dazu servieren
	Butter	
		Auf einer vorgewärmten Platte anrichten.

Besondere Erwähnung verdient das Maiskeimöl

Wie bei fast allen Pflanzenkeimölen ist der Gehalt an hochungesättigten Fettsäuren bedeutend, siehe auch S. 18. Maiskeimöl hat den höchsten Vitamin-E-Gehalt und reichliche Mengen an Beta-Sitosterin, welches eine wichtige Vorstufe des Vitamin D ist. Die entgiftende Wirkung des Vitamin E wird zusammen mit Vitamin C besonders verstärkt. Vitamin E hat einen günstigen Einfluß auf den Muskelstoffwechsel, die Bildung von feinsten Blutgefäßen, es wirkt gegen Sterilität und regenerierend auf das Bindegewebe. Das Beta-Sitosterin verhindert die Rückresorption des Cholesterin aus dem Darm in die Blutbahn, und Ergosterin – eine Vitamin D Vorstufe – fördert den Knochenstoffwechsel.

Reis – gut für die Nieren und Blase

Für mehr als die Hälfte der Weltbevölkerung gilt Reis als das Hauptnahrungsmittel, und die sprichwörtliche „Hand voll Reis“ als Tagesration ist in den armen Ländern der Erde eine häufige Tatsache.

Nach seiner Ernte wird der Reis in Spezialmühlen geschliffen und von dem vitaminreichen Silberhäutchen befreit. Die Bedeutung des Vitamin-B 1-haltigen Silberhäutchen erkannte man, als in Asien die Beriberi-Krankheit ausbrach, als Folge des einseitigen Verzehrs von geschältem Reis. Reis hat einen hohen Stärkegehalt und ist im ungeschälten Zustand ein wertvoller Vitamin- und Mineralspender. Daß Millionen Menschen ihn als Hauptnahrungsquelle verwenden, widerlegt die Theorie seiner angeblichen Eiweißminderwertigkeit. Zu empfehlen ist allerdings nur ungeschälter und unpolierter Naturreis. Den Absud von gekochtem Reis (Reiswasser) benutzt man in der Naturkeilkunde zur Anregung von Niere und Blase. Reis hat aber noch einen ganz entschiedenen Vorteil, er ist glutenfrei und eignet sich damit als problemloses Diätetikum bei Glutenallergie (Klebereiweißallergie).

Leinsamen – ein Darmbalsam

Leinsamen ist nicht nur ein beliebtes Abführmittel, sondern ein großartiges Naturheilmittel. Es gibt Heilpraktiker und vielleicht auch einige Ärzte, die bei Magen-Darm- und Lebererkrankungen nur Leinsamen und Quark verordnen und damit ausgezeichnete Erfolge haben. Besonders wertvoll ist das stoffwechselaktive Leinöl, in dem es nur so von hochwirksamen ungesättigten Fettsäuren und Vitaminen wimmelt. Viele dieser Energiestoffe, unter dem Begriff Vitamin F zusammengefaßt, sind unentbehrlich für die oxydativen Verbrennungsvorgänge der Zellen und die sensiblen, leicht verletzlichen Zellmembranen. Geschroteter Leinsamen eignet sich vorzüglich als multikausales Stuhlregulierungsmittel. Der mehrfache Angriffspunkt im Darm ist einmal in dem mechanischen Quellungsreiz zu sehen, gleichzeitig aber fördert die starke Schleimbildung die Schlüpfrigkeit des Stuhles und normalisiert die Darmflora. Letztere verdient besondere Aufmerksamkeit in der Darmbehandlung, siehe auch S. 215.

Leinsamenschleim bildet einen idealen Nährboden für die stoffwechselfreundlichen Bakterien und verhindert die Ausbreitung von Fäulniserregern. Noch eine andere hervorragende Hilfe erhalten wir durch den Schleim. Er heilt Darmentzündungen und Magengeschwüre, wenn seine Einnahme konsequent durchgeführt wird. Äußerlich nützt uns der erwärmte Leinsamenbrei zu Umschlägen und heißen Auflagen bei inneren Krämpfen und Stauungen.

Das wertvolle Leinsamenöl ist bei chronischen Hautausschlägen – insbesondere bei trockenen Ekzemen – innerlich eingenommen, eine wirksame diätetische Ergänzung und sollte von Hautärzten verstärkt angewendet werden.

Eines möchte ich noch entkräften! Dem geschroteten Leinsamen wird ein schädlicher Gehalt an Blausäureglykosiden nachgesagt. Die Blausäure im Leinsamen als Linamarin identifiziert, verhindert die Aufnahme von Kohlensäure in das venöse Blut und führt zum inneren Erstickungstod, da das Blut zwar sauerstoffreich ist, aber die Anhäufung von Kohlensäure die Zellen langsam erstickt (Hemmung der Zellatmung). Bisherige Beobachtungen haben noch keinen einzigen Fall registrieren können, und selbst Mengen bis zu 350 g pro Tag sind völlig unbedenklich. Ich vermute, daß die Schleimbildung des Leinsamenschrotes jegliche Aufnahme der Blausäure verhindert und überdies der Blausäuregehalt im Leinsamen sehr niedrig ist.

Getreidefrischbrei – ein wahrer Lebensborn
Unsere Vorfahren wußten sehr wohl, was eine gesunde Nahrung ist, und gerade ihre einfachen Zubereitungen waren den verkünstelten Ernährungsformen von heute um einiges überlegen. Frischkornbrei ist die urtümlichste und naturbelassenste Kraftnahrung und jedem noch so schonend gebackenen Vollkornbrot weit voraus. Größte Verdienste um diese wissenschaftliche Erkenntnis hat sich hierin Prof. W. Kollath erworben, siehe Abb. 6a. In jahrelangen Rattenversuchen und an sich selbst und seinen Mitarbeitern konnte er nachweisen, daß degenerative Erkrankungen einen eindeutigen Zusammenhang mit unserer verkünstelten Zivilisationsnahrung haben. Ratten, welche die übliche Büchsen- und Pappschachtelkost bekamen, degenerierten schon in der zweiten Generation, nicht dagegen die Gruppe, welche mit täglichem Frischkornbrei versorgt wurde. Sie waren frisch und munter, schnitten im Labyrinthtest bedeutend besser ab und waren im sozialen Verhalten überlegen. Der Gebißverfall und die beschleunigte Akzeleration bei Jugendlichen (siehe S. 81) sind für Kollath Degenerationserscheinungen, die durch die industrielle Fertigkost und auch unnatürliche Lebensweise bedingt sind.
Man darf ihm so weit folgen, daß zumindest die erhöhte Krankheitsanfälligkeit, der Gebißverfall und die Zunahme der Prothesenträger (Brillen, Kontaktlinsen) auf die Fehlernährung zurückzuführen ist. Er fordert daher die Verantwortlichen auf, in massiven Aufklärungen und durch eigenes Vorbild, für eine naturbelassene Ernährung zu propagieren.
Sein inzwischen weithin bekanntes Kollath-Frühstück soll hier nochmals vorgestellt werden:
4 Eßlöffel frisch geschroteten Weizen, 6 Eßlöffel Wasser, 100 g Äpfel, 20 g Trokkenfrüchte, 10 g frisch gemahlene Mandeln alternativ auch 1 TL Nußmus.

Und so bereiten Sie das Müsli zu:
Den Weizen abends zu mittelfeinem Schrot vermahlen, Wasser zugeben und verrühren. Über Nacht – mindestens aber 4 Stunden – bei Zimmertemperatur stehenlassen.
Morgens gibt man die eingeweichten Trockenfrüchte zum Weizenschrot hinzu, raffelt den Apfel in das Müsli und gibt entweder 1 TL Nußmus oder 10 g geriebene Mandeln dazu. Statt Trockenfrüchten gibt man auch Früchte der Saison hinzu. Wichtig ist, daß das Korn immer frisch zubereitet wird. Es läßt sich durchaus mit anderen Körnern mischen: z. B. Roggen, Mais, Gerste, Hafer, Dinkel, Buchweizen usw. Der Mischkornbrei hat gegenüber dem reinen Weizenbrei den Vorteil, daß sich die Körner gegenseitig ergänzen und den Nährwert steigern.

Rezepte für das Kollath-Frühstück (Mengenangaben pro Person)

1. Frischkornbrei mit Weizen

50–60 g	Weizen (ca. 3 EL)	– grob schroten, über Nacht einweichen
100 g	Leitungswasser	
1 kleiner	Apfel	– mit Schale hineinraffeln
1	Banane	– mit der Gabel zerdrücken
1EL	Rosinen	
Saft von ½	Zitrone	
1 EL	Haselnüsse	– gemahlen oder gehackt
1 EL	Sahne	untermischen oder darüber streuen
1 TL	Honig (nur manchmal)	

Den Frischkornbrei sofort verzehren. Stehenlassen bringt Verluste an Geschmack und Aussehen. Zur Abwechslung kann der Frischkornbrei auch mit Milch, Dickmilch oder Joghurt zubereitet werden. In diesem Fall müssen bei Darmempfindlichen die anderen Zutaten wegfallen, da dies zu Unverträglichkeiten führen kann.

2. Frischkornbrei mit 3-Korn-Mischung

1 EL	Weizen	– Zubereitung wie Rezept Nr. 1
1 EL	Hafer	
1 EL	Gerste	
1	Apfel	
Saft von ½	Zitrone	
1	Orange	
2	frische Feigen	
1 EL	Sahne	
1 EL	Walnußkerne	

3. Frischkornbrei mit 6-Korn-Mischung

3 EL	Weizen, Hafer Gerste, Roggen Hirse, Buchweizen	– Zubereitung wie Rezept Nr. 1
1	Apfel	
Saft von ½	Zitrone	
½	Banane	
2 EL	Kirschen	
1 EL	Sahne	
1 EL	Cashewkerne	

4. Frischkornbrei mit Hirse

3 EL	Hirse	– am Abend ungeschrotet einweichen
1	Apfel	
Saft von ½	Zitrone	
1	Birne	
2 EL	geschlagene Sahne	
1 EL	Pinienkerne	
1 MS	gemahlene Vanille	

5. Frischkorngericht mit gekeimtem Weizen

3 EL	Weizen	– im Wechsel ca. 12 Stunden mit Wasser bedeckt und 12 Stunden in einem Sieb ohne Wasser stehenlassen. Nach ca. 48 Stunden sind die Keimlinge verwendbar.
1	Apfel	
Saft von ½	Zitrone	
2	eingeweichte Feigen	
1 Scheibe	frische Ananas	
1 EL	Sahne	
1 EL	gehackte Haselnüsse	

Anmerkung: Hafer-Buchweizen- und Maisrezept finden Sie auf den Seiten 88, 89.

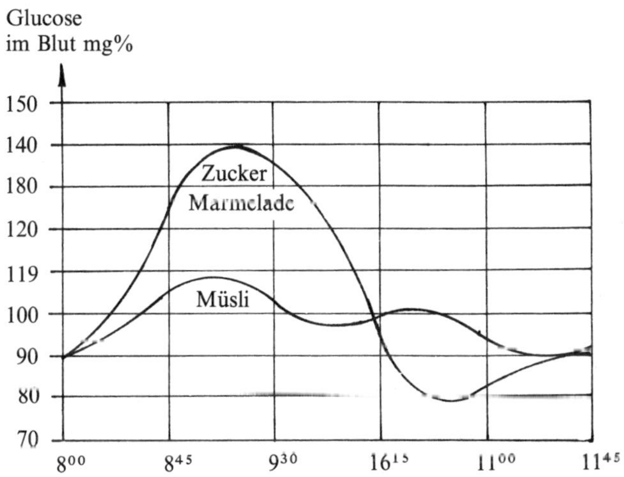

Abb. 6a Blutzuckerkurve nach Kollath-Frühstück im Vergleich zu konventionellem Frühstück.

Mit dem Kanne-Brottrunk zu einem lebendigen Milchsäuregipfel

Dieser von Wilhelm Kanne in mehr als 20jähriger Forschungsarbeit entwickelte Milchsäurebrottrunk, dürfte wegen seiner vielseitigen heilkräftigen Wirkung weitere Verbreitung finden und die Milchsäure aus Sauermilchprodukten sinnvoll ergänzen.

Die sehr saure milchsäurereiche Flüssigkeit wird aus der Vergärung biologisch-dynamischer Getreideprodukte gewonnen, meist aus Roggen, Weizen und Hafer. Das Getreide stammt nur von Demeterhöfen und wird nach der üblichen Reinigung in Tiroler Steinmühlen gemahlen und danach einer längeren Gärung ausgesetzt. Die dabei entstehende natürliche Brot- oder Getreidesäure besteht zu je 50% aus linksdrehender und rechtsdrehender Milchsäure. Besonders beeindrukkend sind die Ergebnisse der Spurenstoffanalyse, die in Verbindung mit der Milchsäure im Organismus wohl eine viel bessere Ausgangsverwertung finden: siehe Durchschnittsanalyse 84/85. Vitaminanteile sind relativ schwach vertreten und können für die erstaunlichen Heilberichte nicht als Erklärung herangezogen werden. Der hohe Säuregrad von 15 und der niedrige pH von 3,0 macht den Kanne-Brottrunk jedoch nicht für jeden geeignet, zumindest nicht als Dauergetränk in purer Form.

Die von Wilhelm Kanne und einigen Ärzten aus der antroposophischen Richtung weltanschaulich gefärbten Begründungen für die große Heilkraft des Kannebrottrunkes, sind zwar sehr interessant und befruchtend, können aber die Wirkungen nur unzureichend erklären. Wir betreten hier kein Neuland, denn milchsauer vergorenes Getreide gab es schon immer und wird es immer geben. Es ist wohl künftigen Generationen vorbehalten, ein holistisch in sich geschlossenes realitätsgerechtes Bild von den Wechselwirkungen zwischen Mensch–Sterne und Erdelementen zu entwerfen.

Im einzelnen wirkt der Kanne-Brottrunk auf folgende Funktionen und Organe:
Anregung des Stoffwechsels, der Verdauungsfunktion, insbesondere der Darmdrüsen. Entschlackend auf das Bindegewebe und blutreinigend. Eine der wohl stärksten Wirkungen auf die Darmflora, im Sinne gründlicher Reinigung von Fäulnis-Gärbakterien, erscheint mir als die Grundlage aller anderen Wirkungen. Der Kanne-Brottrunk kann bei wohl jeder Erkrankung angewandt werden. Hoffnungsvolle Heilberichte werden bei Diabetikern beschrieben, auch hier sollte man nicht zu euphorisch sein und die Entwicklung beobachten.

Dosierung und Anwendungsweise:
Es genügt zu jeder Mahlzeit ein kleines Glas, wenn das Getränk zu säuerlich schmeckt, kann man es mit Wasser verdünnen. An anderer Stelle wird dem Kranken täglich eine ganze Flasche (0,7 l) über den ganzen Tag verteilt empfohlen. Das würde heißen, mindestens 3 große Gläser oder 6 kleine in 12–14 Stunden.

Durchschnittsanalyse 84/85 in 1 Liter Kanne-Brottrunk sind enthalten:

Kupfer	0,02 mg/l	Kieselsäure	6,3 mg/l
Eisen	1,9 mg/l	Säuregrad	15 mg/l
Mangan	0,90 mg/l	pH-Wert	3,0 mg/l
Zink	1,5 mg/l	Milchsäure	1,0 %
Calcium	75 mg/l	L-Lactat = RMS	0,5 %
Magnesium	65 mg/l	D-Lactat = LMS	0,5 %
Kalium	310 mg/l	Acetat	0,05 %
P_2O_5 (Phosphorsäure)	258 mg/l	Vitamine:	
Lithium	0,25 mg/l	Vitamin E	3,4 mg/l
Chlorid	590 mg/l	Vitamin B 1	0,09 mg/l
Natrium	275 mg/l	Vitamin B 2	0,025 mg/l
Sulfat	90 mg/l	Vitamin B 12	0,248 µ/l

Milchprodukte

Milch – eine ideale Eiweißquelle

Ohne Milch wäre unser Speiseplan um vieles ärmer. Gibt es doch viele Lebensmittel, die sich nur aus Milch herstellen lassen. Was wäre unser Brot ohne Käseaufstrich, und wieviel Speisen gibt es, die erst mit verschiedenen Sorten Käse ihren besonderen Geschmack erhalten.

Aus der Milch läßt sich vieles herstellen – ich erinnere nur an Quark, Molke, Joghurt, Kefir, Sahne, Butter, Topfen, Buttermilch, Dickmilch, Schokolade und sicher einiges mehr.

Die Natur hat die Milch mit einem besonders abgerundeten Spektrum an Nähr- und Wirkstoffen bedacht, denn Milch ist für die Aufzucht des Nachwuchses die erste und für längere Zeit einzige Nahrungsquelle. Milcheiweiß wird von der Darmschleimhaut vollständig resorbiert und kann von der Leber optimal verwertet werden. Daher wird es in Form von Quark und Joghurt mit großem Erfolg in der Leberdiät eingesetzt; auch als Mittel gegen Magen- und Zwölffingerdarmgeschwür hat es in die Therapie Eingang gefunden. Es gibt sogar eine erprobte Milchkur gegen Hochdruck und Herzwassersucht. Dabei darf der Kranke als einzige Nahrung täglich einen Liter Milch über einen Zeitraum von 1 Woche trinken. Die diätetische Wirkung zeigt sich in starkem Harndrang und wohltuender Schonung der Verdauungsorgane. In der Regel verliert der Kranke durch die Kochsalzausschwemmung Wasseransammlungen, der Blutdruck geht deutlich herunter, und das Herz wird entlastet. Milch ist ein ausgezeichnetes Knochenaufbaumittel. Der erhöhte Bedarf der Neugeborenen, ganz gleich ob Mensch oder Tier, an Calciumphosphat wird von der Milch in besonders idealer Zusammensetzung bereitgestellt. Außerdem ist das Milchfett reich an fettlöslichen Vitaminen und weist auch ausreichende Mengen von ungesättigten Fettsäuren auf. Untersuchungen namhafter Wissenschaftler haben ergeben, daß in der frisch gemolkenen Milch überdurchschnittliche Mengen der leberwirksamen Orotsäure vorkommen. Die Orotsäure spielt im Kernstoffwechsel eine wichtige Rolle, indem sie einerseits am Aufbau der Nukleotide beteiligt ist, andererseits die enzymatische Entgiftung forciert, einige Forscher sprechen von einer krebshemmenden Wirkung, siehe S. 77. Milch ist aber nicht nur für heranwachsende und Jugendliche ein wertvoller Energiespender, sondern vor allem ältere Menschen sollten sich ihr wieder verstärkt zuwenden. Die im Alter häufig zu konstatierende chronische Knochenentkalkung (Osteoporose) ist zwar multifaktoriell zu sehen, d. h. mehrere Ursachen sind bei diesem Prozeß zu berücksichtigen, aber mindestens ein wichtiger Punkt ist der unterschwellige Mangel an Knochenaufbaustoffen. Der chronische Minimalmangel an wichtigen Nähr- und Wirkstoffen ist gerade in der heutigen Zeit sehr weit verbreitet und läßt sich eigentlich nur durch eine Vollwertkost vermeiden. Die Vitaminisierung und Spurenstoffanreicherung der Lebensmittel kann dieses Problem auch nicht annähernd lösen, da längst nicht alle Wirkstoffe entdeckt sind und die Einmaligkeit der Nährstoffkomposition in den verschiedenen Lebensmitteln wohl niemals kopiert werden kann. Gerade

diese aber machen das Geheimnis der Gesamtwirkung eines Lebensmittels aus und geben den heilenden Ausschlag.
Ein wichtiger Punkt darf bei der Milchdiät jedoch nicht übersehen werden. Milch wird manchmal nicht vertragen, weil durch den Mangel an Labenzymen (Chymase) die Vorverdauung bzw. Kaseinfällung gestört ist. Besonders Säuglinge, die aus irgendwelchen Gründen keine Muttermilch bekommen, dürfen nicht mit reiner Kuhmilch ernährt werden, sondern sollten verdünnte bzw. Magermilch oder Sauermilch bekommen.

Quark als wertvolle Gallediät
In den Molkereien wird Quark (Weichkäse) aus pasteurisierter Milch hergestellt. Es gibt Fettabstufungen, die den Quark näher klassifizieren, z. B. enthält Magerquark nur 10% Fettanteil, halbfetter schon 20% und fetter 40%. Besonders der Magerquark eignet sich für eine Leberdiät vorzüglich, wenn man ihm kaltgeschlagene hochungesättigte Fettsäuren zusetzt. Man mischt unter 150 g Magerquark 1 EL Linol- oder Sonnenblumenöl. Diese Diät kann man eine Zeitlang abends durchführen, um den Darm und die Leber wieder aufzubauen.
Die Quarkkur mit Salatzubereitungen abwechslungsreich gestaltet, ist eine ideale und schmackhafte Reduktionskost, bei der jeder abnimmt. Als Diät eignet sich Quark vorzüglich bei erhöhten Blutfettwerten, arteriosklerotischen Erscheinungen, Leberverfettung, Blähungen, Dysbakterie und allen Störungen im Magen-Darmbereich.
Und so stellen Sie Ihren Quark selbst her:
In eine Schüssel gibt man frisch gemolkene Kuhmilch (direkt vom Bauernhof), impft die Milch mit einem Becher Sanoghurt (Reformhaus) – indem man ihn einrührt – und deckt die Schüssel anschließend ab. Man läßt die Milch bei Zimmertemperatur ca. 2–3 Tage stehen. Nachdem sie dick geworden ist (gestökkelt), wird mit einem flachen Löffel abgesahnt. Diese Sahne kann man für viele Zwecke verwenden. Nun gibt man den Schüsselinhalt in ein Tuch, das man in einem größeren Nudelseiher zuvor ausgebreitet hat, und läßt die Molke in einer Auffangschüssel ca. 12 Stunden abtropfen. Die abgetropfte Dickmilch ist der Quark; da sie nicht pasteurisiert ist, ist sie den Quarkzubereitungen aus den Molkereien in ihrer ursprünglichen Qualität eindeutig überlegen. Die Molke kann mit Fruchtsaft geschmacklich verbessert werden und ist auch an heißen Sommertagen ein erfrischendes Getränk.

Der Unterschied zwischen Margarine und Butter
Im Gegensatz zur Margarine ist die Butter ein reines Naturprodukt ohne chemische Zusätze. Mit Hilfe einer Milchzentrifuge werden die großen Fettmoleküle aus der Milch abgetrennt und zu einer rahmartigen Masse verdichtet. Anschließend wird pasteurisiert (siehe S. 264) und der Süßrahm in einem Butterfertiger so lange durchgeknetet, bis sich die Fetteilchen zu einem festen streichfähigen Butterkorn vereinigen. Während dieses mechanischen Prozesses fließt die restliche Flüssigkeit als Buttermilch ab. Die Butter enthält 20,1% Ölsäure, 60% Fettsäuren und nur 3% ungesättigte Fettsäuren. Bemerkenswert ist auch der hohe Lezithingehalt, im übrigen muß man feststellen, daß fast alle interessanten

Vitamine gegenwärtig sind, wenn auch in bescheidenen Mengen. Abgesehen von Rückständen aus der Umwelt, die ja in allen Lebensmitteln heute nachweisbar sind, ist die Butter in Maßen ein gesundes Nahrungsmittel, das aus naturheilkundlicher Sicht durchaus zu empfehlen ist.
Das Ausgangsprodukt der Margarine sind Pflanzenöle aus so hochgelobten Pflanzen wie z. B. Sonnenblumenöl, Sojaöl u. a.
Damit die Margarine das wird, was sie sein soll, muß das an sich wertvolle Ausgangsprodukt – die Pflanzenöle – einen langen industriellen Verarbeitungsweg durchlaufen, der – so kann man feststellen – aus einem Naturprodukt ein Kunstprodukt macht. Die Öle werden zunächst mit heißen Temperaturen aus den Pflanzen gepreßt, gesammelt und von den Schleimstoffen befreit. Das geschieht meist mit organischen Säuren (Zitronensäure und Phosphorsäure). Danach wird mit Hilfe von Alkalien entsäuert, d. h. die noch freien Fettsäuren werden neutralisiert. Die Neutralisierungsstoffe sind Katalysatoren wie z. B. Magnesiumoxyd, Zink, Zinn und Alkalisilikate. Der nächste Schritt ist die Bleichung durch Verwendung von Adsorptionsmitteln, damit alle unerwünschten Farbstoffe verschwinden. Die letzte Vorbehandlung der Öle ist schließlich die Beseitigung von lästigen Geruchs- und Geschmacksstoffen, ebenfalls mit einem chemischen Reinigungsverfahren.
Nun wird das klare, neutral schmeckende Öl hydriert, d. h. gehärtet, das geschieht mit dem Katalysator Nickel, siehe S. 68; die dabei auftretenden trans-Fettsäuren sind in etwa den gesättigten Fettsäuren gleichzusetzen und werden erheblich langsamer in das Blut übergeführt. In Fachkreisen wird die noch unbekannte Stoffwechselwirkung der trans-Fettsäuren diskutiert, auf keinen Fall können sie mit den wertvollen Fetten aus den kaltgeschlagenen Ölen verglichen werden. Das jetzt aus 80% Fett und 20% Wasser bestehende Fett wird nun im letzten Verarbeitungsschritt mit Emulgatoren (siehe S. 269) zu einem streichfähigen lang haltbarem Fett verwandelt. Die durch den Hitzeprozeß z. T. zerstörten Vitamine, außer Vitamin E, werden durch synthetische Zugaben wieder ersetzt, eventuell auch angereichert, außerdem setzt man einige carotinoide Farbstoffe hinzu, um der Margarine eine hübsche Butterfarbe zu verleihen. Die Softmargarine für Kalorienbewußte besteht zu 50% aus Wasser, hat also 30% weniger Fett, ist aber mit mehr Sorbinsäure (siehe S. 268) belastet.
Fest steht jedenfalls, daß wir es hier nicht mehr mit einem Naturprodukt zu tun haben, sondern mit dem genauen Gegenteil. Die von der Margarineindustrie herbeigelobte lipidsenkende Wirkung der Margarine muß hier ad absurdum geführt werden. Eine wirklich wissenschaftliche Studie darüber existiert nicht, schon gar nicht über die vielfach gepriesenen cholesterinsenkenden Effekte des Margarinefettes. Die Butter kann sich zwar dieser Wirkung auch nicht rühmen, aber in ihr haben wir immer noch ein Naturprodukt, das für die Chemie unnachahmlich bleibt.

Kefir erhält die Jugendfrische

Kefir kommt aus dem Tatarischen und bedeutet soviel wie Wohlbehagen. Ursprünglich bildeten die Tataren eine mongolische Stammesgruppe, die sich im

Laufe der Jahrhunderte mit türkischen Volksgruppen vermischte und an den nördlichen Ufern des Schwarzen Meeres, am Stromverlauf der Wolga (Ukraine) und z.T. auch in den Tälern des Kaukasus ihren Siedlungsraum hatten. Die Tataren waren infolge ihrer mongolischen Abstammung sehr kriegerisch, und erst nach der türkischen Vermischung beschäftigten sie sich mit der Viehzucht. Geradezu akrobatische Künste vollführen sie in der Reitkunst, was wohl noch ein mongolisches Erbe ist. Zurück zu unserem Kefir! Bei den Tataren und in den Ländern des Kaukasus gilt der Kefir als Nationalgetränk und hat etwa denselben Stellenwert wie das Bier in Bayern. Er wird bei ihnen anstelle von Wasser getrunken und in mageren Zeiten auch als Speise angesehen.

Prof. Dr. Menschlikoff, ein namhafter russischer Altersforscher, widmete einen Großteil seines Lebens der Erforschung des kaukasischen Altersphänomens und stieß dabei auf den Kefir, als ein entscheidender Faktor für das hohe Alter der Kaukasusbewohner.

Im Durchschnitt wird ein Alter von 118 Jahren erreicht, zumeist frei von einschneidenden, gesundheitlichen Störungen. Krebs, Blutkrankheiten oder degenerative Erscheinungen kennen die Kaukasier überhaupt nicht. Das hohe Alter ist nicht nur auf ihre urwüchsige und widerstandsfähige Konstitution zurückzuführen, sondern hauptsächlich auf die einfache, naturnahe Lebensweise, der mäßigen und sehr bescheidenen Kost, aber – und das vor allem – auf den regelmäßigen Genuß des Kefirs.

Durch wissenschaftliche Fragestellung und begleitende Untersuchungen versuchte Prof. Dr. Menschlikoff das Geheimnis des Kefirs etwas zu lüften. Der Kefir ist ein Pilz, welcher mit dem Bazillus „Kncaszicus" eine Symbiose, also Lebensgemeinschaft unterhält. Letzterer bewirkt die Vergärung von Kuh-, Ziegen- oder Schafsmilch unter Ausschluß von Sauerstoff. Während die Milch vergärt, entsteht bis zu 2% Alkohol und erhebliche Mengen an Kohlensäure und Milchsäure, siehe S. 44.

Der Bazillus Kncaszicus ist eine Kokkenart, die im menschlichen Darm eine große Heilwirkung entfaltet. Mit den Darmbakterien, vor allem den Milchsäurebildnern im Dünndarmabschnitt, vermag er das ganze Darmmilieu zu stabilisieren und die Fäulnisbildung im Darm zu verhindern. Dieser Umstand verhilft dem Blut zu einer wesentlich besseren Ausgangsposition bei der Sauerstoffaufnahme und -abgabe.

Die Verhinderung der Darmfäulnis und der hohe Gehalt an Milchsäure (RMS) ist es, was dem Kefir seine ausgezeichnete Wirkung gibt.

Prof. Dr. Menschlikoff hat versucht herauszufinden, bei welchen Krankheiten der Kefir speziell hilft.

Die Hauptwirkung erstreckt sich auf den gesamten Verdauungstrakt mit den korrespondierenden Verdauungsdrüsen (Leber/Galle, Bauchspeicheldrüse), z.B. Darmkatarrhe, Magenschleimhautentzündung, Magen-Darmgeschwüre, Darmentzündungen, Verstopfung, Gelbsucht, chronische Leber- und Galleleiden. Des weiteren wirkt er günstig auf das Blut, im Sinne einer Steigerung des Sauerstoffumsatzes und der Abwehrbereitschaft; er verhindert die Blutarmut und soll sogar den hohen Blutdruck senken.

Auf die Niere wirkt er anregend und heilt ihre Entzündungen und ganz ausgezeichnet soll er auf Hautausschläge sowie chronische Ekzeme ansprechen. Besteht eine Tendenz zur Arterienverkalkung oder liegt eine erbliche Belastung vor, dann verhindert oder verzögert der Kefir diese Tendenz ganz entscheidend.
Seine außergewöhnliche Heilkraft wurde auch bei Nervenerkrankungen beobachtet, worunter vor allem organisch verursachte Depressionen, Schlaflosigkeit, Verstimmungen usw. zählen.
Wer unter Asthma leidet, sollte auf alle Fälle die antiallergische Wirkung des Kefirs versuchen. Oftmals ist Asthma kein unabwendbares Schicksal, sondern wird nur durch eine falsche Behandlungsmethode dazu gemacht.

Und so bereiten Sie selbst Kefir:
Man rechnet für ¼ Liter Vollmilch einen walnußgroßen Pilz. Über diesen Pilz gießt man die etwa 20 Grad gekühlte Milch und verschließt das Glas luftdicht. Je nach Bedarf bleibt nun das gefüllte Glas 12, 18, 24 oder 36 Stunden stehen. Die Länge der Zeit richtet sich nach der Kefirgröße und der Menge an zugeführter Milch, weil ein großer Pilz bereits nach 12 Stunden die Milch zu einem erheblichen Teil angesäuert hat. Vor der Entnahme des fertigen Kefirs ist der Glasinhalt aufzuschütteln und dann abzuseihen (kein Metallsieb). Den verbleibenden Pilz kann man wieder in ein gesäubertes Glas zurückgeben und mit Milch übergießen. Zu langes Stehenlassen des Kefirs (über 48 Stunden) zersetzt den Kefir, deshalb sollte man ihm nach dieser Zeit unbedingt frische Milch zuführen.
Am besten wirkt der Kefir morgens auf nüchternen Magen!
Abends hat er in mäßiger Menge (halber Liter) eine verdauungsfördernde Wirkung und verhindert nächtliche Blähungen.
12-Stunden-Kefir in oben beschriebener Mengenrelation hat einen stuhlgangsfördernden Effekt.
Kefir ist nicht nur ein Heilmittel, sondern auch als Geschmackszusatz für saure Soßen, Salate usw. hervorragend.

Dosierung und Anwendung:

Bei Nervenerkrankungen: Ein Liter täglich in zwei bis drei Rationen zu den Mahlzeiten ca. drei Monate. In schweren Fällen ein Jahr. Medikamente sollten in dieser Zeit, soweit der Arzt damit einverstanden ist, abgesetzt werden (Schlafmittel, Psychopharmaka etc.).

Bronchialkatarrh: 1 Liter täglich, Heilungszeit sehr unterschiedlich. Asthma, Blutarmut, Blutkrankheiten: 1 Liter täglich, drei Monate.

Ausschläge, Ekzeme, Psoriasis: ½ Liter täglich, außerdem kann man die befallenen Stellen jeden Abend mit Kefirumschlägen zusätzlich behandeln. Schon nach zwei Wochen deutliche Besserung!

Blasenkatarrh: ½ Liter 2–3 Wochen.

Arterienverkalkung: Täglich 1 Liter über mehrere Jahre!

Gallen- und Leberleiden: Mehrere Monate 1 Liter.

Nierenentzündungen: 2 Monate täglich 1 Liter.

Verstopfung: ½ Liter täglich. Nur den 12-bis-24-Stunden-Kefir in der o.a. Größen- und Mengenrelation.

Durchfall: ½ Liter täglich, und zwar den 36-Stunden-Kefir.

Zum Schluß noch ein Tip:
Der Kefir arbeitet wie alle Mikroorganismen bei Raumtemperatur am optimalsten (20–22 Grad). Die Gläser sollten vor zu starker Sonneneinstrahlung geschützt werden, und wenn es geht, immer nach der Milchentnahme säubern.

Und woher bekommen Sie einen Kefir?
Fragen Sie im Bekanntenkreis, oder suchen Sie per Inserat in der Zeitung. Und wenn alle Stricke reißen, dann schreiben Sie mir kurz, ich habe ab und zu Vorräte.

Joghurt – der Milchsäurelieferant
Der höchste Milchsäuregipfel wird im Joghurt erreicht, da die Milchsäurebakterien (Lactobazillen) bei einer entsprechenden Bebrütungstemperatur die größte Wachstumsrate erzielen. Milchsäurebakterien sind nicht gleich Milchsäurebakterien. Die für den menschlichen und tierischen Organismus nützlichen Arten sind z. B. Streptokokkus thermophilus, da er überwiegend rechtsdrehende Milchsäure produziert, welche der Organismus günstiger verwerten kann, siehe S. 44. Normaler Joghurt, z. B. aus der Kultur Lactobazillus bulgaricus, enthält bis zu ca. 70% linksdrehende Milchsäure, der Rest besteht aus der rechtsdrehenden Milchsäure. Das Verhältnis sollte jedoch umgekehrt sein, gerade dann, wenn eine Krebsdisposition vorliegt. Daher sollten Sie beim Einkauf immer der jeweiligen Milchsäurekultur Beachtung schenken.

So stellen Sie Ihren Joghurt selbst her:
Wie beim Quark wird eine hitzefeste Glasschüssel mit Bauernmilch gefüllt und auf 45 °C erhitzt. Sobald die Temperatur erreicht ist, mischt man einen Becher Sanoghurt (Reformhaus) darunter und stellt die Schüssel in ein Backrohr bei 40 °C. Diese Bruthitze reicht aus, um in wenigen Stunden aus der Milch einen säuerlich schmeckenden Joghurt herzustellen. Nach der Bebrütung sollte man den Joghurt in kleine Gefäße abfüllen und in den Kühlschrank stellen.

Vor- und Nachteile der Sauermilchprodukte
Im allgemeinen werden Sauermilchprodukte gut vertragen und gerne gegessen. Selten hört man von Allergien oder Unverträglichkeiten, es gibt aber Patienten, die eine unerklärliche Abneigung gegen alle Sauermilchzubereitungen haben und dies selbst nicht so recht erklären können. Vielleicht wäre es deshalb einmal gut, die Vorteile aufzuzeigen, die sich aus dem reichlichen Genuß von Sauermilchprodukten ergeben.
Die enthaltene Milchsäure wirkt sich günstig auf das Säure-Basen-Gleichgewicht aus und steigert die Enzymleistung der Blutzellen, somit auch die Blutatmung. Im Magen-Darmkanal, vom Mund bis zum Enddarm, sorgt die Milchsäure für eine gleichmäßige physiologische Besiedelung mit stoffwechselfreundlichen

Lactobazillen und verhindert eine mögliche Entartung durch Fäulnis- und Gärungserreger, siehe S. 29. Auch das notwendige Säuremilieu des Magens mit einem pH von 6,5 besorgt die Milchsäure, gleichzeitig trägt sie zur rhythmischen Magenpförtnerfunktion bei. Ähnliches geschieht auch in den tieferen Abschnitten, die Darmbewegung wird gefördert und damit eine Verstopfung verhindert. Rechtsdrehende Milchsäure benötigt besonders der Krebskranke, da die Krebszellen viel linksdrehende Milchsäure produzieren und durch die RMS razemisch neutralisiert werden können. Es gibt Berechnungen, wonach die rechtsdrehende Milchsäure die entgleiste Zellatmung der Krebszellen nach oben hin um 100% wieder steigern kann, womit die Krebszelle aus dem Stadium der Gärzelle gehoben wird.
Sauermilchprodukte sind also wirklich gesunde Lebensmittel und in gewisser Hinsicht unersetzlich, denn in keinem Lebensmittel finden sich in so hohen Konzentrationen Milchsäure und Eiweiß vereint.

Die natürlichen Kraftspender

Hefen – die Vitaminproduzenten
Wenn wir von der Hefe sprechen, dann meinen wir natürlich die Bierhefe, die medizinisch wie auch küchentechnisch angewendet wird.
Hefen sind Einzeller, die sich durch kettenartige Knospung vermehren. Ihr anspruchsloser Stoffwechsel braucht nicht einmal Sauerstoff, sondern nur Stärke und Zucker, den sie zu Alkohol vergären, was in der Getränkeindustrie Bedeutung hat. Neben einigen Aromastoffen, z. B. Aldehyde, produzieren Hefen nicht weniger als 17 Vitamine, und zwar in ungewöhnlich großen Mengen, wie sie sonst in keinem Lebensmittel erreicht werden, siehe Tabelle weiter unten. Der Eiweißgehalt der Hefezellen ist ebenfalls mit 17 Aminosäuren, davon 8 essentielle, bemerkenswert und kann mit so hervorragenden pflanzlichen Eiweißträgern wie etwa die Sojabohne durchaus konkurrieren. Interessant ist, daß Hefeeiweiß zu 90% voll verwertbar ist. Diese hohe Ausnutzbarkeit wird nicht einmal von der Sojabohne erreicht. Auch die 14 verschiedenen Mineralstoffe und Spurenelemente erreichen mit sehr hohen Konzentrationen Spitzenwerte und runden das Nähr- und Wirkstoffangebot wunderbar ab. An der Hefe wird deutlich, daß wir mit unserem chemischen Kram – z. B. Multivitaminkapseln – die Naturkompositionen auch nicht im entferntesten erreichen und wohl auch nie ganz nachvollziehen können. Es ist doch ein Wunder ohnegleichen, wie es die Hefezelle fertigbringt, aus Zucker und Stärke einen solchen Nährstoffschatz zu produzieren! Hefen kommen als Back-, Gär- und Nährhefe in den Handel. Die Backhefen kennt jede Hausfrau und jeder Bäcker. Gärhefen dienen in der industriellen Alkoholherstellung. Erwähnenswert ist hier die Weißbierhefe, die zur original Flaschengärung eingesetzt wird. Hier muß ich auch die Erdinger Schneiderweiße erwähnen, die wohl den höchsten Hefegehalt hat und in Maßen ein medizinisches Getränk ist.

Wo und bei welchen Krankheiten ist Bierhefe angezeigt?
Traditionell setzt die Naturheilkunde die Hefe bei Hautpusteln und Hautunreinheiten ein. Wer an Akne vulgaris leidet, sollte es einmal mit einer Hefekur versuchen, und zwar mit flüssiger Bierhefe, die zur Geschmacksaufbesserung durchaus mit Fruchsäften gemischt werden kann. Alle Vitaminmangelzustände lassen sich mit Hefe natürlich und schnell beheben, und gerade in vitaminverbrauchenden Streßsituationen bedürfen wir eines erhöhten Bedarfes. Es gibt Hinweise dafür, daß Hefe eine diabetische Stoffwechsellage zu bessern scheint, zumindest steigert sie die Zuckerverwertung in den Zellen und regt die Insulinproduktion an. Vielleicht liegt das auch an dem sehr hohen Zinkanteil, den die Spurenelementenanalyse aufweist und der besonders von den Bauchspeicheldrüsenzellen zur Insulinproduktion benötigt wird. Ich setzte Hefe mit Erfolg bei lernschwachen Kindern ein und konnte immer wieder eine Leistungssteigerung feststellen, wenn die Eltern die Dosierung konsequent durchsetzen – denn Kinder vergessen leicht die regelmäßige Einnahme – kann man auf den Erfolg direkt warten. Es ließen sich für die Hefe noch viele Beispiele anführen, grundsätzlich darf man sagen, daß Hefe fast bei allen stoffwechselbedingten Krankheiten angezeigt ist und es kaum eine Indikation gibt, wo sie kontraindiziert wäre.

Nähr- und Wirkstoffübersicht der Bierhefe im Vergleich mit Sojamehl, Haselnuß und Erdnuß

100 g eßbare Substanz enthalten im Durchschnitt		*Bierhefe getrocknet*	*Sojamehl*	*Haselnuß*	*Erdnuß geröstet*
Eiweiß	in Gramm	48	37,3	13	26
Fett		1,3	20,6	61	49
Kohlenhydrate		38	26,4	13,7	21
Kalorien		355	440	656	629
Joule		1491	1848	2755	2642
Natrium	in Milligramm	120	4	2	3
Kalium		1500	1870	630	740
Calcium		210	195	225	75
Magnesium		230	235	150	180
Phosphor		1800	553	330	410
Eisen		17,5	12,1	3,8	2,3
Kupfer		3,32	–	1,35	0,55
Mangan		0,53	4	4,2	1,13
Zink		8	4,9	1,9	3,07
Molybdän		–	1,18	–	0,025
Jodid		4	0,8	1,5	0,013
Vitamin B_1	in Milligramm	14	0,77	0,4	0,32
Vitamin B_2		4	0,28	0,2	0,13
Niacin		4	2,2	1,4	14,3
Vitamin B_6		4,41	0,8–9,5	0,64	0,4
Vitamin B_{12}		0,02	–	–	–
Pantothensäure		7,21	1,8	1,15	2,14
Folsäure		3,17	0,19	0,07	–
Vitamin C		+	0	3	–
Vitamin E		–	21	21	8,7

Honig – das süße Antibiotikum

Schon unsere Urahnen in den germanischen Wäldern wußten, daß Honigauflagen die Wunden sehr schnell abheilten und eiternde Verletzungen in Kürze reinigten. Es gibt auf dem Land nicht wenige, die diese praktische Erfahrung bis auf den heutigen Tag lebendig erhalten und die moderne Medizin macht sich dies zunutze, denn inzwischen gibt es hochkonzentrierte zuckerhaltige Wundheilmittel, die nichts anderes als ein teurer Abklatsch aus der Naturapotheke sind. Bis ins 18. Jahrhundert hinein, als das Zuckerrohr und die Zuckerrübe noch in kleinem Maßstab angebaut wurden, war der Honig der wichtigste Süßstoff in den Küchen. Erst mit der industriellen Zuckerherstellung, die im 19. Jh. einsetzte, wurde der Honig als Süßstoff ganz aus der Küche verdrängt und diente nur noch als Genußmittel. Welcher Wirkstoff den Honig zu einem so wohlschmeckenden Antibiotikum macht, ist bis auf den heutigen Tag ungeklärt. Der hohe Invertzukkeranteil allein kann es nicht sein – wie Untersuchungen gezeigt haben –, vielmehr glaubt man an einen keimtötenden Stoff aus den Speicheldrüsen der Bienen, der sich im Honig gleichmäßig verteilt. Mandelentzündungen z. B. Kehlkopfkatarrh, ja sogar Diphtherie, lassen sich mit gefüllten Honigwaben – gut gekaut – wunderbar ausheilen. Es gibt Versuche, in denen nachgewiesen werden konnte, daß Mandeleinpinselungen mit Honig eine ganze Reihe von Erregern abtötet z. B. mehrere Streptokokkenstämme und Diphtheriebazillen. Daß diese Versuche keine euphorischen Eintagsfliegen waren, bewiesen die Nachuntersuchungen, die keinen Befund ergaben. Der Invertzucker, eine Mischung aus Frucht- und Traubenzucker, wird von der Leber wesentlich schneller verstoffwechselt als gewöhnlicher Rohrzucker, vor allem die Zuckerspeicherung (Glykogen) aus Fruchtzucker, kann selbst bei gestörtem Leberstoffwechsel noch vollzogen werden. Eingedenk dieser Beobachtung, verabreicht man wieder zunehmend dem Leberkranken Honig, womit dieser Naturstoff seinen Wiedereinzug in die innere Medizin hält. Honig ist also nicht nur ein schneller Energiespender, sondern ein wirksames Antibiotikum, das der Leber gut tut und selbst vom Diabetiker weitaus besser verwertet wird als Industriezucker. Grundsätzlich sollte man aber nur naturreinen nicht erhitzten Honig einnehmen. Wenn ein Honig z. B. nicht mehr kristallisiert, ist er mit Sicherheit erhitzt. Durch den Erhitzungsprozeß werden z. B. wertvolle Enzyme und Vitamine zerstört – hauptsächlich Diatase und Invertase – wahrscheinlich auch noch eine ganze Reihe unbekannter Stoffe. Nur die Honige vom Deutschen Imkerverband, welche eine Registriernummer aufweisen und versiegelt sind, können den Anspruch auf Naturbelassenheit erfüllen.

Propolis regt die Abwehr an

Propolis, der Bau-, Reparatur- und Isolierungsstoff ist eine Kittsubtanz, den die Bienen als Harz von den Rinden und Knospen der Bäume holen, um damit ihre Stöcke gegen Zugluft, Feuchtigkeit und unerwünschte Öffnungen zu verkitten. Aber auch zur Mumifizierung eingedrungener Feinde, z. B. Käfer, Mäuse und Ringeln wird das Kittharz verwendet. Propolis war schon in der Antike bekannt. Selbst die Inkas kannten es als Fiebermittel, und erst im 20. Jahrhundert entdeckten Mediziner und Wissenschaftler aus der Sowjetunion und anderen osteuropäi-

schen Staaten Propolis als ein sehr wirksames Heilmittel. Dem dänischen Imker K. Lund Aagaard ist es zu verdanken, daß Propolis auch bei uns inzwischen einen gewissen Bekanntheitsgrad erreicht hat und sich Wissenschaftler in steigendem Maße der Propolisforschung annehmen.
Die bisherigen Erfahrungen mit Propolis sind so umfassend, daß es geradezu unmöglich ist, alle Anwendungsempfehlungen vorzustellen. Die wohl wertvollste Wirkung des Propolis ist die Anregung und Modifizierung des Immunsystems. Die AIDS-Seuche hat das Immunsystem ins öffentliche Bewußtsein gerückt und wird in der Medizin jetzt intensiv erforscht. Propolis hat außer antivirale und antibakterielle Eigenschaften, auch sogenannte immunstimulierende Flavonoide, die anscheinend einen direkten Stimulus auf die Abwehrzellen ausüben. Hauptsächlich werden diejenigen Zellen angeregt, die Freßeigenschaften besitzen, also Bakterien und Viren verschlucken und in ihrem Leib verdauen (Phagozyten). Schon allein diese Erkenntnis rechtfertigt den Einsatz von Propolis bei vielen Erkrankungen, wo Entzündung und Abwehrschwäche im Spiel ist. Praktisch alle Leiden außer Stoffwechselerkrankungen kommen in Frage, wobei selbst in diesem großen Feld sicher noch Ausnahmen möglich sind. Aus persönlichen Erfahrungen mit Propolis kann ich es als gutes Grippe- und Erkältungsmittel empfehlen, bei äußeren Wunden und Geschwüren, bei Mundschleimhautentzündungen, Mundpilz und Zahnfleischentzündungen, Lippenbläschen (Herpes labialis), Mandelentzündungen und hartnäckigen Rachen- und Kehlkopfentzündungen. Inwieweit Propolis als Krebsmittel eingesetzt werden kann, ist noch nicht hinreichend geklärt, ich könnte mir jedoch gut vorstellen, daß Propolis als wertvolle Zusatztherapie in Frage kommt. Am besten wirkt Propolis als gereinigtes Granulat – täglich 4–5 Messerspitzen genügen zur Abwehrstimulation.

Blütenpollen – ein Lebenselixier

Blütenpollen sind männliche Keimzellen der Blüten, welche als Träger der gesamten Erbinformation der Stammpflanze anzusehen sind. Die Bienen saugen die Pollen aus dem Blütenkelch und kleben sie mit ihrem Speichel an die Hinterbeine, bis sie zu dicken Bällchen geworden sind. Diese sogenannten Pollenhöschen sind also die Transportform auf dem langen Ausflug der Biene bis zurück zum Bienenstock. Um 1 kg Pollen zu hamstern, müßte die Biene 70000 Ausflüge machen, eine unvorstellbare Leistung, die nur vom gesamten Bienenstock erbracht werden kann. Verschiedene Beobachtungen und Informationen über die Pollen – meist unglaubliche Geschichten – veranlaßten die biochemischen Wissenschaften, dieses Wunderding näher zu erforschen. Aus geschichtlichen Aufzeichnungen der Wikinger wurde z. B. die Frage geklärt, wie diese kriegerischen Seebären es vor knapp 1000 Jahren fertigbrachten, den nördlichen Atlantik zu überqueren und in Grönland die ersten Siedlungen zu gründen. Unter den damaligen Bedingungen – etwa das offene Verdeck mit 80 Riemen in der eisigen Kälte bei hohem Wellengang und vielleicht ungünstigen Windverhältnissen – ist diese Pioniertat eine fast schon übermenschliche Leistung, die wohl nicht ganz mit rechten Dingen zugegangen war. Die Antwort war relativ einfach und simpel. Die Wikinger ernährten sich auf diesen langen Fahrten von Ambrosia. Das waren

Honigwaben mit Blütenstaub vermischt, die man in großen Tonkrügen mitführte. Wer sich mit den Inhaltsstoffen der Blütenpollen auseinandersetzt, dem wird verständlich, woher die Wikinger ihre Kräfte hatten und warum sie nicht aufgaben. Fast unglaublich klingt die phantastische Wirkung des Blütenpollenbreies auf das Wachstum der Bienenlarven. Innerhalb von 6 Tagen steigern sie ihr Körpergewicht auf das 1500fache und der aus dem Blütenpollen gewonnene Weiselfuttersaft (Gelee Royale) verwandelt die normale Bienenlarve zu einer Bienenkönigin, wobei die Gewichtszunahme in 6 Tagen das 3000fache des Ausgangsgewichts erreicht. Bienenköniginnen werden fast doppelt so groß als die Arbeiterbiene und erreichen ein Alter von 4–5 Jahren, je nachdem wie gut sie gefüttert werden. Mit dem Wundersaft aus Blütenpollen legt sie täglich bis zu 2000 Eier, eine immense Produktion, die nur noch von der Termitenkönigin übertroffen wird.
Aus etwa 100 g Blütenpollen erhält man durchschnittlich 20 g hochwertiges Eiweiß, in dem alle 8 essentiellen Aminosäuren in ausreichender Menge enthalten sind. Es ist also durchaus möglich, mit 150 g Blütenpollen seinen täglichen Eiweißbedarf zu decken. Praktisch heißt das: 1 gehäufter Eßlöffel genügt pro Tag. Betrachtet man die übrigen Nähr- und Wirkstoffe, dann stellt man zwar ein vielseitiges Angebot fest, aber keine ungewöhnlichen Konzentrationen wie etwa beim Eiweißanteil. Der Vitamingehalt nimmt sich recht bescheiden aus und bedarf der Ergänzung durch andere Quellen. Das Geheimnis der Pollen ist jedoch in seinem Enzymreichtum zu sehen, denn die Enzyme – als Zündfunken des Lebens bezeichnet – befinden sich da in einer wunderbaren Abgestimmtheit wie sie der Zellstoffwechsel jederzeit benötigt. Freilich ist es wohl die Einzigartigkeit der Gesamtkomposition, die den Polleninhalt zum Lebenselixier macht, siehe Tabelle S. 106.
Bei welchen Leiden und Krankheiten sollte man eine Pollenkur durchführen? Eine der erfolgreichsten Indikationen scheint mir die Unfruchtbarkeit zu sein und die Impotenz sowie alle Formen von Unterleibsdysfunktionen der Frau. Auch Frigidität – soweit sie nicht psychisch manifestiert ist – kann mit Pollen gut angegangen werden. Urologen berichten auf Kongressen immer wieder, daß entzündliche Zustände der Prostata, z. B. das beginnende Prostataadenom, zu einem hohen Prozentsatz gebessert werden können. Spürbare Besserungen konnte man auch bei allgemeiner Körperschwäche beobachten sowie nach längeren Krankheiten. Während und nach der Strahlentherapie in der Krebstherapie vermögen die Pollenwirkstoffe die vielen Nebenwirkungen und Strahlenbelastungen wesentlich erträglicher zu machen und zur schnelleren Regenerierung beizutragen.
In der Altersheilkunde gehört die Pollenkur in der Geriatrie zu den Therapien der Wahl, denn es lassen sich eine Reihe von Funktionsbesserungen feststellen, wie sie sonst mit keinem Medikament erreicht werden. Anhand von Laborwerten konnte die subjektive Besserung des Befindens objektiviert werden.
Es wurden folgende Werte ermittelt:

1. Vermehrung des Hämoglobins (roter Blutfarbstoff) und Zunahme der Harnstoff- und Harnsäureausscheidung.

2. Rückgang der Rheumafaktoren im Serum und verringerte belastungsinduzierte Immunreaktion, die gleichzeitig schneller zur Ausgangslage zurückkehrte.
3. Schnellere Regeneration von primärtherapierten Tumorpatienten bei gleichzeitiger Steigerung des Allgemeinbefindens. Normalisierung der Serumwerte – insbesondere der Immunglobuline.
4. Bessere Mittelwerte aller meßbaren Mineralstoffe, Spurenelemente und erhöhte Stabilität nach Streßsituationen.
5. Bei klimakterisch bedingtem Hormonabfall konnten die Blütenpollen zwar nicht den Hormonspiegel normalisieren, jedoch zu 90% das Allgemeinbefinden soweit bessern, daß sich jede weitere Therapie erübrigte.

Die bei alten Menschen immer wieder festgestellte Verbesserung der geistigen Präsenz, z. B. Zunahme der Gedächtnisleistung, der Sehkraft und des Hörvermögens sowie der Stimmungslage, ist wohl auf eine Steigerung der Hirndurchblutung zurückzuführen. Ich glaube, daß damit hinreichend die Wirksamkeit der Pollen belegt ist. Wichtig erscheint mir noch der Hinweis, daß nur die Pollen vom Organismus voll verwertbar sind, welche mikronisiert bzw. synergenisiert sind. Elektronenmikroskopisch – siehe Abb. 7 – ist die Polle von einer harten Schale umgeben, die es ihr ermöglicht, Jahrhunderte selbst bei häufigen Temperaturstürzen unversehrt zu bleiben und ihre befruchtende Kraft zu erhalten. Durch speziell schonende Verfahren, z. B. der Fa. Bio-Naturkraft, werden bei der sanften Pollisynergenisierung die Kapseln gesprengt und dadurch die Inhaltsstoffe in ihrem ursprünglichen Zustand über die Darmschleimhaut resorbiert.

Gehalt an essentiellen Aminosäuren

100 g eßbare Substanz enthalten im Durchschnitt (in g)	*Essentielle Aminosäuren*							
	Isoleucin	*Leucin*	*Lysin*	*Methionin*	*Phenylalanin*	*Threonin*	*Tryptophan*	*Valin*
Rindfleisch	0,93	1,28	1,45	0,42	0,66	0,81	0,20	0,91
Eier	0,85	1,17	0,93	0,39	0,69	0,67	0,20	0,90
Käse	1,74	2,83	2,34	0,80	1,43	1,38	0,34	2,05
Mischpollen	4,50	6,70	5,70	1,80	3,90	4,00	1,30	5,70
Empfohlene Zufuhr (g/Tag)	1,40	2,20	1,60	2,20	2,20	1,00	0,50	1,60

In 100 g Pollen sind so viel lebensnotwendige (essentielle) Aminosäuren enthalten wie in 500 g Rindfleisch oder 7 Eiern. Etwa 30 g Pollen decken den Tagesbedarf.

Mineral- und Spurenstoffgehalt des Pollens (pro 100 g)

Kalium	20,00–40,00 mg	Mangan	1,40 mg
Magnesium	1,00–12,00 mg	Chlor	0,80 mg
Calcium	1,00–15,00 mg	Phosphor	1,00–20,00 mg
Kupfer	0,05– 0,08 mg	Silizium	2,00–10,00 mg
Eisen	1,00–12,00 mg	Schwefel	1,00 mg

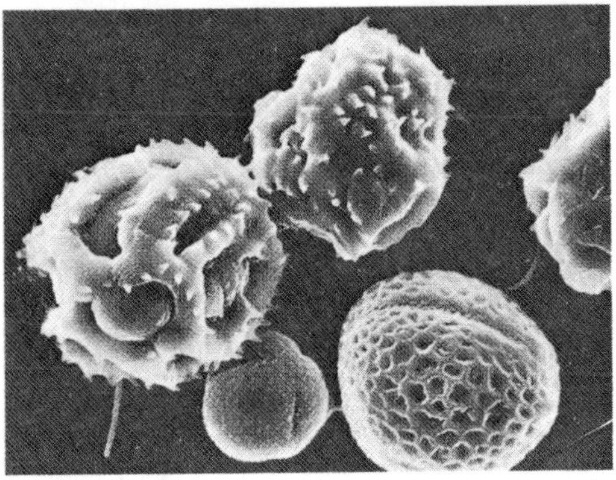

Abb. 7
Wunder der Natur oder abstrakte Plastik? Elektronenmikroskopische Aufnahme von Pollenkörnern, 3000 × vergrößert.

Eier als Zusatzkost

Alles tierische Leben entwickelt sich aus dem befruchteten Ei. Diese Beobachtung hat dazu geführt, daß man in der vorwissenschaftlichen Zeit dem Ei geheimnisvolle Kräfte und Mächte beilegte und im Ei ein Fruchtbarkeits- und Lebenssymbol sah. Es entstanden die Lehren vom Sonnen- und Weltei, von der Eigeburt der Götter, und bis in unsere Zeit hinein gilt das Ei als Auferstehungssymbol. In der antiken Heilkunde wurden bei manchen Krankheiten Eierkuren verordnet, man glaubte an einen Verjüngungseffekt, an Potenzsteigerung und an verborgene göttliche Heilkräfte. Die nüchterne Analyse dieses Lebensmittels konnte den hohen biologischen Nährwert des Eies nur teilweise bestätigen, während das Eigelb alle Vitamine enthält, finden sich im Eiklar nur wenige. Der biologisch vollwertige Eiweißanteil des ganzen Eies schwankt zwischen 13,5 und 14%. Das Eifett beträgt im Dotter 31,6%, auch finden sich alle wichtigen Mineralien und Spurenelemente, außerdem wichtige Vitaminvorstufen – z. B. Carotinoide –, die dem Dotter seine schöne Farbe geben. Ein Ei hat einen Brennwert von 96 Kalorien, zwar ist dies für den biologischen Nährwert unwichtig, zeigt aber, daß im Ei 13 Kohlenhydrate stecken, was etwa 1 BE entspricht, siehe S. 226. Eier sind daneben reich an Lezithin und Cholesterin. Der Cholesterinspiegel pro Ei beträgt 282 mg und deckt damit den Tagesbedarf. Eier sind also vollwertige Nahrungsmittel, soweit sie von freilaufenden Hühnern stammen. Dennoch kann ihr übermäßiger Genuß den Cholesterinspiegel im Blut stark erhöhen und das Risiko einer Arteriosklerose vermehren. Eier sollten daher nur als Zusatzkost in der Heildiät eingesetzt werden, selbst in der Behandlung von Leberzirrhose oder chronischer Eiweißverlustniere darf die biologisch hochwertig – aber dennoch einseitige – Kartoffel-Ei-Diät, nicht übertrieben werden. Ganz zu meiden ist das rohe Eiklar; es kann eine künstliche Avitaminose des Biotin auslösen, was dann zu einer Störung der Blutgerinnung führt. Es hat sich auch gezeigt, daß Kinder – die leicht zu Entzündungen neigen – bei Eigenuß eine Verschlechterung erfahren, ebenso die zu schuppigen Flechten neigen. Erwachsene mit Gallensteinrisiko, Gefäßkrankheiten und erhöhtem Blutzucker sollten auf den Genuß von Eiern ganz verzichten und statt dessen auf Milchprodukte und vitaminreiches Gemüse übergehen.

Noch ein Tip für die Eiqualität:
Je frischer ein Eidotter ist, desto mehr wölbt sich das Eiklar am Dotterrand auf. Alte Eier haben einen stark abgeflachten Eidotter, und das Eiklar fließt dünnflüssig auseinander. Lassen Sie sich bitte nicht von den oft leuchtenden Dotterfarben aus den tierquälerischen Hühnerfabriken blenden. Diese Schönungsgaukelei ist nur möglich, weil die Massentierhalter bis zu 16 Farbstoffe als Futtermittelzusätze verwenden dürfen.

Naturheilkunde fängt mit richtigem Würzen an!

Knoblauch hilft gegen viele Krankheiten
Knoblauch ist ein vorzügliches Gewürz, das schon in der alten Induskultur – 2000 v. Chr. – einen festen Platz in den gängigen Küchengewürzen hatte.
Was täten Italiener und Griechen ohne Knoblauch? Wo bliebe das appetitmachende Aroma und wo die herrlichen Bratendüfte, wenn es den Knoblauch nicht gäbe? Ja, der Knoblauch ist ein Geschenk von oben und wer ihn nicht riechen kann, dem entgeht manch typisches Knoblaubgericht, das eben nur mit Knoblauch schmeckt.
Das bläulich schimmernde, ätherische Öl des Knoblauchs hat verschiedene Schwefelverbindungen und verbreitet den typischen Geruch. Knoblauchpräparate ohne den typischen Knoblauchgeruch sind sehr fragwürdig, entweder weil sie durch einen chemischen Eingriff geruchsneutralisiert oder infolge hochtemperierten Eindampfungsprozessen ihrer ätherischen Grundlage beraubt wurden.
Der Hauptwirkstoff ist das Allicin, eine ölige Grundsubstanz, die stark bakterienhemmende Eigenschaften zeigt. Wie schon mehrfach angeschnitten, dürfte auch beim Knoblauch ein Summationseffekt vorliegen, da sich zumeist neben dem Hauptwirkstoff noch andere Nebenwirkstoffe in der Wirkung ergänzen oder gar aufschaukeln. Knoblauch ist eines der besten Darmmittel, die uns die Natur an die Hand gegeben hat. In eingehenden Studien konnte man folgende Wirkungen beobachten:
Eine Vermehrung der Gallenabsonderung und verstärkte Sekretion der Darmdrüsen; Beruhigung des Darms im Sinne einer Stuhlgangnormalisierung und Rückgang von Blähungen; Verbesserung der Darmflora in Richtung Eubiose; Erweiterung der Bronchien und Krampflösung; Verbesserung der inneren Atmung, d. h. bessere Sauerstoffverwertung; Ökonomisierung der Herz-Kreislaufsituation; Senkung des Blutdruckes und Zunahme des Herzschlagvolumens; bessere Gefäßfüllung.
Die dem Knoblauch nachgesagte antiarteriosklerotische Wirkung ließe sich nur in extremen Langzeitbeobachtungen feststellen, man kann aber – wenn man die Herzkreislaufwirkung berücksichtigt – eine hohe Wahrscheinlichkeit dieser Behauptung annehmen. Überdies vitalisiert Knoblauch, was ich am eigenen Leibe schon erleben konnte und der von Griechen, Jugoslawen und Südeuropäern behauptete sexualsteigernde Effekt dürfte auch nicht gerade aus der Luft gegriffen sein. Knoblauch ist also nicht nur ein starkes Küchengewürz, sondern heilt und

steigert die Widerstandskraft vielleicht besser als manch gelobtes Kraut. Wer regelmäßig Knoblauch einnimmt, hat Krankheiten kaum zu fürchten – schon gar nicht solche, die vom Darm ausgehen. Den in der Regenbogenpresse angepriesenen Knoblauchpräparaten mit angeblich selektiver Wirkung auf Krebsgeschwulste, sollte man mit Vorsicht begegnen. Es ist zwar unstreitig, daß Knoblauch dem Krebsgeschehen wirksam vorbeugen kann, schon allein wegen der darmentgiftenden Wirkung, aber bei manifestem Krebs auch keine Wunder vollbringt. Zudem sind die Knoblauchkapseln und -mittel meist geruchsneutral, wodurch ihre Wirkung erst recht fragwürdig wird.
Daß Knoblauch antiparasitäre Eigenschaften hat, ist bei seinem Geruch nicht verwunderlich, Würmer haben während seiner Anwesenheit jedenfalls einen schweren Stand, und in der Naturheilkunde kennt man wirksame Klistieranwendungen mit Knoblauch schon seit langer Zeit.
Eindrucksvoll ist auch die historische Tatsache, daß die ägyptischen Sklavenheere während des Pyramidenbaues zu ihren Tagesrationen Knoblauchzehen erhielten und der griechische Geschichtsschreiber Herodot keine Hinweise auf Darmepidemien oder Seuchen fand. Offenbar war das einer der Gründe, warum diese Monumentalbauten überhaupt fertiggestellt werden konnten.

Kann man Knoblauchgeruch ganz vermeiden?
Es gibt Menschen, die schon nach dem Genuß einer kleinen Zehe aus allen Poren duften, andere können zwei, ja drei Zehen einnehmen und verströmen einen nur geringen Geruch. Die Geruchsbelästigung geht auf dem Blutwege über die Atemluft, daher ist es öfters nötig, durch geruchsdämpfende oder abschwächende Zusatzspeisen allzu penetranten Knoblauchwolken vorzubeugen.

Ein paar Tips: Spinat absorbiert Knoblauchgeruch völlig. Knoblauch mit Vollmilch aufgekocht, vermindert den Geruch ebenfalls. Knoblauchsuppen in Verbindung mit Erbsen oder Linsen dämpfen ebenfalls stark.

Ein Knoblauch-Suppenrezept:
Man schneide 4 große Knoblauchzehen in feine Scheiben, die dann in einer Pfanne mit Olivenöl leicht erhitzt werden, bitte keine Bräunung. Die erhitzten Knoblauchscheibchen werden mit einem halben Liter Frugola Hefeextraktbrühe kurz aufgekocht. Danach rührt man mit dem Schneebesen 2 Eiklar in die Brühe, bis das Eiweiß gleichmäßig verrührt ist. Nun werden die 2 Eigelbe ebenfalls verquirlt, mit einem Schuß Apfelessig abgeschmeckt und in die Suppe gegeben. Je nach Geschmack wird mit Salz und Pfeffer abgerundet, dazu Petersilie, Kerbel, Dill oder Thymian geben und fertig ist die Knoblauchsuppe. Wer's knusprig mag, gibt geröstete Brotstückchen in die Suppe. Guten Appetit.

Und so stellen sie ein Knoblauchklistier her:
Drei große Zehen Knoblauch zerquetschen und in 1 Liter Wasser kurz aufkochen, bis zur Handwärme abkühlen lassen und anschließend einführen. Die genaue Technik und Klistieranwendung finden Sie in meinem Büchlein: „Erfolgreiche Naturheilbehandlung bei Magen-Darm-, Leber- und Galleerkrankungen."

Anis fördert den Appetit
Der süßlich-aromatische Duft der Anisfrüchte stieg schon dem griechischen Philosophen Pythagoras in die Nase und Hippokrates erwähnte in seinen Schriften den Anis als gutes Magen-Darmmittel.
Für die arzneiliche Wirkung sind eine Reihe von Inhaltsstoffen des stark riechenden, ätherischen Öles verantwortlich gemacht worden, vor allem bei Bronchitis, Appetitlosigkeit bei kleinen Kindern, Magen-Darmkrämpfen, Magenübelkeit und Blähungen. Wer Anistropfen bei Blähungen einnimmt, kann auf die prompte Wirkung warten.
Als Würzmittel wird hauptsächlich der mildere, deutsche Anis dem ausländischen Sternanis vorgezogen. In Bayern und Baden-Württemberg wird er viel als Backgewürz gebraucht: z.B. bei Zwieback, Plätzchen, Schnitten, Kuchen oder Brot. Letzteres erfreut sich steigender Beliebtheit. Die pulverisierten Körner eignen sich gut als Gewürzbeigabe zu Sauerkraut, Rotkraut und rohen Krautsalaten.

Hier noch ein Rezept aus den drei klassischen Antiblähungsgewürzen:
Anis 30 g, Fenchel 25 g, Kümmel 25 g in der Apotheke oder Drogerie mischen lassen und je 1 gehäuften TL auf 1 Liter kochendes Wasser geben. Nach einer Minute abseihen und anschließend schluckweise trinken.

Borretsch – gut für die Nerven
In der Volksmedizin wird das Borretschkraut gegen nervöses Herzklopfen, Nervenschwäche, Nierenentzündung und Verzagtheit (Depression) verwendet. Allerdings hilft nur das frische blühende Kraut, da schon wenige Stunden nach der Ernte die Inhaltsstoffe enzymatisch zersetzt und ausgetrocknet werden. Zum Würzen und Kochen verwendet man die Blätter und jungen Triebspitzen. Da er ähnliches Aroma hat wie Gurken, kann er wie diese als Beigabe zu vielen Gerichten Verwendung finden. Ganz besonders schmecken feingewiegte Borretschblätter zu Weichkäsesorten und als Fleischbrühegewürz.

Gewürznelken – vielseitig und würzig
Die Geschichte der Gewürznelken ist sehr interessant und aufschlußreich. Schon die Chinesen kannten sie als feine Handelsware, und in den altägyptischen Gräbern fand man Gewürznelkenketten. Durch die Araber kam der Gewürznelkenhandel auch nach Europa und wurde zunächst von den Holländern schwunghaft betrieben, obwohl die Portugiesen zuerst den Handel eröffneten. Während der Pestzeit im ausgehenden Mittelalter trugen die Ärzte Nelkenketten und kauten die Nelken in Gegenwart ihrer Patienten. Den Gewürznelken wurden geheimnisvolle Schutzkräfte zugesprochen, die vor Cholera und Pestilenz schützten. Man sieht schon aus den wenigen Angaben, welche Bedeutung die Gewürznelke bei uns hatte und man kann annehmen, daß es der starke ätherische Geruch und Geschmack war, der die Phantasie von Händlern und Medizinern gleichermaßen beflügelte. Der Hauptwirkstoff in dem scharfen, ätherischen Öl ist das Eugenol, das neben seiner stark bakterienhemmenden Wirkung auch schmerzlindernd ist. Daher auch der Gebrauch des puren Öls bei offenen Zahnwunden oder als Mundwasser bei Zahnschmerzen. Wegen des sehr starken Geruchs wird die

Gewürznelke bevorzugt in der Pafümerie verwendet; ebenso als aromareicher Zusatz in Lebensmitteln.
Medizinisch wertvoll ist die appetitanregende, verdauungsfördernde Wirkung – im Sinne einer Sekretionssteigerung aller Verdauungssäfte und Förderung der Durchblutung des Magen-Darmabschnitts.
In der Küche ist die Kombination Rotkohl oder Sauerkraut mit Gewürznelken sehr beliebt, besonders wenn Zwiebeln beigemischt werden. Es genügt bereits eine Gewürznelke. Im gemahlenen Zustand sollte man sehr sparsam streuen, da sonst das ganze Gericht überwürzt sein könnte. Besonders beliebt ist sie zu Saucen, Fisch und Pizzas.

Thymian – gut für Lunge, Magen und Darm
Schon im alten Ägypten baute man mehrere Thymusarten an und verwendete das ausgepreßte Thymianöl als wohlriechenden bakterienabweisenden Zusatz für den Leichenbalsam, der ja bekanntlich bis in unsere Zeit die Toten der Pharaonendynastien konservierte. Griechen und Römer gebrauchten Thymian, und bei uns schrieben Albertus Magnus und die hl. Hildegard v. Bingen lateinische Abhandlungen über dieses Wundergewürz. Die medizinische Verwendung ist vielseitig und selbst bei akuten Erkrankungen sehr hilfreich. Erfolge werden berichtet bei akuten fieberhaften Brustinfekten (akute Bronchitis, Keuchhusten, Lungenentzündung) und bei allergischer asthmatischer Schleimbildung. Letztere Indikation ist fast schon ein Geheimtip, da Thymian die Schleimsekretion in den Bronchien stark mindert.
Auch bei Nieren-Blasenentzündungen wird er gelobt, und wie kaum anders zu erwarten, ist er eines der besten krampflösenden Antiblähungsmittel für den Darm. Thymian gehört zu allen fetten Speisen und macht ihre Verdauung problemlos. Bei unregelmäßigen Monatsblutungen hilft Thymianextrakt als Sitzbad, und selbst bei Wurmbefall der Kinder kann man ihn zusammen mit Kürbiskernen und fein geraspelten Möhren geben. Wer über Thymian noch mehr wissen möchte, sollte sich nach spezieller Literatur umsehen.
Verwendung als Gewürzpflanze findet der Thymian besonders zu Fleisch- und Fischgerichten. Da seine Würzkraft sehr ausgiebig ist, genügt oft schon eine kleine Prise, um seinen charakteristischen Geschmack zur Geltung zu bringen.

Rosmarin – das Nerventonikum der Frau
Der Rosmarin stammt aus den Mittelmeerländern und wurde erst durch die Benediktinermönche bei uns eingeführt. Schon immer galt er den Frauen als wertvolle Medizin während der Wechseljahre und jungen Mädchen, die an hormonellem Blutunterdruck leiden, hat der Rosmarin oft besser geholfen als aufwendige Rezepte. Aber der Rosmarin ist noch wesentlich vielseitiger! Unverkennbar bessert er auch die schlechte Verdauung, mindert Blähungen und Darmkrämpfe, steigert die Unterleibsdurchblutung und harmonisiert das Nervensystem. Es kommt zu einer vermehrten Harnausscheidung und durch die blutdrucksteigernde Wirkung zur besseren Kopfdurchblutung.
Als Gewürzpflanze ist Rosmarin sehr beliebt, er sollte jedoch vorsichtig dosiert werden. Meist wird zuviel gewürzt und dadurch der Geschmack zu streng. Man

nimmt ihn bei allen Gemüse- und Fleischeintöpfen, auch zu Suppen, Wildbret, Geflügel und besonders zu Pilzen. Wer scharfes Würzen mag, kann Rosmarin zusammen mit Thymian, Pfeffer und Cayennepfeffer mischen. Diese Mischung ist sehr bekömmlich.

Petersilie regt die Nieren an
Die unscheinbare Petersilie wird in der Naturheilkunde als gutes Nierenmittel geschätzt. Der Apiolgehalt im ätherischen Öl vermehrt speziell die Nierendurchblutung und steigert damit die Blutentgiftung.
Nierenwirksam ist allerdings nur der Samen und die Wurzel bzw. der frische Preßsaft, der auch gleichzeitig bei Insektenstichen lindernd und abschwellend wirkt. Das Petersilienkraut ist sehr Vitamin-C-reich, und schon 8–10 g täglich würden genügen um den täglichen Bedarf voll zu decken. Die vielfältigen Verwendungsmöglichkeiten in der Küche sind allgemein bekannt und jeder Hausfrau geläufig. Das Kraut hilft auch bei mangelnder Magentätigkeit.

Liebstöckel, das Liebeskraut
Ganz so schlimm ist es nicht, wie der Volksmund dieses Kraut gerne nennt, denn die potenzsteigernde Wirkung konnte bisher nicht nachgewiesen werden. Ich vermute, daß der maggiartige Duft der Blätter sexuell erregend ist, nicht unbedingt aber die Potenz steigert. Die wassertreibende, nierenanregende Wirkung ist in klinischen Experimenten gesichert, ebenso die Anregung speziell des Magensaftes. Man sollte allerdings diese Ergebnisse immer nur als vorläufigen Kenntnisstand ansehen, denn was später noch alles herausgefunden wird, davon können wir derzeit nur träumen.
Als Gewürz verwendet man die ganze Pflanze, denn in allen Teilen findet sich das starke Aroma und die Würzkraft. Frisch angewendet werden die würzigen Blätter feingehackt in Suppen, Gemüsen und Fleischsaucen. Aber auch hier muß vor Zuviel gewarnt werden; es genügen wenige Blätter, die noch selbst nach langem Kochen ihr Aroma behalten.
Ein Geheimtip: Liebstöckel hilft gegen Migräne. Auf eine Tasse gibt man eine Messerspitze der pulverisierten Wurzel und trinkt in einem Zug aus.

Kümmel – ein erstrangiges Antiblähungsgewürz
Unser Wiesenkümmel ist einer der ältesten Gewürze der Erde und hat seine Urstammform in dem aus Asien stammenden Kreuzkümmel, der aber weniger aromatisch und im Geschmack gröber ist. Guter Kümmel darf höchstens 14% Feuchtigkeit haben bei einer Reinheit von 98%. Nach dem deutschen Arzneibuch muß das carvonhaltige ätherische Öl in einem Mengenverhältnis von mindestens 4 ml/100,0 vorhanden sein.
Die stark blähungswidrige Wirkung des Carvon ist der Grund, warum Kümmel bei vielen Speisen verwendet wird. Selbst im Brot ist er ein beliebtes Gewürz, und bei vielen Käsesorten mag man ihn nicht missen. Nicht wenige Gemüsesorten – vor allem Kohlarten, sind ohne Kümmel nackt und werden erst durch ihn bekömmlich. Kümmel sollte erst nach dem Kochen in gemahlener Form zugesetzt werden, da Aroma und Würze sonst verlorengehen.

Für Kinder, die häufig an Blähungen oder Darmkrämpfen leiden, eignet sich der Kümmeltee vorzüglich.

Und so bereiten Sie den Kümmeltee:
Ein gehäufter TL gemahlener Kümmel wird mit ¼ l kochendem Wasser übergossen und nach knapp 10 Min. Ziehzeit handwarm und schluckweise getrunken. Man kann ihn auch mit Kamillenblüten kombinieren.

Wacholder, der vielgelobte Blutreiniger
In alten Gedichten und Liedern wird der Wacholder nicht nur als aromatische Beere, sondern vielfach auch als Heilungs- und Stärkungsmittel gepriesen. Sebastian Kneipp hat dem Wacholder viel Beachtung geschenkt und dabei seine nierenanregende Wirkung wiederentdeckt. Die harnsaure Diathese, in deren Gefolge der rheumatische Formenkreis steht, kann mit Wacholderbeeren günstig beeinflußt werden. Das ätherische Öl ist auf seine Inhaltsstoffe noch nicht eingehend untersucht worden; die Erfahrung hat jedoch ein großes Wirkungsspektrum hervorgebracht, wovon nur ein kleiner Teil hier angeführt werden kann:
Anregung der Magen-Darmschleimhaut, Beseitigung von Fäulnisbakterien und Krankheitserregern; Wirkung auf das Nierengewebe im Sinne einer Durchblutungssteigerung, verstärkte Harnausscheidung und bessere Stickstoffbilanz, Gewebsentwässerung bei Ödemen, besonders Gelenkschwellungen; kreislaufanregend, verstärkte Unterleibsdurchblutung, Anregung des bronchialen Selbstreinigungsvorgangs, z. B. vermehrte Tätigkeit des Flimmerepithels, jedoch Verminderung des Bronchienschleimes. Schon aus den wenigen Angaben ergibt sich eine vielseitige Anwendungsmöglichkeit. Es läßt sich denken, daß der Wacholder, so segensreich er ist, auch einige Gegenanzeigen hat. So ist er nicht geeignet bei trockener Bronchitis und vor allem bei Nierenentzündungen mit Blutungen.

Eine Wacholderbeerenkur nach S. Kneipp wird wie folgt durchgeführt:
Man beginnt mit 3mal tägl. 1 Beere, die man im Munde zerkaut, und steigert täglich die Dosis um 1 Beere. Ist man bei täglich 3mal 20 Beeren angelangt, dann reduziert man täglich wieder um 3 x 1 Beere, bis man wieder bei einer Beere ist. Die Kur eignet sich zum Frühjahr und bei vermehrter Harnverhaltung. Sie entgiftet die Niere und reinigt das Blut.
Als Würzpflanze ist Wacholder bei vielen Krautgerichten beliebt. Sauerkraut ohne Wacholder ist bei uns nicht üblich.

Dost – das unvergleichliche Pizzagewürz
Was wäre die Pizza ohne den Dost (Oregano vulgaris), der an Würzkraft dem wesentlich milderen Majoran überlegen ist.
Obwohl die oft fettigen Mehlspeisen der Italiener sicherlich nicht immer unsere Zustimmung finden, ist man gerade wegen ihrer würzigen Zutaten, ab und zu einmal ganz gerne bereit zu einem Abstecher in ihre Küche. Oregano hat eine weitreichende Heilwirkung. Nur einige wichtige sollen hier genannt werden: Er gilt als ausgezeichnetes Mittel bei vielen Magen-Darm-Erkrankungen, aktiviert sämtliche Verdauungsdrüsen, hilft gegen Durchfall und löst den Schleim in den

Bronchien. Er soll ein Geheimmittel gegen Onanie sein. Da die Onanie eine vorübergehende Erscheinung in der Knabenpubertät ist, kann Oregano vielleicht nur Übertreibungen günstig beeinflussen, viel wichtiger ist hier die seelische Betreuung.
Als Gurgel- und Mundspülmittel leistet der Dost ähnlich wertvolle Hilfe wie die Gewürznelke, besonders bei Mundpilz (Soor).
Als Gewürzzutat wird Oregano auch zu Bratkartoffeln, Nudelgerichten, Tomaten, Erbsen und Bohnensuppe verwendet. Man sollte ihn wegen seiner starken Würzkraft sparsam einsetzen und zudem: würzen ist eine Kunst, für die man geboren sein muß; ein guter Koch versteht sich auf richtiges Würzen und Saucenmachen, denn beide Zutaten machen erst das Gericht.

Pizza à la Binder

350 g	Weizen oder Dinkel	– sehr fein gemahlen mit Hefe vermischen und den übrigen Zutaten zu einem geschmeidigen Teig verarbeiten. ca. 20 Min. Teigruhe, auf dem gefetteten Blech auswellen.
1 Packg.	Trockenhefe	
1 Prise	Salz	
30 g	zerlassene Butter	
200 ml	lauwarmes Wasser	
3 EL	Tomatenmark	
3 EL	kaltgeschlagenes Öl	
6 EL	Wasser	– mischen und auf den Teig streichen.
1 TL	Kräutersalz	
1 TL	Rosenpaprika	
750 g	Saisongemüse Tomaten, Paprika (rot, grün, gelb), Zucchini, Pilze, Zwiebeln, Broccoli (gedünstet)	– Das Gemüse je nach Art in feine Scheiben, Ringe, Streifen schneiden, den Teig damit belegen, mit Käse, Knoblauchscheibchen und Oregano bestreuen. – Bei 250 °C 20 Min. im vorgeheizten Rohr backen und heiß servieren.
200 g	geraspelten Gouda o. ä.	
5–7	Knoblauchzehen	
	Oregano	

Basilienkraut

Das angenehm duftende Basilienkraut stammt aus Indien und wurde bei uns im frühen Mittelalter über den Fernosthandel eingeführt. Es gehört zu den beliebtesten Würzpflanzen und gedeiht in Blumentöpfen bei Zimmertemperaturen ganz ausgezeichnet. Die Pflanze ist sehr kälteempfindlich – auch allzu kaltes Gießwasser verträgt sie nicht. In der Naturheilkunde verwendet man das Kraut als milchbildendes Mittel der stillenden Mütter und ganz allgemein bei Magenverstimmungen, Appetitlosigkeit und Darmblähungen. Wahrscheinlich ist auch eine Heilwirkung auf die Bronchialschleimhäute anzunehmen, da das ätherische Öl der Pflanze auch über die Lungen ausgeschieden wird.
Als Gewürz verwendet man Basilienblätter zu Suppen, Salaten und zu verschiedenen Käsesorten. Besonders schmackhaft ist die Dreierkombination Salbei, Rosmarin und Basilikum.

Salbei – gut für Nerven und Stoffwechsel
Salbei war in den alten Klostergärten eine beliebte und vielangebaute Heilpflanze. Die offizielle Pflanze ist dem wildwachsenden Salbei an ätherischem Öl und Wirkstoffgehalt weit überlegen; sie stammt aus den Mittelmeerländern. Hervorragend hilft Salbei bei Mund-Rachen-, Zahnfleischentzündungen und Mundpilz. Vielfach braucht man ihn bei Durchfällen und Magen-Darmunstimmigkeiten, besonders wenn sie durch eine mißratene Darmflora verursacht sind.
Pharmakologisch, klinisch geprüft und bestätigt wurde die schweißhemmende Wirkung. Salbei hat demnach einen – auf das vegetative Nervensystem (Sympathikus) – dämpfenden Einfluß und somit auf die nervliche Disposition. Im Zusammenhang damit steht die Schilddrüse und das Nebennierenmark. Beide dürften ebenfalls von den Salbeiwirkstoffen berührt werden. Um eine Wirkung zu erzielen, müssen mindestens drei gehäufte TL auf eine Tasse gegeben werden. Magenempfindliche Patienten sollten solche Dosen jedoch nicht probieren!
Als Würzpflanze sind die frischen Blätter vorzuziehen oder man pulverisiert die getrockneten Blätter und verwendet sie als Streupulver, denn der getrocknete Salbei entfaltet ein starkes Aroma. Salbei gehört in Suppen und als Gemüsegewürz besonders in Eintöpfe; auch zum Quark, zu verschiedenen Fleischgerichten paßt Salbei gut und ergänzt Schnittlauch und Zwiebeln ganz vorzüglich.

Gewürzpflanzen auf einen Blick

Gewürzpflanze	*Heil- und Diätwirkung*	*Paßt zu folgenden Gerichten*
Anis S. 110	Fördert die Absonderung des Verdauungssaftes, antiblähend, appetitsteigernd, entkrampfend, Bronchitis.	Aniskuchen und -plätzchen, Suppen, Obstsalat, Apfelmus, Kompotte, Brotteig und div. Backwaren.
Basilienkraut S. 114	Bessert die Fettverdauung und den Appetit. Blähungswidrig und magenstärkend, milchbildend.	Salate, Rohkost, zu Fleischsaucen, Gemüse, z. B. Erbsen, Wirsing, Hammelfleisch, Muscheln usw.
Beifuß	Steigert die Magensekretion, fördert die Fettverdauung, für den Diabetiker geeignet.	In Suppen und Eintopf, zu Braten und Saucen.
Bohnenkraut	Verdauungsanregend, besonders der Bauchspeicheldrüse. Für Gallenkranke und in der Diabetikerdiät geeignet.	Zu vielen Gemüsegerichten, Kartoffelsalat, Fleischsaucen, Käse, Schwammerl und Pilzspeisen.
Borretsch S. 110	Nervenschwäche, Nierenentzündung, Depressionen, Herzklopfen und Herzschwäche, Leberdiät.	Anstelle von Gurkensalat, aber auch zu Gurken, Kartoffelsuppe, Quark, Rotkraut, Weißkohl und Rohkost.
Dill	Leber- und galleanregend.	Zu vielen Salaten, Gemüse, Suppen, Fischgerichten, Bratkartoffeln, Pilze, Gurken und verschiedenen Saucen.

Gewürzpflanze	*Heil- und Diätwirkung*	*Paßt zu folgenden Gerichten*
Dost (Oregano) S. 113	Fettverdauung, Mundhygiene, Durchfallerkrankungen, Blähungen, Bronchialverschleimung, allgemein verdauungsanregend.	Salatsaucen, Pizzagewürz, Lamm, Spaghetti, Suppen und Eierspeisen. Bei div. Gemüsesorten.
Fenchel	Verhindert Blähungen, gegen Darmkrämpfe kleiner Kinder, Bronchitis, Herzbeschwerden und in der Leber-Gallediät.	Sauerkraut, Rohkostplatten, Gemüse, Fische, zum Backen, Fenchelbonbons, Salate und Saucen.
Ingwer	Appetitanregend, verdauungsanregend, gegen Reiseschwindel wirksam.	Pudding, als Kuchen und Gebäckgewürz, zu Kompotten und Obstsalat.
Kardamom	Blähungswidrig, Anregung der Verdauungssäfte.	Kuchen, z. B. Lebkuchen, Gebäck, Pasteten, Gewürzplätzchen, zu Fruchtspeisen und Früchten.
Knoblauch S. 108	Gegen Blähungen, steigert Gallensaft und ist krampflösend, Steigerung der Widerstandskraft, Verbesserung der Darmflora, krebshemmend, antibiotisch, Gefäßschutz.	Suppen, Fleischspeisen, Saucen, Quark, zu Käse und diversem Gemüse.
Koriander	Gegen Blähungen und appetitanregend.	Zu Braten- und manchen Krautgerichten, in manchen Wurstsorten, als Brotgewürz.
Kümmel S. 112	Antiblähungsgewürz ersten Ranges soll die Gallenabsonderung steigern.	Zu allen Kartoffelgerichten, Kohlarten, vor allem Sauerkraut, Käse, Quark, fette Speisen, Thunfisch, Brot- und Backwürze.
Kurkuma (Gelbwurzel)	Regt die Gallenabsonderung an, leberwirksam.	Kurkuma ist ein wichtiger Currybestandteil. Zu Reis, Hühnerfleisch, Tomatensaucen, Ragout, Gulasch, Wurst und Eiern.
Liebstöckel S. 112	Steigert die Magensaftabsonderung und die Nierentätigkeit. Migränemittel, Aphrodisiakum.	Saucen, Suppen, als Gemüsegewürz und zu Fleischbrühen. Als Ragoutwürze sehr beliebt.
Lorbeer	Appetitanregend.	Zu Fleischgerichten auch von Wild und Fischen, Kartoffelsuppe, Krebse und Krabben, Sauerkraut und zum Einmachen.
Majoran	Bessert die Fettverdauung und ist antiblähend. Soll die Nieren anregen.	Als Bratengewürz viel gebraucht, in Suppen, Salaten und Rohkost. Leberknödelgewürz der Bayern.
Muskatnuß	Regt Magensaft an und den Gallefluß, bei Hypochondrie und Nervenschwäche.	Saucenzusatz, Suppen, Fleischbrühe, Gemüseeintopf, Spinat, Geflügel, Käseauflauf und Kartoffelbrei.

Nelken Gewürznelken S. 110	Appetitanregend, Steigert die Bauchdurchblutung, Vermehrung der Verdauungssäfte. Zur Mundhygiene und als Parfümzusatz. Zahnschmerzmittel.	In Süßspeisen zur Weihnachtsbäckerei, zum Sauerbraten und Früchteeinmachen, Pilzsaucen in Rote-Bete-Gerichten und auch im Punsch und Glühwein beliebt.
Paprika	Steigert besonders die Magendurchblutung. Bei Magensaftmangel (appetitanregend).	Gulasch- und Fleischwürze, in manchen Wurstsorten, zu Pizzas und scharfem Gemüseeintopf.
Petersilie S. 112	Nierenanregend, diuretisch, Vitaminspender (C), gegen Insektenstiche.	Suppen, Gemüse, Saucen, Salate, zu Fisch und Fleisch, Hülsenfrüchte, Kartoffeln.
Pfeffer	Appetitanregend, durchblutungssteigernd, lebergallewirksam, stoffwechselanregend, gegen Übelkeit.	Zu allen Braten- und Fleischgerichten, Salaten und Saucen. Sparsam verwenden.
Rosmarin S. 111	Kreislaufanregend, gegen Blutunterdruck, Klimakterium, Unterleibsbeschwerden.	Suppen, Kräutersaucen, Geflügel, Pilze, Salate, Lamm- und Schafsbraten, Eiergerichte.
Salbei S. 115	Durchfallhemmend, bei Mund- und Zahnfleischentzündungen, schweißhemmend. Magen-Darm ausgleichend. Schilddrüsenüberfunktion. Soll die Milchsekretion beim Abstillen hemmen.	Getrockneter Salbei entfaltet ein stärkeres Aroma. Meerfisch, Lamm- und Schafsfleisch, zur Frischkost und Gemüse, Salate, Kräuterbutter, Tomaten, Pasteten.
Schnittlauch	Appetitanregend, Vitamin-C-Mangel.	Zu Quark und Käse, Kopfsalat, Butterbrot, Suppen, Saucen und Rohkost.
Senf	Verstopfung, Magensaft und Galle anregend, aber auch gegen Sodbrennen und Magengeschwüre. Magen-Darmentzündungen. Fördert Speichelabsonderung.	Wurstplatten, Randensalat, zu scharfen Speisen, Remouladen, Tatar, Gulasch.
Thymian S. 111	Bronchitis und Halserkrankungen, Nierenentzündung, antiblähend, Asthma, Unterleibsbeschwerden, Wurmerkrankungen.	Zu allen fettigen Speisen, Wurst, Fisch, Salate, Pilze, Tomaten, Gemüsesuppe, Kartoffeln.
Wacholder S. 113	Appetitanregend, harntreibend, reinigt Bronchien und Nieren, regt die Unterleibsdurchblutung an, Besserung der Darmflora.	Zu Krautgerichten besonders Sauerkraut, Saucen und Braten.

Blattgemüse und Gemüsefrüchte

Vorbemerkung

Gemüsefrüchte sind die Samenträger und die Behältnisse von Gemüsen und Nutzpflanzen des Gartens. Ihr Geschmack kommt dem hohen Nährwert nicht immer gleich, daher mag es zutreffend sein, daß Gemüsefrüchte immer noch eine zu geringe Nachfrage haben. Im Vergleich zu den Blattgemüsen sind sie wesentlich haltbarer und teilweise auch lagerungsfähig. Der Wert der Gemüsefrüchte liegt vor allem im relativ hohen Eiweißgehalt und den noch unbekannten Keim- und Wuchsstoffen, die letztlich die größten Energien entfalten. Das sollte man sich stets vor Augen halten. Die Geschmacksfrage ist schließlich eine Frage der Zubereitungskunst, denn nicht nur der ursprüngliche Geschmack des rohen Naturproduktes ist ausschlaggebend, sondern vor allem die Zutaten und Würzen machen ein Gericht erst schmackhaft.

Sojabohnen – ein Star unter den Gemüsefrüchten?

Die aus Ostasien stammende Sojabohne ist eine uralte Kulturpflanze der Chinesen. Erst nach dem 2. Weltkrieg erkannte man auch bei uns ihren Nährwert und verarbeitete sie fortan in schmackhaften Formen für den menschlichen Genuß. Heute gibt es zahlreiche Sojaprodukte: z. B. Sojamilch, Sojagulasch, Sojanudeln, Sojaaufstrich, Sojaquark, Sojabohnenkäse, Sojasaucen u. a. Es ist bewundernswert, mit wie viel Phantasie und noch mehr Geschmack die Chinesen es verstanden haben, die Sojabohne zu verwerten. Ja, die Sojabohne ist eine kleine Superbohne, mit der kaum eine andere Gemüsefrucht konkurrieren kann. Allein schon der Eiweißgehalt ist enorm, er hat einen Gewichtsanteil von 37% und steigert sich im Sojavollmehl nochmals um weitere 3% auf 40%. Im Gegensatz zu den einheimischen Gemüse- und Hülsenfrüchten fehlt der Sojabohne die Stärke. Sie weist einen hohen Lezithingehalt von 2,5% auf und vermag damit günstig auf den Cholesterinspiegel einzuwirken. Das Sojafett besteht aus hochungesättigten Fettsäuren und ist völlig cholesterinfrei. Speziell das Sojaöl ist außerordentlich reich an fettlöslichen Vitaminen: z. B. Karotin – eine Vitamin-A-Vorstufe, Vitamin E und verschiedene Sitosterine.
Wie alle Gemüsefrüchte sind auch Sojabohnen reich an Mineralien, Spurenelementen und Rohfaserstoffen. Spitzenwerte zeigen sich im Kalium-, Calcium-, Magnesium-, Eisen- und Phosphorgehalt, freilich spielen auch Bodenbeschaffenheit, Düngung, regionale Klimaeinflüsse eine Rolle und können erhebliche Abweichungen verursachen.

Welche Vorteile hat Soja als Diätetikum und Heilnahrung?

Das pflanzliche Eiweiß der Sojabohne enthält praktisch alle Aminosäuren und ist damit dem Fleisch gleichwertig. Wie bei vielen pflanzlichen Eiweißen fehlen die Purinbasen, also jene Kerneiweißbestandteile, die im Endprodukt des menschlichen Stoffwechsels als Harnsäure anfallen und die inneren Organe – insbesondere Nieren und Gelenke – belasten. Für Gichtkranke oder solche mit vermehrter Harnsäureproduktion ist Soja die ideale Heilnahrung und sollte ärztlich verord-

net werden. Der hohe Lezithingehalt kommt dem Gehirn- und Leberstoffwechsel besonders zugute. Lezithin ist eine wirksame Nervenaufbaunahrung, senkt den Cholesterinspiegel und verhindert Leberverfettung (siehe auch S. 22). Unverzichtbar ist die Sojadiät für den Diabetiker, da z. B. die Stärke völlig fehlt und der Kohlehydratanteil des Zuckers nur 6% ausmacht. Jeder Diabetiker sollte sich einmal im Reformhaus oder in Biokostläden nach den vielfältigen Möglichkeiten der Sojazusatzkost erkundigen, nach einer gewissen Probierphase wird er sie nicht mehr missen mögen.
Der ungewöhnlich hohe Gehalt an basischen Mineralien – vor allem Kalium, Phosphor und Eisen – wirkt sich günstig auf den Säure-Basen-Haushalt aus (siehe S. 35) und verschafft dem Milieu des Blutes und Bindegewebes eine gewisse Alkalireserve, was bei zahlreichen Krankheiten sehr wichtig ist.
Bei allen Krankheiten, die mit einem erhöhten Verbrauch an Nähr- und Wirkstoffen einhergehen, ist die Sojabohne angezeigt, ich möchte fast schon sagen, es gibt keine Krankheit, wo sie nicht angezeigt wäre. Als Leitpunkte sollte man festhalten, daß Soja bei Harnsäureüberschuß, Diabetes, Übersäuerung und erhöhtem Cholesterinspiegel die Diät der Wahl ist.

Ein schmackhaftes Rezept: Sojabohnensalat

100 g	gelbe Sojabohnen	– über Nacht einweichen, dann 40–50 Minuten garen, abgießen und abkühlen lassen
1 l	Wasser	
1	gelbe Rübe	– grob raffeln
1	grüne Paprikaschote	– fein würfeln
1	Zwiebel	– würfeln
3 EL	Obstessig	– Marinade zubereiten und mit den übrigen Zutaten mischen
4 EL	Sonnenblumenöl	
1 EL	Sojasauce	
½ TL	Meersalz	
1	Knoblauchzehe	

Kohlkraut für den kranken Magen und Darm

In unseren Breiten wird der Kohl in seinen verschiedenen Spielarten schon seit mehreren Jahrhunderten – neben dem Getreide – als Hauptgemüse angebaut und nimmt unter den Gemüsesorten eine vorrangige Stellung ein.

Die verschiedenen Kulturformen, die in mühsamer Geduldsarbeit herausgezüchtet wurden, sind: Weißkohl, Rotkohl, Wirsing, Grünkohl, Kohlrabi, Broccoli und Rosenkohl. Das Sauerkraut ist eine Zubereitung aus dem Weißkohl.

Faßt man den gesundheitlichen Wert der Kohlarten zusammen, dann gibt es doch einige herausragende Besonderheiten, die in einem Buch über naturheilkundliche Ernährung nicht unerwähnt bleiben sollten. So wurde von dem finnischen Forscher Prof. Dr. Virtanen im Kohl ein Wirkstoff gefunden, der die Jodaufnahme in die Schilddrüse hemmt. Diese Substanz – mit der Bezeichnung Goitrin – besitzt somit eine schilddrüsenhemmende Wirkung und ist den chemischen Hemmstoffen wegen seiner physiologisch-biologischen Wertigkeit überlegen. Kohl als Diätetikum bei jodbedingter Schilddrüsenvergrößerung und Überfunktion wird damit zu einer wichtigen Zusatztherapie und hilft chemische Medikamente sparen. Ferner ist der Kohl sehr arm an Kohlehydraten, aber reich an basischen Mineralien (Kalium). Daher sollte er gegen Übersäuerung und Mineralverarmung eingesetzt werden. Es gibt Heilberichte über den Kohlsaft bei Magen- und Zwölffingerdarmgeschwüren, die unabhängig voneinander im gleichen Zeitraum von amerikanischen und russischen Ärzten gemacht wurden. Danach konnten bei einer täglichen Menge von 1 Liter Kohlsaft innerhalb 14 Tagen hartnäckige Geschwüre – insbesondere des Magens – ausgeheilt werden. Der dafür in Frage kommende Wirkstoff konnte allerdings nicht genau identifiziert werden. In Ermangelung seiner Kenntnis nannte man ihn den Antiulcusfaktor oder Vitamin U. Man hat dem Kohl immer wieder eine darmblähende und schwerverdauliche Eigenschaft nachgesagt. Ich glaube, daß solche Erfahrungen nicht allein dem Kohl zugeschoben werden dürfen. Meist sind es die fettigen oder mehligen Soßen, die dem Kohl hinzugefügt werden oder gar die großen Fleischbeilagen, welche ja immer schon schwerer verdaulich waren.

Eine besondere Beachtung unter den Kohlarten verdient der *Grünkohl.* Er ist nicht nur eine robuste Kulturpflanze, die selbst bei den ersten Nachtfrösten unbeschadet bleibt (durch sie bekommt er erst sein Aroma), sondern kann auch lange in der Tiefkühltruhe aufbewahrt werden, ohne viel von seinem hohen Nähr- und Wirkstoffgehalt zu verlieren.

Ebenso wie der dunkelgrüne *Broccoli* ist sein Chlorophyllanteil beträchtlich, welcher die gespeicherte Sonnenenergie darstellt und im Organismus die Leistungsfähigkeit der roten Blutkörperchen steigert. Herausragend sind die hohen Vitaminwerte, besonders Vitamin C und A und der Anteil an Mineralien. Grünkohl kann daher bei Blutarmut, Herz-Kreislaufstörungen und bei Verschiebungen im Mineralhaushalt eingesetzt werden. In Rohkostform eignet er sich nur, wenn ein kräftiges Gebiß vorhanden ist, da die Blätter und vor allem das Blattgerippe sehr hart und derb sind.

Sauerkraut – ein altdeutsches Gesundheitskraut

Das gute alte Sauerkraut gilt bei uns als Nationalgericht und als wertvolle Heilnahrung schon seit Jahrhunderten. Die Idee der konservierenden Milchsäurewirkung, wie sie im Sauerkraut verwirklicht ist, stammt aus den Klosterküchen und ist das natürlichste und gesündeste Konservierungsverfahren in der Lebensmittelhaltung.

Sauerkraut ist nicht nur ein beliebtes Volksnahrungsmittel, sondern steigert die Heilwirkungen des Weißkohls erheblich. Kolumbus und Kapitän Cook, beide Pioniere unserer Erde, haben auf ihren monatelangen Schiffsreisen größere Mengen Sauerkraut mitgeführt und damit eine Reihe typischer Mannschaftserkrankungen verhütet, vor allem Skorbut und Darmfäule. Sauerkraut weist einen überdurchschnittlich hohen Vitamin-C-Gehalt auf und hat alle wichtigen Vitamine und Mineralien in ausreichender Menge.

Prominente Vertreter, sowohl aus der Naturheilkunde wie auch aus der Schulmedizin, lobten das Sauerkraut und empfahlen es bei vielen Krankheiten. So empfahl der weltberühmte Chirurg Prof. Sauerbruch den Genuß von rohem milchsauervergorenem Sauerkraut nach Operationen. Er beobachtete dabei eine schnellere Schließung und Verheilung der Operationsnarben. Kneipp lobte Sauerkraut als Universalheilmittel – ja, selbst bei Magenübersäuerung, Magen-Darmgeschwüren, Blutarmut und bei Nervenschwäche empfahl er es wärmstens. Es gibt fast keine Krankheit, bei der Sauerkraut nicht schon geholfen hätte; z. B. Arterienverkalkung, Leberschwäche, Rheuma, Gicht, chronischer Stuhlverstopfung, Hexenschuß u. a. Beeindruckend sind die Erfolge, welche bei chronischem Asthma beobachtet wurden. Sauerkrautrohkost vermag selbst schwere Formen von Asthmaanfällen zu heilen, wenn es nur konsequent durchgeführt wird. Schon seit langem gilt Sauerkraut als Wurmheilmittel bei Kindern und kann eine Anlage für parasitären Darmbefall verhüten. Der weltbekannte russische Gerontologe Prof. Menschlikoff hat in langwierigen Reihenuntersuchungen und statistischen Erhebungen nachgewiesen, daß die Langlebigkeit wohl mit milchsäurereicher Kost in Zusammenhang steht; z. B. Kefir (siehe S. 97) und Sauerkraut. Das fast schon legendäre Durchschnittsalter der Kaukasier führt er auf den reichlichen Genuß solcher Nahrungsmittel zurück.

Daß das Sauerkraut eine antibakterielle Wirkung auf nahezu alle Krankheitserreger hat, verdankt es seinem hohen Milchsäuregehalt. Es gibt kein Bakterium, das im Sauerkraut ungeschoren davonkommt. Man darf davon ausgehen, daß Sauerkrautsaft völlig frei von Viren und Bakterien ist und daher eine antiseptische Wirkung hat.

Die vielen Heilberichte, welche über das Sauerkraut im Laufe der Jahre gesammelt wurden, sind schon recht beeindruckend, und sie lassen selbst den Skeptiker ahnen, wie viele Krankheiten im toxischen Darmmilieu ihren Anfang nehmen und wie viele eben durch reinigende Einwirkung auf diesen Organabschnitt wieder geheilt werden können. Sauerkraut ist ein excellentes, wohlschmeckendes Darmreinigungsmittel und sollte mindestens einmal in der Woche auf dem Speiseplan stehen. Noch besser wäre es als tägliche Rohkostform, als Salatbeigabe oder als Zwischenmahlzeit. Ich empfehle aus reicher Erfahrung – Sauerkraut mit Ananasstücken vermischt – dreimal wöchentlich als wohlschmeckenden Salat.

Sauerkrautfrischkost mit Ananas

500 g	Rohes Sauerkraut	– mit der Gabel lockern, klein schneiden
1	Zwiebel	– fein würfeln
1	Apfel	– klein schneiden
¼–½	Ananas	
4 EL	Sonnenblumenöl	– Salatsauce rühren u. mit den übrigen Zutaten mischen
2 EL	Zitronensaft	
1TL	Honig	
einige	Walnüsse	– zum Garnieren
etwas	Feldsalat	

Gemüseapotheke im Spinat

Das dunkelgrüne, chlorophyllhaltige Blattgemüse – der Spinat – gehört zu unseren wertvollsten Gemüsearten und sollte auf keinem Küchenzettel fehlen.
Der hohe Gehalt an basischen Mineralien und eine abgerundete Komposition wichtiger Spurenelemente machen den Spinat zu einem wichtigen Lieferanten stoffwechselaktiver Substanzen. Er hat Schutzwirkung gegen viele Krankheiten. Der relativ geringe Eiweißgehalt wird von der hohen Eiweißwertigkeit wieder ausgeglichen, denn Spinat hat alle essentiellen Aminosäuren, die benötigt werden. Bemerkenswert sind im Spinat der Anteil an Vitamin A, Vitamin E und der Eisengehalt. Angereichert wird das Eisen zusammen mit dem Chlorophyll besonders im Spinatsaft, der eine ganz hervorragende Arznei bei Blutarmut junger Mädchen und Kinder ist. Es gibt darüber genügend Heilberichte, welche die heilende Wirkung des Spinatsaftes ausführlich dokumentieren. Vermutlich erhält der Eisenstoffwechsel durch die blutstärkende Energie des Chlorophylls eine günstigere Ausgangsposition und verbessert so die Eisenaufnahme. Im Orient wurde Spinat zur Steigerung der Leber- und Gallefunktion gegeben, wohl wegen des hohen Gehaltes an Spurenelementen, die wegen des immensen Enzymverbrauchs in diesen Organen stets nötig sind. Experimentell läßt sich aus dem Spinat eine besondere verdauungssaftanregende Wirkung ermitteln, die alle Verdauungsdrüsen gleichermaßen anspricht. Die Isolierung des verantwortlichen Wirkstoffes oder Stoffgruppe gelang zwar nicht, aber es besteht an dem Phänomen kein Zweifel. Man nannte den unbekannten Wirkstoff „Sekretin“ und vermutet, daß er ein Wirkstoffkomplex sein müsse, wegen seiner allgemein anregenden Eigenschaften. Er empfiehlt sich also bei Blutarmut, Magensaftmangel, verminderter Leber-Gallefunktion, übersäuertem Darm, zur Anregung der Bauchspeicheldrüse und chronischer Schleimhautentzündungen, wegen des hohen Gehaltes an Vitamin A. Spinat hat allerdings durch seinen Oxalsäuregehalt einen gewissen Nachteil. Menschen, die zu Oxalatsteinen in den Nieren neigen, sollten Spinat meiden oder zumindest Spinat nicht gleichzeitig mit Milch einnehmen, da das Kalzium der Milch an die Oxalsäure gebunden wird und in der Niere möglicherweise ausfällen kann. Zur Beruhigung darf man hinzufügen, daß die Oxalatsteinbildung nur dann möglich ist, wenn der Anteil an oxalsäurehaltiger Nahrung erheblich über dem durchschnittlichen Verbrauch liegt. Ebenfalls reich an Oxalsäure ist Rhabarber und Sauerampfer.

Spargel – ein altes Nierenmittel

Schon die Ägypter – später auch die Griechen – haben Spargel als Nierenheilmittel empfohlen, weil sie mit ihm nicht nur eine nierenanregende Wirkung erzielten, sondern auch echte Heilungen.

Der Spargel ist eine junge Sprosse aus dem weitverzweigten Wurzelstock. Letzterer braucht von der Anzucht bis zu seiner Sprossung drei Jahre, daher der teure Import und der Preis dieses wohlschmeckenden Gemüses.

Der geringe Gehalt an Kohlehydraten macht den Spargel für die Diabetikerdiät geeignet. Der ebenfalls geringe Eiweißanteil wird durch die nierenwirksamen Heilstoffe andererseits wieder wettgemacht. Man vermutet, daß die Asparaginsäure, die von der Leber zur L-Asparagin-Aminosäure synthetisiert wird, in der Harnstoffbildung eine zentrale Schlüsselstellung einnimmt. Andere Stoffe – wie etwa das Glykosid Coniferin – dürften eine direkte Anregung auf die Nierendurchblutung und Nierenzelleistung haben. Es ist sehr schwierig, bei Lebensmitteln – vor allem beim Gemüse – bestimmte Inhaltsstoffe für Heilwirkungen bzw. pharmakologische Effekte näher zu bestimmen, zumeist ist es die ganze Pflanze, die heilt, man spricht hierbei vom Summationseffekt.

Der grüne Spargel ist besonders vitaminreich und auch mit Asparaginsäure wesentlich gesättigter; er wird von den Südeuropäern gegenüber dem weißen Spargel bevorzugt wegen seines intensiveren Geschmackes.

Spargelgemüse in Buttersauce

800 g	Spargel geschält	– in 4–5 cm lange Stücke schneiden, in Salzwasser
¼ l	Salzwasser	ca. 30 Min. garen! Mit einem Sieblöffel vorsichtig herausnehmen.
50 g	Weizenvollkornmehl	– miteinander verquirlen, ins Spargelwasser einrühren und
¼ l	Milch	aufkochen lassen. Von der Kochstelle nehmen, mit
1	Eigelb	– legieren und den Spargel wieder in die Sauce geben.
von 1	Zitrone der Saft	
30 g	Butter	– in der Sauce schmelzen lassen und mit Petersilie bestreuen.
gehackte	Petersilie	

Artischocken heilen Leber und Galle

Schon die reichen Patrizierfamilien im alten Rom schätzten die Artischocken und kannten verschiedene Zubereitungsformen. Die Artischocken sind nicht nur ein wohlschmeckendes Gemüse, sondern vor allem reich an Enzymen, speziell an dem pharmakologisch wirksamen Stoff Cynarin. Letzterer macht die Pflanze schon fast zu einem Arzneimittel. Es gibt Arzneimittelfirmen, die hochkonzentrierte Artischockenextrakte herstellen und in Kapseln, Tinkturen und Dragees als Leber-Gallemittel in den Handel bringen. Cynarin regt die Gallebildung in der Leber an, steigert den Gallenfluß, wirkt antitoxisch (entgiftend) im Lebergewebe, senkt das überschüssige Cholesterin und steigert die Harnausscheidung. Speziell auf die Gallenblase wirkt Cynarin ausgleichend im Sinne einer Harmonisierung ihrer Funktion, und ganz besonders hilfreich ist die Artischocke bei gallenoperierten Patienten, indem sie die anfängliche funktionelle Umstellung wesentlich erleichtert.

Am besten und nachhaltigsten wirkt der Frischpreßsaft aus dem unteren Teil der Blätter, die noch recht weich und fleischig sind. *Und nun ein wohlschmeckendes Artischockengericht:*

Artischocken – klassische Art

4	Artischocken	– waschen und putzen.
2–2½ l	Wasser	– Wasser mit Zitronensaft und Salz zum Kochen bringen, Artischocken 30–40 Min. garen. Herausnehmen, abtropfen und auf einem Teller servieren. Die Blätter werden in die Sauce gedippt, der Boden wird mit Besteck gegessen.
von 2	Zitronen den Saft	
	Salz	

Dazu Sauce Vinaigrette:

Sauce Vinaigrette

2 EL	Weinessig	– gut verrühren
1 TL	scharfer Senf	
½ TL	Kräutersalz	
	Pfeffer a. d. M.	
6–8 EL	Öl	– langsam dazugeben
1	Zwiebel	– fein hacken und untermischen.
	Kräuter	

Bohnen – viel Eiweiß, wenig Kohlehydrate

Neben der aus dem Fernen Osten stammenden Sojabohne, gibt es bei uns vier verschiedene Bohnensorten, die sich alle großer Beliebtheit erfreuen. Die Gemüsebohne – auch Buschbohne – ist wohl die bekannteste Bohne bei uns, obwohl sie von den Spaniern aus Amerika eingeführt wurde. Zu den eiweißreichen Bohnen zählen die weiße Bohne und die Saubohne. Die Gemüsebohne ist sowohl an Eiweiß wie auch an Kohlehydraten arm und daher geeignet für den Diabetiker. Bedeutend ist der hohe Kieselsäureanteil, welcher die Binde- und Stützgewebefunktion anregt und auf das Immunsystem positiv einwirkt. Die weiße Bohne, mit dem sehr hohen Eiweißgehalt von 20 g auf 100 g Bohnengewicht, ist sehr reich an B-Vitaminen und weist von allen Gemüsefrüchten den höchsten Gehalt an Pantothen (Vit. B3) und Nikotinsäure auf. Auf S. 73 und 75 bin ich auf die Bedeutung beider Vitamine ausführlich eingegangen und würde mich hier nur unnötig wiederholen. Der hohe Eiweißgehalt insbesondere der weißen Bohne rechtfertigt ihren hohen Rang als wertvoller Eiweißspender und als Alternative zum tierischen Eiweiß. Naturheilkundlich von besonderem Interesse sind die getrockneten Bohnenschalen der grünen Buschbohne. Immer wieder hört man Lobendes von Zuckerkranken. Die Herabsetzung des Zuckerspiegels schreibt man mehreren Wirkstoffen zu, hauptsächlich wohl dem Phaseolin. Durch die harnstoffanregenden Eigenschaften werden die Nieren zu verstärkter Tätigkeit angeregt und so überfällige Schlacken und Giftstoffe aus dem Körper rechtzeitig hinausbefördert. Auch Ödeme und Herzwasser in den Beinen werden von den Bohnenschalen nachhaltig beseitigt.

Es muß noch darauf hingewiesen werden, daß rohe Bohnen für den Verzehr nicht ungefährlich sind. So sind aus rohen Bohnen Blausäure, siehe S. 90 (Leinsamen),

Vitamin- und Enzymhemmstoffe isoliert worden, die in größeren Mengen giftig sein können. Z. B. wird das Vitamin E gehemmt und kann zu einer entsprechenden Avitaminose führen, siehe S. 79. Auch wichtige Enzyme, die in den Eiweißstoffwechsel eingreifen, können durch Enzymhemmstoffe blockiert werden, jedoch nur in rohem Zustand! Gekocht – werden die Giftstoffe neutralisiert und unwirksam.

Erbsen sind voll von Spurenelementen

Schon im Mittelalter gab's im deutschen Lebensraum Erbsen. Sie sind als delikate Gemüsebeilage mit zarten Karotten eine gern gesehene Abwechslung auf dem Mittagstisch. Verwendet werden nur die jungen Erbsen, da sie im Gegensatz zu den ausgewachsenen leichter verdaulich sind und keinen Säureüberschuß aufweisen. Zwar haben Erbsen wenig Eiweiß und Kohlehydrate, jedoch ist die biologische Wertigkeit des Eiweiß recht ansehnlich; auch sind sie für den Diabetiker und Übergewichtler interessant. Bemerkenswert ist der reiche Gehalt an verschiedenen Spurenelementen; seltene – aber dennoch wichtige – finden sich in der Erbse: z. B. Molybdän, Zink, Silizium, Nickel, Jod, Bor, Kobalt, Fluor u. a. (siehe auch S. 47 bis 68).

Wer also einen Mangel an Spurenelementen hat, sollte verstärkt junge Erbsen in seinen Speiseplan einbauen, er wird auf diese Weise sehr bald alle Mängel beheben können.

Linsen gibt den Nerven Kraft und Stärke

Linsen gehören zu den ältesten Gemüsefrüchten und wurden schon in der Steinzeit in Gräbern als Beigabe für den jenseitigen Rundgang der Toten gefunden. Der Eiweißgehalt der Linse übertrifft – mit Ausnahme der Sojabohne – alle anderen Gemüsefrüchte. Herausragend ist der Anteil an jenen Nähr- und Wirkstoffen, die vom Nervensystem benötigt werden.

Hierunter zählen Magnesium, Phosphor, Vitamin-B-Komplex, Lezithin und Spurenelemente. Freilich brauchen alle Zellen die genannten Stoffe, jedoch haben Nervenzellen durch die gesteigerte Zucker- und Eiweißumsatzrate einen wesentlich stärkeren Bedarf an den genannten Stoffen.

Das Eiweiß der Linse ist reich an Purinen, deshalb sollten Gichtiker und Harnsäureanfällige den Linsenverzehr einschränken. Zwar soll die biologische Wertigkeit des Linseneiweißes gering sein, doch wird dieser Mangel von der enormen Anzahl anderer – sehr wertvoller Stoffe – mehr als wettgemacht. Interessant ist ein eiweißspaltendes Enzym in der Linse – die Papainnase – die pharmakologisch auf Krebszellen einwirkt. Ob und inwieweit damit das Krebsgeschehen beeinflußbar ist, bleibt abzuwarten. Linsenwasser soll übrigens gut gegen Wurmbefall wirken. Grundsätzlich sollte das Gemüsewasser nicht weggeschüttet, auch nicht das aus dem Schnellkochtopf, sondern stets für Soßen oder als Brühe verwendet werden.

Kürbis für Prostata und Nieren

Schon der griechische Arzt und Gründer der ersten Medizinschule in Kos, Hippokrates 490–377 v. Chr., erwähnt den Kürbis als vielseitiges Heilmittel. Der Kürbis stammt – wie etliche Gartenfrüchte – aus dem Orient, wahrscheinlich wurde er schon in den mesopotamischen Hochkulturen angebaut und züchterisch verbessert. Medizinische Bedeutung haben die Kürbiskerne erlangt. Durch ihre harntreibende Wirkung schwemmen sie gut aus. In Pulverform werden sie als Mittel gegen Prostatavergrößerung und Entzündungen im I. Stadium eingesetzt und in zahlreichen Prostatamitteln verarbeitet. In der Naturheilkunde werden die gemahlenen Kerne mit Erfolg als Bandwurmmittel eingesetzt. Es gibt viele Rezepte, deren Wirksamkeit sehr fraglich ist. Um dem Bandwurm den todsicheren Garaus zu machen, muß man schon mindestens ½ Pfund gemahlene Kürbiskerne schlucken, am besten in Verbindung mit rohem Sauerkraut und nach drei Stunden mit drei Eßlöffeln Rizinus abführen. Während und vor dieser Prozedur darf nichts gegessen werden, da die Kur sonst in Frage gestellt wird. In meinem Büchlein „Erfolgreiche Naturheilbehandlung bei Magen-Darm-, Leber- und Galleerkrankungen“, habe ich weitere wirksame Rezepte für den Bandwurm empfohlen. Kürbisfleisch ist sehr wohlschmeckend und als Kompott und Rohkost gesund, da auch das Fruchtfleisch auf alle genannten Organe wirkt.

Kürbis-Rohkost

300 g	Kürbis (netto)	– grob – mittelfein raffeln
200 g	Äpfel	
4 EL	Sauerrahm	– und mit der Marinade anmachen.
2 EL	Obstessig	
1 EL	Öl	
1 Pr.	Salz	Änderung: Statt der Äpfel können Gurken oder kleine
1 EL	Rosinen	Zucchini verwendet werden.
1 EL	geh. Nüsse	

Tomaten – Vitamingrüße aus Südamerika

Die Tomate ist ein Tropengewächs und stammt aus Südamerika (Peru). Sie war wohl schon bei den Inkas als wohlschmeckende Frucht bekannt und beliebt. Bei uns wachsen Tomaten nur im beheizten Gewächshaus und in südlichen Gegenden auf sonnenbeschienenen Flächen.

Der sehr geringe Gehalt an Eiweiß, Kohlehydraten und Fett macht die Tomate bei Übergewicht und Fettleibigkeit zu einem wertvollen Diätetikum. Tomaten können auch unbedenklich von Diabetikern, Rheumatikern und Gichtkranken eingenommen werden. Bei letzteren entfaltet die Tomate ihre unbestrittene Heilwirkung. Frisch geerntet, enthält sie überdurchschnittlich viele Vitamine und Spurenelemente, es kommen so seltene Stoffe wie z. B. Nickel, Radium, Bor, Kobalt und Kupfer vor. Das erklärt vielleicht den blutbildenden Effekt, den man beim vermehrten Verzehr beobachtet hat. In den letzten Jahren gab es erfolgreiche Kreuzungsversuche mit Kartoffeln. Hierbei gelang der Traum von einer Doppelfrucht, aus der Verschmelzung von Tomatensamen und Saatkartoffeln. Im Erdreich wachsen die Kartoffeln und in der Staude die Tomaten. Würden die Politiker angesichts der zunehmenden Welternährungsprobleme für solche Forschungen mehr Gelder bewilligen, dann hätten wir weniger Sorgen.

Daß Gemüsepflanzen noch viele Geheimnisse in sich bergen, zeitigte die Entdekkung des Pilzhemmstoffes Tomatin. Dieser Wirkstoff hemmt das Wachstum einer bestimmten Fadenpilzart, die auch für den Menschen gefährlich ist. (Malassezia furfur). Sie entwickelt am Oberkörper gelbbräunlich schmutzige Flecken, die leicht abschuppen.
Im übrigen scheint der Wirkstoff Tomatin ein brauchbares Ausgangsmaterial für eine ganze Reihe pharmakologisch und medizinisch nützlicher Stoffe zu sein.

Gemüse aus Wurzeln und Knollen

Vorbemerkung:

Die im Erdreich wachsenden Knollen und Wurzeln sind – wie kaum anders zu erwarten – reich an Mineralstoffen und Spurenelementen. Es gibt seit Generationen ganzheitliche Überlegungen und Ahnungen, daß z. B. Standort, Eigenheiten im Wachstum und besondere Wachstumsbedingungen, Rückschlüsse auf das Wesen der Pflanze gestatten und hieraus Analogien auf den heilenden Angriffspunkt im Organismus zu ziehen sind. Solche Schlußfolgerungen gehören zur späten Krönung eines jeden Arztbotanikers und sind in der heutigen Zeit sehr selten.
Vielleicht wird, wenn einmal Kriege und Rüstungswahnsinn von der Erdoberfläche verbannt sind, eine Wissenschaft ihren Aufschwung nehmen, die das Wesen zum Ausgangspunkt aller Erklärungen nimmt und danach ihre Zuordnungen systematisch vornimmt.

Möhren – die Basenspender

Die wildwachsenden Möhren sind sehr genügsam und brauchen im Gegensatz zu den dicken fleischigen Gartenmöhren wenig oder kaum Düngung und Pflege. Daß die Gartenmöhre nicht bloß ein wohlschmeckendes Wurzelgemüse ist, sondern auch eine medizinische und heilende Bedeutung erlangt hat, wird allzu leicht vergessen. Der hohe Karotingehalt – eine Vitamin-A-Vorstufe – und die Menge basischer Mineralien, machen die Möhren zu einem wertvollen Nähr- und Wirkstoffspender. Das ist aber noch nicht alles!
Der hohe Pektingehalt und verschiedene ätherische Öle erklären die Heilungen bei Magen-Darmgeschwüren durch die Möhre.
Auf S. 93 in meinem Büchlein über „Magen-, Darm-, Leber- und Galleerkrankungen" habe ich den Wert der Karottensuppe bei chronischem Durchfall der kleinen Kinder herausgestellt. Man sollte bei allen unklaren Magen-Darmbeschwerden unserer Kleinsten an die Möhren denken und nicht so sehr an chemische Blockademittel, die obendrein schädliche Nebenwirkungen haben. Die Möhrenrohkost harmonisiert im Magen-Darm die Säurebildung und bessert das Milieu, sie ist auch in der Krebskost zur Entsäuerung und Entgiftung des Darms unverzichtbar. Kindern – die schlechte Futterverwerter sind und nicht so recht gedeihen wollen – gebe man täglich ½ Glas frisch gepreßten Möhrensaft, und man erlebt erstaunliche Besserungen. Wer den hohen Vitamin-A-Anteil optimal ausnützen will, fügt

dem feingeriebenen Möhrensalat oder -saft genügend pflanzliche Öle – am besten Distelöl – zu, damit das fettlösliche Karotin leichter die Darmwand passiert. Über die Wirkungen des Vitamin A (siehe S. 77). *Und so bereiten Sie einen Möhrensalat:*

Möhren-Apfel-Rohkost

300 g	Möhren	– sauber bürsten
200 g	Äpfel	– vierteln, Kernhaus entfernen, zusammen in die Salatsauce raffeln

Nuß-Rahm-Sauce

150 g	Joghurt oder Dickmilch	– mit dem Schneebesen verrühren
1–2 EL	Zitronensaft	
½ TL	Kräutersalz	
1 TL	Honig	
2 EL	gehackte Nüsse	
2 EL	gehackte Petersilie	– darüberstreuen
½	Kästchen Kresse	– zum Garnieren

Kartoffeln – die Eiweiß- und Mineralspender

Die aus den Anden stammende Kartoffel wurde von den Inkas gezüchtet und erfreute sich großer Wertschätzung. Erst als die spanischen Eroberer Amerigo und Pizarro mit der Inkakultur in Berührung kamen, kam auch die Kartoffel – damals als wohlschmeckende Trüffeln bezeichnet – nach Europa, wo sie zunächst nur als botanische Kuriosität angebaut wurde. In Deutschland kam die Kartoffel erst durch Friedrich den Großen zu Ehren, der sie im Siebenjährigen Krieg durch Zwangsmaßnahmen im größeren Rahmen anbauen ließ. Aber erst seit den napoleonischen Kriegen ist die Kartoffel bei uns zu einem Hauptnahrungsmittel geworden.

Die Kartoffel enthält viel Stärke, ca. 15–20% und nur 2–4% Rohprotein. Entscheidend ist aber die hohe biologische Wertigkeit des Kartoffeleiweiß, das nur noch vom Hühnereiweiß übertroffen wird. Es gibt über das Kartoffeleiweiß sehr unterschiedliche Angaben: Die einen sagen, es sei vollwertiger als das Fleisch, andere behaupten, daß der Anteil der essentiellen Aminosäuren im Rohprotein mit 41% am höchsten sei. Bei einigen Abstrichen an diese Lobeshymnen darf man annehmen, daß Kartoffeleiweiß zur Deckung des Eiweißbedarfs ausreichend ist. Herausragend ist der hohe und differenzierte Gehalt an Spurenelementen. Fast alle wichtigen Spurenstoffe sind vorhanden, auch eine ganze Reihe Vitamine, darunter auch das Vitamin C in bemerkenswerter Menge. Der ebenfalls hohe Schwefelgehalt dürfte vielleicht zu der guten Verdauung der Kartoffeleiweiße beitragen und besonders wirksam den Leberstoffwechsel unterstützen. Der Kartoffelsalat eignet sich vorzüglich als Diät- und Heilmittel bei chronischer Magenübersäuerung, Sodbrennen und Magengeschwüren (siehe S. 209). Nicht weniger auch das Kartoffelpüree, das schon lange in der Magen-Darmdiät Eingang gefunden hat (siehe S. 211). Es gibt auch Heilberichte bei Hochdruck und mangelnder

Wasserausscheidung. Hierbei sollen drei Tage hintereinander pro Tag 1 kg Pellkartoffeln ohne Fett und Salz gegessen werden. Schon am 2. Tag steigt die Wasserausscheidung kräftig an, und der Blutdruck sinkt langsam. Die Frage, inwieweit durch den relativ langen Kochprozeß ein wertmindernder Vitaminverlust entsteht, konnte inzwischen durch Messungen genau beantwortet werden. Danach verliert die Kartoffel etwa ¼ ihres Vitamin- und Mineralgehaltes in Abhängigkeit von Kochdauer und Bearbeitungsweise. Ungeschälte Pellkartoffeln haben den geringsten Verlust, geschälte und längere Zeit gekochte den höchsten. Wegen möglicher Giftwirkung durch „Solanin" sollten frisch, grünlich verfärbte Kartoffeln nicht verzehrt werden, es ist allerdings festzustellen, daß Solanin nur in größeren Dosen Vergiftungssymptome auslöst. Das Gerücht, wonach Kartoffeln dick machen, scheint sich hartnäckig zu halten. Der mittlere Energiegehalt spricht eigentlich dagegen; es kommt eben auf die Beilagen und Bratfette an.

Und hier ein Kartoffelgericht:

Kartoffelsalat mit Sojasprossen

500 g	Salatkartoffeln	– kochen, schälen, in Scheiben schneiden
250 g	Sojasprossen	– waschen, abtropfen lassen
1 Bund	Frühlingszwiebeln	– in Ringe schneiden
1 TL	Kräutersenf	mit der heißen Marinade übergießen und 10 Minuten ziehen lassen
	Meersalz	
	Pfeffer a. d. M.	
6 EL	Obstessig	
150 ccm	heiße Gemüsebrühe	
6 EL	Sonnenblumenöl	– unter den Salat mischen
1 Bund	Schnittlauch	– feingeschnitten darüberstreuen

Rote Bete – das Antikrebsgemüse

Der blutrote Saft der roten Bete wurde lange Zeit wenig beachtet, da die grobe Analyse der Nähr- und Wirkstoffe keine näheren Anhaltspunkte für eine außergewöhnliche Bedeutung hergaben. Nun, wie so oft gibt die Natur nur zögernd ihre Geheimnisse preis und verbirgt sich zumeist hinter einem Schleier von unscheinbaren Äußerungen, an denen man achtlos vorübergeht.

Die Schüler und Nachfolger des hochkarätigen Stoffwechselforschers und Nobelpreisträgers Otto Warburg, Prof. P. Seeger und Dr. S. Ferenczi, entdeckten in der Roten Bete eine krebswidrige Wirkung und versuchten daraufhin den verantwortlichen Wirkstoff zu identifizieren. Obwohl dies bis heute nicht gelungen ist, zeigt die tägliche Verabreichung von einem halben Liter frisch gepreßtem Rote-Bete-Saft eine Verkleinerung des Tumors, in einigen Fällen verschwand der Tumor vollständig und die Patienten waren geheilt. Auch auf das Blut hat der Rote-Bete-Saft eine ganz besondere Heilwirkung. Regelmäßige Einnahme von eingedicktem Preßsaft ergaben wesentliche Besserungen bei Leukämiekranken, ja, in manchen Fällen sogar eine Ausheilung ohne Rückfall. Prof. Seeger konnte errechnen, daß die Wirkstoffe der Roten Bete die Zellatmung um 400% steigern und damit alle Oxydationsvorgänge einen kräftigen Impuls erfahren. Welche Folgen solche starken Anregungen generell haben, läßt sich kaum überschauen, es wird hier wieder einmal deutlich, daß die Zellatmung das A und O jedes Gesundungsprozesses ist und eben nur solche Heilmittel wirklich helfen, die imstande sind, die Oxydationsvorgänge anzukurbeln. Man darf auch daraus die Erkenntnis ziehen, daß trotz reichen Vitamin- und Mineralanteils oder sonstigen Nähr- und Hauptwirkstoffen, zuvorderst unbekannte Heilstoffe für die Gesundung verantwortlich sind und es geradezu lächerlich dumm erscheint, die Heilwirkungen erst dann anzuerkennen, wenn man genauere Kenntnisse über das Wie und Warum erarbeitet hat. Maßgebend sind nur die Heilwiederholungen und stete Erfahrung. Ernährung und Medizin sind Erfahrungswissenschaften und spotten jeder Theorie. *Hier ein Gemüserezept:*

Rote-Rüben-Gemüse

500 g	Rote Rüben	– gründlich bürsten, Blatt- und Wurzelansatz entfernen, grob reiben und in
⅛–¼ l	Gemüsebrühe	– dünsten, ca. 20 Minuten
1 TL	geriebener Ingwer	– damit abschmecken, Herd abstellen und durchziehen lassen
2–3 EL	Sauerrahm	
	Basilikum	
1 EL	Butter	
etwas	Kresse	– vor dem Servieren damit bestreuen

Sellerie – für Niere und Potenz

Der schon seit langem bei uns kultivierte Sellerie ist eine beliebte Nahrungs- und Gewürzpflanze, er wird als ganze Pflanze mit den Blättern verwertet.
Sellerie ist reich an ätherischen Ölen, die einen hohen Gehalt an hilfreichen Wirkstoffen beinhalten. So ist es nicht verwunderlich, daß Sellerie die Nierengefäße stark anregt und zu vermehrter Harnausscheidung führt. Selleriekuren – d. h. entsprechende Gemüse- und Salatbeigaben – sind also angezeigt bei Nierensteinen, Rheuma, Übersäuerung, Harnsäurestauung (Gicht) und schwacher Nierenleistung. Speziell die Selleriesamen sind in der Volksmedizin als Aphrodisiakum (Potenzmittel) beliebt und haben auch in der Naturmedizin ihren gebührenden Platz gefunden.

Meerrettich gut für die Darmlymphe

In Bayern – hauptsächlich in der Münchner Umgebung und in Oberbayern – gibt es noch die Kräuterweiberl, die neben allerhand Kräutermischungen auch den Meerrettich in verschiedenen Größen und Formen verkaufen. Der Meerrettich ist eine echt europäische Wurzel und galt im Mittelalter zeitweise als geheimes Zaubermittel, da er nur wild vorkam und seine Greiffuß-ähnlichen Formen die Phantasie beflügelten.
Der Wert des Meerrettichs liegt eindeutig in seinem scharfen Senföl, das nicht von jedem vertragen wird. Dieses Senföl, das aus dem Glykosid Sinigrin enzymatisch freigesetzt wird, ist ein Heil- und Wirkstoff, mit dem sich vielleicht nur noch das Benzylsenföl der Kapuzinerkresse messen kann.

Innerlich regt der Meerrettich alle Verdauungsdrüsen und die Magen-Darmschleimhaut kräftig an und hemmt die Fäulnisbakterien der Darmflora. Das Senföl hat einen speziell anregenden Einfluß auf die Pumpleistung des Zentralkanals der Darmzotten, wodurch die Darmlymphbewegung wesentlich gesteigert wird. Dies hat positive Folgen für die Darmentgiftung, der schnelleren Verarbeitung der Darmfette (Chylomikronen) und natürlich für alle angrenzenden Verdauungsdrüsen.
Die bakterienhemmende Wirkung des Senföls vermag chronische Infekte des Nierenbeckens und der Bronchien günstig zu beeinflussen. Auch Entzündungen der oberen Luftwege – einschließlich des Rachenraumes – werden gebessert. Äußerlich dient uns der frisch geriebene Meerrettichbrei als Hautreizmittel, indem man ihn messerrückendick als Breiauflage auf die Haut streicht. Vor allem bei Nerven- und Rheumaschmerzen sowie allen Formen der neuralgischen Schmerzen ist er wirksam.
Weniger bekannt ist sein *sommersprossenauflösender Effekt.* Man nehme 20 ml Meerrettichsaft und verdünne ihn mit 10 ml Wasser und betupfe täglich die Sommersprossen.

Topinambur – die Kartoffel für den Diabetiker

Ursprünglich war Topinambur in Nordamerika beheimatet und wurde von den Franzosen in Europa eingeführt. Da Topinambur auch auf kargen Böden gedeiht – ähnlich wie die gemeine Kartoffel – ist sie für großflächigen Anbau durchaus geeignet und gewinnt zunehmend als landwirtschaftliches Erzeugnis an Bedeutung. Der hohe Anteil an Fruchtzucker macht sie gegen feuchte Lagerung für Bakterien anfällig, daher muß sie unbedingt sachgemäß gelagert werden. Diätetisch sind besonders der sehr hohe Inulin- und Fruchtzuckergehalt maßgebend. Inulin wird enzymatisch zu Fruchtzucker abgebaut und gelangt dadurch erst langsam ins Darmblut. Das Inulin hat aber noch eine andere wichtige Eigenschaft: Es regelt den Abfluß überschüssiger Flüssigkeit sowohl innerhalb wie auch außerhalb der Zellen. Bei diabetischer Stoffwechsellage verbraucht Inulin also kein Insulin und entwässert vor Ort am Milieu der Zelle überfälliges Gewebswasser. Wer also ohne Schaden abnehmen möchte, sollte an Topinambur denken. Wichtig ist, daß gleichzeitig die Nieren angeregt werden, damit die Ausscheidung aus dem Körper gleichzeitig vorangeht.
Der hohe Gehalt an basischen Mineralien, wie auch die Vitamin-C-Menge, geben Topinambur seine ernährungsphysiologische Bedeutung in der Diabetikerdiät und machen die Knolle zu einem vollwertigen Ersatz für die Kartoffel. Da sie einen nußartigen süßlichen Geschmack hat, ist sie eine Delikatesse und nur in bestimmten Geschäften zu bekommen. Man kann sie aber auch selbst anbauen – ähnlich wie die Kartoffeln.

Zwiebeln reinigen das Blut

Unsere gute alte Küchenzwiebel ist jedem bekannt, zumindest was das tränenreiche Zerkleinern der Zwiebel betrifft. Die Zwiebel ist eine sehr enzymreiche Knollenfrucht, deren medizinische und heilende Wirkung wegen der alltäglichen Küchenzubereitungen lange Zeit übersehen wurde. Inzwischen sind einige wissen-

schaftliche Analysen über ihre Inhaltsstoffe erarbeitet worden, die weit über die profanen Lebensmittelanalysen hinausgehen und dabei Stoffe erfaßt haben, die man bislang kaum vermutet hatte. So haben englische Wissenschaftler in der Zwiebel einen fibrinauflösenden Wirkstoff isoliert, der die Blutgerinnung verzögert. Finnische Wissenschaftler entdeckten hochwirksame Bakterienhemmstoffe, z. B. Thiosulfinate. Aus Amerika – den USA – wird berichtet, daß hormonartige Wirkstoffe – ähnlich dem Sekretin in der Dünndarmschleimhaut – in der Zwiebel seien, die den Bauchspeicheldrüsensaft anregen und so die Nahrungsaufschließung verbessern. Ferner wurden insulinähnliche Hormonstoffe entdeckt, die auf den Zuckereinbau in das Lebergewebe wirken und so mithelfen, den Zuckerspiegel zu senken (Glukkokinine).
Das schnell wirksame ätherische Öl der Zwiebel hat nicht nur eine Reizwirkung auf die Verdauungsdrüsen, sondern wirkt auch desinfizierend auf die Darmflora. Alle Fäulniserreger sowie Gasbildner müssen dem Zwiebelsaft weichen, daher auch die Erfolge bei ansteckenden Darminfektionen: z. B. Enteritis, Typhus und Salmonelleninfektionen.

Die altbekannte entwässernde Wirkung einer Zwiebelkur in der Naturheilkunde kann dann noch hilfreich sein, wenn alle anderen Mittel versagen. Allerdings müssen zu ihrer Durchführung nicht weniger als 12 große Zwiebeln pro Tag eingenommen werden, am besten zu Salaten, um den scharfen Geschmack etwas abzumildern. Bei solchen, über mehrere Wochen verordneten Mengen, kann es durchaus vorkommen, daß der scharfe Zwiebelsaft zu Verätzungen am Magen-Darm führt und der Schaden hinterher noch größer ist. Also Vorsicht bei solchen Radikalkuren. Weniger gefährlich, aber um so beliebter, ist der *Hustensirup aus Zwiebelsaft* und Honig, den man in einem ausgehöhlten Rettich über Nacht ziehen läßt. Siehe auch in meinem Büchlein: „Erfolgreiche Naturheilbehandlung bei Kopf-, Hals- und Erkältungskrankheiten", S. 151.
Der Zwiebelsaft ist bei allen Erkältungskrankheiten die mit Husten einhergehen, angezeigt und hilft weit besser als chemische Hustenblocker oder gar chemische Antibiotika, die obendrein noch die Darmflora ruinieren. Das Wirkungsprinzip ist recht einfach und klar: Der Zwiebelsaft geht mit seinen ätherischen Ölen ins Blut über und wird über die Lungen abgeraucht. Durch die sekretionsfördernde Wirkung auf die Bronchialschleimhaut muß notwendig eine verstärkte Schleimbildung und Erneuerung einsetzen und der alte bakterienbeladene Schleim vorzeitig abgehustet werden. Nicht zu vergessen ist auch die desinfizierende Wirkung und somit die schlechten Wachstumsbedingungen für die Krankheitserreger.

Es gibt eine Unmenge volksheilkundlicher Zwiebelrezepte. Bewährt haben sich z. B. Zwiebeln gegen Maden- und Spulwürmer, auch Zwiebelsafteinreibungen bei Haarausfall und Schuppen werden sehr gelobt.
Erinnert werden muß auch noch an den blutbildenden Heilanstoß bei blasser Hautfarbe und anämischem Habitus. Von den Spurenelementen ragen die Kieselsäure und das Fluor heraus, beides unentbehrliche Bestandteile für die Knochenbildung.

Ein Prolog auf unsere Salate

Feld- und Gartensalate

Ich möchte über die Salate nur einen kleinen Prolog bringen und auf kurze Art ihren Wert dem Gedächtnis nahe bringen. Das grüne Salatblatt ist ein Sonnensegel, das die Energie der Sonnenstrahlen aufsaugt und in Materie umwandelt. Die Umwandlungszentren hierfür sind das Blattgrün, jenes Chlorophyll, das mit seinem zentralen Magnesiumatom, Kohlendioxyd, Wasser und Sonnenlicht in Zucker und Stärke verwandelt. *Wir haben es hier mit einem chemisch erklärbaren Materialisationsprozeß zu tun, dennoch bleibt es ein Wunder!*
Welche Wirkung haben unsere Grünblattsalate auf den Stoffwechsel und die inneren Organe, wenn wir weiter überlegen, was dieses kleine Chlorophyll im menschlichen und tierischen Organismus alles anstellt?

Chlorophyll steigert die Produktion der Blutfarbstoffbildung (Hämoglobin), es verbessert also die Blutatmung und damit die Sauerstoffversorgung aller Körperzellen. Allein das reicht schon aus, es als eines der besten Heilmittel zu empfehlen. Objektiv hat man folgende Sekundärverbesserungen festgestellt. Zunahme der roten Blutkörperchen, Ökonomisierung der Herzarbeit, Steigerung der Muskelleistung, Harmonisierung der Nervenerregungen, Blutdrucknormalisierung, vermehrte Wasserausscheidung, Stuhlgangregulierung, allgemeine Belebung und Stärkung sowie Vitalitätszuwachs.
Was kann uns eine Nahrung Besseres bieten, und gibt es eine bessere Apotheke als das Blattgrün? Salate haben viel Blattgrün, genug, um uns mit all den Schätzen zu versorgen, die wir täglich brauchen. Salate sind beliebte Rohkostformen, die wir gerne zu uns nehmen, die uns helfen schlank zu bleiben, unseren Bedarf an Energiesubstanzen, Mineralien, Vitaminen usw. zu decken. Darum sollten wir, wenn wir die Wahl haben, zu jedem Gericht auch Salate essen, am besten vor der Hauptmahlzeit, denn Salate regen die Verdauungssäfte an und bereiten für die Hauptmahlzeit den Verdauungsgang vor.

Feldsalat – viel Vitamin C und Kalium
Der anspruchslose Feldsalat kann auch im kleinen Garten gezogen werden und ist ein ausgesprochener Herbstsalat. Der relativ hohe Vitamin-C-Gehalt macht ihn zu einem nützlichen Ergänzungsmittel bei Vitamin-C-Mangel.

Kopfsalat beruhigt
Es dürfte kaum bekannt sein, daß im Kopfsalat Wirkstoffe gefunden wurden, die dem Opium nahestehen. Die Wirkung ist freilich deutlich schwächer und milder. Die Hauptangriffspunkte liegen im zentralen und vegetativen Nervensystem. Einerseits tritt eine leichte zentrale Dämpfung ein, andererseits ein entkrampfender bzw. leicht erschlaffender Effekt auf die glatte Muskulatur von Bronchien und Darm. Daher kann man vor allem den Preßsaft des Kopfsalates als Beruhigungs- und Schlafmittel wärmstens empfehlen.

Endiviensalat läßt den Magensaft fließen
Die Bitterstoffe der Endivienblätter setzen im Magen wichtige Hormonstoffe zur

Anregung für die Bauchspeicheldrüse und der Gallenblase frei. Zudem kommt die Magensaftbildung selbst schneller in Gang und fördert so die Verdauung.

Chicorée hilft der Leber
Der sehr bittere Chicoréesalat ist ein ausgesprochenes galleanregendes Mittel. Der daraus direkt gewonnene Preßsaft, heilt oft schneller und besser Leber-Galleleiden als so manche „wissenschaftlich geprüften Arzneimittel".

Wildsalate und Wildgemüse

In unseren Gegenden wachsen einige Heilpflanzen, die man als Gemüse oder als Salat anrichten kann. Während des Krieges und vor allem kurz danach, wurden sie fleißig zubereitet, da man nur vor die Haustüre zu gehen brauchte und kostenlos ernten konnte. Das wird heute nur noch von Wenigen praktiziert und wenn, dann aus Passion oder heilkundigem Interesse.
Wir sollten aber den hohen Heilwert der Wildgemüse und Salate nicht vergessen und uns wieder einige in Erinnerung rufen. Wer weiß, wann wir wieder einmal nach ihnen suchen müssen.

Brennesselsalat befreit von den Winterschlacken
Als nach dem Ersten Weltkrieg eine schlimme Hungersperiode über Deutschland hereinbrach, erinnerten sich viele wieder daran, daß in unseren Feldern, Wiesen und Bergmatten nicht nur die billigsten und besten Apotheken sind, sondern mit ihren Wildkräutern den knurrenden Magen nicht nur füllen, sondern auch den ganzen Menschen ernähren und gesunderhalten können.
Die Brennessel galt schon damals als vollwertiger Spinatersatz, da sie ähnlich wie Spinat schmeckt und einen gleichwertigen Nährwert aufweist. Es ist hier nicht beabsichtigt, eine pharmakologische Besprechung der Brennessel vorzunehmen, grob gesagt vermag die Brennessel alle Verdauungssäfte anzuregen, auch die Bauchspeicheldrüse und den Gallenfluß; sie hat durch ihren hohen Eisen- und Chlorophyllgehalt einen positiven Effekt auf die Blutbildung, fördert die Harnstoffausscheidung und soll den Zuckerstoffwechsel optimieren. Die darmregulierende Wirkung ist unsicher, hin und wieder hört man jedoch von erstaunlichen Besserungen. *Auch die Brennesselsuppe gehört zu den beliebten Zubereitungen:*

Brennesselsuppe

1 100 g	Zwiebel Lauch	– kleingeschnitten in
1 EL 20 g	Wasser Butter	– andünsten,
250 g 1 l	Brennesseln Gemüsebrühe Meersalz	– Blätter abstreifen und dazugeben, mit – aufgießen, kochen lassen, bis die Blätter zusammenfallen
50 g	Brennesselspitzen Petersilie Kerbel	– roh und kleingehackt zugeben und alles im Mixer pürieren
⅛ l	saure Sahne	– vor dem Anrichten in der Suppe verrühren

Brennesselgemüse

500 g	junge Brennessel-blätter	– waschen, in einem großen Topf unter ständigem Wenden dünsten, bis sie zusammengefallen sind. Dann fein hacken.
1 20 g	Zwiebel Butter	– fein würfeln und in andünsten. Brennesseln zugeben und heiß werden lassen
20 g 3 EL	Butter Creme fraîche Meersalz geriebene Muskatnuß	– damit abschmecken

Als Aphrodisiakum bzw. Potenz- und Sexualmittel, lobten schon die Ungarn die *Brennesselsamen,* und für ihre wendigen Pustapferde setzten sie die Brennesselsamen kalt an und brachten damit die Pferdefelle so zum Glänzen, daß selbst Kenner nicht selten Schwierigkeiten hatten, den Wert des Pferdes richtig einzuschätzen.

Sammeltip: Beim Sammeln sollte man Handschuhe anziehen. Wenn die Stengel kräftig sind, kann man die Blätter nach unten abstreifen, das geht am schnellsten. Die Blätter verlieren schon nach kurzer Zeit ihre Nesselwirkung, am besten bewahrt man sie in Pappkartons auf.

Löwenzahnsalat für die Leberentgiftung

Löwenzahnsalat gehörte schon immer zu den beliebtesten Frühjahrskuren wegen seines kräftigen herben Aromas und seiner appetitanregenden Wirkung. Löwenzahnsalat läßt die Magensäfte fließen und schmeckt nach mehr. Die vielseitige arzneiliche Wirkung seiner Inhaltsstoffe auf den Organismus, können hier aus Platzgründen nur stichwortartig erwähnt werden. Wer sich näher dafür interes-

siert, sollte entsprechende Fachliteratur lesen, siehe Anhang. Die Bitterstoffe der löwenzahnartigen Blätter, daher der Name, regen sämtliche Verdauungsdrüsen an, einschließlich der Speicheldrüsen. Selbst die Schleimdrüsen der Bronchialschleimhaut erfahren eine verstärkte Anregung, ebenso Niere und Stuhlgang. Klinisch belegt sind eine Verbesserung der Leber-Gallefunktion, wobei die Leberwerte auf Gaben von Löwenzahnsaft sich positiv verändern. Eine echte Heilpflanze also, die in den Stoffwechsel harmonisierend eingreift und wie nicht anders zu erwarten, eine ganze Reihe von Krankheiten heilt.
Besonders zu empfehlen ist der Löwenzahnsalat bei Leberzirrhose, Leberverfettung, Fettleibigkeit, erhöhte Cholesterinwerte, Harnstoffüberladung infolge mangelnder Nierenausscheidung oder verminderter Leberleistung, alle Formen der Magen-Darmbeschwerden, bei Hochdruck, insbesondere wenn die Ursachen in einer gestörten Leber-Nierenfunktion liegen. *Und so bereiten Sie den Löwenzahnsalat zu:*

Löwenzahnsalat

200 g	Löwenzahnblätter	– gründlich waschen, nach Bedarf zerkleinern
1	Knoblauchzehe	– Salatsauce herstellen und mit den abgetropften Blättern mischen
1 TL	Kräutersenf	
1 TL	Kräutersalz	
2 EL	Obstessig	
4 EL	Sonnenblumenöl	
1	hartgekochtes Ei	– darüberstreuen und sofort servieren
1 EL	gehackte Petersilie	

Noch ein Sammeltip: Am besten schmecken die jungen Löwenzahnblätter, die noch vor der Blüte am Stengelboden herauswachsen. Mit Einsetzen der Blüte werden die Blätter etwas härter und bitterer.

Obst und Beerenfrüchte

Vorbemerkung

Unser heimisches Obst kann, wenn es regelmäßig auf unserem Speiseplan berücksichtigt wird, durchaus die üppigeren Südfrüchte ersetzen. Zwar bereichert das Importobst unser Vitaminangebot sehr, dafür müssen wir aber auch tiefer in den Geldbeutel greifen. Der Nähr- und Heilwert des Obstes ergänzt unser Gemüse und Getreide hauptsächlich durch den aktuellen Gehalt an Fruchtsäuren, Enzymen und Pektinen. In manchem Obst sind ausgesprochene Heilkräfte – z. B. im Apfel und der Banane –, die weit besser helfen als Medikamente. Nicht viel anders ist es bei Beeren, die mehr Heilmittel als Lebensmittel sind. Wer sich mit den Heilkräften der Beeren auseinandergesetzt hat, kommt zu dem Schluß, daß viele Krankheiten durch eine Beerenkur verhindert und geheilt werden können; ich denke da an Wacholderbeeren (siehe S. 113), Heidelbeeren, Ebereschen u. a. Wir werden auf die einzelnen noch zu sprechen kommen.

Apfel – das königliche Darmmittel

Der Apfel ist eine uralte Kulturpflanze. Es gibt heute infolge der vielen Kreuzungen und Züchtungen über 600 Varianten, und ein Ende ist da noch nicht abzusehen. „Täglich einen Apfel macht den Arzt überflüssig", ist einer der Aussprüche von Churchill und er soll es auch so praktiziert haben. Die medizinische Wirkung des Apfels ist schwer zu erklären. Eine Analyse seines Wirkstoffgehaltes zeigt mäßige Werte, lediglich fällt auf, daß sich unter den Spurenelementen Aluminium und Kieselsäure finden. Die Apfeldiät gehört heute zu den selbstverständlichen Anwendungsformen des Heilpraktikers und Naturheilarztes. Selbst schwere Ruhrdurchfälle und andere infektiöse Darmerkrankungen können mit der Apfelkur geheilt werden.

Und so führen Sie die Apfelkur durch:
Man reibt jede Stunde einen reifen ungeschälten Apfel mit dem ganzen Kerngehäuse in eine Schüssel und löffelt anschließend aus. Täglich 8–10 Äpfel von mittlerer Größe!
Schon nach drei Tagen läßt der Durchfall merklich nach und blutige Beimengungen verschwinden. Bei Kindern gibt man 5 Portionen mit ca. 200 g über den Tag verteilt. Sobald die Durchfälle nachlassen, verringert man um täglich zwei Äpfel. Selbstverständlich sollte man an diesen Tagen jede andere Nahrung streng meiden, um die entgiftende Apfelwirkung nicht zu behindern.

Wie erklärt sich diese wunderbare Heilwirkung?
Allein mit Mineral- und Spurenstoffen, Fruchtsäuren, Gerbsäuren und Pektinen läßt sich da nur ungenügend argumentieren. Hier wirkt wieder einmal der ganze Apfel. Das Apfelmus muß wohl die giftigen Stoffwechselschlacken und Ausscheidungen der Darmbakterien wie einen Schwamm aufsaugen oder vielleicht mit Fäulnis- und Gasbildnern so radikal aufräumen, daß das Darmmilieu schon nach wenigen Tagen saniert ist.
Wen wundert's, wenn dem Apfel noch weitere Heilwirkungen zugeschrieben werden und das von namhaften Professoren aus verschiedenen Erdteilen. Zur Vorbeugung von Verkalkung und Herzinfarkt werden täglich zwei Äpfel empfohlen, da das Apfelpektin den Cholesterinspiegel wirksam senkt. Übrigens ist Apfelpektin ein gerinnungsfördernder Stoff und fördert – wenn es direkt in die Blutbahn gespritzt wird – bei Blutern die Blutstillung. Es greift also in den Blutgerinnungsprozeß ein und kann in Notfällen ein lebensrettendes Medikament sein. Der nur aus ganzen Äpfeln gewonnene Apfelessig, enthält in großer Menge alle wertvollen Mineralien und Spurenelemente. Zudem harmonisiert der Apfelessig den Säure-Basenhaushalt und soll den Fettstoffwechsel ankurbeln, was sich eigentlich nur aus den Stoffwechselzündstoffen seines Inhaltes erklärt. Bei Abmagerungskuren kann der verdünnte Apfelessig als erfrischendes Zusatzgetränk jedenfalls nicht schaden. Beliebt und wertvoll ist auch der Apfelsaft als beruhigendes Nervengetränk. Sein erfrischender und leicht säuerlicher Geschmack ist durstlöschend und wird als angenehm empfunden. Zu den bäuerlichen Herbstgetränken gehört der späte Apfelmost, der in mäßigen Mengen ein gutes Abführmittel ist,

aber auch zu Bauchgrimmen Anlaß geben kann. Man sollte also höchstens ⅛ Liter zu den Mahlzeiten einnehmen.
Nicht versäumen möchte ich es, auf die *Apfelabmagerungskur* hinzuweisen. Sie besteht aus Pumpernickel und Apfelkompott – natürlich ungezuckert – über eine Woche.

Und so führen Sie die Kur durch:
Zwei Scheiben Pumpernickel in kleinen Brocken in eine Suppenschale geben und darüber werden 2 Äpfel gerieben. Das Gericht sollte nur morgens und abends eingenommen werden. Mittags sind zwei Äpfel gut zu kauen, damit die Zähne auf ihre Kosten kommen. Sollten Sie die Kur mindestens eine Woche durchhalten, dann haben Sie mit Sicherheit einige Kilo weniger. Zu meinen Lieblingsgetränken zählt der Apfeltee. Er ist nicht nur beruhigend, sondern äußerst schmackhaft und aromatisch. Kurmäßig eignet er sich bei Rheuma, Leber- und Darmerkrankungen, erhöhtem Blutdruck und Blutarmut. Letztere Indikation erklärt sich aus dem reichen Gehalt an Spurenelementen in den getrockneten Apfelschalen.

Kirschen mit dem blutbildenden Saft
Die Süßkirsche ist eine kultivierte Zuchtform aus der Vogelkirsche und eine unserer ersten Junifrüchte. Sauerkirschen kommen aus dem Kaukasus und dürften ebenfalls eine Züchtung sein.
Der dunkelrote fruchtzuckerreiche Saft der Kirsche enthält, wie z. B. Heidelbeere, schwarze Johannisbeere, Rote Bete, die große Gruppe der Farbstoffglykoside „Anthozyane", diese Wirkstoffe aktivieren die Oxydasen und sauerstoffaktiven Zellorganellen und damit die Zellatmung. In einer Atmosphäre mit hohen Schwankungen des Sauerstoffgehaltes, wie er in Industriegebieten und Ballungszentren häufig vorkommt, ist eine Hilfe für die oftmals gestörten bzw. blockierten Atmungsenzyme unbedingt erforderlich. Namhafte Krebsforscher verweisen immer wieder auf die Tatsache, daß viele Krebsformen von einem enzymatisch blockierten Sauerstoffzyklus im Zellstoffwechsel ihren Ausgang nehmen und nur eine Wiederbelebung der Oxydasen und Sauerstoffüberträger den Krebsstoffwechsel rückgängig macht, siehe auch S. 249. Kirschsaft ist sehr basenreich und enthält trotz seiner Süße noch genügend reinigende Pflanzensäuren für den Darm. Günstig wirkt er auf die sauerstoffhungrige Leber und auf alle Zellen mit hohem Sauerstoffverbrauch, z. B. Neuronen, Hirnzellen und Rückenmarkszellen!
Von einer reinen Kirschkur möchte ich allerdings abraten! Ich habe es schon erlebt, daß Entfettungskuren mit Kirschen und Trauben einen latenten Diabetes geweckt haben, der jeder therapeutischen Korrektur trotzte. Man vermeide jede Einseitigkeit – selbst bei reinen Naturprodukten. Zuviel Bio kann auch schaden.

Bananendiät in der Kinderheilkunde
Die aus den Tropen stammende Banane wird in großen Mengen importiert. Schon die Soldaten Alexander des Großen fanden im Industal Bananenpflanzungen, und durch Kolumbus und Vespucci Americo kam die erste Kunde von den riesigen Bananenstauden auch zu uns nach Europa. Die Banane enthält im reifen Zustand keine Stärke mehr, sondern nur noch Invertzucker. Dieser Zucker

(Linksdrehendes Frucht- und Traubenzuckergemisch) kann ohne Insulin in die Zellen eingeschleust werden und schont somit die Bauchspeicheldrüse. Außer dem hohen Vitamin-B_6-Anteil enthält die Banane ein durchschnittliches Nähr- und Wirkstoffprofil; dennoch werden wahre Wunderdinge von ihr berichtet. Ähnlich wie der Apfel heilt die Banane therapieresistente Durchfallerkrankungen bis hin zur Zöliakie, einer glutenbedingten Allergie, bei der die Darmzotten des Dünndarms degenerieren und schwere Mangelerscheinungen auftreten (Avitaminose). Auch Dickdarmentzündungen heilt die Banane und das am erfolgreichsten wohl – wie man auf Kongressen hört – bei Säuglingen und Kleinkindern. Die Banane vermag durch ihre basischen Mineralien und den Invertzuckergehalt das saure Milieu in der Darmschleimhaut weitgehendst zu normalisieren und ermöglicht damit wieder eine intakte Enzymdynamik, wie sie für eine ausreichende Nahrungsaufschließung notwendig ist. Es gibt Heilberichte über die gefürchtete Sprue – bei Erwachsenen und Kindern gleichermaßen – die nur mit einer Bananendiät geheilt wurden; wobei sich z.T. die atrophische Darmschleimhaut regenerieren konnte, so daß sich die Verdauungsfunktion normalisierte. Man kann mit Genugtuung festhalten, daß wir in der Banane ein echtes *Lebensheilmittel* in der Hand haben, das den Arzneimitteln für o.g. Krankheiten eindeutig überlegen und dem Heilpraktiker und Kinderarzt in der Heilung schwerer Darmerkrankungen eine echte Hilfe ist.

Und so führen Sie die Bananenkur durch:
In einer Glasschale werden zwei Bananen zerdrückt und mit Diätmolke zu einem Brei verflüssigt. Danach eßlöffelweise einnehmen. Bei Säuglingen genügt 1 Banane. Die Kur muß mindestens 4 Tage dauern, damit eine echte Darmumstimmung erfolgt. Um Avitaminosen vorzubeugen, empfiehlt es sich, hochwertige Bierhefetabletten zu zerdrücken und in den Brei zu geben. Keinesfalls darf während der Bananentage Brot, Zucker oder gar Fleisch gegessen werden; dadurch wird die Kur in Frage gestellt. *Und hier eine schmackhafte Bananennachspeise:*

Bananen mit Fruchtsoße

pro Person	1 Banane	– in Scheiben schneiden und sofort in Gläser verteilen, mit etwas Zitronensaft beträufeln
Zitronensaft		
300 g	Erdbeeren Himbeeren Brombeeren	– Früchte mit Honig, Rum und Vanille mixen
frisch oder gefroren		
2–3 EL	Honig	
1–2 EL	Rum	
etwas	gem. Vanille	
½ B	Sahne	– steif schlagen, unter das Fruchtpüree ziehen und über die Bananen verteilen
1–2 EL	geh. Mandeln	

Datteln – das Brot der Wüste

Was wären die Oasen ohne die Dattelbäume, gäbe es ohne sie in den glutheißen Gegenden eine Lebensmöglichkeit?

Schon in den mesopotamischen Hochkulturen wurden Datteln angebaut. Die Assyrer und Babylonier sorgten durch ihre expansiven Bestrebungen für eine rasche Verbreitung in den Wüsten und Steppen des Vorderen Orients. Getrocknete Datteln haben einen hohen Eisen- und Schwefelgehalt. Bemerkenswert ist auch der Kalium- und Chloranteil. Die übrige Nährstoffanalyse bewegt sich im Mittel. Schon eine Handvoll Datteln decken den täglichen Eisen- und Kaliumbedarf spielend, und der leichtresorbierbare Invertzucker ist ein schneller und schonender Energiespender. Um zu erklären, warum die Datteln in der Wüste ein ausreichendes Nahrungsmittel sind, genügt es nicht, die Nährstofftabellen und Analysen zu bemühen. Was wir an bekannten chemischen Verbindungen und Biostoffen kennen, ist nur Stückwerk – Bruchstücke einer unergründlichen Ganzheit – die mehr ist als ein Summationseffekt oder Additionssynergismus. Daher sollten wir nicht wie gebannt auf Eiweißmenge und Wertigkeit schauen oder auf besondere Vitaminspitzen. Trotz ihres geringen Eiweißgehaltes ist die Dattel in den Oasen und Wüstenländern ein wichtiges Nahrungsergänzungsmittel und wird es noch lange Zeit bleiben.

Pfirsich – gut für den Appetit

Der aus China stammende Pfirsich ist eine liebliche und sehr schmackhafte Frucht. Bemerkenswert ist sein Vitamingehalt, wobei das Vitamin A über dem Durchschnitt liegt. Pfirsiche sind hilfreich bei Appetitlosigkeit und sollten vor den Hauptmahlzeiten gegessen werden. Bei Obstkuren verbessern Pfirsiche geschmacklich den Obstsalat und machen die Obstkur leichter durchführbar. Frischer, selbstgepreßter Pfirsichsaft mit püriertem Fruchtfleisch steigert die Nierenfunktion und wirkt harntreibend. Auch die getrockneten Pfirsichblätter – als Teedroge – regen die Nierentätigkeit an.

Tee aus Pfirsichblättern bereiten Sie wie folgt:

1 gehäufter TL auf 1 Tasse kochendes Wasser (knapp ¼ l) und 15 Minuten ausziehen lassen. Danach handwarm trinken.

Feigen für Knochen und Nieren

Der in Südeuropa und im Orient heimische Feigenbaum ist mit seinen Früchten sehr großzügig. Dreimal im Jahr setzt er Früchte an und ist dadurch einer der wertvollsten Nahrungsspender.

Neben dem hohen Kalzium- und Phosphorsäuregehalt enthält die Feige wichtige Nervenvitamine, die für einen geordneten Stoffwechselablauf in den Nervenzellen unerläßlich sind. Interessant ist der im Milchsaft vorkommende Enzymstoff „Ficin“. Ficin – eine Endopeptidase, spaltet Eiweiße und bewirkt durch eine Aktivierung blutgerinnungsfördernder Faktoren eine vorzeitige Blutgerinnung (Blutertherapie). Ficin kann auch erfolgreich gegen Darmwürmer eingesetzt werden.

Noch bekannter ist die stuhlgangsfördernde Wirkung der über Nacht eingeweichten Feigen, die zugleich auch den Gallenfluß und die Leberfunktion bessern. Ferner gibt es ein Feigensiruprezept, das den Bronchialschleim löst und gegen Bronchitis nützlich ist.

Und so stellen Sie einen Feigensirup her:
Man nehme fünf Feigen, schneide sie in kleine Stücke und kocht sie in ca. ¼ l Wasser, bis sich die Flüssigkeit bei gleichzeitigem Rühren sirupartig verdickt. Nach dem Erkalten wird eine ganze Zitrone hineingepreßt und danach zweistündlich eßlöffelweise eingenommen.
Feigen und Dörrpflaumen helfen auch ausgezeichnet gegen Stuhlgangsträgheit.

Hier ein Rezept: Abends zwei getrocknete Feigen und vier Dörrpflaumen in einem Glas mit Wasser bedeckt über Nacht stehenlassen. Morgens den Saft nüchtern trinken und die Feigen und Pflaumen gut gekaut essen. Die Wirkung läßt nicht lange auf sich warten.

Aprikosen gegen Blutarmut
Ebenso wie der Pfirsich stammt die Aprikose aus dem Fernen Osten und kann bei uns nur in klimatisch milden Regionen, z. B. Rheinischer Tiefebene, gedeihen. Interessant ist das Nähr- und Wirkstoffprofil der getrockneten Aprikosen. Hier überragen Kalium, Eisen und Vitamin A bei weitem alle anderen Inhaltsstoffe. Die Aprikose kann also Vitamin-A-Mangel, Eisen- und Kaliummangel ausgleichen und ist daher ein ausgezeichnetes Obst während der Schwangerschaft. Über den Vitamin-A-Mangel finden Sie auf S. 78 eine ausführliche Beschreibung. Es darf nicht unerwähnt bleiben, daß Aprikosen ebenso wie Pfirsiche in den Erzeugerländern (Kalifornien, Südeuropa, Spanien u. a.) mit Herbiziden massiv gespritzt werden. Wer also auf den Verzehr nicht verzichten möchte, sollte die getrockneten und abgelagerten Früchte den frischen vorziehen.

Die gute alte Birne – eine Schatzkammer an Mineralien
Die bei uns heimische Birne gedeiht besonders gut im süddeutschen Raum und ist, wie auch der Apfel, eine ausgesprochene Selbstversorgerfrucht. Was die Birne so wertvoll macht, ist ihr abgerundeter Gehalt an Spurenelementen und wichtigen Biostoffen, wobei natürlich die Sorte, Bodenbeschaffenheit, Düngung und Klima mit ausschlaggebend sind. Birnen roh gegessen, machen leicht Blähungen und sollten mit Vorsicht genossen werden. Dagegen sind sie gekocht ein wertvoller Spurenstoffspender, in dem fast alle bekannten Biometalle vorkommen. Zur Einleitung von Saftfastenkuren eignet sich der frisch gepreßte Birnensaft besonders, da er überschüssiges Kochsalz ausschwemmt und so Herz und Kreislauf entlastet.

Ein altes Geheimrezept für Leberkranke:
Frisch gepreßter Saft von *überreifen Birnen,* die schon mehrere Tage geerntet sind, heilen selbst schwere Lebererkrankungen, z. B. Fettleber. Man muß aber mindestens einen Liter täglich über drei Wochen trinken und ansonsten eine entsprechende Leberdiät einhalten, soll der Erfolg sich einstellen.

Pflaumen und Zwetschgen für den Stuhlgang

Die Pflaumen und Zwetschgen erfreuen sich bei uns großer Beliebtheit und wachsen in vielen Gärten. Sehr wahrscheinlich stammt die Pflaume aus dem Orient – eventuell aus Syrien, woher auch die berühmten Damaszener Pflaumen kommen. Es gibt verschiedene Pflaumengrößen mit unterschiedlichem Fruchtfleisch und Geschmack. Nicht immer sind die großen fleischigen Pflaumen auch die saftigsten, oft sind sie mehlig und schmecken fad. Dagegen haben die kleinen Zwetschgen ein fruchtiges Aroma und eignen sich gut zum Einmachen.

Die diätetisch medizinische Bedeutung dieser Frucht, ist ähnlich wie bei der Birne, nur fördert sie zusätzlich den Stuhlgang. Der Nähr- und Wirkstoffgehalt ist so ziemlich der gleiche, bis auf einige fehlende Spurenelemente. Die Pflaume zeigt eine starke Quellfähigkeit infolge des reichen Pektingehaltes, dadurch reizt sie, zusammen mit den Zellulosebestandteilen, die Darmschleimhaut und fördert die Stuhlentleerung. Am besten wirken getrocknete Pflaumen.

Hier zwei Stuhlgangsrezepte: 8–10 Trockenpflaumen werden über Nacht eingeweicht und am Morgen nüchtern mit dem eingeweichten Wasser eingenommen.

3	Pflaumen	– über Nacht einweichen
3	Feigen	– klein schneiden
1 EL	Leinsamen	
1 Tasse	Buttermilch	

Und hier ein Zwetschgenvollkornkuchenrezept:

Zwetschgenkuchen

40 g	Hefe	– zerbröckeln und in
⅛ l	lauwarmer Milch	auflösen.
500 g	Weizenvollkornmehl	– Mit den übrigen Zutaten zu einem geschmeidigen Teig
75 g	Butter	verarbeiten und 30–45 Minuten zugedeckt ziehen lassen.
100 g	Honig	Teig auf einem gefetteten, gemehlten Backblech ausrollen
1	Ei	und dicht mit Zwetschgen belegen.
1	Eigelb	
1 Prise	Meersalz	
Belag:		
1,5 kg	entsteinte Zwetschgen	Backen: Im vorgeheizten Ofen ca. 30 Minuten bei 190 °C.
4 EL	Honig	Heiß mit dem mit heißem Wasser verrührten Honig bestreichen und mit Zimt bestreuen.
1 EL	heißes Wasser	
	Zimt	

Ananas – Hilfe für die Magenenzyme

Die aus Mittel- und Südamerika stammende Ananas ist eine köstliche tropische Frucht, die nur bei guter Bewässerung gedeiht. Sie erfordert eine schonende Anbauweise und vorsichtige Ernte, da sie sehr druck- und stoßempfindlich ist. Ananasfrüchte mit Druckstellen faulen sehr schnell. Bei Betrachtung der Inhaltsstoffe entdeckt man nichts, was auf ungewöhnliche Eigenschaften hinweisen könnte. Selbst die Vitaminanalyse ist eher mager und reiht sich in den Durch-

schnitt ein. Aber wie so oft bei pflanzlichen Lebensmitteln, läßt sich der ernährungsphysiologische Wert meist nicht oder nur selten aus diesen groben Angaben erfassen. Wir müssen geduldig beobachten und warten, bis wir am gesunden oder kranken Organismus entdecken dürfen, was die Pflanze oder die Frucht von den anderen wirklich unterscheidet.
Ananassaft hat etwas ganz Besonderes! In ihm befinden sich in reichlicher Menge eiweißspaltende Enzyme, die im Magen und Darm weiterwirken. Magenschwache und magensaftarme Patienten können also mit einem Glas täglich frisch zubereitetem Ananassaft den Magensaft ersetzen oder mindestens kräftig unterstützen. Aber das ist noch nicht alles! Das eiweißspaltende Enzym, mit dem Namen Bromelain, vermag auch das Blut zu verdünnen bzw. durch seine fibrinolytischen Eigenschaften die roten Blutkörperchen schlüpfriger zu machen und Thrombosen vorzubeugen. Zudem macht es den Darmwürmern und ganz besonders den Eiablagen den Garaus, nimmt man es in größeren Mengen auf. Ich glaube, daß die Ananas damit höchstes Interesse gewinnt und wir sollten sie nicht nur gelegentlich auf unserem Speisezettel haben, sondern mindestens 2–3mal in der Woche. Magenkranken kann ich sie nur wärmstens empfehlen und wer zu Thrombose neigt, sollte statt der gefährlichen Gerinnungshemmer – z. B. Macumar – lieber täglich 1 Glas frischen Ananassaft trinken. Auch eine dicke Scheibe Ananas vor jeder Mahlzeit, unterstützt die Magenvorverdauung ganz wesentlich. *Hier noch ein ganz besonders gesundes Salatrezept mit Ananas.*

Chicoréesalat mit Ananas

1	Joghurt	– Salatsauce herstellen
1 TL	Honig	
1 TL	Kräutersenf	
¼ TL	Meersalz	
von 1	Zitrone den Saft	
	Sonnenblumenöl	
¼	frische Ananas	– würfeln
300 g	Chicorée	– halbieren und in 1 cm breite Streifen schneiden
1	Apfel	– grob raffeln
3 Stengel	Bleichsellerie	– ½ cm breit schneiden und alles sofort mit der Salatsauce vermengen
	Schnittlauch	– Mit Schnittlauch bestreut servieren

Honigmelonen und Wassermelonen – die Durstlöscher

Die Honigmelone und Wassermelone werden häufig als Obst angesehen, da sie an Obstständen in den heißen Jahreszeiten verkauft werden. Zur Unterscheidung muß gesagt werden, daß die Honigmelone zu den Kürbisgewächsen, die Wassermelone dagegen zur Familie der Gurken gehört. Es handelt sich also um Gemüsefrüchte, was uns aber nicht hindert, sie dort einzureihen, wo ihre praktische Verwertung ist, nämlich als Erfrischungsfrucht, ähnlich wie Obst. Melonen sind sehr Vitamin-C-reich und haben einen deutlichen diuretischen Effekt. Der geringe Zuckergehalt der Wassermelone macht sie diätetisch auch für den Diabetiker interessant, und bei nierenbedingtem Harnsäureüberschuß kann der regelmäßige

Melonengenuß gute Dienste leisten. Zuviel sollte von dem Melonenfruchtfleisch allerdings auch nicht auf einmal gegessen werden. Die Verlockung, den Durst während des Urlaubs in heißen Ländern mit Melonen zu stillen ist groß, dabei kommt es leicht zu Bauchschmerzen und Durchfall. Melonenkerne werden, wie auch Kürbiskerne, erfolgreich gegen Bandwürmer eingesetzt. Kürbiskerne sind allerdings wirksamer. Eine besondere Variante der Melone ist die Papayafrucht. Obwohl sie botanisch gesehen ein Feigengewächs ist, sieht sie vom Aufbau her aus wie eine kleine Melone. Was die Papaya medizinisch interessant macht, ist das im Milchsaft der unreifen Früchte vorkommende Enzym Papain; welches heute medizinisch bei einer ganzen Reihe von Krankheiten Verwendung gefunden hat. Papain spaltet – ähnlich wie das Bromelain der Ananas – die Nahrungseiweiße auf, es verbessert die Darmflora und wirkt blutverdünnend. Äußerlich als Puder, heilt es in kurzer Zeit offene, hartnäckig eiternde Wunden ab oder reinigt faulige Geschwüre. Bei rheumatischen Beschwerden wirkt es gelenksabschwellend und schmerzlindernd. Erfolge wurden auch bei Ekzemen und schmerzhaften Amputationsstümpfen berichtet.

Einige interessante Zitrusfrüchte

Pampelmuse und Grapefruit – die Wohltäter aus der Sonne

Diese beiden Früchte sind nahe miteinander verwandt, man könnte sagen, die Grapefruit ist die kleinere Schwester der Pampelmuse. Botanisch gesehen ist die Grapefruit eine Sproßmutante aus der Pampelmuse, womit letztere auch die ältere ist. Grapefruits im Angebot werden vorwiegend in Israel angebaut, weniger auch in den USA und erscheinen in unseren Großmärkten und Obstläden mit der Aufschrift „Jaffa".

Die ältere Pampelmuse war ursprünglich in den Westindischen Inseln beheimatet und wurde zuerst von den Briten auf Barbados entdeckt. Pampelmusen sind nicht nur größer, sondern auch viel weniger anfällig, sie vertragen heißes Tropenklima und brauchen weniger Wasser.

Da sie ein annähernd gleiches Wirkstoff- und Nährstoffprofil zeigen, wollen wir die medizinisch-diätetische Besprechung für beide zusammenfassen.

Herausragend ist der Vitamin-C-Gehalt, die Spurenelemente und die Zitronensäure. Letztere, welche in beiden und in der Zitrone die höchsten Spitzenwerte aufweist, kommt im intermediären Stoffwechsel eine zentrale Schlüsselstellung zu. Die Zitronensäure leitet den energieliefernden oxydativen Abbauprozeß der Kohlehydrate, Fette und Eiweiße im Zitratzyklus ein, der ohne sie nicht möglich ist. Daher erklären sich die vielseitigen Wirkungen der von außen zusätzlich herangeführten Stoffe. Therapeutisch lassen sich eine ganze Reihe positiver Wirkungen feststellen, von denen ein paar wichtige aufgezählt werden sollen:

1. Besserer Einbau von Calcium in den Knochen durch Aktivierung der Nebenschilddrüsen und des Knochengewebes. Effektivere enterale Calciumresorption. Steigerung des Muskeltonus und Zunahme der Gefäßfüllung, vor allem im venösen Rücklaufsystem.

2. Blutverdünnung bzw. Verringerung der Thrombosebereitschaft, womit Herzinfarkt und Venenthromboserisiko deutlich herabgesetzt werden.
3. Auf das Herz hat die Zitronensäure einen rhythmusausgleichenden Effekt – im Sinne einer Beruhigung.
4. Auf die Nieren wirkt die Zitronensäure reinigend, indem sie besonders Steinbildungen verhindert und bestehende Steine aufzulösen vermag (Harnalkalisierung), außer Oxalatsteine.
5. Für die Leberentschlackung ist sie das Mittel der Wahl, da sie den Fettstoffwechsel normalisiert und selbst eine beginnende Fettleber rückgängig macht. Es ließe sich noch einiges anmerken, wie z. B. die Nierensteinbehandlung mit Zitronensäure, die selbst große Harnsäuresteine aufzulösen vermag. Das erforderliche Rezept finden Sie in meinem Büchlein: „Erfolgreiche Naturheilbehandlung bei Nieren- und Unterleibserkrankungen".

Die hier aufgezählten Vorteile der Zitronensäure mögen zwar beeindrucken, in Überdosierungen kann die Zitronensäure jedoch schädliche Nebenwirkungen haben. Wenn der Speisezettel mit viel Zitrusfrüchten – welche schon einen relativ hohen Zitronensäuregehalt aufweisen – besetzt ist und nun noch Zusatzbelastungen aus der Lebensmittelindustrie hinzukommen, dann kann es – vor allem bei Kindern – zu minimalen Intoxikationen führen, die ein diffuses undurchschaubares Symptomenbild ergeben.

Hauptsächlich blockiert die Zitronensäure die Calciumaufnahme in das Knochengewebe, da etwa 70% der Zitronensäure und ihre Salze im Knochengewebe deponiert und umgesetzt werden. Hohe Konzentrationen hat man auch in der Prostata gefunden, es ist also denkbar, daß diese Drüse bei Intoxikationen ebenfalls empfindlich reagiert. In der Blutkonservierung spielt das Natriumcitrat eine große praktische Rolle, indem es das Blut für 48 Stunden ungerinnbar macht. Andererseits bindet die Zitronensäure das Hämoglobin und verhindert dessen Einbau in die roten Blutkörperchen, wenn die Dosen zu hoch sind. Über die Vitamin-C-Wirkung habe ich auf S. 75 ausführlich berichtet. Wir können also die Grapefruit bzw. Pampelmuse bei vielen Erkrankungen vorbeugend und auch im akuten Stadium einsetzen. Ich setze die Zitronensäure auch bei Krebserkrankungen vorteilhaft ein. Wer sich mit dem Biochemismus der Krebszelle befaßt hat, muß zu dem zwingenden Schluß kommen, daß eine der Ursachen in einer Störung des Zitratstoffwechsels liegen muß und wohl zuwenig oder fehlerhaft Zitronensäure gebildet wird.

Und so wird die Grapefruitkur durchgeführt:

Man beginnt mit einer geschälten Frucht täglich, indem man sie in Würfel zerschneidet und gleich morgens einnimmt. Täglich – bis zum 7. Tag – wird die Dosis um eine Grapefruit gesteigert, danach geht man wieder um eine Frucht täglich zurück und bleibt ab dem 14. Tag noch für eine Woche bei einer Grapefruit. Wem der Geschmack zu bitter ist, kann auch mit wenig Honig süßen. Die Grapefruitkur wird im Gegensatz zur Zitronenkur in der Regel leichter durchgehalten und kann über längere Zeit beibehalten werden. In Amerika und England ist es üblich, vor dem eigentlichen Frühstück ein Glas Grapefruitsaft zu trinken, um damit schon in aller Frühe den täglichen Vitamin-C-Bedarf zu decken. Die spürbare Wirkung dieser Kur zeigt sich in einer schnellen Abnahme überflüssiger Pfunde, Herabsetzung des Harnsäure- und Cholesterinspiegels, vermehrte Wasserausscheidung und besserem Stuhlgang. Übrigens eignet sich der Grapefruitsaft sehr gut als Munddesinfektionsmittel. Bei Mandelentzündungen sollte man den Saft gurgeln oder die Mandeln mit Zitronensaft einpinseln, das wirkt schon nach wenigen Stunden abschwellend. *Und hier ein Grapefruit-Morgencocktail:*

Grapefruit-Morgencocktail

1 TL	Honig	– Den frischgepreßten Saft mit Honig und Sanddornsaft gut verrühren
2 TL	Sanddornsaft	
⅛ l	Grapefruitsaft	
1 TL	fein gemahlene Nüsse	– in den Saft geben

Orange – die Goldesfrucht

Diese wohlschmeckende Frucht ist eine alte Züchtung der Chinesen und wurde schon in der Han-Dynastie 207 v. Chr. kultiviert. Der chinesischen Hochkultur verdanken wir so einige züchterische Errungenschaften, die in langer Geduldsarbeit der Natur abgetrotzt wurden, z. B. Pfirsich, Aprikosen, Zitronen, Mandarinen, Kumquat, Kiwis, Kakis und sicher noch andere Früchte. Als die Germanen noch in den Urwäldern von Germania superior mit Bronzespeeren und Steinkeulen auf Wildschweinjagd gingen, kleideten sich die chinesischen Mandarine in Naturseidengewänder und machten sich in ihren prächtigen Palästen Gedanken über das Chi, jene dualistische Lebensenergie, die durch den ganzen Kosmos fließt.

Orangen übertreffen bis auf Kiwi, Acerolakirsche und Zitrone, alle anderen Zitrusfrüchte an Vitamin-C Gehalt. Wenn auch der Zitronensäuregehalt nicht so hoch ist, so zählt die Orange mit zu den besten und beliebtesten Zitrusfrüchten. Es erübrigt sich, von der Orange Zubereitungsformen und Rezepte vorzustellen, jeder kennt sie und weiß um ihren Wohlgeschmack.

Zitrone – unser Gesundheitswächter

Die gelbe Zitrone ist ebenfalls eine züchterische Errungenschaft der chinesischen Kultur und wird heute weltweit angebaut. Zuerst ab dem 13. Jahrhundert in Spanien kultiviert, verbreitete sie sich rasch über ganz Südeuropa und wird heute in großen Plantagen, vor allem in Italien, angebaut, wo sie auch inzwischen wild wächst. Medizinisch wurde man auf die Zitrone aufmerksam, als holländische Seeleute im 16. Jahrhundert entdeckten, daß Zitronen den gefürchteten Skorbut verhinderten und ausheilten. Heute ist diese Avitaminose eine Seltenheit, doch gibt es viele Menschen, die eine chronische Unterversorgung bzw. einen unterschwelligen Vitamin-C-Mangel aufweisen, der über längere Zeit die Voraussetzungen für chronische Erkrankungen schafft. Klinischen Studien zufolge, sollen 80% aller untersuchten Patienten ein chronisches Defizit unter der erforderlichen Tagesmenge von 70 mg haben. Eine Reihe von charakteristischen Befindensstörungen, die man als Vitamin-C-Mangelsymptome identifizieren konnte, geben jedem aufmerksamen Beobachter entscheidende Anhaltspunkte:

Häufig ist z. B. die Mattigkeit und unerklärliche Müdigkeit, im Volksmund auch Frühjahrsmüdigkeit genannt. Auch die Erkältungsanfälligkeit, Schnupfen und langwierige Katarrhe der Luft- und Harnwege sind hinweisend. Zudem treten oft Schleimhautentzündungen im Mund und im Genitalbereich auf, und nicht selten plagen den Patienten unerklärliche Gelenk- und Nervenschmerzen. Das alles sind zwar uncharakteristische Symptome, aber zumindest können sie hinweisend sein, und man sollte prophylaktisch entweder vermehrt Zitronen oder andere Zitrusfrüchte essen oder man nimmt die chemische Form Ascorbinsäure ein.

Es bleibt jedoch ein Geheimnis der Natur, warum das natürliche Vitamin C – insbesondere aus der Zitrone – wesentlich effektiver wirkt als die chemisch nachgebaute Ascorbinsäure aus der Apotheke. Man glaubt, daß das synthetisch hergestellte Vitamin C nicht ganz genau dem natürlichen gleicht und daher nicht optimal verstoffwechselt werden kann.

Ich persönlich meine, daß die Zitrone auch ohne Vitamin C ein Gesundheitswächter ist, eben weil außer der Ascorbinsäure andere wichtige Heilstoffe existieren, die sich den bisherigen chemischen Analysen entziehen. Freilich, zusammen mit dem Vitamin C, ist die Zitrone ein ganz besonderer Gesundheitswächter, deshalb sollten wir bei der Zubereitung unserer Salate und täglichen Speisen die Zitrone so oft wie möglich einsetzen.

Beeren in Wald und Wiesen

Vorbemerkung

Unsere Beeren werden vom gesundheitlichen Standpunkt viel zuwenig beachtet. Was die Beeren vor allen anderen Früchten auszeichnet, ist ihr enormer Enzymgehalt und der hohe Anteil an Spurenstoffen. Beeren sollten immer frisch und ungekocht gegessen werden, da die Enzyme durch den Koch- und Erhitzungsprozeß zerstört werden.

Brombeeren für die Blutbildung

Jedermann kennt sie, die dornigen Brombeerhecken, die sich viel an sonnenbeschienenen Gartenzäunen und warmen Holzwänden hochranken und wie Unkraut wachsen. Im August, wenn die Hundstage kommen, kann man die süßsäuerlichen, fast schwarzen Beeren ernten. Außer dem hohen Gehalt an Spurenelementen ist die Brombeere reich an Pantothensäure, ein wichtiges Blutbildungsvitamin (siehe S. 73). Ferner ist die Brombeere gut gegen Verstopfung und heilsam bei Magen-Darmentzündungen. Im alten Kräuterbuch von Matthiolus (1553) wird über die Brombeere viel Lobenswertes gesagt – unter anderem, daß sie ein ganz vorzügliches Mittel gegen Halsverschleimung, Husten, Mandelentzündung und Erkältungen sei. Der Brombeersaft sei auch gut für überstrapazierte Stimmbänder der Sänger und Redner und überhaupt ein gutes Kehlkopfmittel. Die römischen Legionäre, so erfahren wir von Plinius und Dioskorides, benutzten die jungen Triebspitzen und Brombeerblätter zur Mundhygiene, indem sie sie kräftig kauten, außerdem kannten auch sie schon den Brombeertee gegen Durchfall.

Und so sammeln und bereiten Sie Brombeerblätter für Ihren ganz persönlichen Gebrauch:

Frische junge Brombeerblätter und Himbeerblätter sammeln und zu gleichen Teilen mischen. Nachdem sie angewelkt sind, mit einem Nudelholz zerdrücken, leicht mit Wasser besprühen und in ein feuchtes Leintuch geben. Diesen Kräuterbeutel jetzt an einem warmen, aber luftigen Ort aufhängen und 3 Tage abwarten. Durch den Fermentierungsprozeß entsteht ein angenehmer rosenähnlicher Duft, der sich im ganzen Raum ausbreitet. Sobald man den Duft intensiv wahrnimmt, wird die Mischung getrocknet und in ein gut verschließbares Glas gegeben.

Und so bereiten Sie das Teerezept:

2 gehäufte TL von der Mischung in ¼ l kochendes Wasser geben und 15 Min. abgedeckt ziehen lassen, abseihen und trinken.

Bemerkung: Eine ähnliche Wirkung entfaltet die Himbeere. Leider findet man die wildwachsende Himbeere auf unseren sterilen verödeten Fluren immer weniger, zudem sind Himbeeren oft wurmig und können unbesehen nicht gegessen werden.

Hagebutte – der Vitaminstar unter den Beeren

Es gibt sehr unterschiedliche Sorten unter den Hagebutten. Die Unterscheidungskriterien zwischen den einzelnen Sorten sind z. T. aus botanischen, züchterischen und pharmakologischen Maßstäben abgeleitet. Danach soll die Sorte Rosa rugosa alle die Anforderungen erfüllen, welche die Hagebutte zu dem macht – was sie ist: Ein Vitaminstar unter den Beeren. Das Fruchtfleisch der Hagebutte ist außerordentlich reich an Vitaminen und Mineralien. Vitamin C nimmt eine Spitzenposition ein und wird nur noch von der ausländischen Acerolakirsche übertroffen. Sämtliche Mineralien sind im Überfluß vertreten, besonders der recht hohe Eisengehalt. Es kann deshalb kaum verwundern, wenn die Hagebutte schon in alten Kräuterbüchern lobend erwähnt und von früheren Ärztegenerationen bei allen möglichen Krankheiten verordnet wurde. In der Volksheilkunde ist die Hagebutte als wassertreibendes und gleichzeitig heilendes Nierenmittel bei Grieß- und Steinbildung bekannt. Hagebuttenmarmelade und -mus werden erfolgreich gegen Appetitlosigkeit gegeben, und die harten Hagebuttenkerne scheinen auf den Bandwurm zumindest einen hemmenden Einfluß auszuüben (Vanillin). Die Hagebutte hat überdies eine stimulierende Wirkung auf das Immunsystem, sie steigert also die Abwehrbereitschaft und beugt Infektionen vor. Wer Hagebutten im Herbst sammelt und über den Winter bis zum Spätfrühjahr in seinen Speiseplan einbaut, braucht weder Vitaminmangel noch -krankheiten zu fürchten, denn die Hagebutte scheint nicht nur einer der besten Vorbeugemittel zu sein; sie hat auch nur geringe Lagerverluste.

Und so bereiten Sie einen Hagebuttentee:
Man nehme 2 gehäufte TL fein zerkleinerte entkernte Hagebuttenfrüchte, gebe sie in ¼ l kaltes Wasser und koche sie genau 10 Min. Da das Hagebuttenfruchtfleisch die Vitamine gut isoliert, bleiben sie trotz des Kochprozesses erhalten. Man kann den Hagebuttentee auch in der Thermosflasche für mehrere Stunden warm halten, ohne daß der Vitamingehalt verloren geht. Dies macht den Hagebuttentee zu einem sehr wertvollen Getränk für jede Tageszeit. *Und so bereiten Sie Hagebuttenmus:*

Hagebuttenmus

1 kg	Hagebutten	gründlich waschen, den Stiel- und Blütenansatz abschneiden.
ca. ½ l	Wasser	Die Hagebutten in 2 Portionen nacheinander 15–30 Minuten sehr weich kochen und anschließend durchpassieren, z. B. mit einer „Flotten Lotte“.
120–150 g	Honig	Süßen nach Geschmack.
von 1	Zitrone die Schale fein abgerieben	Das Mus in kleine heiß ausgespülte Gläser füllen und im Kühlschrank aufbewahren. Haltbarkeit etwa 2 Wochen. Größere Mengen sollte man eingefrieren.

Walderdbeeren – eine wertvolle Krankenkost
Die im Frühsommer an sonnigen Waldhängen und Waldrändern reifende Walderdbeere, ist besonders reich an Enzymen und Zündstoffen für den Stoffwechsel. Sie schneidet bei der Nähr- und Wirkstoffanalyse beträchtlich besser ab als ihr großer Gartenabkömmling, die überaus fleischige und durch Stickstoffdüngung verwässerte Gartenerdbeere. Auch sind Walderdbeeren wesentlich aromatischer,

haben noch den charakteristischen Erdbeerduft und sind eben nicht gespritzt. Die Walderdbeere kann bei vielen Krankheiten nützlich sein, besonders dann, wenn sie kurmäßig in größeren Mengen gegessen wird. Besserungen werden bei Verstopfung, schlechter Verdauung, bei Venenstauungen, Kreislaufstörungen, Nierenschwäche und rheumatischen Erkrankungen, die mit Gelenksentzündungen einhergehen, beobachtet. Frauen, die Probleme mit dem Unterleib haben, sollten es einmal mit den Erdbeeren versuchen. Die Kreislaufwirkung der Erdbeere dürfte durch den blutreinigenden Effekt zustande kommen, womit auch die Leber einbezogen ist.
In der Grobanalyse fällt der hohe Vitamin-C-Gehalt auf, welcher eine Spitzenposition unter den Beeren einnimmt.
Nicht unerwähnt soll die Erdbeerallergie bleiben. Menschen mit einer allergischen Disposition reagieren auf Erdbeergenuß mit nesselartig juckendem Ausschlag. Diese Hautreaktion ist die Antwort auf ein Erdbeereiweiß, welches durch Defekte in der Darmschleimhaut in die Blutbahn gelangt und dort Antikörperreaktionen hervorruft.
Die Erdbeerblätter wirken ähnlich wie Brombeer- und Himbeerblätter. Wer will, kann alle drei Blätter zu gleichen Teilen mischen und nach dem Fermentierungsprozeß eine sehr schmackhafte und wirksame Teemischung daraus herstellen (siehe bei Brombeeren S. 148). *Und so stellen Sie Ihre eigene Erdbeerhonigmarmelade her:*

Erdbeerhonigmarmelade

500 g	Erdbeeren frisch oder gefroren	– 15–20 Minuten im Mixer pürieren. In vorbereitete Gläser füllen und im Kühlschrank aufbewahren. Nur begrenzt haltbar.
125–250 g	Honig	
etwas	Vanillepulver	
3–5 Meßbecher	Biobin*	

* Pflanzliches Bindemittel, in Reformhäusern erhältlich.

Heidelbeeren – gut für Darm und Bauchspeicheldrüse

Die köstliche, blauschwarze Heidelbeere findet sich in unserem Land häufig in Wäldern und Mooren und wächst oftmals in ganzen Kolonien.
Heidelbeeren färben durch das reichlich vorhandene Farbstoffglykosid „Anthozyan“ Zähne und Zunge blau, und auch beim Pflücken sind die Hände schwarz gefärbt. Medizinhistorisch ist die Heidelbeere eine – schon seit langem angewendete – Heilpflanze, da sie von der Volksmedizin seit eh und je gegen Durchfälle aller Art eingesctzt wurde. Für diesen heilenden Effekt sind wahrscheinlich mehrere Wirkstoffe von Bedeutung. Die getrockneten Heidelbeeren sind besonders farbstoffreich und entfalten in der Darmschleimhaut eine entzündungswidrige und bakterienhemmende Wirkung. Den modernen antibiotischen Substanzen ist der reine Heidelbeersaft oder -extrakt wegen seiner bakteriziden Kraft deutlich überlegen. Bei bakteriellen oder virösen Durchfällen ist er das Mittel der Wahl, da er keine Nebenwirkungen zeigt und eine stoffwechselaktive Komponente besitzt, z. B. die in einer verstärkte Zellatmung. Fäulnisbakterien und Gärungen

werden dauerhaft und gründlich durch Heidelbeeren beseitigt; außerdem helfen Heidelbeerkuren wirksam gegen Maden- und Spulwürmer. Man muß sie allerdings mindestens 3 Tage intensiv durchführen.

Und so wird die Heidelbeerkur gemacht: Täglich nimmt man 200 ccm frisches Heidelbeermus im Abstand von ca. 2½ Stunden ein. Binnen drei Tagen sind alle Würmer hinausbefördert. Erlaubt ist in den drei Tagen lediglich ¼ l Milch tägl. Neben dem darmreinigenden Effekt verstärkt sich die Wasserausscheidung (Harn wird rot), man speckt einige Pfunde ab und fühlt sich schon am 3. Tag frisch und leistungsfähig.
Heidelbeeren regen alle Darmdrüsen an, insbesondere die Bauchspeicheldrüse. Für Diabetiker kann der regelmäßig angewendete Heidelbeerblättertee die Insulinspritze einsparen helfen, zumindest die tägliche Insulindosis reduzieren.

Und so bereiten Sie den Heidelbeerblättertee: 3 gehäufte TL auf ¼ l gekochtes Wasser geben und 10 Min. ziehen lassen. Nach dem Ausziehen abseihen und handwarm schluckweise trinken.
Getrocknete Heidelbeeren können auch als Tee getrunken werden.

Rezept: 4 gehäufte EL getrocknete Heidelbeeren werden mit ½ l kaltem Wasser übergossen und ca. 15 Min. gekocht. Nachdem man abgeseiht hat, kann der Tee auch zum Gurgeln und zu Mundspülungen benutzt werden.

Schwarze Holunderbeeren – ein altes Hausmittel der Germanen
Über den Holunder als ganze Pflanze gibt es die wunderlichsten Geschichten. Den Germanen galt er als Wohnsitz der Hausgötter und wurde deshalb gerne in die Nähe von Wohnhaus und Stallungen gepflanzt, um sich vor Dämonen und Feuergeistern zu schützen. Keiner wagte es früher, einen Holunderbusch zu fällen oder gar zu verpflanzen, aus o.g. Gründen. Dieser Aberglaube ist zumindest in einigen Gegenden noch lebendig. Albertus Magnus, der große Gelehrte und humanistische Forscher im Hochmittelalter, schrieb in seinen botanischen Abhandlungen über die volksmedizinische Anwendung des Holunders: „Die Rinde des Holunders habe nur dann eine abführende Wirkung, wenn man sie von oben nach unten abschabe, umgekehrtes Schaben bewirke Brechreiz, angeblich sei das oft ausprobiert worden“, bemerkt er noch am Schluß. Liest man dergleichen, dann wird man von den naiven Vorstellungen unserer Vorfahren innerlich seltsam berührt, das zwischen wohlwollendem Verständnis und kritischer Distanz steht. Mich jedenfalls überkommt immer ein wehmütiges Schmunzeln, denn wie kindlich waren doch unsere Vorfahren und wieviel Glaubenskraft hatten sie, ungeachtet an wen oder was. Der moderne Mensch unserer Zeit ist arm an Glauben, jedoch reich an Mißtrauen und Kritik, wie gut täte aber gerade ihm ein bißchen mehr Vertrauen und Glauben in die Heilkräfte unserer Natur und in unseren Schöpfer.
Holunder ist eine ungemein wirksame und vielseitige Heilpflanze. Der Blütenaufguß wirkt mild schweiß- und harntreibend. Dagegen wirken Wurzel und Blätter – wenn man sie abkocht – stärker auf die Wasserausscheidung. Geradezu drastisch

harnabführend (diuretisch) wirkt die grüne Keimschicht der Rinde nach Abkochung.
Daraus ergeben sich schon einige wichtige, therapeutische Anwendungsmöglichkeiten. Die Blüten werden erfolgreich zur Ableitung bei Erkältungskrankheiten, wie Grippe, Husten, Schnupfen, Heiserkeit und Katarrhe verwendet, während die übrigen Bestandteile bei kreislaufbedingten Wasseransammlungen und Nierenschwäche eingesetzt werden. Die schwarzen Holunderbeeren sind dem Eingeweihten goldeswert. Ihr hoher Gehalt an sauerstoffaktivierenden Anthocyanfarbstoffen macht sie für die Krebstherapie – ähnlich wie auch bei der Roten Bete – interessant. Den Beeren sagt man eine blutreinigende und blutbildende Wirkung nach, als sicher gilt, daß 1 EL frisches Beerenmus abführt, hingegen täglich 3mal 10 getrocknete Beeren gekaut, stopfend wirken. Frischer Holunderbeerensaft gilt wegen seines reichen Vitamingehaltes – besonders A, C und die B-Gruppe – als nervenstärkend und beruhigend. Es gibt nicht wenige Fälle, die nach einer Holundersaftkur ihre Trigeminusschmerzen für immer verloren, Rheuma besserten und sogar Migräneanfälle heilten. Ich habe selbst in mehreren Fällen Erfolge gesehen und bin von der großartigen Heilkraft der Holunderbeeren überzeugt.

Und so stellen Sie eine Holunderpreßsaftmischung her: Die reifen ganzen Dolden werden Anfang Oktober in einem großen Korb gesammelt und zu Hause mit einem groben Kamm von den Beeren befreit. Nun gibt man die Beeren in einen Mixer und zerkleinert sie zu Mus. Wer das Mus mag, sollte es unbedingt essen. Zur Geschmackskorrektur gibt man auf eine große Tasse eine halbe Zitrone und einen TL Honig. Dasselbe gilt für den Preßsaft aus dem Entsafter, der heute meist als elektrisches Gerät zur Verfügung steht. Täglich ½ Liter Holunderbeerensaft heilt so ziemlich alles, was heilbar ist, selbst Tumore gehen zurück.
Man kann nach dem Gesagten verstehen, warum unsere Väter den Holunder so verehrten und ihn schließlich zum Sitz der Hausgötter machten. Darum sollten wir nicht hochmütig mit wissenschaftlicher Skepsis auf alles herabblicken, denn selbst im Aberglauben steckt meist eine hintergründige Wahrheit, die nur von unverständlichen Irrlichtern eingehüllt ist. *Noch ein weiteres Holunderrezept:*

Holunderpreßsaft

250 g	Holunderbeeren	– mit der Saftzentrifuge entsaften
1	Apfel	
etwas	Honig	– damit abschmecken

Schwarze Johannisbeeren

Schwarze und rote Johannisbeeren waren bei uns bis ins 15. Jahrhundert unbekannt, woher sie kamen, läßt sich nicht mehr genau feststellen, vielleicht wurden sie in Klostergärten kultiviert und später in der Volksmedizin als Heil- und Nahrungsmittel eingeführt.

Von den Inhaltsstoffen der schwarzen Johannisbeere überragt der Vitamin-C-Gehalt außer Hagebutte alle Beeren und übertrifft sogar noch die der Citrusfrüchte. Recht ansehnlich ist auch der Kaliumgehalt und das Niacin (Nikotinsäure: siehe S. 75).

Das von Euler entdeckte Vitamin C 2 auch Vitamin J genannt, soll vor Infektionen schützen, vor allem gegen Lungenentzündung.

Die in der Johannisbeere reichlich vorhandenen Fruchtsäuren, z. B. Zitronensäure siehe S. 144 und Apfelsäure, sind in der Lage, das Vitamin C vor einer oxydativen Zersetzung zu schützen und haben neben ihrer bakterienhemmenden Wirkung im Darm eine zentrale Stellung im intermediären Stoffwechsel inne. Nicht unerwähnt bleiben darf der dunkelrote Farbstoff – wie er im Holunderbeerensaft, in der Heidelbeere und Roten Bete vorkommt (siehe S. 151, 150 und 129), diese Anthozyanide wirken nicht nur entzündungshemmend auf die Darmschleimhaut, sondern greifen mit ihren sauerstoffaktiven Komponenten tief in das Stoffwechselgeschehen ein und aktivieren die Zellatmung. Es gibt zahlreiche chemische Abwandlungen der Anthozyanide, wobei längst nicht alle erforscht sind; doch sollten wir nicht warten, bis uns die Wissenschaft längst bekannte Heilwirkungen als unverbrüchliche Wahrheit absegnet, sondern uns die Erfahrungen unserer Väter zu eigen machen, die sie in mühseliger und leidhaften Beobachtungen der Natur ablauschten.

Bei welchen Erkrankungen können wir die Johannisbeeren verwenden?

1. Bei Durchfallerkrankungen, Darmgarungen und übelriechendem Stuhl, täglich 1 Glas ungesüßten frischen Johannisbeersaft zu den Mahlzeiten.
2. Bei Keuchhusten, Heiserkeit und Entzündungen der Mandeln und des Rachenraumes sowie grippalen Infekten, eignet sich warmer Johannisbeersaft zum Gurgeln und Trinken (lauwarm).
3. Mangelnde Nierentätigkeit wird besonders durch die getrockneten Beeren günstig beeinflußt. Man nehme täglich 5–6 EL zu jeder Mahlzeit.
4. Als Tonikum zur Steigerung der Leistungsfähigkeit und des Appetits und während der Genesungsphasen (Rekonvaleszenz) täglich zu den Mahlzeiten 1 Glas.
5. Zur Aufbesserung der Vitaminreserven und bei erhöhtem Bedarf täglich ½ Glas zu den Mahlzeiten.

In der Volksmedizin werden auch die Johannisbeerblätter viel bei Rheuma und Gelenkschmerzen eingesetzt.

Und so wird Johannisbeerblättertee zubereitet: 2 gehäufte TL der getrockneten Blätter auf ¼ l kaltes Wasser geben, das Ganze bis zum Sieden erhitzen und dann abseihen. Bei Rheuma sollte man davon mindestens 4–5 Tassen tägl. trinken.
Hier noch ein Johannisbeerrezept:

Johannisbeerdessert mit Bananensahne

400 g	Johannisbeeren	– abperlen
½	Honigmelone	– Kerne entfernen, schälen, in kleine Stücke schneiden und in 4 Schälchen füllen
⅛ l	Sahne	– steif schlagen
1	Banane	– mit einer Gabel zerdrücken, cremig schlagen, unter die Sahne ziehen und über die Beeren verteilen.
etwas	gemahlene Vanille	
1 TL	Honig	
1 EL	Haselnüsse	– zum Garnieren
1 Sträußch.	Johannisbeeren	

Ebereschenbeeren – nicht nur für die Vögel

Die lange Zeit unterschätzte und mißachtete Vogelbeere wurde in den letzten Jahren in ihren verschiedenen Spielarten auf ihre Wirkstoffe analysiert und erlangte bald große Wertschätzung.
Dabei wurde die mährische Eberesche (Sorbus aucuparia L. dulcis Beck) als ein ganz hochwertiges Nahrungsmittel erkannt. Von den wilden Arten unterscheidet sich die mährische durch das Fehlen von den galleartigen Bitterstoffen, durch den sehr hohen Vitamin-C-Gehalt plus Vitamin A, seines milden süßlichen Geschmacks und wichtiger organischer Säuren wie die Bernsteinsäure, Apfel- und Zitronensäure. Die Pflanze ist recht anspruchslos und gedeiht auch auf kargen Böden, zudem verträgt sie rauhes Klima und ist frostfest.
Medizinisch diätetisch helfen die mährischen Vogelbeeren und zwar das frische Mus bei Verstopfung, unregelmäßiger und mangelhafter Periode, bei Vitamin-C-Mangelsymptomen und Harnstauung. Das Mus gilt als magenfreundlich, und durch die harntreibenden und steinauflösenden Eigenschaften kann es als Diätetikum zusätzlich zur Nierensteinprophylaxe genutzt werden. Ebereschensaft hat sich auch als pilz- und keimtötend herausgestellt. Bei Darm- und Mundpilz und zur Beseitigung infektiöser Durchfälle mag es daher hilfreich sein.

Und so wird Ebereschen-Mus zubereitet: Man erntet mit derselben Methode wie schon beim Holunder beschrieben. Wenn die ersten Nachtfröste kommen, ist die beste Erntezeit. Man gibt sie in einen größeren Kochtopf und bedeckt sie mit Wasser. Dann kocht man sie unter ständigem Rühren weich, läßt das Wasser durch ein Sieb ablaufen und gibt etwa die gleiche Gewichtsmenge Zucker hinzu. Sehr geschmacksanhebend ist eine Mischung mit Apfelgelee oder Apfelmus. Zur endgültigen Geschmacksverfeinerung kann man einen Schuß Weißwein hinzugeben. Das Ganze wird dann unter ständigem Umrühren dickgekocht.

Weintraubensaft reinigt das Blut

Speziell der Traubensaft gilt in der Volksmedizin seit alters als idealer Blutreiniger. Man vermutet die Urheimat des Weinstockes in der Gegend südlich vom Kaspischen Meer, von wo er seinen Weg über Mesopotamien, Ägypten nach Syrien und Israel machte und schließlich in Griechenland und Italien in größeren Kulturen angebaut wurde.

Der Wein war immer schon beides: Genuß- und Heilmittel. Die Vergärung des Weintraubensaftes zu einem berauschenden, alkoholischen Getränk kannte man in der vorbiblischen Zeit nicht. In der Bibel wird berichtet, wie Noah trunken vom Wein und entblößt in seinem Zelte lag und sein Sohn Kanaan ihn darauf bei Sem und Japhet verspottete. Nachdem Noah von seinem Weinschlaf erwacht war und davon hörte, verfluchte er Kanaan zum Knecht der Knechte. Das war etwa 2351 v. Chr. Um diesen Vorfall richtig zu verstehen, muß man wissen, daß die Väter den Wein nicht zur sinnlichen Berauschung tranken, wie das heute üblich ist; sondern im Wein ein Mittel sahen, das ihnen den Zugang zu Gott (Jahwe) erleichterte. Daher der Spruch: „In vino veritas."
Um ihn haltbar zu machen, versetzte man den Traubensaft mit Kräutern und konservierenden Würzmischungen, was dem gesundheitlichen Wert des Traubensaftes sicherlich nicht geschadet haben dürfte. Weniger gesund dürfte allerdings der Terpentinzusatz gewesen sein, der den Rebensaft vor dem Sauerwerden schützen sollte. Die damit verbundenen Vergiftungssymptome mußten den Ärzten erhebliches Kopfzerbrechen bereitet haben, denn die Methode der Terpentinkonservierung hielt sich ziemlich lange. Erst die systematische Vergärung zu Wein schaffte eine natürliche Konservierungsgrundlage, freilich mit dem verführerischen und häufigem Alkoholabusus.
Über den edlen, sonnengereiften Traubensaft gibt es eine Unmenge an Literatur, so daß es sehr schwer fällt, wesentliche Heilwirkungen herauszustellen. Es gibt z. B. Geschichten über Leberheilungen mit Wein. Liest man solche Berichte kritisch durch, dann stellt sich vor allem die Frage nach den näheren Begleitumständen, nach der Ernährung und schließlich, ob eine Therapie so nebenher gelaufen ist. Wein wurde bis in die Neuzeit hinein auch als Wundreinigungsmittel verwendet, und immer wieder wird Wein in der Bibel in Verbindung mit Brot, Öl und Salz genannt, nicht weniger als 153 Bibelstellen nennen den Wein in irgendeinem Zusammenhang.
Wein – mäßig getrunken – ist eine Arznei und ein individuelles Heilmittel, das muß man immer wieder feststellen.
Es gibt viele Weinrezepte, wovon hier nur einige Medizinalweine kurz besprochen werden sollen. Zu ihnen zählen: Hopfenwein, Melissenwein, Rosmarin-Wein, Pepsinwein, Knoblauch-Wein, Honig-Wein (Met), Brennessel- und Brennesselsamen-Wein, und wer den Bittergeschmack verträgt, kann es auch einmal mit dem Tausendgüldenkraut-Wein versuchen.
Die spezielle Wirkung des Medizinalweines ist natürlich an die arzneilich verarbeiteten Zusätze gebunden. Es gibt jedoch – gegenüber den Teemischungen oder reinen Kräutersäften – einige Vorzüge. Zu ihnen gehören vor allem die bessere arzneiliche Aufschließung der Kräuterwirkstoffe und die günstigere Ausgangsposition in der Magen-Darm-Schleimhaut. Zusammen mit dem vergorenen, reinen Traubensaft entfalten die Kräuterheilstoffe und ätherischen Öle eine potenzierte Wirkung, wobei die ätherischen wirksamen Bestandteile länger als gewöhnlich von dem konservierenden Weinalkohol vor enzymatischer Zersetzung verschont bleiben.

Brennesselsamen-Wein-Rezept:
Die Brennesselsamen werden von den Rispen abgestreift und gesammelt. Auf ¾ Liter guten, fränkischen Weißwein (Bocksbeutel) gibt man 50 g Brennesselsamen. Flasche gut verschließen und ca. 20 Tage stehenlassen. Während dieser Zeit mehrmals täglich gut durchschütteln. Danach wird abgeseiht und 100 g reiner Blütenhonig zugegeben. Die Flasche erneut gut verschließen und im Kühlschrank aufbewahren. Man sollte ihn innerhalb 30 Tagen verbrauchen, da er nach dieser Zeit verfällt.

Wirkung: Ein gutes Mittel gegen vorzeitiges Altern in klimakterische Erscheinungen. Außer dem hohen Vitamin-E-Gehalt sind im Brennesselsamen hormonartige Verbindungen entdeckt worden, die hormonelle Ausfallserscheinungen ausgleichen können (siehe auch S. 135).

Knoblauch-Wein-Rezept:
Zwei große Knoblauchzehen fein gehackt mit 1 Liter Weißwein siedend erhitzen und den Ansatz drei Tage stehenlassen. Danach wird abgeseiht. Täglich davon zwei Likörgläschen trinken.

Wirkung: Es stellt sich eine ganz ausgezeichnete Verdauung und Speisenbekömmlichkeit ein. Die spezielle Knoblauchwirkung lesen Sie bitte auf S. 108 nach.

Die übrigen Medizinalweine mit Hopfen, Melisse, Rosmarin und Tausendgüldenkraut werden nach dem gleichen Grundrezept hergestellt:
1 Liter guten Weißwein mit 30–35 g annähernd pulverisierten Heilpflanzen versetzen und für etwa 2 Wochen bei Zimmertemperatur gut verschließen. Ab und zu gründlich durchschütteln. Danach wird durch ein feinmaschiges Leinentuch abgeseiht. Man sollte täglich davon 2–3 Likörgläschen trinken.
Pepsinwein und Honigwein (Met) gibt es in Apotheken, Reformhäusern und Drogerien zu sehr günstigen Preisen, ihre Wirkungen sind meist auf dem Etikett angegeben.

Noch ein paar Sätze zum reinen Traubensaft.
Die Traubensaftkur erfreut sich heute großer Beliebtheit. Sie wird ärztlich bei Magen-, Darm-, Leber- und Kreislauferkrankungen verordnet, insbesondere bei erhöhtem Blutfettspiegel und Hochdruck. Die Untersuchungen bei Traubensaft und Wein auf die Überlebensrate von Viren und verschiedenen Unterklassen hat ergeben, daß die Vermehrung und die Aktivität dieser Lebewesen wesentlich beeinträchtigt, ja z. T. gehemmt wird. Verschiedene Viren gehen unter der Traubensafteinwirkung zugrunde, andere verlieren ihre Virulenz. Dabei stellte sich heraus, daß wieder einmal die Schalenwirkstoffe der Weintraube diese segensreiche Wirkung vollbringen. Die als tanninähnlichen Phenole identifizierten Stoffe, finden sich am stärksten im frischen Traubensaft und in noch ausreichender Menge auch im Rotwein. Man kann auf Grund dieser wissenschaftlichen Ergebnisse postulieren, daß der reine Traubensaft – wenn er unmittelbar nach seiner Gewinnung getrunken wird – gegen Darmviren vorbeugend und heilend wirkt. Nicht unerwähnt bleiben soll meine Beobachtung, daß übertrieben lange Trau-

benkuren einen latenten Diabetes wecken können. Man sollte die Kur nicht länger als drei Tage durchführen.

Und so wird die Kur gemacht: Man beginnt morgens mit ¼ Pfund Trauben und verzehrt bis mittag langsam ein Pfund. Ab 14 Uhr beginnt man erneut mit ¼ Pfund und ißt bis in die Abendstunden ca. bis 20 Uhr den Rest von ⅓ Pfund. Mehr sollte man keinesfalls essen. Während der Kur kann man so viel Wasser trinken, wie man will, z. B. Kräutertees für Niere, Herz und Leber.

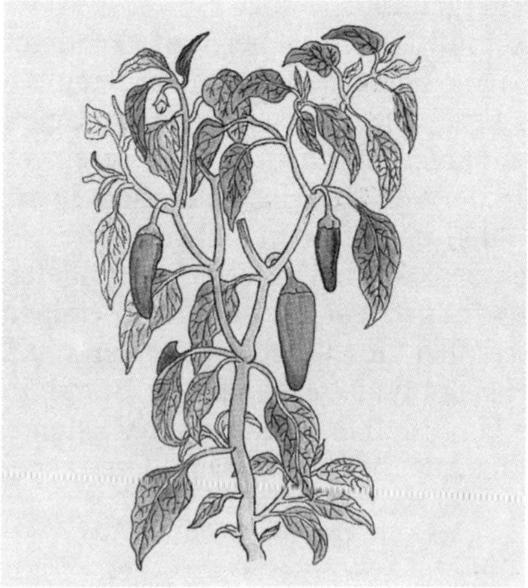

Schalenfrüchte und Nüsse

Vorbemerkung

Als letztes der zu besprechenden Nahrungsmitteln wollen wir noch einige Schalenfrüchte vorstellen bzw. mehrere beliebte Nußarten, um unsere Kenntnisse hierin abzurunden.

In der Mehrzahl sind Nüsse Baumfrüchte und für Mensch und Tier eine wichtige Nahrungsquelle – seit Urzeiten. Nüsse sind mit ihrer harten Fruchtummantelung langlebig und haben weniger Rückstände als z. B. Obst und Gartenfrüchte. Faßt man die Analysen und wissenschaftlichen Ergebnisse zusammen, dann kann man sagen, daß Nüsse vollwertige Eiweißträger sind – z. T. 14–19% pro 100 g, eine Reihe wichtiger nervenwirksamer Energiestoffe beinhalten – Phosphor und Lezithin (siehe S. 55 und S. 22) und vor allem die höchsten Werte hochungesättigter Fettsäuren aufweisen. Nüsse können Fleisch ersetzen und sind in mancher Hinsicht sogar überlegen. Vergleicht man den Eiweißgehalt pro Gewichtseinheit, dann befinden sich in 530 g Paranüssen ebensoviel Eiweiß wie in 2 kg Hammelfleisch, und bei den eiweißreichen Sonnenblumenkernen genügen schon 320 g, um etwa mit 1,5 kg Schweineschinken gleichzuziehen. Die Vorteile des hochwertigen Nußeiweißes sind gegenüber dem Fleisch evident:

Nußeiweiß entwickelt keine Fäulnisstoffe, es ist frei von Parasiten, z. B. Trichinen und Wurmablagerungen, es enthält keine abgelagerten Stoffwechselschlacken,

z. B. Harnstoff, Harnsäure; das Allerwichtigste: Sie sind frei von medikamentösen Wuchsstoffen (Anabolika), Medikamenten und chemischen Futterzusatzstoffen. Der Wert der hochungesättigten Fettsäuren wurde bereits auf S. 18 besprochen und soll hier nicht wiederholt werden. Dennoch kann nicht oft genug darauf hingewiesen werden, welche Vorteile diese Stoffe für den Organismus mit sich bringen, gerade in einer Zeit, wo der tierische Fettverzehr ein beängstigendes Ausmaß angenommen hat.

Haselnuß – das Nervenenergetikum

In Europa war der Haselnußstrauch früher weit verbreitet, und man konnte die Nüsse für den Wintervorrat säckeweise sammeln. Heute werden die Haselnüsse als landwirtschaftliches Erzeugnis in den USA, Frankreich und Osteuropa großflächig angebaut, und nur hie und da trifft man vereinzelt auf wilde Sträucher. Der diätetisch medizinische Wert der Haselnuß, liegt in seinem hohen Gehalt an Eiweiß, ca. 13 g auf 100 g, entsprechend abgelagerter Nüsse und dem hohen Gehalt an Nußöl. Haselnüsse werden als ergiebige Öllieferanten genutzt, sowohl als Speiseöl wie auch als Industrieöl, meist in der Feinmechanik.

Die Haselnuß ist ein wertvoller Geschmacksverbesserer in Kuchen und Plätzchen; den Studenten ist die Haselnuß als regelmäßiger Bestandteil im Studentenfutter bekannt. Man kann die Haselnuß in gemahlenem Zustand sehr vielseitig verwenden, z. B. als Nußmus, als Zugabe in Müsli und Quarkspeisen und in Sahne und Mayonnaise.

Erdnüsse – gut für das Blut

Erdnüsse sollen zuerst auf Kuba in Gärten gefunden worden sein. Die spanischen und portugiesischen Entdecker berichten, daß bereits die Inkas und Azteken diese Frucht anbauten. Die Vermutung liegt also nahe, daß sie von den Spaniern nach Kuba gebracht wurde. Die Spanier brachten sie nach Europa mit und führten sie damit als Handelsware ein. Heute sind die größten Erdnußproduzenten die USA, Brasilien, China, Mexiko, Kenia und Ostindien.

Interessant ist der klimatische Einfluß auf die mengenmäßige Ölausbeute dieser Frucht. Danach ergeben die tropischen Erdnüsse eine Ölausbeute von nahezu 54%, das ist in der Tat unglaublich. Je gemäßigter das Klima, desto geringer der Ölgehalt und wohl auch minderwertiger die Qualität. Das Öl der Erdnuß (Oleum Arachidis) besteht aus einer gesunden Mischung von gesättigten und ungesättigten Fettsäuren. Dieses Öl scheint nach den neuesten Ergebnissen einen günstigen Einfluß auf die Blutgerinnung zu haben, da es reich an Vitamin K ist. Oleum Arachidis ist ein wichtiger Rohstoff zum Aufbau hochwirksamer Gewebshormone, z. B. die Prostaglandine (siehe S. 18).

Man kann also ohne Übertreibung die Erdnüsse zu den wertvollen Gesundheitswächtern unserer Nahrung zählen, und schon eine Handvoll ungesalzener Erdnüsse genügen, um den täglichen Bedarf wichtiger Stoffe zu decken. Spitzenwerte finden sich auch im sehr hohen Schwefelgehalt, dieser Stoff ist unerläßlich für eine einwandfreie Leberfunktion, denn die Entgiftungsleistung der Leber ist direkt vom zugeführten Schwefel abhängig. Siehe S. 56. *Und so stellen Sie Erdnußmus selbst her:*

Erdnußmus

100 g	Sahne	im Mixer pürieren
100 g	geschälte Erdnüsse	
2 EL	Honig	
1 EL	Kakao	
2–3 EL	fein gemahlener Hafer	und so viel Hafermehl dazugeben, daß eine streichfähige Creme entsteht.

Im Kühlschrank aufbewahren. Zum baldigen Verbrauch bestimmt. Die Creme zieht beim Stehen noch an.

Mandeln – ein Born von Eiweiß und Spurenstoffen

Die aus Zentralasien (Turkestan) stammende Mandel hat wegen ihres feinen Geschmacks in allen Konditoreien und Küchen einen triumphalen Einzug gehalten.

Die heilenden Nähr- und Wirkstoffe der Mandeln und ihr hoher Eiweißgehalt von 19 g pro 100 g macht sie zu einem wertvollen und zugleich geschmacksverbessernden Naturprodukt. Bemerkenswerte Konzentrationen zeigen sich auch im Kalium, Magnesium und Phosphorgehalt, die als basische Biostoffe zur Aufrechterhaltung des Säure-Basen-Gleichgewichtes und eines gleichgewichtigen bioelektrischen Zellmilieus – namentlich der Nervenzellen – unentbehrlich sind. Ausführliche Informationen über diese Spurenelemente und elektrischen Ladungsträgern finden Sie auf den S. 47 bis 68.

Die Mandelmilch hat in der Säuglingsdiät einige Bedeutung erlangt. Ihr hoher Eiweißgehalt kann mit dem der Frauenmilch konkurrieren und hat den Vorteil pflanzlicher Herkunft. Pflanzliche Eiweiße bleiben länger stabil als tierische, sind leichter verdaulich und entwickeln kaum Fäulnisstoffe, wie Indol und Scatol im unteren Darmabschnitt. Allerdings sollte die Mandelmilch zu gleichen Teilen der Molke, mit ihren hochwertigen Molkeproteinen, der rechtsdrehenden Milchsäure und der leber- und nervenwirksamen Orotsäure zugesetzt werden; damit wird die Abwehr des Säuglings und die Bifidusflora im Darm gefördert.

Bei Säuglingen ist die Mandelmilch vor allem bei Durchfall, Trinkfaulheit und hartnäckigen Ekzembildungen, die auf Eiweißallergien zurückgehen, angezeigt.

Und so wird Süßmandelmilch hergestellt: 150–200 g Mandeln einige Stunden (über Nacht) in kaltem Wasser einweichen, schälen und in einer Mandelmühle zerkleinern. Danach gibt man die Mandeln in einen Mörser und zerreibt den Mandelbrei weiter unter Hinzugießen von Wasser bis zu ½ Liter. Als nächstes wird das feinzerstoßene Mandelmus mit dem Wasser durch ein feines Seihtuch filtriert und mit der gleichen Menge Molke vermischt. Zur Geschmacksaufbesserung kann man 1 Löffel Honig zugeben. Die ganze Flüssigkeit muß, damit sie homogen wird, kurz aufgekocht werden. Mit dieser Menge reicht man 2 Tage, je nach Trinkfreudigkeit des Säuglings.

Medizinische und auch industrielle Verwendung findet die Bittermandel. Durch kalte Pressung aus süßer sowie Bittermandel gewinnt man das Mandelöl – mit seinen besonderen Schmierqualitäten. Mandelöl verharzt nicht und trocknet nur unter direkter Wärmeeinwirkung aus. In Uhrengehäusen und feinmechanischen

Apparaturen erfüllt es jahrelang die hohen lauftechnischen Gleitanforderungen. Die der Bittermandel nachgesagte giftige Blausäure, ist in der einzelnen Mandel nur minimal vorhanden. Mindestens 60 Bittermandeln müssen eingenommen werden, um letale Vergiftungserscheinungen zu bekommen. Die Blausäure ist ein Blutatmungsgift, das als glykosidisches Amygdalin identifiziert, die enzymatische Kohlensäureaufnahme in den roten Blutkörperchen (Carboanhydrase) verhindert. Dadurch kommt es zu einer lebensgefährlichen Kohlensäureüberladung in den Organen und zu einer akuten Sauerstoffnot. Bittermandeln sollten also nicht gegessen werden, das gilt besonders für Säuglinge, wo bereits drei Mandeln schon gefährlich werden können.
Die Blausäure naturheilkundlich betrachtet, hat aber auch in geringen Dosen heilende bzw. lindernde Wirkungen. Da sie die Blutatmung reduziert, verringert sie in kleinsten Dosen den Stoffwechselgrundumsatz und dämpft so eine Schilddrüsenüberfunktion. Täglich 2–3 Bittermandeln gut zerkaut, können hier hilfreich sein.
Bei Blausucht (Zyanose), die auf eine schlechte stoffwechselbedingte Blutatmung hinweist, gibt der kundige Homöopath Laurocerasus in höheren Potenzen. Der Kirschlorbeer ist blausäurehaltig und als Teeaufguß oder zum direkten Verzehr nicht geeignet.

Pistazie – wertvoller Eiweiß- und Energiespender

Die etwa haselnußgroßen Pistazien sind im Vorderen Orient und in Südeuropa stark verbreitet. Sie waren schon vor 4000 Jahren ein begehrtes Nahrungsmittel. Von den Griechen wurden sie nach Europa gebracht, nachdem die Phalanx Alexander des Großen ihren aromatischen Geschmack und die magenstärkenden Eigenschaften entdeckt hatte. Sizilien ist das Hauptanbaugebiet, aber auch in den USA und Südamerika ist man dabei, sie in größeren Plantagen anzubauen. Der aromatisch delikat schmeckende, grüne Kern der Pistazie ist sehr reich an Eiweiß, Mineralien – besonders Kalium, Phosphor und Eisen – und enthält wertvolle hochungesättigte Fettsäuren. Auch der Vitamingehalt ist bemerkenswert und macht die Pistazie zu einem hochwertigen abgerundeten Energiespender. Die Phönizier, Babylonier, Juden und Assyrer brachten Pistazien oft als Geschenke mit, das mag ein Hinweis für ein stärkendes und heilendes, wohlschmekkendes Nahrungsmittel sein. Leider ist über ihren Heilwert zuwenig bekannt, darum wird sie bis heute nur als Gewürz und Aromapflanze eingesetzt. Sie wird vor allem in Konditoreien zur Verzierung von Torten, Kuchen und Gebäck verwendet. Ansonsten knabbert man die Pistazie gerne so nebenbei im Fernsehsessel. Der hohe Eiweiß- und Fettgehalt macht die Pistazie allerdings mehr zu einem Nahrungsmittel als zu einem Genußmittel.

Sesam für die Leberheilkost

Sesam gehört wohl zu den ältesten Küchengewürzen der Menschen. Dafür gibt es Hinweise in assyrischen Keilschriften, auch der griechische Geschichtsschreiber Herodot um 450 v. Chr. berichtete, daß Sesamsamen hervorragende Öllieferanten seien. Vermutlich entstammt der Sesam aus Züchtungen der mesopotamischen Hochkulturen oder vielleicht aus der sagenhaften Induskultur. Betrachtet man die Inhaltsstoffe der Samen, dann nehmen Öl und Eiweiß Spitzenwerte ein und lassen erkennen, daß man es hier mit einem außerordentlich wertvollen Nahrungsmittel zu tun hat. Der Anteil an hochungesättigten Fettsäuren und der hochwertige Eiweißgehalt mit allen essentiellen Aminosäuren, machen den Sesam für eine heilende Leberzusatzkost geeignet. Von Naturheilärzten und Heilpraktikern wird dem Leberkranken Quark und Sesampaste mit Erfolg verordnet, wobei der Heilungsverlauf wesentlich beschleunigt wird. Ausgezeichnet schmecken Sesamen auf Vollkornsemmeln und Knäckebrot und geröstet zu Kartoffelgerichten und Salaten.

Walnüsse – die beliebte Gehirnnahrung

Walnußbäume sind inzwischen auf der ganzen Welt verbreitet, jedoch regelrechte Wälder gibt es nur im Himalaya – woher der Walnußbaum auch stammt. In Hungerzeiten war der Walnußbaum der edle und großzügige Spender, und seine eiweißhaltigen Walnüsse konnten spielend den Bedarf an wichtigen Nähr- und Baustoffen decken.

Das reichliche Nußöl der Walnuß ist Träger wichtiger fettlöslicher Vitamine und hat einen Gewichtsanteil von ca. 50% pro Frucht. Hinzu kommen die wertvollen Nervenvitamine der B-Gruppe und der hohe Phosphorgehalt, was der Walnuß ihre medizinische Bedeutung als Nervennahrung gibt.

Im Volksmund sieht man seit langem in der Walnuß eine Hirnnahrung, nicht zuletzt wegen ihrer strukturellen Ähnlichkeit mit dem Gehirn. Von Gelehrten als naive Sinnübertragung belächelt, müssen wir ihm heute auf Grund der Analyse zustimmen, daß die Walnuß ein speziell ergänzendes Nahrungsmittel für das gesamte Nervensystem ist.

Sonnenblumenkerne – das Sonnengold im Blut

Sonnenblumenkerne zählen zu den höchsten Eiweißspendern der Schalenfrüchte. Der extrem hohe Ölanteil – von nahezu 65% – macht die Kerne zu einem der ergiebigsten Öllieferanten und Träger wertvoller Vitamine und Spurenelementen. Sonnenblumenöl ist in der Naturheilkunde und Lebensmitteldiät zu einem Begriff geworden, der sich nicht mehr wegdenken läßt. Ernährungsphysiologisch zur Zeit bekannt und bedeutsam ist der hohe Gehalt an Linolsäure und der sehr hohe Vitamin-E-Gehalt, der nicht einmal von der Mandel erreicht wird. Die Linolsäure verhindert überhöhte Blutfettwerte und greift regulierend in den Stoffwechsel ein. Fast alle Organe brauchen Linolsäure (der tägliche Bedarf beträgt ca. 2,0 g pro 1000 Kal.), weil sie vom Organismus nicht hergestellt werden kann. Z. B. ist sie notwendig für die lipoiden Zellhautstrukturen, da sie gerade dort eine oxydative Zerstörung – in Verbindung mit Vitamin E – verhindert. In der Krebsentstehung spielt die degenerative Zellgrenzveränderung eine erhebliche Rolle, seit man mit ziemlicher Wahrscheinlichkeit weiß, daß über die Zellmembranstrukturen die integralen Signale für Wachstumsgeschwindigkeit und Hemmung laufen. Siehe in meinem Büchlein: „Krebszellen sind SOS-Zellen".

Das Vitamin E gewinnt auch zunehmend Bedeutung in der Krebsprophylaxe. Sonnenblumenkerne haben es in reichlicher Menge, außerdem sind sie reich an Lezithin, Vitamin B 1 und Nikotinsäure.

In der Naturheilkunde haben sich Sonnenblumenöl und -kerne als Diät, bei Leber- und Galleerkrankungen sowie bei verschiedenen Hauterkrankungen bewährt. Unter letzteren vor allem Säuglingsekzeme, eitrige Hautpusteln (Furunkulose), Milchschorf und Schuppenflechte.
Haut und Stoffwechsel haben ja einen engen Zusammenhang, daher kann man Sonnenblumenkerne durchaus bei Stoffwechselerkrankungen als Dauerdiät einsetzen.

Die Paranuß – Nährstoffspitzenreiter unter den Nüssen
Die aus den Tropen importierte Paranuß zeigt eines der vollkommensten Nähr- und Wirkstoffprofile. Es sind reichlich Eiweiß und Fette als Bau- und Energiespender vorhanden und in ausreichender, fast kompletter Runde alle Vitamine und Spurenelemente anwesend.
Das Verhältnis der gesättigten zu den ungesättigten Fettsäuren beträgt 2,75:1 und liegt damit in einem durchaus physiologischen Verhältnis. Obwohl es von den tropischen Schalenfrüchten kaum nennenswerte Heilberichte oder Diätempfehlungen gibt, sehen wir in der Paranuß ein ganz ausgezeichnetes Nahrungsmittel, das mit unseren heimischen Nüssen und Früchten durchaus konkurrieren kann.

12 Goldene Regeln für eine richtige Ernährung

1. Meide grundsätzlich verkünstelte und industrialisierte Fertigkost, vor allem aus Pappschachteln, Dosen, Gläsern usw. Denke immer daran, daß jede Bearbeitung und Verfeinerungstechnik den Nährwert und die Vitalstoffe herabmindert und die Nahrung zunehmend lebloser macht. Denke auch stets daran, daß jede Haltbarmachung nur mit Konservierungsstoffen möglich und selbst bei aller Unbedenklichkeit, der Konservierungsstoff letztlich ein unnatürlicher Biohemmstoff ist, der vom Organismus (Leber) durch zusätzliche Entgiftungsarbeit neutralisiert werden muß.
2. Der tägliche Eiweißbedarf sollte überwiegend aus lactovegetabiler Kost gedeckt werden (Milch, Quark, Sanoghurt, Ei, Käse, Sojabohnen, Vollkorn, Hülsenfrüchte, Buttermilch, Kartoffeln, Haferflocken, Nüsse, Getreideflokken u.a.). Dabei sollte sich die tägliche Eiweißmenge nach dem Gewicht orientieren. Es gilt die Regel: Körpergewicht dividiert durch 1000, dividiert durch 2, ergibt die ungefähre Tagesmenge an Eiweiß. Beispiel: 70 kg:1000 ergibt 70:2 ergibt 35 g. Je nach körperlicher Belastung kann der tägliche Eiweißbedarf steigen.
3. Fette sind die stärksten Joulelieferanten! Je weniger man sich an der frischen Luft bewegt, desto geringer ist der Fettbedarf.
   a) Verwende wenig Streichfett (dünn auftragen).
   b) Versuche möglichst wenig Bratfette einzusetzen (Kanzerogenbildung).
   c) Meide tierische Fette und verwende stattdessen nur pflanzliche Fette.
   Der durchschnittliche Tagesbedarf für Fett beträgt im Mittel 40 Gramm.
4. Zucker und Kohlehydrate werden vom Organismus als Sofortenergiespender in den Stoffwechsel eingebracht. Daher können sie nur bei erhöhtem Leistungsbedarf sinnvoll sein. Überschüssige Kohlehydrate baut der Organismus als Depotfett an und belastet damit Herz-Kreislauf, Stoffwechsel und Gelenke. Denke daran – alle Süßigkeiten, Feinbackwaren und stärkehaltigen Pflanzen, z.B. Kartoffeln und Weißmehlerzeugnisse, sind im Übermaß Dickmacher und müssen eingeschränkt werden.
5. Vitamine, Mineralstoffe und Spurenelemente sind Hochleistungsstoffe und Zündfunken des Stoffwechsels. Während Eiweiß, Fette und Kohlehydrate Energie und nur das Baumaterial für Ersatz liefern, steuern o.g. Stoffe die Entgiftungsdynamik und die Vitalität des Gesamtorganismus. *Merke:* Je reicher ein Nahrungsmittel an Vitaminen, Mineralien und Spurenelementen, desto wertvoller und heilsamer ist es. Dies kann nur ein weitgehendst naturbelassenes, frisches Nahrungsmittel erbringen. Alle Vollkornprodukte, Obst und Gemüse sowie Milchprodukte, sind sehr vitamin- und mineralreich. Auch Pflanzenöle und manche tierische Öle haben einen hohen Vitamingehalt – z.B. Lebertran.
   Bei der Zubereitung sollte man folgendes beachten:
   Vermeide jegliches Fettgebackene, rösten, einbrennen, panieren und dun-

kelbraten. Verwende niemals tierische Fette, sondern nur pflanzliche Öle, und versuche den Kochprozeß so kurz wie möglich zu halten. Schonende Verfahren sind kurze Garzeiten, knappe Wasserzugabe, dämpfen und im eigenen Saft anbraten. Verwende höchstens eine Prise Kräuter- oder Meersalz, bei Bluthochdruck Salz grundsätzlich meiden. Außer den empfohlenen Kräutergewürzen (s. S. 115) mit allen anderen Zutaten sparsam sein.

6. Vermeide das Durcheinanderessen, die vielen Gänge und die überlangen Mahlzeiten. Vor allem aufgewärmtes und abgestandenes Essen, z. B. Reste aufessen aus Sparsamkeits- oder Gewissensgründen. Essensreste gibt man am besten den Haustieren oder Schweinen.
7. Zucker und Süßigkeiten sind nicht nur Zahngifte, sondern im Darm Gärungsgifte. Konzentrierte Süßigkeiten verbrauchen bis zu ihrem Abbau im Organismus zu viele B-Vitamine und Spurenelemente; sie schädigen insbesondere die Darmflora. Zucker sollte nicht in rein konzentrierter, sondern stets in natürlicher Form aufgenommen werden, z. B. Honig, Obst usw.
8. Alles, was man nicht gut vertragen kann und schlecht verdaut wird, sollte gemieden werden, um den Darm zu schonen.
9. Vermeide große Einzelmahlzeiten und bevorzuge mehrere kleine Mahlzeiten. Denke daran, je voluminöser eine Mahlzeit, desto mehr werden die Verdauungsdrüsen und der gesamte Darm strapaziert. Wenn Du an die Arbeit gehst, dann nie mit leerem Magen. Das Frühstück sollte daher reichhaltig und ausgiebig sein.
10. Essen und Trinken ist ein wesentlicher Teil der Lebensfreude. Die gute Laune geht auch durch den Magen und bei manchem sogar die Liebe. Deshalb bereite Dir Deine Speisen appetitlich und mit Liebe zu. Versuche Deinen Speisezettel zu planen und mit schmackhafter Vollwertkost abwechslungsreich zu gestalten.
11. Alle Speisen mit innerer Ruhe und entspannter Grundhaltung einnehmen. Prinzipiell keine negativen Gedanken während des Essens aufkommen lassen und am Tisch jede Diskussion vermeiden. Stelle Deine fünf Sinne ganz auf Genuß ein, damit die Verdauungssäfte fließen und Du Freude am Essen hast. Vergiß beim Essen die Zeit und denke nicht an das, was danach kommt. Ohne Hungergefühl sollte man nichts essen; ebenso bei Übermüdung, insbesondere bei nervlicher Überreizung und Streß.
12. Kaue jeden Bissen ausgiebig und speichle ihn gut ein. Vor allem langsam essen und kleine Bissen zu sich nehmen.

IV. KAPITEL

Kuren und Krankenheilkost

In diesem Kapitel:

I. Teil

1. Frühjahrskur die wohltätige Entschlackung
2. Rohkost ist Sonnennahrung
3. Molkekur – die Kur ohne Schatten
4. Fasten – die königliche Kur
5. Mit Vollwertkost topfit
6. Mit Vollwertschutzkost vollwertig bis ins hohe Alter
7. Problemlose Entbindung und gesunde Kinder durch Vollwertkost

II. Teil

1. Die Heilkost bei Herz- und Kreislauferkrankungen
2. Gewichtsabnahme aber mit Vernunft
3. Die Heilkost bei Magenerkrankungen
4. Die Heilkost bei Darmerkrankungen
5. Die Heilkost bei Leber- und Galleerkrankungen
6. Die Gallensteindiät
7. Die Ernährung des Diabetiker
8. Die Heilkost bei Nieren- und Unterleibserkrankungen
9. Nierensteine durch Diät vermeiden
10. Die Schaukeldiät bei Nieren- und Blasenerkrankungen
11. Rheuma durch Ernährungsumstellung heilen
12. Einige Heilkostbeispiele bei Erkältungs- und Grippeanfälligkeit
13. Spezielle Heilkost bei Hauterkrankungen
14. Richtige Vollwertkost kann den Krebs verhindern

1. Frühjahrskur – die wohltätige Entschlackung

Für ältere Menschen eignet sich die Frühjahrskur als ideale Entschlackung besonders, da sie nicht zu lange dauert und der Gewichtsverlust sich in Grenzen hält. Naturheilärzte und Heilpraktiker sehen in der Frühjahrskur eine Reinigungsmethode von winterlichen Gewebeschlacken, die sich durch den Bewegungsmangel und die vitaminärmere Kost im Bindegewebe angehäuft haben. Das Bindegewebe ist die vermittelnde Zwischenstrecke vom Blutgefäß zur Organzelle, und seine Beschaffenheit ist maßgebend für den Stofftransport zur Zelle und zum Blutgefäß. Viele Störfaktoren können die Durchlässigkeit des Bindegewebes behindern, es gibt jedoch einige ganz wesentliche Hindernisse:

1. Überschüssige Stärkeeiweiße, die sich an die Kollagenfasern und Gefäßwände anlagern und Verdickungen bewirken.
2. Verändertes, elektrochemisches Milieu infolge Verteilungsstörungen der Mineralien oder ihr Mangel (hauptsächlich Kalium und Magnesium).
3. Entzündungsschlacken aus chronischen Entzündungsherden.
4. Schlackenanhäufung von Zellausscheidungsstoffen, z. B. Harnsäure, Ammoniak und Kohlensäure.

Die Aufzählung muß unvollständig bleiben in Anbetracht der noch sehr dürftigen wissenschaftlichen Erkenntnisse über die Bindegewebsverschlackung. Ich bin der Auffassung, daß die überfütterte Organzelle Glucose, Aminosäuren und Fette wieder ausspeit, um sich selbst zu entlasten, denn an der Tatsache der eiweißartigen Versulzung und Verkäsung des alternden Bindegewebes kann man nicht mehr vorbeigehen. Die Anhäufung von nur halbverstoffwechselten Nährstoffen in der Organzelle, kann z. B. durch eine Unterbrechung der Kettenreaktion der sauerstoffaktiven Atmungsenzyme im Zitronensäurezyklus entstehen (siehe S. 26). Das Stoffwechselprodukt häuft sich dann an der Stelle der enzymatischen Lücke an und kippt den ganzen Stoffwechsel um. Die Folge ist vorzeitige Alterung und Zelltod.

Wie führt man eine Frühjahrskur durch?

Der sogenannte Frühjahrshausputz sollte nicht nur durch eine kurzfristige Kosteinschränkung oder mehrere Teetage durchgeführt werden, sondern auch mit Saunagängen, römisch-irischen Bädern, Yogaübungen, leichte Wanderungen und Gymnastik tatkräftig erweitert werden. Eine Frühjahrskur sollte mindestens zwei Wochen dauern; sie beginnt mit einem Darmeinlauf, siehe in meinem Büchlein: „Erfolgreiche Naturheilbehandlung bei Magen-, Darm-, Leber- und Galleerkrankungen". Wer den Darmeinlauf aus irgendwelchen Gründen nicht durchführen kann, sollte durch spezielle Kräutertees oder Säfte die Darmausscheidung anregen. Geeignet sind Pflaumen, Feigen, Leinsamen, Apfelsaft, Äpfel oder Sauerkraut. Es genügt z. B. schon, am Morgen einen Apfel zu essen, dazu unser gutes Müsli aus Weizenschrotbrei mit Feigen oder Pflaumen, wer nicht spätestens drei Stunden nach dieser Frühstückskost Stuhlgang hat, sollte sich einer gründlichen

Darmuntersuchung unterziehen. Um die Leberfunktion anzuregen, empfehle ich als Frühstückstee, Löwenzahn und Birkenblätter zu gleichen Teilen. Mittags 150 g Magerquark mit 1 EL Leinöl vermischt, dazu einen Wildkräutersalat mit Apfelessig und Zitrone abgeschmeckt. Hierzu können wir junge Löwenzahnblätter, junge frische Brennesselspitzen, eventuell Bärlauch oder Schnittlauch geben. Zum Nachtisch empfehle ich Rhabarberkompott. Weitere Salate aus Wildkräutern, die zur Frühlingszeit auf den Wiesen und Fluren gesammelt werden können – sind Sauerampfer, Spitzwegerich, junge Birkenblätter, Brunnenkresse, Schafgarbe, Huflattich, Löffelkraut, Fenchel und Wiesenschaumkraut.

Ein guter Natursaft aus Wildkräutern und Obstsaft:
Eine Handvoll junger Löwenzahnblätter, zwei Fingerspitzen Brunnenkresse, zwei Fingerspitzen junge Birkenblätter und Wiesenschaumkraut; dazu einen gehackten entkernten Apfel, eine ganze Zitrone und drei geschälte Orangen. Alle Teile in einen Mixer und gut durcharbeiten. Wer will, kann dazu einen Schuß Sahne geben. Wildkräuter lassen sich vielfältig verwenden.
Hier ein paar Rezepte:

Wildkräutersalat (4 Portionen)

ca. 200 g	Wildkräuter	– z. B. Löwenzahn, Vogelmiere, Sauerampfer, Brennesselblätter, Schafgarbe o. a.
1 Tasse	Weizenkeime	– die Wildkräuter waschen und in Streifen schneiden
2 EL	gehackte Nüsse	
Marinade:		
5 EL	Sauerrahm	– gut verrühren, mit den übrigen Zutaten mischen und sofort servieren
1 EL	Kaltpreßöl	
1 EL	Apfelessig	
	Kräutersalz	
	Pfeffer a. d. Mühle	

Wildkräuterbutter

125 g	weiche Butter	– glattrühren
2 TL	Zitronensaft	– untermengen
4 EL	Wildkräuter (wie oben)	
½	Knoblauchzehe	

Die Butter auf einem Stück Alufolie zur Rolle formen und gut kühlen

Grüne Sauce (4 Portionen)

200 g	Sauerrahm	– sehr gut verrühren, zum Schluß die Kräuter zugeben
150 g	Joghurt	
	Kräutersalz	
	Pfeffer a. d. Mühle	
1–2	Knoblauchzehen	
3–4 EL	Wildkräuter fein gehackt	

Die Sauce paßt zu hartgekochten Eiern und Pellkartoffeln.

Frühlingsrisotto

1	Zwiebel	– würfeln und
1 EL	Butter	– andünsten
1 EL	Wasser	
250 g	Naturreis	– zugeben
½ l	Gemüsebrühe	– aufgießen
1 TL	Curry	– würzen, aufkochen und 30 Minuten quellen lassen
4 EL	feingehackte Kräuter	– vorsichtig unter den Reis ziehen
2 EL	Butter	
100 g	geriebener Käse	– darüberstreuen und servieren

Die Kur muß nicht starr auf ein bestimmtes Mittagsgericht fixiert sein. Empfehlenswert ist der Wechsel zwischen einem Safttag aus verschiedenen Obst- und Gemüsesäften und einem Essenstag nach dem obigen Beispiel. Von den Obstsäften empfehle ich Orangen, Kirschen und Pampelmusen bzw. Grapefruit, die man auch mit 1 kg Erdbeeren oder Kirschen über den Tag verteilt kombinieren kann. Eine Erdbeerkur hat eine großartige, reinigende Wirkung auf das Bindegewebe, allerdings soll man's auch hier nicht übertreiben, sie empfiehlt sich als abwechslungsreicher Zwischenobsttag. Gemüsesäfte besorgt man sich am besten aus dem Reformhaus, ich rate allerdings immer zum frischen Preßsaft – das gilt ganz besonders bei den Obstsäften. Bei gestörter Nierenausscheidung, sollte während der Frühjahrskur zusätzlich die Wacholderbeerenkur nach Kneipp durchgeführt werden. Die genaue Anleitung finden Sie auf S. 113.

Und hier ein paar Frühlingsrezepte für die Küche:

Frühlings-Rohkostplatte (4–6 Portionen)

50 g	Feldsalat	– gut verlesen
1 Bund	Radieschen	– in Scheiben schneiden
1 Bund	Frühlingszwiebeln	– mit dem Grün schneiden
1	Kohlrabi	– grob raffeln
2	Gelbrüben	– grob raffeln
1	Gurke	– würfeln oder Scheiben hobeln
1 kl.	Radicchio	– in Blätter teilen

Eine Platte mit Radicchioblätter auslegen, das andere Gemüse hübsch anordnen.
Dazu eine Salatsauce reichen.

Kräutersauce

250 g	Sahne	– alles gut verrühren
150 g	Joghurt	
2 TL	Kräutersenf	
½ TL	Meersalz	
1 TL	Honig	
2 EL	Apfelessig	
2 EL	Kräuter	– fein hacken und untermischen

Kressesuppe

60 g	Hafermehl	– ohne Fett im Topf leicht rösten
1 l	Gemüsebrühe	– unter ständigem Rühren dazugeben 5 Min. kochen lassen und
	Salz nach Bedarf	– abschmecken
100 g	Champignons	– blättrig schneiden
1 Kästchen	Kresse	– fein schneiden dazugeben und weitere 5 Min. kochen lassen
1 kl.	Ei	– miteinander verrühren und vor dem Servieren unter die Suppe ziehen
½ B	Sauerrahm	
1 Kästchen	Kresse	

Welche Wirkung hat die Frühjahrskur auf den Stoffwechsel?
Kuren dieser Art treiben überschüssiges Kochsalz aus dem Körper und verzögern den Alterungsprozeß des Bindegewebes. Selbst bei völlig salzfreier Kost scheidet der Organismus noch nach 6 Wochen Natrium aus; ein Beweis dafür, daß zu viel Natrium und Chlorid das Blut und Bindegewebe belasten. Durch die reichliche, jedoch natürliche Vitamin- und Mineralsubstitution und die Zufuhr von Spurenelementen, erfahren die sauerstoffabhängigen Enzymsysteme eine starke Dynamisierung, so daß mögliche – sich einschleichende – Stoffwechseldefekte korrigiert werden können. Alte Eiweißschlacken und Endprodukte des Stoffwechsels – z. B. Harnsäure und Ammoniak – gelangen jetzt zur Ausscheidung und machen die Zwischenstrecke vom Blutgefäß zur Organzelle wieder frei für einen ungehinderten Stofftransport. Je naturferner wir leben, desto nötiger haben wir die jährliche Entschlackungskur.

2. Rohkost ist Sonnennahrung

Rohkost ist die natürlichste – d. h. naturbelassenste Kostform. Sie ist eigentlich eine der ältesten Ernährungsformen und stellt nur geringe Ansprüche an die Zubereitungstechnik. Bircher-Benner – dem wir die Einführung der Rohkost in die Krankendiät wesentlich verdanken – hat in Büchern ganze Kuren beschrieben, die er in seiner Klinik in Zürich erfolgreich erprobt hat. Seine Devise war, sich mit Rohkost soviel wie möglich materialisiertes Sonnenlicht zuzuführen, in Form von chlorophyllhaltigem Blatt- und grünem Stengelgemüse. Er schrieb einmal in seinem Buch „Eine neue Ernährungslehre“: „Eine Nahrung kann Eiweißstoffe, Kohlenhydrate und Fette im reichlichsten Überschuß enthalten und dabei das Sonnenlicht völlig verloren haben. Sie enthält wohl Kalorien übergenug, aber ihr Licht schwelt trübe und rauchig. Eine solche Nahrung nährt schlecht und macht krank. Die Sonnenlichtnahrung aber erhält gesund und stark und vermag zu heilen, wo die andere Nahrung Krankheiten erzeugt.“
Sonnengereifte Früchte und Gemüsearten sind in der Tat die besten Kraftspender, das beweisen die wissenschaftlichen Analysen. Das Chlorophyll, welches das Blattgrün hervorbringt, ist verstofflichtes Sonnenlicht. Chlorophyll und seine

Wirkung ist nicht nur ein Glaubenspostulat, sondern in wissenschaftlichen Studien bereits verifiziert. Bircher-Benner hat sich um die naturheilkundliche Ernährungslehre verdient gemacht. Die wissenschaftliche Begründung der Rohkost läßt sich nur eindrucksvoll in der Praxis am Fallbeispiel, also empirisch zeigen. Gegner der Rohkost behaupten, daß der menschliche Darm mit seinem empfindlichen Enzym- und Drüsensystem und der ganz anderen Darmflora für Rohkost nicht geschaffen sei und die Nährstoffe aus dem zumeist nur grob zerkleinerten Nahrungsbrei nicht herausgelöst würden. Auch gäbe es giftige Stoffe in der Rohkost, z. B. in halbreifen Tomaten und vergrünten Kartoffelschalen, das Alkaloid Solanin, in der Bohnenschale Blausäure und in den Bohnen der Weißen Bohne und Sojabohne Enzymhemmstoffe, die den Eiweißstoffwechsel lahmlegen könnten. In Erbsen sei ein Stoff, der die Vitamin-E-Aufnahme blockiere, und manche Kohlarten würden die Jodaufnahme in der Schilddrüse hemmen. Diese Giftstoffe sind jedoch in so schwacher Konzentration anwesend, daß sie nur dann gefährlich werden können, wenn die o. g. Nahrungsmittel einseitig und in größeren Mengen gegessen werden. Die Einwände zeugen von einer selbstbetrügerischen, wenig fundierten Argumentationsweise, die mich an das Haar in der Suppe erinnert. Die Ausnutzbarkeit der zugeführten Rohkost im Darm zeigt sich an der Wirkung! Zumeist genügt es, den Enzymen der Darmsäfte die vitaminreichen oberen Schichten der Obst- und Fruchtschalen herauszulösen, aus dem eben jenes Struktur- und Ersatzmaterial für die Enzymgarnitur der Zelle entnommen wird. Ich erinnere nur an die Aleuronschicht, welche die höchste Konzentration an Stärkeeiweißen und Vitaminen enthält und dem Weizenkeimling als Nährgewebe dient. Es genügt also, wenn die oberflächlichen Schichten verwertet werden; überdies bedarf die Darmwand des Füllungsreizes durch die größeren Zelluloseanteile, damit die Ausscheidung zügig vorangeht.

Es ist immer wieder erstaunlich, welch enorme Wirkung die Rohkost in der Praxis zeigt. Selbst schwere rheumatische Gelenksentzündungen werden geheilt und ganz besonders Gefäßerkrankungen und Durchblutungsstörungen. Ich konnte selbst erleben, wie sich schwere Lähmungen nach Hirnblutungen bei älteren Menschen allein nur mit Rohkost so weit zurückbildeten, daß sie wieder ihren alltäglichen Geschäften nachgehen konnten. Die Rohkostkur ist bei folgenden Erkrankungen erfolgsversprechend:
Diabetes, Gicht, rheumatischer Formenkreis, Leberschwäche, Nierenentzündungen, Bluthochdruck, Herz-Kreislaufstörungen, Erkältungsneigung, Hirnschlag, Darmerkrankungen – außer bei Morbus Crohn und Dickdarmgeschwüren, hier ist besser die Rohsäftekur (siehe auch S. 166) geeignet.

Die seelische Wirkung der Rohkostkur ist besonders eindrucksvoll. Allgemein kommt es zu einer Steigerung der inneren Erlebnisfähigkeit, man ist unternehmungslustiger und agiler. Andererseits neigt man zur Besinnlichkeit und gewinnt zu vielen Dingen den gewissen wohltuenden Abstand. Man verliert etwas vom überflüssigen Identifikationsballast, wird toleranter und ein bißchen weiser.
Rohkostkuren haben eine ähnliche Wirkung wie die reine Fastenkur, sie sind nicht so radikal und wirken auf die seelischen Befindlichkeiten milder und abgestufter.

Siebenmal Rohkostteller (jeweils 750–1000 g)

Rohkostteller zur Auswahl

1.	Sauerkraut	– lockern und klein schneiden
	Ananas	– würfeln
	rote Rüben	– fein raffeln
	Feldsalat	– gut verlesen
	gehackte Mandeln	
2.	Kopfsalat	– zerpflücken
	Tomaten	– in Scheiben schneiden
	Gurke	– mit Schale in Scheiben schneiden
	Zwiebeln	– halbieren, in Streifen schneiden
	Oliven	
3.	Radicchio	– Blätter mundgerecht teilen
	Lauch	– in sehr feine Streifen schneiden
	Stangensellerie	– 1 cm breite Stücke schneiden
	Avocado	– halbieren, Kern entfernen, Fruchtfleisch mit einem Löffel herausnehmen und würfeln; sofort mit Zitronensaft beträufeln
	Zitronensaft	
	rosa Grapefruit	sorgfältig schälen, Spalten in Stücke schneiden
4.	Endivien	– in 1 cm breite Streifen schneiden
	Gelbrüben	– grob raffeln
	grüne Paprikaschoten	– vierteln, Streifen schneiden
	Champignons	– blättrig schneiden
	Löwenzahnblätter	– große Blätter klein schneiden
5.	Eissalat	– in Streifen schneiden
	rote Paprikaschote	– in Streifen schneiden
	Zucchini	– grob raffeln (mit der Schale)
	Frühlingszwiebel	– in Ringe schneiden
	gekeimte Weizenkörner	
6.	Weißkraut	– sehr fein schneiden
	rote Paprikaschoten	– in Streifen oder Würfel schneiden
	Spinat	– gut verlesen, grobe Stiele entfernen
	Pinienkerne	
7.	Chicorée	– in 1 cm breite Streifen schneiden
	Fenchel	– halbieren, feine Streifen schneiden
	Orangen	– Spalten in Stücke teilen
	Sojasprossen	– abspülen
	Rosinen	
	Walnüsse	
	Kresse	

Die Gemüsesorten auf einer Platte anrichten, reichlich mit frisch gehackten Kräutern bestreuen und mit einer der folgenden Saucen servieren.

Sieben Salatsaucen zur Auswahl

1. Currysauce

1 B	Dickmilch	– miteinander verrühren
1 EL	Obstessig	
1 EL	Öl	
1 TL	Honig	
1 TL	Curry	
	Meersalz	

2. Joghurt-Paprikasauce

2 B	Joghurt	– Zutaten gut verrühren, zum Schluß die Schnittlauchröllchen zugeben.
2 EL	Sahne	
1 EL	Paprikamark	
½ TL	Rosenpaprika	
½ TL	Meersalz	
1 TL	Honig	
2 EL	Apfelessig	
1 Bund	Schnittlauch	

3. Sauerrahm-Kräutersauce

1	Eigelb	– gut verrühren
½ TL	Meersalz	
100 ccm	Öl	– langsam zulaufen lassen
1 B	saure Sahne	– die übrigen Zutaten unterrühren
1 B	Joghurt	
1	Knoblauchzehe	
2 EL	gehackte Kräuter	
1	Knoblauchzehe	

4. Roquefortsauce

100 g	Roquefort	– zerbröckeln und mit
100 g	Sahne	– glattrühren
1 B	Joghurt	
2 EL	Zitronensaft	– abschmecken
	Meersalz	
	Pfeffer a. d. Mühle	
1 EL	gehackte Petersilie	

5. Nuß-Rahmsauce

250 g	Sauerrahm oder Dickmilch	– gut miteinander verrühren
2 EL	Öl	
2 EL	Zitronensaft	
½ TL	Meersalz	
50 g	gehackte Nüsse	
2 EL	gehackte Petersilie	

6. Essig-Ölsauce

5 EL	Oliven- oder Sonnenblumenöl	– gut verrühren, nach Geschmack würzen
2 EL	Obstessig	
½ TL	Kräutersenf	
1 TL	Honig	
¼ TL	Meersalz	
2 TL	feingehackte Zwiebel	
3 EL	Salatkräuter	
	Pfeffer a. d. Mühle	

7. Bunte Salatsauce

1 B	Sahne	– gut verrühren
1 B	Joghurt	
2 TL	Kräutersenf	
½ TL	Meersalz	
1 TL	Honig	
2 EL	Obstessig	
1	rote Paprikaschote	– die übrigen Zutaten klein geschnitten zufügen und abschmecken
1 EL	Kapern	
5	Oliven	
1 kl.	Zwiebel	
1 Bund	Schnittlauch	
1 EL	Pinienkerne	

3. Die Molkekur – die Kur ohne Schatten!

Die Molketrinkkur gehört zu den ältesten der abendländischen Heilkuren und wurde schon von Hippokrates kurmäßig verordnet. Überhaupt waren die antiken Ärzte der Molke – ob aus Ziegen-, Schafs- oder Kuhmilch – sehr zugetan. Der bekannte römische Arzt Galenus, zur Zeit des Philosophenkaisers Marc Aurel (Stoiker), verordnete auf seinem Milchberg zwischen Sorrent und Neapel Molkekuren gegen Darmstörungen und Lebererkrankungen.

Im 18. Jh. begann der steile Aufstieg der Molke, als in dem Schweizer Bergdorf Gais durch das Trinken von Ziegenmolke verblüffende Heilungen bekannt wurden, die sich nur mit der Heilgewalt der Molke erklären ließen.

Es ist nicht übertrieben, wenn man von der Heilgewalt der Molke spricht, denn die Molkebestandteile haben alle Voraussetzungen für diesen Ruf.

Ihr Inhalt ist reich an Milchzucker, der sich aus Glukose und Galaktose zusammensetzt. Nach seiner oberen Darmpassage gelangt er z. T. unverdaut in den Dickdarm und wird erst dort von Darmbakterien vollständig zur rechtsdrehenden Milchsäure umgewandelt. Das aber ist genau der erwünschte Effekt, denn das zumeist ungünstige Fäulnismilieu im Dickdarmbereich kann durch die Milchsäure wesentlich umgestimmt werden.

Weitere Molkewirkstoffe sind die Orotsäure (siehe S. 77), ein wichtiges Zwischenprodukt im Kernstoffwechsel der Zelle, das vor allem in der Leber benötigt wird, hochwertige Molkeproteine, die als Bausteine für die Abwehreiweiße (Immunglobuline) des Körpers nützlich sind, und der sehr hohe Kaliumgehalt zur Wiederherstellung des oftmals gestörten Elektrolyt- und Mineralhaushaltes.

Welche Wirkung zeigt die Molketrinkkur?
Eine einwöchige Molkekur hat erstaunliche Wirkungen! Zunächst ändert sich der Stuhlgeruch und die Stuhlbeschaffenheit. Der Stuhl verliert den strengen Fäulnisgeruch und geht in einen mild säuerlichen über. Die Stuhlbeschaffenheit wird lockerer und die Ausscheidung zügig und regelmäßig. Es kommt zu einer gründlichen Darmreinigung, zur Verbesserung der oberen Verdauungsfunktion (Magen, Zwölffingerdarm), das Bindegewebe, insbesondere Mesenchym, wird gereinigt, die Leber angeregt und die Darmflora anhaltend umgestimmt. Infolge des hohen Kaliumgehaltes kommt es zur Entlastung von Kreislauf und Niere (Natriumausscheidung) und zur Auffüllung des intrazellulären Kaliumdepots. Während der Molketrinkkur wird man auf schonende Weise überschüssige Pfunde los und hält infolge des beachtlichen Molkeeiweißanteils die Kur leichter durch.

Wie führt man eine Molkekur durch?
Am ersten Kurtag sollte man sein Gewicht messen und die Darmreste mit Glaubersalz austreiben. Schon am selben Nachmittag kann bis in die Abendstunden hinein schluckweise ½ Liter Molke getrunken werden, wenn möglich bitte ohne süßen Fruchtzusatz. Tags darauf sollte man die Molke auf 1 Liter bis 1,5 Liter steigern, je nach individuellem Bedarf. Es ist sinnvoll, zur Molke likörgläschenweise Pflanzensäfte einzunehmen, insbesondere leberwirksame wie Löwenzahn-, Artischocken- und Brennesselsaft (Schöneberger Säfte).
Die Trinkabstände sollten ½ Stunde nicht überschreiten, wenn möglich noch kürzer liegen. Steigert man die Trinkmenge täglich um ½ Liter, dann erreicht man am 4. Tag drei Liter, was – wenn man die Pflanzensäfte noch in Rechnung stellt – völlig ausreicht. Nach sechs Tagen wird die Kur um jeweils einen Liter pro Tag reduziert, bis am 10. Tag der Nullwert wieder erreicht ist. Ich empfehle die Molkekur all jenen, die sich vor einer radikalen Fastenkur scheuen und sich zunächst einmal mit kleineren Mühen bescheiden wollen. Frische, reine Molke vom Bauernhof gibt es nur noch ganz vereinzelt und ist schwer zu bekommen. Ein annähernder Ersatz bietet das Reformhaus in der Diätkurmolke. Sie ist etwas eiweißreicher und wird aus pasteurisierter Sauermolke hergestellt.

Bei welchen Krankheiten hilft die Molkekur?
Bei fast allen Darmbeschwerden, auch Dickdarmgeschwüre und Dünndarmentzündungen können ausgeheilt werden. Alle chronischen Stoffwechselleiden sprechen gut an, insbesondere chronische Hauterkrankungen. Die beste direkte Einwirkung zeigt die Molke auf Darm, Leber- und Bauchspeicheldrüse, aber – und das ist sehr erstaunlich – auch auf die Niere und ableitenden Harnwege, wenn sie vom Darm her verseucht sind (Bakterien im Urin). Ich würde sagen, bei fast jeder Erkrankung, die einen Zusammenhang mit der Ernährung hat, ist die Molkekur wärmstens zu empfehlen.

4. Fasten – die königliche Kur

Wenn ich hier das Thema Fasten in geraffter Form abhandle, dann ist es mein Ziel, den Selbstfastern einen kleinen Einblick in die Stoffwechselabläufe eines fastenden Organismus zu geben und auf bestimmte Regeln hinzuweisen, die bei der Durchführung unbedingt beachtet werden müssen. Daß Fasten nicht jedermanns Sache ist, leuchtet ein. Bei einem so radikalen Unternehmen benötigt man Überwindungskraft und inneres Stehvermögen, denn der Substanzverlust wirkt wie eine Operation auf Raten und fordert den ganzen Menschen in seinem So-Sein heraus. Es besteht kein Zweifel: – Fasten ist die königliche Kur!
Sie ist eine ganz ausgezeichnete Möglichkeit der gründlichen Entgiftung und Umstimmung therapieresistenter Krankheiten.
Aber nicht nur die körperliche Entschlackung und Bindegewebsentrümpelung wird durch das Fasten erreicht, sondern auch die seelische Selbstfindung und Erneuerung der Lebenseinstellung wird verwirklicht. Nicht wenige der ganz großen Geister haben mit dem Fasten nicht nur ihren lüsternen Bauchdämon bezwungen, sondern erlangten während einer solchen Wüstenwanderung die Erleuchtung. Im Fasten lernt der Mensch alle Übel der leiblichen Sinne kennen und seine innere Standhaftigkeit. Das Nein-sagen-können ist ja unser aller Problem, und mit dem Fasten spitzt es sich im täglichen Entscheidungskampf zu. Dieser aber lohnt sich immer. Selbst wenn der erste Versuch scheitern sollte, der Weg war allemal der richtigste, und im nächsten Anlauf macht man es bestimmt besser.
Der Mensch kann drei Minuten ohne Sauerstoff, knapp drei Tage ohne Wasser, aber – 70–75 Tage ohne Nahrung auskommen.
Wie ist so etwas Ungeheuerliches überhaupt möglich? Die Erklärung ist recht einfach: Der Mensch hat so viel Fett- und Eiweißreserven, daß er in Notzeiten bis zu 35% seines Körpergewichtes entbehren kann, ohne größeren Schaden zu nehmen. Das gilt vor allem für Fettleibige! Bei Mageren dürfte die Rekordmarke von 75 Tagen wohl selten erreicht werden, obwohl ihr Gewichtsverlust erheblich langsamer vor sich geht. Magere Menschen sollten nicht ohne fachliche Rücksprache eine Fastenkur durchführen – vor allem im höheren Alter, wo zu langes Fasten einen unwiederbringlichen Substanzverlust bedeuten kann.

Wie paßt sich der Stoffwechsel oder der innere Arzt dem Nahrungsentzug an?
Wer selbst schon eine Fastenkur durchgeführt und erlebt hat, wie der innere Arzt auf Nahrungsentzug reagiert, und wie klug er zum Schutze der lebenswichtigen inneren Organe vorgeht, bekommt Respekt vor seinen haushälterischen Fähigkeiten und kann die von unserem Schöpfer durchwaltende Weisheit im Organismus nur bewundern. Das Vorgehen des inneren Arztes während eines Nahrungsentzugs ist ein Paradebeispiel für die Macht der inneren Selbstheilungskräfte und der natürlichen Regulationen. In manchen Medizinschulen der Antike, z. B. in Kos, mußten die Studenten in mehreren Fastenwochen die Wirkungen der inneren Heilkräfte erleben und niederschreiben. Man kann sich denken, welch segensreiche Folgen so ein körpernahes Studium für die spätere ärztliche Laufbahn hatte und es wäre nur natürlich, wenn auch unsere Medizinstudenten in mehrwöchigen

Fastenkuren das Regulationsspiel des inneren Arztes kennenlernten. Dieses äußerst fein abgestimmte Regulationsspiel während einer Fastenkur berücksichtigt die individuelle Stoffwechsellage und ist unübertroffen. Müßte ein Hochschulmediziner einen Organismus durch Bilanzberechnungen und Joulemathematik auf Nahrungskarenz einstellen, dann gäbe es ein einziges Chaos.

Der innere Arzt drosselt zuerst auf Sparflamme!
Alle Hormone, vegetativen Zentren und Nervenimpulse, die an einer Steigerung des Gesamtumsatzes beteiligt sind (Insulin, Geschlechts- und Schilddrüsenhormone, Nebennierenhormone usw.), werden auf ein Minimum reduziert. Dadurch wird der Eiweiß- und Zuckerverbrauch bis zu 30% verringert. Die Energie für die großen Organe, vor allem Leber, Niere, Herz und Gehirn-Rückenmark, gewinnt der innere Arzt zunächst aus den gefüllten Fettlagern des Bauch- und Hautfettes. Da die Zuckerreserven in der Leber bereits nach 48 Stunden aufgebraucht sind, werden zur Aufrechterhaltung des Zuckerspiegels schon am ersten Tag die Fettreserven angegriffen. Später – wenn die Fettreserven den Energiebedarf nicht mehr decken können – greift er auch das Muskeleiweiß an. In der ersten Woche braucht ein 70 kg schwerer Mensch im Hungerzustand 35 g Eiweiß, 160 g Fettgewebstrygliceride (Fettsäuren) und 180 g Glucose (Zucker). Nach zwei Wochen geht der Verbrauch um ca. 50% zurück, da die beiden stärksten Verbraucher – Gehirn und Muskulatur – die angebotene Glucose und Ketonkörper zu 70% als Milchsäure wieder ins Blut abgeben, die dann von der Leber erneut zu Glucose und Ketonkörpern aufgebaut wird. Die Leber erweist sich im Hungerstoffwechsel als der zentrale Energietransformator und ist neben der Niere das wichtigste Organ.
Im Zuge der Sparmaßnahmen kommt es schon nach wenigen Tagen zu einem Abfall der Körpertemperatur bis zu 1 Grad, daher fürchten Fastende das kalte Wasser und frieren leicht. Der Blutdruck sinkt bei Hochdruckkranken, und bei zu niedrigem steigt er (Regulationsweisheit), das Blut wird dickflüssiger infolge der vermehrten Wasserausscheidung (deshalb viel trinken!), und der Herzschlag verlangsamt sich bei großen Herzen, bei kleinen beschleunigt er sich. Alle diese Maßnahmen dienen nur der Selbsterhaltung und sind genau auf die individuellen Bedürfnisse des hungernden Organismus abgestimmt. So individuell vermag es nur der innere Arzt.
Und was macht der Darm, die Wurzel des Organismus?
Nach etwa drei Tagen schaltet der Darm von seiner bisherigen Aufsaugfunktion um auf eine Ausscheidungsfunktion. Dabei dient die Darmschleimhaut – ähnlich wie die Zunge – als Ablagerungs- und Mülldeponie von längst fälligen Schlackenstoffen aus dem Blut und dem Bindegewebe. Deshalb muß streng auf Darmhygiene geachtet und täglich ein hoher Darmeinlauf verabreicht werden. Die Technik und genaue Anleitung finden Sie in meinem Büchlein: „Erfolgreiche Naturheilbehandlung bei Magen-, Darm-, Leber- und Galleerkrankungen".

Die besondere Stellung der Leber im Hungerstoffwechsel
Obwohl die Leber während der Fastenkur besonderen Belastungen ausgesetzt ist, kann ich nur raten, daß Leberkranke die Fastenkur der medikamentösen

vorziehen. Die Leber hat nämlich die hervorragende Eigenschaft der Selbstreinigung. Leber- und Nierenzellen sind während einer Fastenkur stets vergrößert, da sie aus den Fettgewebstriglyceriden, aus zuckerverwandten Eiweißen und Milchsäure, als einzige wieder Zucker aufbauen können. Die Niere übernimmt allmählich immer mehr Syntheseleistungen, so daß sie nach drei Wochen 45% der Zuckerneubildung erbringt und sich damit um 350% steigert. Normalerweise werden die Fettsäuren von der Leber vollständig abgebaut, um sie in Zucker zu verwandeln oder direkt zu verstoffwechseln. Um jedoch Energie zu sparen, werden sie nicht vollständig oxydiert und gelangen dann als Ketonkörper in den Systemkreislauf. Ketonkörper sind eine Art Notbenzin in kargen Tagen, sie haben den Vorteil, daß ihre Verwertung von allen Organen – außer der Leber selbst – erheblichen Sauerstoff einsparen und daher auch vom sauerstoffempfindlichen Gehirn und den Knochenmarkszellen gut angenommen werden. Im Hungerstoffwechsel steigt nach ca. 100 Stunden die Synthese der Ketonkörper in der Leber auf das 120fache an, wobei zu berücksichtigen ist, daß, je mehr abgebaute Fettsäuren der Leber angeboten werden, desto mehr synthetisiert sie Ketonkörper, daher haben Fettleibige in den ersten Tagen schon kritische Ketonwerte im Blut. Der Nachteil der Ketonkörper ist, daß sie sauer reagieren und große Mengen der Blutpuffer an sich binden. Sie erschöpfen also sehr schnell die Alkalireserven und können zu einer gefährlichen Übersäuerung führen (siehe S. 36). Diese Komplikation, als Ketose bzw. Ketoacidose bezeichnet, kann auch zu einer Mineralausschwemmung führen; daher empfehle ich dem Fastenden, von dem auf S. 38 angegebenen Entsäuerungspulver, während der ersten fünf Tage täglich 1 TL einzunehmen. Fettleibige sollten ohne fachkundige Anleitung keine Fastenkur wagen, eben wegen der Übersäuerungsgefahr. Die Ansäuerung des Blutes in den ersten Tagen ist auch der Grund für die unangenehmen Befindensstörungen; man könnte diese Zeit als die Prüfung der Geister bezeichnen. Am härtesten trifft es die Lüstlinge und Schlemmer, hierbei zeigt sich's, aus welchem Holz man geschnitzt ist oder um es anders zu sagen: nur der überschreitet die Schwelle zu den heiligen Hallen der höheren Erkenntnis, der die Feuerprobe bestanden hat. Etwa am siebten oder achten Tag – wenn der Alkalivorrat wieder ansteigt – bessert sich auch wieder das Allgemeinbefinden; wer es so weit durchgehalten hat, der schafft auch noch die nächsten zwei Wochen.

Welche Gewebe baut der innere Arzt am schnellsten ab, welche schont er?
Die alten Ärzte sagten, daß falsches Fasten den Körper austrocknet. Zwar ist der Wasserverlust durch die Fettgewebseinschmelzung und dem langsamen Abbau des Muskeleiweißes unvermeidlich, da beide Gewebe viel Wasser binden können, aber durch reichliche Aufnahme von mineralreichen Frucht- und Gemüsesäften kann man den Wasserverlust in Grenzen halten.
Zuerst werden alle überflüssigen Fettdepots eingeschmolzen. Alle kränkelnden Gewebsabschnitte, die erhebliche Funktionseinbußen erlitten haben, werden ausgemerzt, d. h. chronische Entzündungsherde, krebsverdächtige Zellansammlungen, Abszesse, eitrige Zysten und Körperhöhlenergüsse, Myome, Polypen u. a. Das Blut und das Bindegewebe aktivieren im Zuge der Gewebsbeseitigung alle

verfügbaren Freßzellen, die alles – was kränkelt – erbarmungslos abbauen. Das ist der eigentliche Reinigungsprozeß und der unübertroffene Vorteil der Fastenkur, darin ist sie jeder anderen Therapie weit überlegen. Für den Fall, daß ein kränkelndes Gewebe zu groß ist, z. B. ein gutartiger Tumor, wird vom inneren Arzt die Eintrocknungstaktik angewandt, später gelingt es ihm, das Gewebe mit derben Bindegewebsfasern einzukapseln und auf diese Weise abzusondern.

Was geschieht mit bösartigen Krebsgeschwüren?
Im Prinzip dasselbe. Ich möchte allerdings vor übertriebenen Hoffnungen warnen. Gelingt es den Killerzellen die Tarnung der Krebszellen zu erkennen, dann wird auch der bösartigste Tumor radikal aufgefressen. Wenn jedoch bei diesem Auflösungsprozeß der Tumor zu groß ist und bei seinem Zerfall Krebszellen in den Systemkreislauf gelangen, kann es zu einer Metastasierung kommen, d. h. zu Krebsneubildungen in anderen Regionen. Bevor Sie sich also zu einer Antikrebskur dieser Art entschließen, sollten Sie einen Heilpraktiker oder Naturheilarzt konsultieren. Ist allerdings die schulmedizinische Weisheit am Ende ihres Lateins und jede andere therapeutische Möglichkeit ausgeschöpft, dann empfehle ich dem Krebskranken die radikale Fastenkur nach dem Prinzip: „Entweder – Oder“; denn zu verlieren gibt es da nichts mehr. Die inneren Heilkräfte sind gewaltig und können auch noch in den hoffnungslosesten Fällen die entscheidende Wendung bringen. Wir haben dafür in der Medizingeschichte eine Fülle von Beispielen.

Wasseransammlungen während der Fastenkur
Manchmal tritt eine Art Hungerödem auf, wenn zuviel Blutserum in die Gewebsräume übertritt. Da das Blut einen Eiweißmangel aufweist und Eiweiß Wasser an sich bindet, ist dieser Vorgang einleuchtend. Andererseits kann dieses Symptom auf schwache Nieren oder ein geschwächtes Herz hinweisen. Man sollte jedoch nicht nervös werden, sondern mit seinem Behandler sprechen, der für solche Fälle geeignete Naturheilmittel bereithält.

Wie lange soll man fasten?
Wer das erstemal fastet, sollte sich nicht mehr als zehn Tage vornehmen. Diese Zeit genügt, um alle Schwierigkeiten kennenzulernen. Sollte er nach zehn Tagen noch weitere anhängen wollen, dann mag er sich über seinen Sieg freuen, andernfalls er aber schon zu Anfang seinem dreiwöchigen Vorsatz untreu wird, war's eine persönliche Niederlage.

Und so wird eine Fastenkur durchgeführt
Fasten heißt fasten, Kompromisse und opportune Zugeständnisse an den Bauchdämon gibt es nicht. Wer schon von Anfang an leise an diese Möglichkeiten denkt, sollte lieber nicht fasten.
Bevor Sie eine Fastenkur beginnen, sollten Sie sich von ihrem Behandler auf gesunde Nieren und ein stabiles Herz-Kreislaufsystem untersuchen lassen. Leberzirrhotikern rate ich von einer Fastenkur ab, alle anderen Lebererkrankungen sind eine Fastenindikation. Sehr niedriger Blutdruck und hohe Harnsäurewerte können ebenfalls eine Kontraindikation sein, hierbei sollten laufend Blutdruckkontrollen und Serumwerte bzw. Harnanalysen während der Fastenkur vorge-

nommen werden. Generell gehören solche Fälle in eine Fastenklinik oder unter fachliche Aufsicht.
Zu Beginn jeder Fastenkur wird das Gewicht und zwar das Nettogewicht, festgestellt und in einer Liste eingetragen. Tragen Sie täglich dort Ihr Gewicht ein und notieren Sie den laufenden Gewichtsverlust. Normalerweise nehmen Sie die erste Woche täglich ca. 1 Kilo ab, in der darauffolgenden Woche pro Tag ½ Kilo und in der 3. Woche nur noch 250 bis 300 g.

Das Einfasten:
Mit dem Einfasten wird der Darm langsam an den Nahrungsentzug gewöhnt, d. h., die ersten zwei Tage darf noch etwas gegessen werden. Am besten haben sich Äpfel, Apfelmus und Feigen bewährt. Sollten Sie diese Kombination nicht vertragen, dann können Sie auch auf Apfelsinen, Pflaumen und Trockenobst ausweichen. Der Darm wird so auf natürliche Weise schnell gereinigt, und man erspart sich Abführmittel. Es kann leicht sein, daß Sie während dieser Zeit einen vermehrten Harndrang haben. Ab dem dritten Tag wird's dann ernst. Gleich morgens mischen Sie 50 g Glaubersalz mit etwas Himbeersirup in ¾ Liter handwarmem Wasser und trinken den „Nektar" in wenigen Minuten zügig aus. Meist nach einer Stunde stellt sich der Stuhldrang ein und es kommt zum Wasserkot. Wer kein Glaubersalz mag, kann sich auch mit Rizinusöl behelfen. Zwei Eßlöffel davon wirken ganz sicher, nur verzögert sich der Stuhldrang um Stunden, da Rizinusöl und seine Wirkstoffe erst im Dünndarm umgewandelt werden müssen. Dann beginnt die Wüstenwanderung!
Wie ich schon sagte, muß der innere Arzt mit der ständigen Übersäuerungsgefahr fertig werden und die vegetative Umstellung bewältigen. Sollte der Zustand unhaltbar werden, z. B. fortgesetzte Übelkeit, Schwindel, Ohnmachtsneigung u. a., dann ist eine Tasse schwarzer Tee mit einem Löffel Honig erlaubt. Ich möchte aber aus Erfahrung anmerken, daß der Honig eine große Verführung darstellt und nicht immer ein probates Mittel ist. Die Übersäuerung bekämpfen Sie am besten mit viel frischer Luft, positiver Ablenkung und eventuell mit dem Entsäuerungspulver auf S. 38.

Der Tagesablauf
Kurz nach dem Aufstehen (oftmals ist man schon um 3 Uhr morgens hellwach) werden zuallererst die Zähne und die Zunge gereinigt, denn der Mundgeruch während einer Fastenkur ist sehr stark und ein typisches Ausscheidungssymptom von den Schleimhäuten. Um ihn tagsüber etwas zu dämpfen, kann man auch Chlorophylltabletten lutschen, die es in jeder Apotheke gibt. Nach der Reinigung trinkt man entweder ein Glas Gemüse- oder Fruchtsaft, je nach Geschmack; bewährt haben sich die Biottafrucht- und Gemüsesäfte aus der Schweiz. Bei guten Wetterverhältnissen während der Sommermonate, sollte man den Sonnenaufgang nicht versäumen. Das gleichzeitige Vernehmen von vergnügtem Vogelgezwitscher und die feurigen Flammen des aufgehenden Sonnenballes erheben den Menschen für den ganzen Tag und wirken wie ein mächtiger Zauber auf das wankelmütige Mental.
Da der Fluß der biorhythmischen Energie zwischen 5 und 7 Uhr im Dickdarm

am stärksten ist, sollten Sie in dieser Zeit täglich einen hohen Darmeinlauf machen, siehe in meinem Darmbüchlein. Nach dem Klistier sollten Sie Meditation oder Kontemplation für eine halbe Stunde oder länger versuchen. Während der Fastenzeit ist die Öffnung nach innen besonders günstig. Sie werden ihre intuitiven Gedanken wesentlich deutlicher wahrnehmen und eine Steigerung der inneren Sammlung und Konzentration erleben. Je nach persönlicher Interessenslage wird man sich nach der Versenkungsübung seinen persönlichen Hobbys und Neigungen widmen; z. B. lesen, Musik hören, schreiben, malen, basteln, Spaziergang usw. Empfehlenswert ist auch die Anregung des Hautstoffwechsels mittels Trokkenbürsten. Immerhin liegen in der Haut 70% der Abwehrzellen und viele ungenutzte Abwehrpotentiale, die auf Abruf warten. Während des Vormittags sollten Sie nochmals die Zähne und die Zunge bürsten und neben den Chlorophylltabletten zwischendurch eine Scheibe Zitrone im Mund zergehen lassen. Die zumeist spröden, eingetrockneten Lippen können Sie mit einem medizinischen Lippenstift mildern. Während des Vormittags trinkt man stündlich etwas Frucht- oder Gemüsesaft und versucht durch positive Einstellung und bejahende Gedanken über negative Stimmungen hinwegzukommen. Weitere Spaziergänge oder Wanderungen sind eine gute Ablenkungshilfe, wecken aber leicht ein verstärktes Hungergefühl und erschöpfen zu sehr. Deshalb sollten sie nicht zu sehr ausgedehnt werden. Nach der warmen Gemüsebrühe (ohne Salz!) sollten Sie für eine Stunde einen wärmestauenden Leibwickel anlegen. Die Technik finden Sie in meinem Büchlein: „Erfolgreiche Naturheilbehandlung bei Kopf-, Hals- und Erkältungskrankheiten". Über die Lebergegend (rechter Oberbauch) legen Sie eine Wärmflasche. Diese Anwendung sollten Sie täglich vornehmen, damit die Leber unterstützt wird. Zu beachten ist, daß nur dann ein Leibwickel seine volle Wirkung entfaltet, wenn zuvor die Füße angewärmt sind.
Den restlichen Nachmittag verbringen Sie ähnlich wie den Vormittag. Leichte Spaziergänge, im stündlichen oder zweistündlichen Wechsel ein Glas Gemüse- oder Obstsaft und eventuell zwischendurch Mundhygiene. Gegen Abend wird man sich vielleicht dem Naturschauspiel des Sonnenunterganges hingeben, wenn die Wetterverhältnisse es zulassen und sich danach einer besinnlichen Lektüre oder Musik zuwenden. Vom Fernseher rate ich ab, er ist ein undankbares Ablenkungsmittel, *da er die freie Auseinandersetzung mit dem Unbewußten verhindert.* Durch die Bildervorgabe und die begleitenden Kommentare wird nicht nur der individuelle Phantasiefluß blockiert, sondern auch noch die Innenschau verdorben. Wer glaubt, sich in der Fastenzeit mit Massenmedien ablenken zu müssen, nimmt Schmutz auf, statt sich seelisch zu reinigen. Es kommt während einer Fastenkur häufig vor, daß sich nach einer Woche eine Art Euphorie bzw. eine gewisse Hochstimmung einstellt, die dazu verleitet, bis in die späte Nacht hinein aktiv zu bleiben. Dadurch verpaßt man dann die goldenen Morgenstunden, die für den weiteren Tagesverlauf entscheidend sind. Deshalb rate ich, nicht zu spät ins Bett zu gehen, auch wenn man noch hellwach ist.

Behandlungen während der Fastenzeit

Von besonderem therapeutischem Wert sind allenfalls Lymphdrainagen oder leichte Bindegewebsmassagen. Während dieser manuellen Behandlungsformen fließt ein Teil des verschlackten Gewebewassers in das Blut und wird dort in den Entgiftungsorganen neutralisiert. Gerade während der ersten Woche sollte nicht gleich jeder an sich Massagen ausprobieren, da sie aus den genannten Gründen das Befinden verschlechtern können. Von Vorteil ist auch das subaquale Darmbad, das aber nur von erfahrenen Heilpraktikern und eingewiesenem Personal beherrscht wird und eine entsprechende Geräteinstallation in einer größeren Praxis oder Fastenklinik erforderlich macht.

Medikamente und Dauermedikation

Es ist immer wieder erstaunlich, wie wenig Medikamente fastende Patienten benötigen. Meist kommen sie mit drei oder vier verschiedenen Tabletten und Kapseln und behaupten, daß ihr Hausarzt ihnen seit Jahren diese Mittel verordnet habe. Das trifft vor allem bei Rheumatikern und Herzkranken zu. Setzt man diese Mittel dann ausschleichend schon vor der Fastenkur langsam ab, dann entstehen in den seltensten Fällen Komplikationen. Nach der Fastenkur werden die alten Medikamente selten wieder eingenommen, zumal der Organismus auf Arzneimittel jetzt viel sensibler reagiert und das selbst bei homöopathischen Mitteln. Homöopathische Arzneigaben während einer Fastenkur liefern dem Heilpraktiker und Naturheilarzt Anschauungsunterricht über die tiefgreifenden homöopathischen Arzneimittelbilder. Wenn also eine Medikation erforderlich ist, dann nur homöopathische Dosen und eventuell basische Salze der Schüßlerreihe (Magnesium phos., Kalium etc.).

Die Atmung während der Fastenzeit

Gutes Atmen entsäuert!

Vor allem ältere Menschen atmen zu nachlässig, siehe S. 46 über die Bedeutung des Sauerstoffes. Es geht um eine verstärkte, aber nicht zwanghafte Ausatmung. Die genaue technische Anleitung finden Sie in meinem Büchlein: „Erfolgreiche Naturheilbehandlung bei Herz- und Kreislauferkrankungen". Daß übrigens die Atmung einen Zugang zu den unbewußten, vegetativen Funktionen ermöglicht, ist einer der Gründe,warum Yogins durch jahrelange Atemübungen (Pranayama) die unglaublichsten physiologischen Leistungen vollbringen; mehr noch, der Vorgang der Atmung hat einen universellen Bezug zu dem ewigen Wechsel zwischen Geben und Nehmen. Stetiges bewußtes Atmen kann unser Bewußtsein für diesen fundamentalen Lebensaspekt vorbereiten und langsam hineinführen.

Besuche und gesellige Kontakte

Wer viel redet, verdirbt sich die Innenschau! Beim Fasten gilt das Sprichwort „Reden ist Silber, Schweigen ist Gold" vollgültig. Wer glaubt, durch vieles Reden und Kontakte über die Runden zu kommen, irrt sich. Erstens erschöpft zu vieles Reden, und zweitens bedeutet jeder Kontakt eine Energieübertragung, die entweder auf den Gesprächspartner oder auf den Fastenden übergeht. Daher sollte man sich seine Gesprächspartner genau auswählen und nur mit solchen Kontakt pflegen, die auch geistig etwas zu geben vermögen. Man sollte auch bedenken, daß Einsamkeit sehr heilend sein kann und sozusagen das Vorzimmer zu größeren Wahrheiten ist. Klatsch und Allerweltsgeschwätz sind nur Energieverschwendung und töten die höheren Empfindungen. Selbsterkenntnis kommt auch nicht im geschäftigen Getöse – da wird nur Selbstdarstellung gepflegt –, sondern in den stillen Stunden der Einsamkeit. Der Kontakt mit Nichtfastenden sollte möglichst gemieden werden. Wenn sich aus dem Freundeskreis zu viel Besucher einstellen, kann man auch mit einer Knoblauchfahne etwas nachhelfen, falls eine Ausladung nichts nützt.

Kräuter während der Fastenkur

Es gibt einige sehr brauchbare Kräuter zur beschleunigten Ausleitung und Bindegewebsentgiftung. Allerdings muß gesagt werden, daß Kräutertees manchmal das Befinden des Fastenden verschlechtern, weil die Bindegewebsdrainage das Blut mit Schlacken überschwemmen kann. Die Wahl der Kräuter sollten Sie aber nicht selbst treffen, sondern von einem Irisdiagnostiker nach dem genetischen Anlagebild des Auges vornehmen lassen. Freilich sollte der Schwerpunkt auf leber- und nierenanregenden Kräutern liegen, aber auch da gibt es eine große Auswahl.

Ausfasten und Fastenbrechen

Eine Fastenkur ist dann beendet, wenn die Entgiftung ihren Höhepunkt überschritten hat und der Organismus die kritische Grenze des Gewichtsverlustes erreicht. Bei mehr als 35% Gesamtgewichtsverlust sollte die Fastenkur beendet werden, da sonst eine irreversible Schwächung einsetzt. In der Regel genügen drei Wochen.

Gegen Mittag des letzten Tages beginnt man mit einem Apfel; dieser muß ganz pedantisch gekaut werden; er darf nur als gut durchspeicheltes Mus in den Magen gelangen. Am Abend gibt es dann eine salzlose Gemüsesuppe mit weichgedünstetem Gemüse nach Jahreszeit. Sehr wichtig ist zu beachten, daß für die nächsten zwei Wochen, solange noch ein deutlicher Gewichtsverlust besteht, Kochsalz ganz zu meiden ist, da der Organismus bestrebt ist, durch Gewebsausschwemmungen die Volumensverringerung durch Wasserersatz vorerst auszugleichen und eine Salzzufuhr diesen Vorgang zu stark beschleunigen würde.

In den darauffolgenden Tagen kann vermehrt pürierte Kost aufgenommen werden, z.B. Kartoffelpüree, Milchreis, Haferschleim, Zwieback, eingeweichte Pflaumen, Magermilch, Apfelkompott, Buttermilch, Gemüsebrei und Joghurt. Bei all diesen Vorschlägen ist immer die Dosis entscheidend. Ganz langsam sollte man die Essensration heraufsetzen, bis nach etwa 14 Tagen ein volles Mittagsmenü erreicht wird. Immer wieder kommt es vor, daß sich nach den Mahlzeiten Völlegefühl und Stuhlverstopfung einstellen, weil sich der Darm durch die lange Ruhepause noch nicht richtig der neuen Situation angepaßt hat. Hierbei muß zu Anfang mit Klistieren nachgeholfen werden. Als ausgesprochene Blockadebrecher gilt milchsauer vergorenes Sauerkraut oder der Saft daraus. Damit kann der Stuhlgang leichter gefördert werden.

Ausklang

Wenn Sie mit Ihrer Fastenkur eine schwere Krankheit ausgeheilt haben, z.B. Rheuma oder Bluthochdruck, was kann Ihnen Besseres widerfahren? Sie werden

dann überzeugt sein, daß die Macht der inneren Heilkräfte das Fundament eines jeden Heilungsverlaufes ist. Freilich nicht alles kann mit einer Fastenkur geheilt werden, aber wie viele giftige Medikamente und ihre Nebenwirkungen könnten dadurch vermieden werden? Und wie viele, auch seelisch kranke Menschen würden wieder zu ihrem inneren Gleichgewicht zurückfinden – zu der inneren Mitte? Das einzige, was man für eine Fastenkur braucht, ist genügend Motivationsdruck und die Einsicht, daß sie mehr ist als nur eine asketische Willensübung.
Daß die Fastenkur keine sektiererische Schwärmerei ist, sondern auch mit handfesten Ergebnissen aufwarten kann, beweisen die Erfolgszahlen aus der Auswertung von vier Fastenkliniken:
Danach wurde bei Spätkontrollen von bis zu 60 Monaten – also fünf Jahren – nach der Fastenkur folgende Ergebnisse ermittelt:
1. 6,4% der Fastenden hatten das Anfangsgewicht wieder erreicht.
2. Bei 43,6% lag das Gewicht deutlich unter dem Anfangsgewicht.
3. 16,4% hielten über Jahre das Entlassungsgewicht.
4. 29,3% nahmen noch weiter ab.
5. Nur 4,3% überschritten ihr Anfangsgewicht.
Es gab also nur 10,7% Versager, was in der Medizin eine sehr niedrige Quote ist. 60% der Patienten blieben ernährungsbewußt und hielten sich an die Nährwerttabellen.

Welche Krankheiten lassen sich mit einer Fastenkur heilen?
Übergewicht, Bluthochdruck, erhöhter Cholesterinspiegel, latender Diabetes, Nikotinsucht, leichtere Neurosen, Herzreizleitungsstörungen, Herzmuskelerweiterung, Unfruchtbarkeit soweit sie funktionell ist, Herzdurchblutungsstörungen (Angina pectoris), Bronchialasthma, Gelenkrheumatismus, Hämorrhoiden, Hautleiden, Ekzeme, chronische Magen-Darm-Erkrankungen, hormonelle Dysfunktion, Furunkulose, Migräne, Nierenentzündung und Leberschwellung, Stuhlverstopfung, Infektanfälligkeit und Erkältungsneigung, Harngrieß und Gallensteinbildungsneigung, leichte seelische Verstimmbarkeit und überhaupt zur seelischen Neuorientierung.

Welche Krankheiten lassen sich mit der Fastenkur nicht heilen?
Im hohen Alter kann zwar auch gefastet werden, doch sollte man sich mit 5–7 Tagen zufriedengeben, da sonst unwiederbringliche Gewichtsverluste entstehen. Alle auszehrenden Krankheiten mit dem berüchtigten Wörtlein „Morbus“ davor, können sich durch Fasten verschlimmern oder in ein Endstadium treten. Zum Beispiel schwere Schilddrüsenüberfunktion, Tuberkulose, progressiver Muskelschwund, Multiple Sklerose, Blutkrankheiten, etwa Leukämie, perniziöse Anämie oder Blutkrebs. Schwere – meist hormonelle – Knochenerkrankungen mit Knochenentkalkung (Osteoporose), Bechterew und Scheuermann. Eine Verschlimmerung ist auch bei Magensaftmangel, Leberzirrhose und Morbus Crohn sowie ulceröse Dickdarmveränderung zu erwarten. Aussichtslos auch, wenn akute Thrombosegefahr oder fortgeschrittene Nierenschrumpfung vorliegt. Also alle Endstadien, deren Uhr abgelaufen ist.

5. Mit Vollwertkost topfit

Die Natur ist die beste Mutter und Meisterin, sie liefert uns alles, was wir brauchen. Was wir auch künstlich erschaffen und produzieren, immer gibt sie uns dafür das Rohmaterial. Wie viele ungezählte Forscher und Entdecker haben ihre Ideen der Natur abgelauscht?

Warum wollen wir der Natur und letztlich dem Schöpfer immer ins Handwerk pfuschen? Jetzt, an der Schwelle zum dritten Jahrtausend merken wir, wohin diese Zivilisation treibt, die sich einst aufgemacht hat, die Naturkräfte für ein paradiesisches Wohlleben auszubeuten und ihre subtilen Baupläne künstlich so zu verändern versuchte, daß sie sich beinahe im Besitz neuer Schöpfungsformen glaubte. Eben nur beinahe, denn was die Genmanipulationen an Pflanzen, Bakterien und Viren betrifft, sind die Ergebnisse stümperhaft und obendrein eine der größten Gefahren für die Menschheit. Ich denke hier nur an den AIDS-Virus – der durchaus ein Laborungeheuer sein könnte –, denn warum gibt es AIDS erst seit 1982?

Es wird kaum möglich sein, alle Nahrungsbestandteile restlos chemisch aufzuklären. Die unabsehbaren subtilen Feinststoffe kennen wir noch nicht und schon gar nicht die energiereichen Vitalkräfte, die sich jeder chemischen Bestimmung entziehen und vielleicht nur mit elektronenoptischen Meßverfahren, z. B. Sichtbarmachung der Strahlungsintensität und ihr strukturelles Verteilungsmuster, identifiziert werden können. Das Argument von der Astronautenkost ist nicht stichhaltig; es fehlen Langzeitversuche! Für kurzfristige Orbitflüge mag die ballastfreie Weltraumkost nützlich sein, nicht jedoch für Sternenflüge über Monate oder gar Jahre. Das Ergebnis wäre nicht nur eine Computer-Astronauten-Psychose, sondern eine totale biologische Degenerierung, verbunden mit schwersten Mangelerscheinungen. Im übrigen wäre ein solches Unternehmen ohnehin glatter Wahnsinn, da es keinerlei Nutzen für den geistigen Fortschritt hätte.

Wer also mit künstlicher Ernährung nach dem neuesten wissenschaftlichen Stand seine Ernährungsprobleme gelöst zu haben glaubt, sollte sich die Frage vorlegen, ob der Mensch jemals in der Lage sein wird, die Natur bis ins kleinste zu kopieren. Selbst wenn er die chemischen Strukturen aufgeklärt hat, weiß er doch nicht, wie ihr Summationseffekt ist und wie die subtilen Wechselwirkungen und Stoffkreisläufe auf das Leben einwirken. Unser Organismus ist aus tierischem Material und steht wie eine Pyramidenspitze auf der Plattform ungezählter, anorganischer und organischer Lebensformen, deren Stoffverarbeitung aus dem Kosmos ihm bis ins kleinste bekannt sind, warum sollten wir ihn also mit künstlichen Stoffen belasten, wenn er selbst aus dem gewaltigen Naturangebot Unzähliges nach Belieben selektieren kann? Diese Überlegungen müssen wir allen anderen voranstellen, wenn wir über künstliche und natürliche Ernährung diskutieren wollen.

Die sprunghafte Zunahme der Krebserkrankungen (seit 1900 um das Zwanzigfache) ist kein Zufall, und Dr. Gio Gori vom National Cancer Institut in den USA schätzt, daß 60% aller krebserkrankten amerikanischen Frauen und 41% der Männer eine falsche Ernährungsweise praktizieren, hauptsächlich aus Konserven- und Büchsenkost. Ich selbst kenne Frauen, die auf Grund positiver Mammo-

graphiebefunde ihre Ernährung auf Vollwertkost umstellten und seither ohne Befund sind.
Nicht anders erging es Patienten, die sich immer müde und abgeschlafft fühlten. Schon nach der Umstellung des Frühstücks auf Vollkornmüsli-Frischbrei verschwanden Müdigkeit und Schwäche; seither möchten sie ihr Vollkornmüsli nicht mehr missen.
Ich kenne andere Fälle von ständig kränkelnden Patienten, die nach der Ernährungsumstellung kaum noch krank wurden, so daß ihr Hausarzt annahm, sie seien ihm untreu geworden. Besonders erinnere ich mich an den Fall einer jungen Frau, die mit 18 Jahren wegen multipler Sklerose bettlägerig wurde und von schulmedizinischer Seite kaum Hoffnung auf Heilung bestand. Die Schübe waren damals so schwer, daß mit einem vorzeitigen Ableben gerechnet werden mußte. Die Eltern der Patientin hatten eine kleine Landwirtschaft und entschlossen sich, alles Erdenkliche zur Gesundung der Tochter zu tun. Sie lasen über die Eversdiät, über Vollwertheilkost und begannen den landwirtschaftlichen Betrieb auf biologischen Anbau umzustellen. Binnen zweier Jahre war die Tochter soweit hergestellt, daß sie ohne Probleme ihre Hausfrauenarbeit wieder verrichten konnte und heute nicht nur glückliche Mutter von vier Kindern ist, sondern auch noch Ernährungsbücher veröffentlicht, in denen sie ihre persönlichen Erfahrungen weitergibt.
Wer die Behauptung aufstellt, mit Ernährung kann man nicht heilen, hat noch nie Versuche gemacht und betrügt sich selbst. Seit 14 Jahren praktiziere ich selbst Vollwertkost und beobachte an Patienten und Bekannten die positiven Wirkungen einer Ernährungsumstellung. Ich müßte mich als psychopathischen Ignoranten bezeichnen, würde ich die Wirkung nicht registrieren.

Was ist ein Vollwert-Nahrungsmittel?
Vollwertig kann ein Nahrungsmittel nur dann sein, wenn es in seinem natürlichen Urzustand sowenig wie nur möglich verändert ist. Wenn also weder chemische Zusätze noch mechanische oder thermische Einwirkungen das Nahrungsmittel in irgendeiner Weise verändert haben. Freilich kann dieser strenge Maßstab so nicht gefordert werden, das ist nur bei einer Rohkost möglich; aber es ist ein Kriterium, welches eine Einschätzung des Nährwertes ermöglicht. Ein zweites Kriterium ist die biologisch-dynamische Erzeugung. Die Qualität eines Nahrungsmittels hängt zuvorderst von seinem Nährboden ab. Ein mit chemischem Mineraldünger überdüngter Nährboden, der auch noch toxische Rückstände aus Insektizid- und Herbizidmitteln aufweist, schmälert den biologischen Vollwert eines landwirtschaftlichen Erzeugnisses und kann nicht mehr als vollwertig bezeichnet werden. Da dieses Problem vorläufig nicht zu lösen ist, muß es als üble Erscheinung hingenommen werden. Völlig zu verwerfen ist ein Nahrungsmittel, das erhitzt, mechanisch zerkleinert, konserviert und durch Schönungs- und Bindemittelzusätze verändert, obendrein auch noch durch chemische Dünge- und Spritzmittel belastet ist. Der Summationseffekt und die Wechselwirkung der dabei auftretenden Metabolismen ist kaum einzuschätzen. Wir haben also die Wahl, das kleinere Übel hinzunehmen; sollten aber durch unser Konsumverhalten der

verkünstelten Industriekost aus Dosen und Pappschachteln den Rücken kehren, denn der Markt richtet sich immer noch nach unserem Kaufverhalten.
Wie kommt es eigentlich, daß die Weizenkleie mit ihren Spitzenwerten an Mineralien und Spurenelementen und Vitaminen – ja sogar an Eiweißen – als Masttierfutter an Großmästereien geht, und das stärke- und kohlehydratreiche Weißmehl für die menschliche Nahrung bestimmt ist? Hier stimmt doch etwas nicht mehr! Praktisch ißt der Mensch den biologischen Abfall, und die Tiere bekommen das Beste. Wo bleiben da unsere Ernährungsexperten, die doch soviel analysiert haben?
Mit Vollwertkost kann uns das nicht mehr passieren, denn hier ist alles in einem vereinigt. Die natürliche Zusammensetzung an Nähr- und Wirkstoffen, die mineral- und vitaminreichen Schalenbestandteile, die vitalisierenden Keimschichten, die Wuchs- und Vitalstoffe, sie alle bleiben in der Vollwertkost erhalten und sind im Organismus die kleinen, stillen Heinzelmännchen für unsere Gesundheit. Hochleistungssportler und beruflich überstrapazierte Leute sind längst auf Vollwertkost eingestellt und wissen, daß ohne sie ihre Leistungen nicht möglich wären. Darum empfehle ich Ihnen, schon morgen Ihren Frühstücksplan zu ändern und in einem langsamen stufenweisen Umstellungsplan (siehe S. 239) die künstliche Dosenkost von ihrem Speisezettel zu verbannen.

Toprezepte für eine Sieben-Tages-Vollwertkost

1. Tag:

Morgens:	Frischkornbrei mit Weizen
	Kräutertee und Früchtetee, Vollkornbrot, Butter
	Käse, Quark, Honig, Rohmarmelade nach Wahl
Mittags:	Feldsalat, Sauerkrautfrischkost
	Kartoffelgemüse mit Käsesauce
	Apfelmus roh
Abends:	Kalte Joghurt-Kräutersuppe
	Vollkornbrot, Butter

2. Tag:

Morgens:	Frischkornbrei mit 3-Korn-Mischung
	wie 1. Tag
Mittags:	Bunter Weißkrautsalat
	Vollkornnudeln mit Kräutersahne
	Banane mit Fruchtsauce
Abends:	Eissalat mit Tomaten
	Grünkernsalat

3. Tag:

Morgens:	Frischkornbrei mit 6-Korn-Mischung
	wie 1. Tag
Mittags:	Wirsingrohkost mit Sesam
	Tomaten-Zucchinisalat
	Roggentortillas
	Quarksauce
Abends:	Radicchiosalat
	Hirsecreme mit Früchten

4. Tag:

Morgens:	Frischkornbrei mit Hirse wie 1. Tag
Mittags:	Rettich-Kohlrabirohkost Wirsingcremesuppe Quarkklößchen, Aprikosensauce
Abends:	Nudelsalat mit Gemüse

5. Tag:

Morgens:	Frischkornbrei mit Hafer wie 1. Tag
Mittags:	Feldsalat Lauch-Gelbrübensalat Hirsepfanne Knoblauchsauce
Abends:	Zucchinisalat pikant Gemüsesuppe Vollkornbrot

6. Tag:

Morgens:	Frischkorngericht mit gekeimtem Weizen wie 1. Tag
Mittags:	Bunter Endiviensalat Rote-Rüben-Rohkost Linsengratin mit Sonnenblumenkernen
Abends:	Salatplatte mit Kräuterrahm Vollkornbrot

7. Tag:

Morgens:	Frischkorngericht mit ganzem Buchweizen wie 1. Tag
Mittags:	Blaukrautsalat mit Früchten Grünkernbratlinge Lauch-Champignonsauce Frischkäsezitroneneis mit Himbeeren und Kiwisauce
Abends:	Tomatensalat mit Sojasprossen Vollkornbrot, Butter, Käse

Die genaue Rezepteanleitung finden Sie im Rezepteanhang S. 293 bis 304.
Alle Ölzutaten nur aus kaltgepreßten Ölen!

6. Mit Vollwertschutzkost vollwertig bis ins hohe Alter

In den hochindustrialisierten Ländern nimmt der Anteil der älteren Bevölkerung ständig zu. Zur Zeit sind 12% Amerikaner, 13% Engländer und immerhin 16,5% Westdeutsche älter als 65 Jahre, wobei der Medikamentenverbrauch dieser Gruppe über 30% liegt. Es ist vorauszusehen, daß der Anteil der 65jährigen angesichts der Kindermüdigkeit noch auf über 20% ansteigen und der Medikamentenverbrauch älterer Menschen die 50%-Marke überschreiten wird. Das wirft nicht nur gesundheitspolitische Probleme auf, sondern insbesondere eine Verschiebung des Krankheitstypus in den Praxen und Krankenhäusern. Krankenstatistische Untersuchungen amerikanischer Gesundheitsbehörden ergaben, daß nur 20% der 65- bis 75jährigen und nur 16% der über 75jährigen als gesund bezeichnet werden können. Man braucht sich über solche Zahlen nicht zu wundern, wenn Lebensweise und vor allem die heutige Ernährung in Rechnung gestellt wird. Das Altern des zivilisierten, abgewrackten Pensionärs gleicht heute dem eines Invaliden, mit der Last der Vielfacherkrankung. Es liegen gleichzeitig mehrere Krankheiten vor, die sich sozusagen dem physiologischen Alterungsprozeß aufpfropfen.

Das macht es dem Arzt schwer, mit Medikamenten sparsam umzugehen und eine optimale Behandlung durchzuführen.

Sieht man sich die abnehmenden Leistungskurven der inneren Organe an, wie sie durchschnittlich im Alter gemessen werden, dann steht an erster Stelle die drastische Durchblutungsabnahme der Niere um über 40%, Grundumsatz um 15%, Herzleistungsminderung um 30%, die Lungenfunktionsgrößen nehmen um 20–35% ab, wobei das Residualvolumen (Restluft in der Lunge) auf über 40% ansteigt, die Hirndurchblutung erfährt eine Minderung von knapp 20%, das Gesamtkörperfett steigt gegenüber einem 20jährigen um 35% an, dagegen nimmt das Gesamtvolumen um 8%, das Gesamtkörperwasser um 17% und die Zwischenzellflüssigkeit um 40% ab. Besonders gravierend ist der Verlust organischer Knochensubstanzen zur Aufrechterhaltung der Knochenelastizität der sogenannten Knochenmatrix aus elastischen bindegewebigen Kittsubstanzen; er kann bis zu 50% betragen und ist verantwortlich für die spröden und leicht zerbrechlichen Knochen im hohen Alter (Osteoporose). Die Liste ließe sich noch verlängern; doch hat es wenig Sinn, anhand von solchen Verlustangaben, den alten Menschen zu kategorisieren und damit als altes Eisen abzutun. Viel wichtiger ist es, diese Angaben für eine optimale Ernährungseinstellung zu verwerten und auf bestimmte Lebensmittel hinzuweisen, die z. B. die Nierendurchblutung steigern und damit dem weitverbreiteten Nierenhochdruck einen Riegel vorschieben. Ähnliches gilt für andere Organe. Wir kommen darauf zurück.

Nicht unwichtig erscheint mir für das Ernährungsproblem die immer wiederkehrende Abneigung alter Menschen gegen Frischkost, vor allem gegen Rohkost, Obst und Frischgemüse. Es geht hier vor allem um das Problem, wie man mit einem künstlichen Gebiß den Satz verwirklicht: „Gut gekaut ist halb verdaut.“ Zum anderen nimmt im Alter die Bequemlichkeit infolge bestimmter Gehbehinderungen zu, u. a. Fußdeformierungen, Gelenkschmerzen, rasche Ermüdung, so daß die Besorgung frischer Lebensmittel nicht selten zum Problem wird. Auch haben wenige nicht mehr die Kraft, sich ihr Mittagsmenü selbst zusammenzustellen und bis zwei Stunden am Küchenherd zu stehen. Viele greifen auf die Möglichkeit der organisierten Essensverteilung aus Großküchen zurück, z. B. „Essen auf Rädern", ohne zu bedenken, daß eine Großküche aus organisatorischen und technischen Gründen niemals eine Vollwertkost anbieten kann, sondern überwiegend auf Großkonserven angewiesen ist. Auch Gründe wie: „Im Winter gehe ich nicht zum Einkaufen, da rutsche ich zu leicht aus und breche mir alle Knochen, oder ich friere immer so leicht usw.", hört man sehr oft; es sind Argumente der Angst und Resignation.

Was ist zu tun? Möglichkeiten gibt es z. B. im Seniorenclub oder in Seniorentelefongemeinschaften. So könnte man für einen Kreis von Senioren 1–2 junge Leute anstellen, die zweimal in der Woche Frischobst oder Frischgemüse direkt vom Erzeuger einkaufen. Ich könnte mir vorstellen, daß die Gesamtkosten nicht viel höher liegen als beim Händler, der einen Mehrpreis von 30–35% verlangt. Die Mühe der Frischkostzubereitung sollte auch der alte Mensch auf sich nehmen, denn einerseits bringt ihm diese neue Beschäftigung mehr Ablenkung von Grübeleien und passiven Selbstbetrachtungen; sie stellt ihn in eine neue Aufgabe, die seine Phantasie und seinen Einfallsreichtum herausfordert, vermittelt ihm Bewegung, und letztlich verhütet sie durch die vitale Nährstoffzufuhr vorzeitige Senilität und körperlichen Verfall. Wer im Alter resignierend meint, ihm könne ja doch nichts mehr helfen, gibt sich selbst auf und hat sich bereits lebendig in den Sarg gelegt, dem ganz bestimmt dann Sargnagel auf Sargnagel folgt, in Form von Krankheiten, Leiden und Depressionen; denn mit einer solchen Einstellung fordert man die dunklen Schicksalsmächte heraus. Hilf Dir selbst, dann hilft Dir Gott, und Goethe sagte einmal: „Wir leben, solange es Gott bestimmt hat, aber es ist ein großer Unterschied, ob wir im Alter jämmerlich wie Hunde leben oder wohl und frisch und das vermag eine mäßige und gesunde Lebensweise." Ich würde den Satz noch dahin ergänzen, daß vor allem eine natürliche, optimistische Grundeinstellung am meisten dazu beiträgt und die gesunde Vollwerternährung hierin eine wesentliche Grundlage darstellt. Büchsen- und Pappschachtelkost konnten noch nie eine belebende Wirkung auf den Stoffwechsel und die Durchblutung ausüben, auf die selbst der optimistische Mensch angewiesen ist. Wer sich einmal auf Vollwertkost umgestellt hat, möchte sie nicht mehr missen, selbst wenn man sie hie und da wieder verläßt, so kehrt man doch gern wie ein reuiger Sünder zurück und weiß um so mehr das Gute an ihr zu schätzen, nämlich die vitalisierende Wirkung.

Das durchaus ernstzunehmende Problem der Prothesenträger kann nur dahingehend gelöst werden, daß die unverzichtbare Rohkost so fein wie möglich zubereitet wird, d. h. den Gebißverhältnissen angepaßt, fein gehackt und zerkleinert, eventuell auch blanchiert, aber stets frisch und niemals konserviert. Auch das Verdauungsproblem läßt sich lösen, indem man dem häufigen Magensaftmangel mit Zitronenzugabe und Apfelessig nachhilft, siehe S. 213. Verdauungshilfe bietet auch die frische Ananas mit ihren eiweißverdauenden Enzymen oder die Papayafrucht, siehe S. 142.

Es kommt auf das Gewußt-Wie an, und diese Zeilen wollen dazu beitragen, daß sich auch der alte Mensch mit der Vollwertschutzkost bis in die letzten Tage vollwertig fühlt und am Leben wieder Freude gewinnt.

Worauf kommt es aus praktischer Sicht an?

Sieht man sich die Liste der Funktionseinbußen an, dann gewinnen die Lebensmittel einen hohen Stellenwert, welche die Leistung der Ausscheidungsorgane – namentlich der Niere – fördern und gleichzeitig wenig belasten. Durchblutungsorgane, wie Herz, Gefäße und die Knochen, sind besonders zu berücksichtigen. Von den nierenanregenden Mitteln sind zu nennen: Spargel, Hagebutten, Ebereschenbeeren, Zitrusfrüchte, Kirschen, Holunder, Wacholderbeeren, Bohnen, Reis, Broccoli, Grünkohl, Sojaprodukte, Kürbisfruchtfleisch, Kartoffelbrei und -saft, Sellerie und Mais. Wegen der enormen Abnahme der Zwischenzellflüssigkeit sollte immer viel getrunken werden. Alle Kräutertees, die die Nierenfunktion fördern, sind zu empfehlen.

Die vielen herzkraftstärkenden Lebensmittel wollen Sie bitte auf S. 198 nachlesen, selbiges gilt auch für die Blutaufbaumittel, wobei zu erwähnen ist, daß der Eisengehalt im Alter fast immer zu niedrig ist und stets verstärkter Beachtung bedarf. Eisenhaltige Lebensmittel sind: Bierhefe, Sojaprodukte, Hagebutte, Hirse, Spinat, verschiedene Nüsse, z. B. Sesam, Pistazie und Mandel. Von den Obstfrüchten ragen heraus: Feigen und Aprikosen, siehe Liste S. 83.

Um das Knochensystem vor dem vorzeitigen Abbauprozeß zu schützen, sollte nur das biologisch hochwertige Knocheneiweiß aus der Milch zugeführt werden, am besten Vollwertmilch oder mindestens pasteurisierte Milch. Der hohe Kalzium- und Vitaminanteil in der Milch sorgt für eine tägliche Frischzufuhr und kann Mangelerscheinungen verhüten.

Eier und Fleisch sollten Sie nur sparsam verwenden, denn damit erhöhen Sie unnötig den Cholesterinspiegel und die Harnsäurewerte, die im Alter sowieso erhöht sind. Lassen Sie sich von dem Eiweißgerede um das Fleisch nicht beirren. Der Mensch braucht pro Kilogramm Körpergewicht 0,5 g Eiweiß, im Alter wegen des geringeren Verbrauchs und des erniedrigten Umsatzes meist noch weniger. Die Frage nach den essentiellen 9 Aminosäuren, die angeblich nur im Fleisch sein sollen, ist wissenschaftlich längst widerlegt, nachdem bekannt geworden ist, daß Sojabohnen und Getreidekornmischungen ebenfalls alle Aminosäuren beinhalten, die der Mensch braucht. Obendrein verursachen sie keine Purinbelastung, wie das bei tierischem Eiweiß die Regel ist. Lesen Sie bitte auch die Ausführungen über das minderwertige mit Chemikalien, Hormonen und Schwermetallrückständen belastete Mastfleisch auf S. 251 nach, und Sie werden zum Fleisch eine wesentlich distanziertere Beziehung entwickeln.

Das Übergewichtsproblem – meist zu viel Fett bei gleichzeitigem Wassermangel (Austrocknungstendenz) – lösen Sie am besten mit einer mäßigen Fettreduktion unter Auslassung tierischer Fette, z. B. Griebenschmalz, Speck, Mastfett, Bratenfett und gehärteter Fette. Ich will Sie jetzt nicht mit Nährstoffrelationen beschweren, das würde Ihre guten Vorsätze nur komplizieren, aber streichen Sie die Butter dünner aufs Brot, verwenden Sie beim Kochen nur pflanzliche Fette aus Ölsaaten,

vermeiden Sie fettreiche schwere Mahlzeiten, spüren Sie den versteckten Fetten nach: z. B. in der Wurst, siehe S. 252. Beim Käse müssen Sie ganz besonders aufpassen, der Fettgehalt beträgt bis zu 60% schieres Fett!
Ihren Zuckerkonsum sollten Sie genau überdenken. Raffinierter Zucker macht krank, darüber gibt es keinen Zweifel mehr, lesen Sie bitte meine Ausführungen auf S. 32, vielleicht könnten diese Argumente Sie umstimmen und zu dem Wahlspruch veranlassen: Weniger ist mehr!

Einige praktische Tips
Wer ein Vollkornmüsli morgens nicht hinunterbringt, kann als Alternative auch Hafer, Hirse, Gerste, Buchweizen und Dinkel verwenden. Die morgendliche Haferschleimsuppe ist übrigens das beste Mittel gegen Altersdiabetes und schont besonders die Bauchspeicheldrüse. Zum Frühstück sollten Sie täglich 1 Glas Milch trinken. Statt Süßmilch können auch Joghurt, Dickmilch oder Kefir genommen werden. Wer Quark nicht mag, versuche es mit Sojaquark (Tofu). Tagsüber ist die Fruchtmolke ein sehr belebendes Getränk und für die Leber eine Wohltat. Die Molke sollten Sie im Wechsel mit Nierentee's trinken. Rezepte dazu finden Sie in meinem Büchlein: „Erfolgreiche Naturheilbehandlung bei Nieren- und Unterleibserkrankungen". Von unserem jederzeit verwendbaren heimischen Obst ist der Apfel das beste Mittel für die Blutgefäße und den Darm. „Täglich einen Apfel hält den Arzt fern", sagte schon meine Großmutter, und sie brauchte tatsächlich nur zum Totenschein den Arzt. Das gleiche gilt für den Imkerhonig. Bei mäßigem Altersdiabetes dürfen Sie dennoch täglich 1 TL einnehmen, denn sein natürliches Glucose-Fruktose Gemisch (Invertzucker) spart Insulin und kann von der Leber viel schneller verwertet werden als reiner Traubenzucker. Nicht zu unterschätzen ist die Versorgung mit Mineralstoffen, Spurenelementen und Vitaminen. In frischen Grünblattsalaten, Gemüseeintopf, feinen Rohkostplatten, Vollkornbroten, am besten die feinkrümeligen schon geschnittenen, sowie in Frucht- und Obstsäften sind sie so reichhaltig vorhanden, daß man auf Vitaminkapseln und -tabletten leicht verzichten kann. Wegen des erhöhten Vitamin-C-Bedarfes, rate ich dem alternden Menschen, täglich eine ganze Zitrone zu den Hauptmahlzeiten zu verwenden; einmal zur Anregung des Magensaftes; und dann zur Steigerung der Abwehr.
Wegen der oft schlecht sitzenden Prothesen sollten Sie alles, was beim Kauen Probleme macht, mit dem Mixer fein pürieren und durchaus ansprechend zurichten, denn das Auge ißt auch mit.
Alle Speisen sollten Sie reichlich, aber nicht zu scharf würzen, damit die Verdauungssäfte angeregt und der Stuhlgang verbessert wird; mangelndes Würzen kann im Alter ein Nachteil sein. Salz müssen Sie bei Hochdruck meiden; der Salzgehalt in den Lebensmitteln genügt vollauf, um den täglichen Natrium-Chlorid-Bedarf zu decken.
Von den speziell im Alter regenerierenden Lebensmitteln seien noch erwähnt: Die Blütenpollen (siehe S. 104), das Gelee Royale und die getrocknete Bierhefe in Tablettenform. Wer die Mühe nicht scheut, kann es auch mit einem selbstangesetzten Brennesselsamenwein versuchen, siehe S. 156. Ferner sind alle atmungsakti-

ven Säfte und ungesättigten Fettsäuren empfehlenswert, denn im Alter sinkt der Sauerstoffgehalt des Blutes erheblich ab. Heidelbeersaft, Rote-Bete-Saft, Johannisbeersaft und Holundersaft sind zu empfehlen. Das sollte Ihnen vorerst als Inspiration genügen.

Wochenplan mit Toprezepten für Ihre Vitalität

1. Tag:

Morgens:	Frischkornbrei aus verschiedenen Getreidesorten Obst nach Jahreszeit (Rezepte S. 92) Zur Abwechslung kann auch mal ein Schrotbrei gegessen werden. Vollkornbrot oder -semmeln, Butter, Honig, Rohmarmelade (S. 150), Käse Tee nach Belieben: Hagebutten-, Fenchel-, Apfel-, Melissen-, Kräutertee usw.
Mittags:	Sauerkrautsalat Bircher-Benner-Kartoffeln, Kräutercreme 1 Banane
Abends:	Griechischer Salat, Vollkornbrot, Tee wie morgens

2. Tag:

Morgens:	siehe 1. Tag
Mittags:	Bunter Kopfsalat Weizenschrotauflauf pikant, Paprikagemüse 1 Joghurt
Abends:	Bleichselleriesalat mit Früchten Kräutersuppe, Vollkornbrot Tee wie am 1. Tag

3. Tag:

Morgens:	siehe 1. Tag
Mittags:	Blaukrautsalat mit Endivien in Meerrettichsauce Zucchiniauflauf mit Leinsamenkruste Tomatensauce
Abends:	Andalusischer Kopfsalat Pikanter Avocadoaufstrich, Vollkornbrot Tee nach Belieben

4. Tag:

Morgens:	siehe 1. Tag
Mittags:	Rettichsalat mit Kresse Gemüsereis, Kräuterkäsesauce Früchte nach Jahreszeit
Abends:	Grünkernsalat mit Gemüse Vollkornbrot, Tee wie am 1. Tag

Die genaue Rezepteanleitung finden Sie im Rezepteanhang S. 305 bis 316.

5. Tag:

Morgens: siehe 1. Tag
Mittags: Chinakohlsalat mit Ananas
Gelbe Erbsensuppe mit Gemüseeinlage
Apfelpfannkuchen, Zitronen-Joghurt
Abends: Gemischter Tomatensalat
Radieschenquark, Vollkornbrot, Butter
Tee wie am 1. Tag

6. Tag:

Morgens: siehe 1. Tag
Mittags: Blumenkohlrohkost
Bohnengemüse italienisch, Polenta
1 Stück Melone
Abends: Eissalat mit Sojasprossen
Buchweizendessert mit Früchten
Tee wie am 1. Tag

7. Tag:

Morgens: siehe 1. Tag
Mittags: Spinatsalat, Gelbrübenrohkost
Lauch überbacken, Sesamkartoffeln
Bananen mit Kiwisauce und Himbeeren
Abends: Apfel-Fenchel-Rohkost mit Datteln
Vollkornbrot, Butter, Tee wie am 1. Tag

7. Problemlose Entbindung und gesunde Kinder durch Vollwertkost

Schwangere, die sich mit Vollwertkost ernähren, brauchen keine Infektionen – z. B. die Frucht gefährdenden Röteln oder Zytomegalie – zu fürchten. Die richtige Vollwerternährung ist der beste Schutz für Kind und Mutter. Sie sollte während der Austragungszeit abwechslungsreich und so natürlich wie nur möglich sein. Außer industrialisierter Dosen- und Pappschachtelkost sollte die Schwangere alles essen, worauf sie Appetit hat, denn der Nährstoffbedarf meldet sich über bestimmte Gelüste. Meine Mutter hatte während der Schwangerschaft ständig Appetit auf Äpfel und reichlich davon verzehrt. Wie ich bis heute feststellen kann, hat es mir nicht geschadet. Vor Vitaminüberschwemmungen mit Multivitaminkapseln möchte ich warnen, die Dosierung ist pro Kapsel viel zu hoch und unphysiologisch. Für die Leibesfrucht ist Imkerhonig, biologisch angebautes Obst und Gemüse, Vollkorngetreideprodukte, Apfelessig – der übrigens fast alle Mineralien und Spurenelemente in sich faßt – weit zuträglicher und gesünder. Die Eiweißquelle sollte überwiegend aus lactovegetabilen Quellen stammen, also aus Milcherzeugnissen, Bohnen, Sojaprodukten, Getreidemischungen, Weizenkeimen, Nüssen und Blütenpollen. Der Vorteil der natürlichen, purinfreien Eiweißquellen ist die geringere Harnsäure- und Harnstoffbelastung und vor allem das Fehlen der Mastfleischrückstände aus den chemischen Futtermittelzusätzen

und Tierarzneimitteln. Eier sollten ebenfalls etwas häufiger auf dem Speisezettel stehen, allerdings nur von freilaufenden Hühnern, deren Dotter durch das Chlorophyll der Gräser natürlich gefärbt ist. Es ist eigentlich logisch, daß Schwangere einen gewissen Mehrbedarf an Nähr- und Wirkstoffen haben; als ideales Maß stellt man sich 90 g Eiweiß, 75 g Fett und 370 g Kohlehydrate vor. Die Gesamtkalorienmenge sollte bei ca. 2600 liegen. Dies gilt natürlich nur als ungefähre Richtschnur. Auf Grund amerikanischer Forschungsergebnisse über den Einfluß von Vitaminen und Mineralien mag es angebracht sein, dem Vitamin B1 und dem Magnesium besondere Aufmerksamkeit zu schenken. Beide scheinen die Entbindung wesentlich zu erleichtern, indem sie die Schmerzen dämpfen und die Entbindungszeit abkürzen. Auf S. 83 habe ich Magnesium- und Vitamin-B1-haltige Lebensmittel aufgelistet, die besonders reichhaltig sind. Auch das Vitamin C sollte in Form von Kiwi, Hagebuttenmus, Sanddorn, Zitronensaft oder Pampelmusensaft verstärkt aufgenommen werden. Die Hagebutte ist übrigens ein Vitaminborn ersten Ranges, ebenso die getrocknete Bierhefe. Einer der wichtigsten biochemisch wirksamen Stoffe ist das Eisen, siehe S. 57. Ohne Eisen keine Blutatmung, d. h. zu wenig Sauerstoff für das Kind und damit die Gefahr der Mißbildung bzw. Fruchtschädigung. Daher sollte allen eisenhaltigen Lebensmitteln ein gewisser Vorrang eingeräumt werden, z. B. Hagebuttenmus, Rosinen, Ebereschenbeeren, Bierhefe getrocknet, Sojamehl, Nüsse, weiße Bohnen, Kichererbsen, Linsen, Feldsalat, Sesam, Grünkohl, Spinat, Broccoli, Schwarzwurzeln und Topinambur.
Im Obst ist der Eisenanteil viel zu gering, dafür aber die Vitamine beachtlich. Vor Eisenüberschwemmungen aus pharmakologischen Eisenpräparaten möchte ich gleichfalls warnen. Auch hier wird viel zu bedenkenlos geschluckt und dem Organismus Unmengen an Eisen aufgedrängt, was letztlich zu einer Anreicherung in der Leber, Milz und Niere führen muß. Die eisenhaltigen Gemüsearten sollten gleichzeitig viel Chlorophyll – das blutatmungsaktive Blattgrün – enthalten. Chlorophyll wirkt im Organismus atmungsaktiv und unterstützt den Hämoglobinstoffwechsel. Alkohol und Nikotin verbietet sich während der Schwangerschaft von selbst. Wer hierin sündigt, ist für eine mögliche Fruchtschädigung voll verantwortlich und hat die Konsequenzen für einen biologisch geschädigten Menschen lebenslang zu tragen. Was das heißt, weiß man erst, wenn man ein sogenanntes „Suffkind" aufgezogen hat. Die Gewissensbelastung ist unerträglich.

Die Kleinkindvollwerternährung ist die beste!

Die beste Säuglingsnahrung ist die Muttermilch. Alles Angstgerede um Insektizid- und Schwermetallrückstandsbelastung der Muttermilch ist maßlos übertrieben und fußt auf zufälligen Höchstwerten in Gegenden, wo viel gespritzt wird und ständig Smogalarm herrscht: In den 80er Jahren steigerte sich auf Grund der Panikmache der Umsatz der industriellen Säuglingsnahrung auf das Sechsfache und die Konzerne rieben sich freudig die Hände. Man weiß also, woher der Wind bläst und sollte künftig etwas schärfer hinter die Kulissen blicken. Vergleicht man die Muttermilch mit der Kuhmilch, dann liegen außer dem höheren Zuckeranteil alle anderen Werte niedriger. Kuhmilch enthält also zu viel Eiweiß, zu viel Fett und zu viel Salze, vor allem Natrium, das jedoch wegen des hohen basischen Kalziumgehaltes ausgeglichen wird. Der Vorteil der Muttermilch liegt in ihren lebendig-dynamischen Abwehreiweißen, direkt aus dem Immunsystem der Mutter. Diese Immunglobuline – z.T. auch Antikörper – sind notwendig, da der Säugling noch kein ausgebildetes voll spezialisiertes Immunsystem zur Verfügung hat und ihm die Muttermilch für die ersten drei Monate darin einen relativ sicheren Schutz bietet. Außerdem fördert sie die so wichtige Bifidusflora des Darms und stellt damit die Weichen für eine lebenslang gesunde Bakterienbesiedlung. Umfassende Untersuchungsergebnisse haben gezeigt, daß brusternährte Säuglinge viel weniger infektanfällig, weniger Allergien und Darmerkrankungen haben und zufriedener sind. Kaum zu ermessen ist jedoch der einmalige seelische Kontakt, den nur die Mutterbrust ermöglicht. Jeder, der einen Säugling an der Mutterbrust saugen sieht, bekommt sofort Mutter-Kind-Empfindungen bis in die Tiefen seiner Seele. Es ist ein Gefühl der Nestwärme, der Geborgenheit und des Umsorgtseins, was da heraufsteigt. Der hautnahe Kontakt, das Gefühl von Wärme und Gesättigtsein, die schützende, liebkosende Hand der Mutter und die fürsorgliche Ausstrahlung ist für die seelische Entwicklung eines Säuglings kaum zu ermessen und stellt Weichen. Die moderne Psychoanalyse hat den Verlust an Geborgenheit und des Geliebtwerdens als die alles entscheidende orale Keimsituation eines dissonanten Individuums erkannt und daraus wichtige therapeutische Konsequenzen gezogen. Die Vorstellung, daß vielleicht zu wenig Muttermilch ein ausreichendes Stillen verhindert, ist in Reihenuntersuchungen längst widerlegt. Knapp 4% der Mütter haben zu wenig Milch, wobei hier noch nicht einmal die Ursachen untersucht sind. Man darf annehmen, daß davon wieder ein erheblicher Prozentsatz auf Grund von einseitiger Ernährung oder Hormonschäden, milchknapp sind. Siehe in meinem „Magen-Darm-Büchlein“.

Wie lange soll man stillen?

Aus natürlicher Sicht soll so lange gestillt werden, bis das Kind zu saugen aufhört und einschläft. Danach soll man die restliche Milch abpumpen, damit durch den Entleerungsreiz die Milchneubildung in Gang gehalten wird. Eine bestimmte Zeitdauer für die Stillperiode gibt es nicht; in der Regel hört die Milchproduktion zwischen dem 5./6. Monat auf; man kann aber schon im 3. Monat auf Sojamilch, Gemüse und Obstbrei übergehen. Auch hier gilt das Prinzip: „So frisch und naturbelassen wie möglich“, keine Konserven oder Dosen!

Wie sagte doch Otto, unser Oberspaßmacher so schön: „Alete kotzt das Kind!“ Auch die teuren Babydoserl sind erhitzt und konserviert und eben nicht mehr lebendig wie die Frischkost.

Getreideprodukte – z. B. Weizenvollschrot – sollte man immer mit anderen Getreiden wie Roggen, Hafer, Dinkel, Gerste, Mais zusammen geben, damit das Kleinkind keine Glutenallergie entwickelt und ein möglichst optimales Eiweißangebot hat. Selbstverständlich sollte auch das Eigelb zum Zuge kommen, doch niemals darf die Säuglingskost zu konzentriert sein, indem man den Nahrungsbrei mit hochwertigen Nährstoffen überlädt; das verkraftet selbst der gesündeste Säugling nicht. Gibt man z. B. Getreideschleim, dann genügt der Eiweißgehalt, und man braucht nicht noch extra Eigelb oder Milchpulver dazumixen. Dagegen kann man zum Gemüsebrei schon mal ein Eigelb hinzugeben oder zum Milchbrei Hagebuttenmus oder püriertes Gemüse. Die teuren Babydöschen sind viel zu konzentriert und enthalten obendrein noch eine Vitaminmixtur, die den zarten Stoffwechsel des Säuglings überflutet, so daß man fast meinen könnte, ihm müßten Vitaminblümchen aus den Ohren herauswachsen. Falls nun wirklich zuwenig Brustmilch vorhanden ist, dann geben Sie in den ersten vier Wochen zur Hälfte verdünnte Kuhmilch mit einer leicht abgekochten Vollkornschrotmischung und Honig. Zwischendurch mal Molke oder Buttermilch; letztere mögen die Kleinen besonders gern. Ab dem 2. Monat verdünnen Sie die Kuhmilch mit $^1/_3$ Wasser, geben der Milch 1 EL frischen Fruchtsaft, 1 TL Honig, eventuell dreimal in der Woche 1 Eigelb ohne Eiklar in die Flasche. Ab und zu können Sie auch Mandelmilch, die Sie selbst herstellen (siehe S. 156), dem Kind verabreichen. Erst ab dem 7. Monat sollte die Vollmilch unverdünnt gegeben werden. Ab diesem Zeitpunkt müssen Gemüse und Obstbrei häufiger in die Mahlzeiten eingebaut werden. Zucker ist immer durch Honig zu ersetzen. Weißzucker, Schokoladenbrei u. ä. muß gemieden werden, da er die Bifidusflora des Säuglings zerstört.

Wie viele Mahlzeiten soll das Kind erhalten?
Auch in dieser Frage sollten Sie ganz natürlich entscheiden, schließlich merken Sie ja selbst, wann das Kind Hunger hat. Fünf kleinere Mahlzeiten mögen durchaus angebracht sein, das kann jedoch nur als eine Richtempfehlung gelten.

Welche Gemüse, Obstarten und Getreidesorten verträgt der Säugling besonders gut?
Karotten, Spinat, Tomatensaft, rote Bete, Kohlsaft, Wirsingpüree, Kartoffelpüree, Bohnen püriert, Aprikosen, Apfelsinen, Traubensaft, Ananas, Banane, Milchreis, Hafer, Mandelmus, Leinsamenschleim (verdünnt) und Sojamehl bzw. Sojamilch, besonders wenn eine Kuhmilchallergie vorliegt.

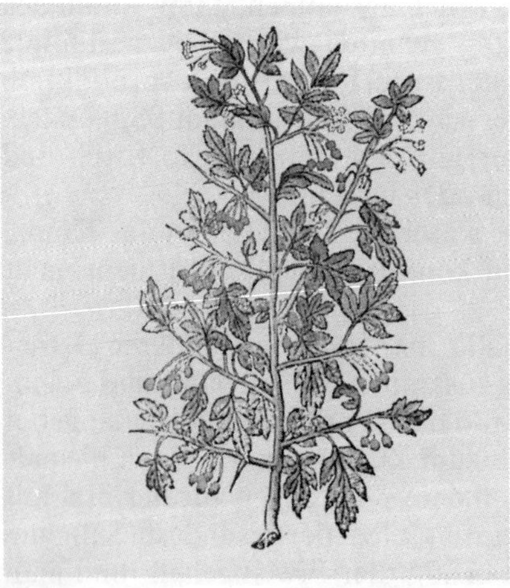

Die Krankenheilkost

Vorbemerkung

Die vielen Diätvorschläge in der Krankenbehandlung lassen sich in ein paar grundlegende Regeln zusammenfassen – die so einfach sind, daß man schließlich fragen muß, wozu dicke Bücher schreiben, wenn's auch unkompliziert geht. Goethe schrieb einmal lakonisch: „Das ärgert die Großen der Welt, daß wirklich alles Große so einfach ist." Da ich mich zu den Kleinen zähle und Sie hoffentlich auch, lieber Leser, freuen wir uns über das Einfache, statt uns zu ärgern. Was ist nun die einfachste aller Regeln in der Diät?
Es ist die naturbelassene Kost, die eigentlich nur unseren Zähnen ein bißchen mehr Arbeit macht. Naturbelassen ist z. B. alles, was für unseren Ernährungsbedarf wächst und gedeiht und was Tiere aus ihren Drüsen absondern oder sammeln und Pflanzen an Eßbarem zur Verfügung stellen. Wie wunderbar heilt doch die Rohkost! Aber das Leben ist scheinbar so unnatürlich geworden, daß wir Altes und längst Bekanntes erst wieder neu entdecken müssen.

1. Die Heilkost bei Herz- und Kreislauferkrankungen

An der Spitze der Häufigkeit aller Erkrankungen, stehen zweifellos die Herz-Kreislauferkrankungen. Kein Organsystem ist dem Psychostreß und den Ernährungsgiften mehr ausgesetzt. Die Kreislauforgane sind die Verteiler der zugeführten Nährstoffe und transportieren gleichzeitig die Schlacken zu den Ausscheidungsorganen wie Niere, Leber, Lunge, Darm, Haut und Unterleib. Es muß also jedem einleuchten, daß Straßen, auf denen viel Schutt und Unrat gefahren wird, auch stark verschmutzen und am Ende unpassierbar werden. So ähnlich geht es den Blutgefäßen, wenn sie mit minderwertigem Nährstoffmateriel aus der Büchsen- und Pappschachtelkost belastet werden. Freilich verhält es sich vom biochemischen Standpunkt aus wesentlich komplizierter; aber dennoch können wir diesen Vergleich als Anschauungsbeispiel nehmen. Das Hauptproblem für den inneren Arzt ist immer die Selbstreinigung von Giften und Schlacken. Gelingt es ihm, das Bindegewebe – den Müll- und Umschlagplatz – frei zu halten bzw. zu säubern, dann bleibt auch die Wegstrecke von der Zelle zum Blutgefäß und zurück frei. Nichts jedoch ist schlimmer als sich anhäufender Unrat, der obendrein auch noch das Milieu vergiftet.
Blutgefäße sind empfindliche, schlüpfrig-glatte, plastische Röhren, in welche die beladenen Blutzellen bis in die letzten Winkel der Organe hineinwandern und ihre kostbare Fracht in das Bindegewebe abgeben, von wo es gleichsam auf bioelektrischem Gefälle zur Funktionszelle fließt. Wenn die Austrittsporen der Blutgefäße verstopft sind – z. B. durch die aufquellende Mukoitinschwefelsäure aus dem minderwertigen Schweinefleisch –, dann gibt's Stauungen und Ver-

kehrschaos im Durchblutungsrevier, die Gefäße verdicken sich und ringeln sich korkenzieherartig auf. Weder ist dem inneren Arzt die Ausschleusung der Nährstoffe möglich, noch die Einschleusung der längst fälligen Schlacken. Das gestörte Gewebe übersäuert und kommt in die Sauerstoffnot. Zwar existieren über Spinctherschleusen Umgehungsmöglichkeiten, denn der innere Arzt weiß genau, was da los ist; aber wenn auch diese mit Ernährungsgiften verstopft oder gar zugekleistert sind, hat auch die innere Intelligenz keine Ausgleichsmöglichkeiten mehr. Daher ist es oberstes und erstes Gebot, die Nahrung so natürlich wie möglich zu belassen.
Eine zweite – mindestens ebenso wichtige – Regel ist die Menge bzw. Dosis der zugeführten Mahlzeiten. Das Grundprinzip: „Lieber mehrere kleine Mahlzeiten als drei große", beruht auf Erfahrung und spottet jeder wissenschaftlichen Theorie. Salzborn ließ seine Patienten täglich bis zu 40mal zum Löffel greifen und hatte wunderbare Heilerfolge, die nachdenkliche Mediziner, wie z. B. Prof. Werner Zabel, zu einer umfassenden Neuorientierung veranlaßten. Ich habe auf S. 163 wichtige Regeln ausgearbeitet, die jeder, der sich mit der Ernährung beschäftigt, gut einprägen sollte. Ich bin mir sicher, wer diese zwei Kardinalregeln in seinen Ernährungsplan einbaut und außerdem noch alles gut kaut, der erhält seine Gesundheit und braucht kaum einen Arzt.

Welche Nahrungsmittel eignen sich für das Herz-Kreislaufsystem?
In einem Satz zusammengefaßt, alle diejenigen, welche die Blutatmung fördern und der Blutzusammensetzung nicht schaden. Und natürlich solche, die von den Organzellen vollständig verwertbar sind und ohne großen Energieaufwand den Ausscheidungsorganen von Nieren, Leber und Haut zugeführt werden können. Wenn infolge chemischer Belastungs- und Rückstandsstoffe die Nähr- und Wirkstoffe nicht effektiv verwertet werden können und die Ausscheidungsorgane, hauptsächlich Leber und Niere, selbst von diesen Rückständen belastet werden, dann kommt es zu einem Rückstau der ausscheidungspflichtigen Stoffe in das Blut, in die Gefäßwände, womit die Voraussetzungen einer Gefäßverhärtung (Arteriosklerose) gegeben sind und damit eine erschwerte Nährstoffversorgung und Entschlackung der Funktionszellen in den Organen.

Nahrungsmittel für das Herz:
Sojabohnen, Sojamehl sowie alle Sojaprodukte und kaliumreichen Nahrungsmittel – besonders Früchte die getrocknet sind, z. B. Feigen, Datteln, Rosinen und Aprikosen. Auch Nüsse, wie Pistazie, Erdnuß, Haselnuß und Paranuß, sind kaliumreich. Der Kaliumgehalt von Weizenkleie, Buchweizenvollmehl und Roggenvollmehl überragt alle anderen Getreidearten. Das Magermilchpulver nimmt im Kaliumgehalt eine Spitzenstellung ein, allerdings auch im Natriumgehalt, und von den Gemüsen außer Sojabohne, die weiße Bohne, Linsen, Meerrettich, Topinambur und unsere gute alte Kartoffel. Ein ganz ausgezeichnetes Diätmittel in der Herztherapie ist die vitaminreiche Bierhefe (siehe S. 101), die ebenfalls einen hohen Kaliumanteil aufweist.
Der von dem deutschen Nobelpreisträger Prof. Forßmann festgestellte Mehrbedarf des Herzmuskels an energieliefernden Fettsäuren, namentlich die ungesättig-

ten Fettsäuren, z. B. reich in Sonnenblumenöl, Maiskeimöl, Weizenkeimöl, Distelöl, Leinsamenöl vorkommend, zwingt auch die Herzdiät zu entsprechenden Konsequenzen.
Speziell aus der Erfahrung konnte ermittelt werden, daß z. B. das Weizenkeimöl eine ausgesprochen gute Wirkung auf das Herzbindegewebe zeigt und die Elastizität des Herzmuskels steigert. Zitrusfrüchte, allen voran die Pampelmuse und ihre kleinere Schwester die Grapefruit, sind in der Diät der Herzrhythmusstörungen wertvolle Helfer. Das Fruchtfleisch des Gartenkürbis schwemmt speziell Herzödeme aus, wahrscheinlich weil es sowohl auf Herz wie auf Nieren gleichermaßen wirkt.
Erfahrungsgemäß begünstigen auch Grünkohl und Broccoli die Regeneration des Herzmuskels, wohl nicht nur wegen des hohen und reichen Gehaltes an Nähr- und Wirkstoffen, sondern weil sie eine noch nicht erforschte Affinität zum Herzorgan aufweisen.
Zu meiden sind in der Herzdiät Kochsalz und natriumreiche Nahrungsmittel, da der zumeist kaliumverarmte Herzmuskel ohnehin ein Mißverhältnis dieser beiden Elektrolyte zugunsten des Natriums aufweist. *Besonders natriumhaltig sind folgende Lebensmittel:* Cornflakes, gesalzenes Knabbergebäck, Mager- und Vollmilchpulver, Käse, Fleisch, Pökelfleisch, insbesondere gepökelte Wurst, Fisch und Sauerkraut. Die wichtige und wissenschaftlich längst erwiesene Wirkung des Magnesiums auf die Ökonomie des Herzmuskels hat Eingang in die Herzdiät gefunden und zu einer Auswahlliste ganz hervorragender *Lebensmittel mit hohem Magnesium und Phosphorgehalt geführt, diese sind:* Sojamehl, Cashewnuß, Weizenkleie, Haferflocken, süße Mandeln, Pistazie, Paranuß, Bierhefe getrocknet und Haselnuß, siehe auch S. 157.
Das mag für den Anfang genügen. Im Anschluß (auf S. 200 und 201) finden Sie einige Rezepte, in denen die besprochenen Lebensmittel zu schmackhaften Gerichten verarbeitet sind.

Nahrungsmittel für die Blutgefäße und das Blut

Für die Blutgefäße sind vorwiegend solche von Bedeutung, die den Blutfettspiegel in Schach halten, d. h. senken, die Blutatmung steigern und durch enzymatische Einwirkung auf die Blutviskosität (Fließeigenschaften) günstig wirken. Außerdem solche, welche die Gefäßwände glatt und schlüpfrig erhalten und den Transport nicht behindern. Freilich gäbe es dazu noch vieles anzumerken, z. B. die basenspendenden Lebensmittel oder die albumin- und globulinliefernden Nahrungsmittel, wie etwa die Molke. Wir werden auf diese Punkte in einem anderen Zusammenhang noch zu sprechen kommen.
Von den Früchten und Beeren für Gefäße und Blut ragen folgende heraus: Apfel, Trauben, schwarze Johannisbeeren, Kirschen, Zitrusfrüchte und Kürbis. Obengenannte Lebensmittel haben weitgehend entfettende Eigenschaften und halten den Blutfettspiegel in Grenzen. Eine Verbesserung der Blutatmung können wir von allen eisenhaltigen Lebensmitteln erwarten und vor allem solche mit anthocyaninähnlichen Inhaltsstoffen. Letztere heben die Blutatmung beträchtlich an, da sie auf noch unbekannte Weise in den Eisenstoffwechsel der roten Blutkör-

perchen eingreifen. Hierzu gehören: rote Bete, schwarzer Hollunder, schwarze Johannisbeere und Heidelbeere.

Sehr eisenhaltig sind folgende Lebensmittel: Weizenkleie, Hirse, Hagebutte, Sojavollmehl, Bierhefe, Spinat. Blutbildende Wirkung werden folgenden Nahrungsmitteln nachgesagt (nicht sicher): Linsen, Tomaten, Ebereschen, Erdbeeren und Sonnenblumenkernen.

Gegen Verkalkungstendenzen wird seit eh und je der Knoblauch gelobt, neuerdings gibt es Anhaltspunkte, daß der Vitamin-K-haltige Blumenkohl antiarteriosklerotisch wirkt, außerdem speziell die Pecannüsse. Das im Mais enthaltene Beta-Sitosterin wirkt ebenfalls der Arteriosklerose entgegen; im Grunde alle Lebensmittel, deren Schlackenstoffe ohne große Probleme ausgeschieden werden können und sich daher im Blut nicht anhäufen. Hier dürfte wieder die Mengenfrage der zugeführten Mahlzeiten ausschlaggebend sein.
Die in der naturheilkundlichen Diät gemachten Erfahrungen bei Gefäßerkrankungen, sind sehr umfangreich. Zu den darin am häufigsten verwendeten Lebensmitteln zählen folgende:
Möhren (basenspendend), Keimöle wie Weizen und Maiskeimöl, Bohnen (entschlackend und blutreinigend), Reis und Sojaprodukte. Gerade der Reis sollte bei Arteriosklerose mehr eingesetzt werden, da er gleichzeitig harntreibend wirkt und in der Nierendiät seit langem erfolgreich angewandt wird.
Wacholder und Zwiebeln scheinen speziell auf das Blut verdünnend und dynamisierend zu wirken. In der Zwiebel (siehe S. 131) gibt es kreislaufwirksame Stoffe, die positiv die Herztätigkeit anregen. Gleichzeitig verbessern die Enzyme der Zwiebel durch ihre gerinnungshemmenden und fibrinauflösenden Eigenschaften die Fließeigenschaften des Blutes. Wer jeden Tag eine Zwiebel ißt, braucht die vielen giftigen und leberschädigenden Antigerinnungsmittel nicht mehr einzunehmen, die heute so in Mode gekommen sind.
Wacholder, ein altes germanisches Blutreinigungsmittel, das von Sebastian Kneipp wieder neu entdeckt wurde, ist außerordentlich nierenwirksam und hat eine noch nicht näher erforschte blutdynamisierende Wirkung. Siehe S. 113.

Ein Wochenbeispiel mit Vollwertrezepten für Herz-Kreislaufkranke:

1. Tag:

Morgens:	Frischkornbrei aus verschiedenen Getreidearten (geschrotet, gekeimt), mit Obst nach Jahreszeit und Trockenfrüchten wie Aprikosen, Rosinen und Feigen. (Rezepte siehe S. 92)
	Vollkornbrot oder -semmeln, Butter, Honig, Rohmarmelade (siehe S. 150) (ohne Zucker), Käse
	Tee aus Hagebutten, Holunderblüten, Weißdorn, Zitronenmelisse
Mittags:	Broccolisalat
	Linsensuppe, Reisauflauf mit Äpfeln
Abends:	Champignonsalat, Vollkornbrot, Butter, Hagebuttentee

Die genaue Rezepteanleitung finden Sie im Rezepteanhang S. 316 bis 326.

2. Tag:

Morgens:	siehe 1. Tag
Mittags:	Grünkohlrohkost Kartoffelauflauf mit Roggenkörnern Rote-Rüben-Gemüse Orangenquark
Abends:	Paprikasalat mit Äpfeln Gemüsesuppe, Vollkornbrot

3. Tag (Rohkosttag):

Morgens:	siehe 1. Tag
Mittags:	1 Stück Wassermelone Rohkostplatte mit Paprikasauce
Abends:	Tomaten mit Waldorfsalat gefüllt auf Salatblättern Gemüsesaft

4. Tag:

Morgens:	siehe 1. Tag
Mittags:	Chicoréesalat mit Grapefruit, Topinambursalat Gemüsetopf, Hirsotto 1 Banane
Abends:	Roggensalat mit Gemüse Vollkornbrot, Butter, magerer Käse Malventee

5. Tag:

Morgens:	siehe 1. Tag
Mittags:	Rote-Rüben-Kürbissalat Eintopf mit weißen Bohnen Obstsalat
Abends:	Tomatensalat Pikanter Kräuterquark, Vollkornbrot Butter, Zitronenmelissetee

6. Tag (Rohkosttag):

Morgens:	siehe 1. Tag
Mittags:	Tomatencocktail Rohkostplatte mit Kräutersauce und Weizenkeimen
Abends:	Fenchel-Gelbrübensalat mit Sonnenblumenkernen Weißdorntee

7. Tag:

Morgens:	siehe 1. Tag
Mittags:	Avocadosalat mit Radicchio Gerstenauflauf, Blattspinat Melonen-Dessert
Abends:	Feldsalat Sojasprossen-Toast, Hagebuttentee

2. Gewichtsabnahme – aber mit Vernunft

Vergleicht man in einer Studie, die zur Zeit mit großem Werbeaufwand propagierten 25 Modediäten, dann kommt man zu dem Schluß, daß mindestens die Hälfte nicht ohne Nebenwirkung sein kann, da sie entweder zu einseitig oder zu radikal sind.Gewiß ist eine Gewichtsabnahme für viele unserer Wohlstandsbürger wünschenswert, doch geht es nicht um theoretische Idealgewichte, noch um griechische Götterproportionen, sondern um die teure und unersetzliche Gesundheit. Was nützt es, wenn in 6 Wochen 25 und mehr Pfunde abgespeckt werden, aber der Stoffwechsel entgleist, evtl. die Haare ausfallen und der innere Arzt hormonell gegenreguliert. Erschöpfung, Vitalitätsverlust und Abbau der Lebensfreude sind die Folge. Daher muß durch sachkundige Einsicht und durch ein ausgewogenes Mittelmaß vernünftig abgenommen werden, sensationelle Ideen haben sich noch nie lange gehalten und wurden immer wieder auf ihr vernünftiges Maß zurechtgestutzt. Die Natur bleibt stets gleichmütig, sie geht mit mathematischer Gewißheit ihren Evolutionsgang und belehrt alle die eines Besseren, die da glauben, klüger zu sein. Ergänzend zu den Bemerkungen über Eiweiß, Fette und Kohlehydrate (siehe S. 13) muß hier der Einsicht wegen etwas über die Mengenverhältnisse (Nährstoffrelation) der Nährstoffe gesagt werden. Der Körper eines erwachsenen Menschen benötigt ca. 50–65 g Fett, 35 g Eiweiß und ca. 120 g Kohlehydrate, letztere entspricht 10 Brot-Einheiten (BE), siehe auch S. 226. Nun darf man eine solch allgemeine Bedarfsberechnung nur als eine Empfehlung auffassen, die ein ungefähres Orientierungsmaß gibt. In Wirklichkeit liegen die Relationen oft ganz anders, da die individuelle Stoffwechselverarbeitung der drei Nährstoffe Abweichungen zeigt, die in manchen Fällen alle Bedarfsrechnungen über den Haufen werfen. Sowohl Größe, Leibesumfang, Gewicht, als auch Lebensweise spielen eine Rolle und nicht zuletzt landesübliche Ernährungsgewohnheiten von Kindheit an. Letztere werden noch dadurch kompliziert, daß wir die Stoffwechselanpassung unserer Ahnen ererbt haben, die doch von Klima, Lebensgewohnheiten und Traditionskost wesentlich bestimmt war. Es ist also eine unzulässige Simplifizierung, wenn mit radikalem Rotstift eine unterkalorische Reduktionskost angepriesen wird, die obendrein noch einseitig ist. Widerlich und völlig unmenschlich finde ich auch das penible Rechnen und Zählen mit Kalorien und Joule, das mag bei einem asketisch Veranlagten bzw. bei leptosomen Typen funktionieren, nicht aber bei einem vollblütigen Ernährungsnaturell, das aus dem Essen und Trinken einen Teil seiner Lebensfreude schöpft. Es stimmt zwar, daß es bei einem angefressenen Übergewicht nicht mehr ohne Jouleberechnung geht, aber wer eine schwerfällige pyknische Konstitution hat, wird selbst bei intensiver Reduktionskost nicht schlank und wer gar infolge einer hormonellen Dysregulation, z. B. Unterfunktionen der Hirnanhangsdrüse, Schilddrüse, Nebennierenrinde- und -mark und der Geschlechtsdrüsen, Fettansatz bekommt, sollte sich lieber zuerst von einem Arzt oder Heilpraktiker beraten lassen, statt wild drauflos zu diäten. Überzogen, einseitig und gefährlich ist die viel gelobte Eiweißdiät auf Kosten von Fetten und Kohlehydraten. Richtig ist zwar, daß der innere Arzt bei erhöhter Eiweißzufuhr die dafür erforderliche Stoffwechselenergie aus den

kalorischen Fett- und Zuckerreserven des Organismus entnimmt – meist aus der Leber und dem Bauchfett –, aber hier wird wieder einmal die Rechnung ohne den Wirt gemacht. Um die gleiche Menge Eiweiß wie Kohlehydrate optimal zu verstoffwechseln, braucht der Organismus mehr als das Fünffache an Energie. Für 100 Kohlehydratkalorien braucht der Körper zusätzlich 6 Kalorien für dieselbe Menge Eiweißkalorien, ca. 35. Denkt man den Energiebedarf und seine Folgen konsequent zu Ende, dann wird ersichtlich, daß der Mangel an zugeführter Nahrungsenergie in kurzer Zeit zu einer unvollständigen Verarbeitung der zugeführten Eiweiße führen muß, die sich dann als Schlacken in den Gefäßwänden ablagern, z. T. als Müll im Bindegewebe landen oder das Blut verdicken, ganz zu schweigen von Eiweißfäulnisgiften der überforderten Darmflora. Die Eiweißmast ist genauso gefährlich wie die Kohlehydrat- oder Fettmast!
Zu simpel und einfach war auch die Überlegung, daß Fett fett macht, daher müßte eine fettarme Kost logischerweise schlank machen. Wer sich von fettreichem Fleisch ernährt, z. B. Insulaner, Eskimos und Fischer, wird nur selten fett, da Fett nur in Kombination mit Kohlehydraten dick macht. Denn wenn die Kohlehydrate – sozusagen als Brennholz für die energiereiche Verarbeitung der Eiweiße – verbraucht werden, dann müssen die Fette wohl oder übel in die Reserveräume – sprich Bauchfett – abgeschoben werden, da sie vorläufig überflüssig sind. Vergessen wir eines nicht, Fett ist eine optimale Anbauform der Kohlehydrate und diente seit undenklichen Zeiten den Organismen als Kohlehydratreserve bei Nahrungsverknappung.
Es leuchtet auch ein, daß einseitige Kost, selbst bei zusätzlichen Vitaminen, zu Mangelerscheinungen führen muß, wie das aus eindrucksvollen Fütterungsversuchen von Prof. Kollath hervorging. Kohlehydratreiche Lebensmittel – z. B. aus Getreideprodukten – sind reich an Vitamin B und Mineralien, folglich muß bei kohlehydratarmer Nahrung ein Mangel solcher Funktionsstoffe auftreten. Das gleiche gilt für die fettlöslichen Vitamine, die reichlich im Fett enthalten sind. Wer Fett ganz verschmäht, muß mit einer entsprechenden Avitaminose rechnen. Zwar besteht zwischen Fettverbrauch pro Kopf und der Zunahme einer ganzen Reihe von Zivilisationskrankheiten in den letzten hundert Jahren eine deutliche Beziehung, auch was die Übergewichtsrate angeht; aber dafür sind noch andere Faktoren mitverantwortlich, z. B. Bewegungsmangel, Streß, Rauchen, einseitige Berufsarbeit und vieles mehr, die heute mehr oder weniger als Risikofaktoren eingestuft werden.

Seelische Ursachen des Übergewichtes

Die seelischen Ursachen des Übergewichtes sind sehr vielschichtig und können hier aus Platzgründen nicht erschöpfend dargestellt werden. Nach Hilde Bruch kann seelisch verursachtes Übergewicht – auch als Fettsucht bezeichnet – auf die überfürsorgliche frühkindliche Verwöhnung durch die Mutter zurückgehen. Die Unfähigkeit der Mutter, sich dem Kind emotional wärmend zuzuwenden, kompensiert sie mit übertriebenen Mahlzeiten und oralen Verwöhnungen. Das Kind übernimmt diese Verhaltensweise und wehrt auch später als Erwachsener, emotionale Leere und Versagungen mit verstärkter genußreicher Nahrungszufuhr ab.

Die innere Leere, meist als Langeweile verkannt, dürfte eines der seelischen Hauptgründe für überkalorische, voluminöse Mahlzeiten sein. Zudem kann in unserer Überflußgesellschaft der Bewegungsmangel zu erhöhter Nahrungszufuhr führen. Die sitzende Lebensweise hat es mit sich gebracht, daß besonders bei Fettleibigen eine Fehlwahrnehmung zwischen Hunger und Sattsein besteht, ja sogar eine Verkennung zwischen Hunger und Mißstimmungen, infolge mangelnder introspektiver Schau. Der Fettleibige verschiebt sein inneres Unbehagen auf körperliche Bedürfnisse, indem er sich in den Hungerzustand versetzt. Daher der häufige Ausspruch: „Aber ich hab doch schon nach zwei Stunden wieder Hunger."

Wie kann man Übergewicht ohne Gesundheitsrisiko abbauen?
An dieses Problem sollte man möglichst mit natürlichem Instinkt herangehen, das erspart nicht nur Ärger und Enttäuschung, sondern erhält die Gesundheit und das Geld.

1. Täglich sollten Sie mindestens 1 Stunde lang durch körperliche Arbeit, Ausgleichssport oder flottem Spaziergang, ihren Kreislauf kräftig anregen, möglichst in frischer Luft.
2. Auf alle verführerischen Zuckerl und Süßigkeiten verzichten, die mit raffinierten Geschmacksstoffzusätzen nicht nur süchtig machen, sondern unabsehbare Folgeschäden haben. Wenn Sie z. B. 1 Tafel Schokolade vor dem Fernseher oder Videokasten in einer Stunde aufessen, dann haben Sie so ganz nebenbei 600 Kalorien verputzt. Um sie wieder zu verbrauchen, müßten Sie 1 ½ Stunden Holz hacken.
3. Wenn Sie von der Arbeit in Ihre Wohnung kommen, dann sollten Sie zuerst entspannen, bevor Sie an den Kühlschrank gehen! Es gibt keinen größeren Fehler als mit gestreßter Psyche irgend etwas in sich hineinzufuttern. Also zuerst einmal abschalten, das mäßigt den Appetit.
4. Jede einseitige Ernährung vermeiden, bevorzugen Sie vitamin- und nährstoffreiche Kost. Vermeiden Sie tierische Fette, Wurst und Fettgebackenes, hierzu gehört auch fetter Käse über 40%. Versuchen Sie es mit pflanzlichen Fetten in Rohkost- und Obstsalaten. Vermeiden Sie Nüsse, die einen hohen Fett- und Kohlehydratanteil haben, ebenso zu viel Kartoffeln und Mehlprodukte, z. B. Nudeln. Alles in mäßigen Dosierungen garantiert Ihnen nicht nur Wohlbefinden, sondern auch ein für Ihre Konstitution ideales Gewicht.

Und so führen Sie die Gewichtsreduzierung durch:
Die erste Frage, die Sie sich vorlegen müssen, gilt dem Übergewicht: In der Tabelle auf S. 205 können Sie Ihr theoretisches Idealgewicht ermitteln. Nach der Brocá'schen Formel berechnet sich das Idealgewicht aus Körpergröße in Zentimetern minus 100, ist Normalgewicht in kg. Diese Berechnung gilt nur bei leichtem Körperbau, d. h. bei schmalbrüstigen Leptosomen. Es gibt noch zwei Abstufungen für mittleren und schweren Körperbau.

1. Maßnahme: Ermittlung des Übergewichtes: Stellen Sie sich unbekleidet auf die Waage und ermitteln Sie Ihr Istgewicht. Vergleichen Sie dieses Istgewicht mit der

Tabelle. Der Blick in den Spiegel wird Ihnen untrüglich sagen, welchen Körperbau Sie haben.

Männer (Normalgewicht) **Körperbau**				**Frauen** (Normalgewicht) **Körperbau**			
Größe cm	*leicht kg*	*mittel kg*	*schwer kg*	*Größe cm*	*leicht kg*	*mittel kg*	*schwer kg*
157	57,6	61,4	66,3	148	47,7	51,0	56,0
158	58,2	62,0	66,9	152	49,7	53,1	58,2
160	59,4	63,0	68,1	155	51,5	54,9	60,0
162	60,6	64,6	69,5	157	52,5	56,0	61,0
165	62,4	66,3	71,6	158	53,1	56,7	62,3
167	63,7	67,6	72,9	160	54,3	57,9	62,9
170	66,0	70,1	75,5	162	55,6	59,3	64,2
171	66,8	70,8	76,3	165	57,3	61,3	66,6
172	67,5	71,7	77,4	167	57,6	63,1	68,1
173	68,4	72,6	78,3	170	60,9	65,4	70,5
174	69,2	73,4	79,1	171	61,0	66,0	71,0
175	70,0	74,1	79,9	172	62,5	67,0	72,0
176	70,7	74,9	80,6	173	63,0	67,0	72,0
177	71,6	75,8	81,5	174	64,0	68,0	73,0
178	72,5	76,6	82,3	175	65,0	69,4	74,4
180	74,1	78,5	84,0	176	65,0	70,0	75,0
183	76,5	81,0	87,0	177	66,7	71,0	76,1
186	78,9	83,6	90,0	178	67,0	71,0	77,0
188	80,6	85,4	91,6	180	69,1	73,4	78,8
190	82,2	87,3	93,6	183	71,5	75,7	81,5

2. Maßnahme: Nun stellen Sie fest, um wieviel kg Ihr Istgewicht vom Sollwert abweicht. Nehmen wir an, Ihr Istgewicht hat bei mittlerem Körperbau 74,3 kg. Nach der Tabelle auf S. 205 sollten Sie bei einer angenommenen Größe von 165 cm jedoch 66,3 Sollgewicht haben. Sie hätten also 12% Übergewicht.

3. Maßnahme: Um Ihren persönlichen Kalorienverbrauch in 24 Stunden zu ermitteln, schlagen Sie auf S. 206 nach und stellen z. B. fest, daß Sie bei leichter körperlicher Tätigkeit (Schreibtisch, Büro) 32 Kalorien (134 kJ) pro Kilogramm Körpergewicht in 24 Stunden verbrauchen. Nun multiplizieren Sie 32 Kalorien mit dem Sollgewicht 66,3 kg, das ergibt 2121 Kalorien (86961 kJ) – den Energietagesbedarf. Rein theoretisch wäre diese tägliche Kalorienmenge das Limit, um weder zu- noch abzunehmen. Da nun aber ein Übergewicht von 8 kg besteht, muß die tägliche Energiezufuhr herabgesetzt werden, bis das gewünschte Sollgewicht erreicht ist. Hier wird es auf die von Ihnen gewünschte Kalorienreduzierung ankommen, wie schnell Sie das erstrebte Sollgewicht erreichen. Aus Erfahrung sollte man klug werden, denn allzu schnelles Abnehmen schadet dem Organismus und umgekehrt, zu langsames Abnehmen strapaziert die Geduld.
Um dem Organismus genügend Umstellungszeit zu lassen, empfehle ich aus physiologischer Sicht eine Reduktionskost von ca. 1000 Kalorien. Nach der

Tabelle auf S. 206 würden Sie damit pro Tag ca. 200 g Gewicht verlieren, auf 8 kg umgerechnet hätten Sie in 40 Tagen exakt 8 kg verloren. Wem das zu schnell geht, der kann auch auf 1500 Kalorien umsteigen und zwischendurch Saftfastentage einlegen, es muß ja nicht alles schematisch ablaufen. Eine Reduktionskost kann durchaus mit Rohkost- und Saftfastentagen aufgelockert werden.

Energieverbrauch in 24 Stunden pro Kilogramm Körpergewicht

Bei fehlender körperlicher Tätigkeit:	25 kcal (105 kJ)	Bei mittlerer körperlicher Tätigkeit:	37 kcal (155 kJ)
Bei leichter körperlicher Tätigkeit:	32 kcal (134 kJ)	Bei schwerer körperlicher Tätigkeit:	50 kcal (208 kJ)

Durchschnittliche tägliche Gewichtsabnahme

Null-Diät	etwa 500 g	800 Kalorien (3344 Joule)	etwa 200 g)
400 Kalorien (1672 Joule)	etwa 335 g	1200 Kalorien (5016 Joule)	etwa 150 g

Während der Reduktionsphase sollten Sie auf Medikamente: z. B. Appetithemmer, Schilddrüsenhormone, Abführmittel u. a., verzichten. Auch Vitaminkapseln sind unerwünscht, da sie den Appetit anregen und oft gute Vorsätze zunichte machen. Sehr empfehlenswert sind wassertreibende Blasen- und Nierentees, die ich in meinem Büchlein: „Erfolgreiche Naturheilbehandlung bei Nieren- und Unterleibserkrankungen", empfohlen habe.

4. Maßnahme: Die Durchführung der Reduktionskost: Grundverkehrt ist die Beschränkung auf drei Mahlzeiten und das einseitige Meiden von Fett und Kohlehydraten. Aus den o. g. Zusammenhängen habe ich die Widersprüchlichkeit herauszustellen versucht. Das Verhältnis zwischen Eiweiß, Fett und Kohlehydrate sollte physiologisch sein: Ein 70 kg schwerer Mensch benötigt täglich 35 g Eiweiß. Rein rechnerisch ergibt *1 g Eiweiß 4,1 Kalorien, 1 g Fett 9,3 Kalorien und 1 g Kohlehydrate ebenfalls 4,1 Kalorien.* Bei einer Mahlzeit von 1500 Kalorien ergeben 35 g Eiweiß 143,5 Kalorien, das wären knapp 10% des Energieanteiles. Wünschenswert ist jedoch bei der Reduktionskost ein höherer Eiweißanteil – nämlich mindestens 15% – also 225 Kalorien. Der Fettanteil sollte 30% gleich 450 Kalorien und der Kohlehydratanteil 55% gleich 825 Kalorien betragen. Die Nährstoffrelation in der Reduktionskost verschiebt sich, je mehr sie weiter unten angesetzt wird, immer mehr zugunsten des Eiweißes. Je niedriger also die angesetzte Kalorienzahl ist, desto höher muß der Eiweißanteil sein. Bei 800 Kalorien würde, wenn 35 g der physiologischen Eiweißbilanz gesichert sein sollen, 18% Eiweißanteil erforderlich, denn 35 g Eiweiß gleich 143,5 Kalorien ergäbe zu 800 kcal 18%. Man sollte jedoch nicht zu penibel sein, das verdirbt die Freude am Essen. Als Faustregel merke man sich mindestens 15% Eiweiß und der Rest in Kohlehydrate und Fette aufgeteilt.

Ein Wochenbeispiel bei einer Reduktionskost von 1000 Kalorien:

1. Tag:	
Morgens:	Frischkornbrei, abwechselnd aus verschiedenen Getreidearten, geschrotet oder gekeimt und Obst nach Jahreszeit Tee aus Zitronenmelisse, Hagebutten, Holunderblüten, Lindenblüten, Malven, Apfelschalen, ungesüßt
Mittags:	Rettichsalat mit Äpfeln Eintopf mit grünen Bohnen, Pellkartoffeln (120 g) 1 Stück Wassermelone
Abends:	Chicoréesalat Hawaii Tomatentoast Tee nach Wahl wie morgens

2. Tag:	
Morgens:	siehe 1. Tag
Mittags:	Radicchiosalat Gelbrüben-Fencheltopf, Kräuterreis
Abends:	Gurkenkaltschale, 1 Scheibe Brot (35 g) Tee nach Wahl wie am 1. Tag

3. Tag:	
Morgens:	siehe 1. Tag
Mittags:	Bunter Endiviensalat Lauch-Kartoffelauflauf
Abends:	Sauerkrautsalat, 1 Scheibe Brot (35 g) 5 g Butter, Tee nach Wahl wie am 1. Tag

4. Tag:	
Morgens:	siehe 1. Tag
Mittags:	Chinakohl-Apfelsalat Wirsinggemüse, Hirsotto
Abends:	Rohkostplatte mit Ei und Knoblauchsauce 1 Scheibe Brot (25 g), 5 g Butter Tee nach Wahl wie am 1. Tag

5. Tag:	
Morgens:	siehe 1. Tag
Mittags:	Blaukrautsalat mit Käsesauce Vollkornnudeln, Tomaten-Zucchinisauce
Abends:	Obst mit Joghurt und Weizenkeimen Italienische Gemüsesuppe Tee nach Wahl wie am 1. Tag

6. Tag:	
Morgens:	siehe 1. Tag
Mittags:	Gelbrübensalat Bunter Gemüseeintopf
Abends:	Selleriesalat Tomaten überbacken Tee nach Wahl wie am 1. Tag

7. Tag:

Morgens:	siehe 1. Tag
Mittags:	Chicoréesalat mit Sojasprossen Mandel-Broccoli, gekochte Weizenkörner
Abends:	1 Scheibe Ananas Tomaten-Paprikasalat, 1 Scheibe Vollkornbrot (25 g) Tee nach Wahl wie am 1. Tag

3. Die Heilkost bei Magenerkrankungen

Die alte Frage, ob Magenerkrankungen seelisch verursacht oder auf Ernährungsfehler zurückzuführen sind, läßt sich nur so beantworten, daß der zu Magenerkrankungen neigende Mensch durch eine übernervöse, feinnervige Konstitution eine seelische Fehlhaltung annimmt, die ein gestörtes Verhältnis zur Nahrungsaufnahme bedingt. Man spricht vom quecksilbrigen Astheniker, vom übersensiblen – aber gleichzeitig ehrgeizigen – Karrieretypus, der bei Versagung der gesteckten Ziele seine Probleme auf den Magen ablädt und ihn zum Objekt seiner Leidensstimmungen und Frustrationen macht. Nun, das trifft sicher in einem gewissen Prozentsatz zu. Das Gegenteil dieses Typs ist das pyknische Ernährungsnaturell; der Genießer, dem es so gut schmeckt und der alles vertragen kann, selbst eiskalte Speisen, Scharfgewürztes oder große Mengen in mehreren Gängen. Wer sich mit der Keimblattlehre auseinandergesetzt hat, weiß, daß das Ernährungsnaturell von Anfang an ein energiestarkes Entoderm besitzt und eben deshalb einen so widerstandsfähigen Magen-Darm-Trakt hat. Es gehört deshalb zur ärztlichen Kunst und Pflichtübung, solche Dispositionen zu erkennen und daraus eine individuelle Behandlungsstrategie abzuleiten. Die aus einer seelischen Fehleinstellung resultierenden psychosomatischen Erkrankungen, können sowohl von der Psyche her therapiert werden als auch durch äußere restriktive bzw. disziplinierende Maßnahmen, die heilende und erkenntnisreiche Rückwirkungen auf den seelischen Grundtonus haben. Hier ist die Nahtstelle, an der sich der somatisch eingestellte Behandler mit dem Psychologen und Psychosomatiker trifft. Stellt man die Ernährung eines Magen-Darmkranken um und der Patient arbeitet mit, bauen sich – wie die Erfahrung zeigt – ganz von selbst seelische Fehlhaltungen ab. Denn stets muß der Einsicht auch die Tat folgen, welche letztlich in erlebte Wirklichkeit und eine Grundüberzeugung übergeht, die Leib und Seele gleichermaßen erfaßt. Es nützt also gar nichts, wenn dem Patienten in langen Sitzungen unbewußte Konflikte und psychosomatische Zusammenhänge bewußt gemacht werden, wenn nicht parallel dazu die realisierende Anleitung durch Methoden und konkrete Maßnahmen folgen. *Es geht immer um die praktische Umsetzung der gewonnenen Erkenntnisse, sonst bleibt alles leeres Geschwätz im Nebel von Sentimentalitäten.* Auf S. 163 habe ich einige wichtige Ernährungsrichtlinien in Merksätzen zusammengefaßt, wobei auch auf das Eßverhalten eingegangen wurde. Dem Magenkranken sei vor allem Punkt 11 ans Herz gelegt, das Abschal-

Die genaue Rezepteanleitung finden Sie im Rezepteanhang von S. 327 bis 335.

tenkönnen, ganz auf Essen eingestellt sein, während des Essens jede Diskussion und jeden negativen Gedanken meiden. Er muß wieder am Essen Freude gewinnen und ein freies, unbelastetes Genußempfinden entwickeln, denn nur mit dieser Einstellung vermeidet er das Schlingen und das zu schnelle Essen. Er sollte seine innere Unruhe abbauen und das Gefühl der Gelassenheit einüben, so oft dazu die Möglichkeit besteht. Das fortgesetzte Bewußtsein des Zeitmangels, das innere Getriebensein von einem unerklärlichen Gefühl etwas zu versäumen, ist bei Magen- und Darmkranken ein ganz wesentliches Merkmal. Daher muß das Hauptaugenmerk auf die Frage nach der Wirklichkeit der Zeit und des Lebenssinnes gerichtet werden. Was kann man schon versäumen? Gibt es überhaupt eine Zeit oder ist sie nichts weiter als eine künstliche Einteilung? Was kümmert die Natur die Zeit? Mit gleichmütigem Takt gebiert sie sich immer wieder aufs neue, weil sie eben keine Zeit kennt, hat sie keine Sorgen und sorgt doch für sich selbst in endlosen Zyklen. Wir sollten uns von einer solchen Einstellung anstecken lassen. Gerade für den gehetzten und gestreßten Zivilisationsmenschen ist sie sehr heilsam.

Spezielle Heilkost bei Magenübersäuerung und Sodbrennen
Der Magensaft des gesunden Menschen enthält u.a. 0,3% Salzsäure und das eiweißverdauende Pepsin. Säureüberschuß oder entsprechender Mangel an schleimhautschützenden Substanzen greift die Schleimhaut des Magens an und kann in extremen Fällen zu einer peptischen Andauung der Magenwand führen. Oftmals ist Sodbrennen ein Vorzeichen und sollte möglichst schnell und umsichtig durch eine kombinierte Behandlung aus psychologischer, wie auch aus diätetischer Sicht angegangen werden. Siehe in meinem Büchlein: „Erfolgreiche Naturheilbehandlung bei Magen-, Darm-, Leber- und Galleerkrankungen“.

Folgende Nahrungsmittel sind bei Magenübersäuerung geeignet:
Karotten, Tomaten, rote Bete, Spinat, Kartoffeln, Leinsamen, Agar-Agar, Bananen, eingeweichte Feigen, Buttermilch, Mandelmilch, Reiskleie, Weizenkleie in Verbindung mit Haferschleim und Heilerde.
Als Grundsatz merke man sich, daß alle konzentrierten, ungenügend aufgeschlossenen sowie auch rohen Nahrungsmittel – also auch die sonst so hochwirksame Rohkost – Säurelocker sind.
Auf jeden Fall müssen gemieden werden: Alle Wurst-, Räucher- und Pökelwaren, gebratenes Fleisch, Fleischbrühe und Fleischextrakt, fette Fischarten (nur mageren Fisch), hartgekochte Eier, panierte Speisen, Hülsenfrüchte, rohes Gemüse, vor allem Kohlarten, Weißbrot und Weißmehlprodukte, scharfe Gewürze, z.B. Pfeffer, Paprika, Senf, Nelken, Meerrettich und Kapuzinerkresse. Auch alle Süßigkeiten, die hochkonzentriert sind, z.B. Schokolade und Pralinen. Von den Getränken sind es die kohlensäure- und alkoholhaltigen sowie Röstgetränke – besonders der Bohnenkaffee. Kochsalz – meist in Brezen und Salzstangen reichlich verarbeitet – kann dem übersäuerten Magen schaden, da Natrium-Chlorid die Salzsäurewirkung im Magen verstärkt.
Erfahrungsgemäß weiß der Patient oft selbst ganz genau, was er nicht verträgt, daher sollte diese Verbotsliste nur als Orientierungshilfe aufgefaßt werden.

Wie führt man eine Magenheilkost durch?
Falls kein akuter Fall vorliegt – z. B. Magengeschwür oder Zwölffingerdarmgeschwür – sollte für mindestens vier Wochen eine Schonkost durchgeführt werden, die hauptsächlich aus breiiger Kost besteht. Stets sollte man nur eine Kleinigkeit essen, damit die Magenschleimhaut immer einen regenerierenden Impuls erhält. Es ist ein Irrtum zu meinen, man könnte den Magen durch möglichst wenig Mahlzeiten schonen, denn schon Essensvorstellungen und Phantasien regen die Magensaftproduktion an. Das aber ist gerade Gift für den leeren Magen mit entzündeter Schleimhaut. In Frage kommen Kartoffelbrei, Weizengries, Reisbrei, Milchreis, Haferschleim, Leinsamenschleim, Grütze, Tomatenmark mit feingeriebenen Mandeln, Weizenkleie und Reiskleie, letztere kann mit verdünnten Obstsäften geschmacklich aufgebessert werden.

Im akuten Fall mit ständig säuerlichem Aufstoßen und Magendruck verfährt man wie folgt:
Den ersten Tag nur Teefasten mit dem bewährten Kamillentee. Am zweiten Tag im stündlichen Wechsel basische Gemüsesäfte, z. B. Chocktails aus Möhren-, Tomaten-, Kartoffel-, Kohl- und Selleriesaft. Allein schon der Kartoffelsaft konsequent angewendet, wirkt wahre Wunder, besonders dann, wenn er zur Rollkur eingenommen wird; siehe in meinem Magen-Darm-Büchlein. Meist schon am dritten Tag lassen die Beschwerden merklich nach, und man geht nun auf breiige Kost über, wie ich sie weiter oben beschrieben habe. Aus Erfahrung empfehle ich die breiige Kost mindestens 1 Woche einzuhalten, denn vorzeitiges Abbrechen birgt die Gefahr des Rückfalls in sich, der nicht nur die alten Beschwerden wiederbelebt; sondern auch den hoffnungsvoll begonnenen Therapieschwung lähmt.
Mitte der zweiten Woche – nach 10 Tagen – kann man auf weichgekochtes, gedünstetes Gemüse übergehen, dazu basische Gemüsesäfte, Leinöl, Quark mit milden Kräutern, z. B. Kerbel, Bohnenkraut, Dill, Kümmel, Basilikum usw. Obst sollte man vorerst nur als mildes Kompott oder gut püriert einnehmen. Zitrusfrüchte und stark säurehaltige Obstsäfte sind zu meiden. Zum Frühstück eignet sich am besten der über Nacht eingeweichte Frischkornbrei mit Joghurt und eingeweichten Feigen. Diese Kostform muß mindestens drei Wochen beibehalten werden. Die immer wieder gestellte Fettfrage erübrigt sich, wenn man weiß, daß ein übersäuerter Magen auf Fett nur bei einer angegriffenen Bauchspeicheldrüse allergisch reagiert. Unbedenklich sind zum Gemüse 1 Stück zerlassene Butter oder Sauerrahm je nach Geschmack.

Und hier einige Schonkostrezepte für den angegriffenen Magen (halbbreiige Gerichte):

1. Frischkornbrei (1 Portion)

60 g	Weizen, Dinkel, Hafer oder Gerste	– von einer Sorte oder gemischt, mittelgrob schroten und über Nacht einweichen
120 g	Wasser	– vor dem Verzehr die übrigen Zutaten dazugeben:
1	Apfel	– mit der Schale fein geraffelt
1	Banane oder anderes	– mit der Gabel zerdrückt oder fein geschnitten
1	Obst	
	gemahlene Mandeln	
1 EL	Zitronensaft	
1 TL	Sahne, Milch,	
1 EL	Dickmilch	

2. Getreidegrütze (1 Portion)

Zubereitung wie Haferbrei, aber mit grob geschrotetem Getreide. Geeignet sind Roggen, Weizen, Gerste, Hafer, Dinkel, Buchweizen.
Grütze *pikant:* abschmecken mit Butter, Meersalz, gehackten Kräutern, gemahlenen Nüssen.
Grütze *süß:* abschmecken mit Butter, Honig, gemahlenen Mandeln, Orangen- oder Zitronensaft.

3. Gemüsefrischkost (4 Portionen)

1 kleiner	Blumenkohl	– fein raffeln und sofort mit der Marinade anmachen
250 g	Gelbrüben	
1	Apfel mit Schale	
Marinade:		
150 g	Joghurt	– Zutaten gut verrühren
2 EL	Öl	
1 TL	Honig	
1 Prise	Meersalz	
1 EL	Zitronensaft	
1 EL	gehackte Petersilie	
1 EL	gemahlene Mandeln	– zum Garnieren

4. Gemüse-Kartoffelbrei (4 Portionen)

0,8 kg	Kartoffeln	– in der Schale kochen, schälen und durch eine Kartoffelpresse drücken
etwas	heiße Milch	– damit glatt rühren
250 g	Gelbrüben	– schaben, grob schneiden
250 g	Knollensellerie	– schälen, fein schneiden
¼ l	Gemüsebrühe	– mit wenig Gemüsebrühe weich kochen, mit einer Gabel zerdrücken und mit dem Kartoffelbrei mischen
	Meersalz	– würzen, abschmecken
1 Prise	Muskatnuß	
2 EL	Butter	
1 EL	gehackte Petersilie	

Das Magen- und Zwölffingerdarmgeschwür wird im Prinzip genauso wie die Magenübersäuerung behandelt, nur muß hier die breiige Kost um mindestens eine Woche länger durchgehalten werden. Um den Eiweißbedarf ausreichend zu dekken, empfehle ich täglich einen halben Liter Sojamilch zur Breikost. Wer Sojamilch nicht verträgt, sollte den wohlschmeckenden Bananenmilchbrei oder noch besser den Bananenquark – mindestens 250 g pro Tag – probieren.

Und hier einige Rezepte für das Magen-Zwölffingerdarmgeschwür:

1. Frischkornbrei püriert (1 Portion)

60 g	Weizen	– mittelgrob schroten und über Nacht einweichen
120 g	Wasser	– mit der Schale vierteln, Kernhaus entfernen
1	Apfel	– und mit allen anderen Zutaten im Mixer pürieren, sofort servieren
1	Banane	
1 EL	Sahne oder Joghurt	
1 EL	gemahlene Mandeln	

2. Haferbrei (1 Portion)

100 g	Nackthafer	– fein geschrotet (bis mittelgrob)
300 g	Wasser	– in das kochende Wasser geben, einmal aufkochen lassen, dabei umrühren, vom Herd nehmen und 10–15 Minuten ausquellen lassen
1 Prise	Salz	– mit den übrigen Zutaten abschmecken
1 TL	Honig	
etwas	Milch, Sahne oder Dickmilch	
von 1	Orange den Saft	

Wird das Getreide grob geschrotet, so erhält man Hafergrütze.

3. Gemüsesuppe mit Haferschrot (4 Portionen)

250 g	Gemüse nach Jahreszeit wie Gelbrüben, Lauch, Sellerie, Petersilienwurzel usw.	– putzen, grob schneiden, in einen Topf geben
50 g	Hafer frisch geschrotet	– mit dem Gemüse mischen
1 l	Wasser Meersalz, Liebstöckel	– aufgießen, würzen und 15–20 Minuten kochen, danach im Mixer pürieren und abschmecken.
1 EL	Sahne Petersilie fein gehackt	– dazugeben

4. Gemüsefrischkost püriert (1 Portion)

200 g	Gelbrüben	– putzen, grob schneiden
100 g	Kohlrabi	– und alles zusammen im Mixer pürieren, abschmecken und sofort servieren
1 TL	Zitronensaft	
1 TL	Öl	
1 Pr.	Kräutersalz	

einige	gem. Mandeln	
1 EL	Petersilie fein gehackt	– darüberstreuen

Spezielle Heilkost bei Magensaftmangel

Die entzündete Schleimhaut eines jahrelang übersäuerten Magens geht, wenn sie unbehandelt bleibt und keinerlei Schonung erfährt, durch langsamen Schwund zugrunde und damit erlischt auch die Magensaftbildung. Dies wird beschleunigt durch ätzende Flüssigkeiten, z. B. hochprozentigem Alkohol, übermäßiger Kohlensäure, scharfen Gewürzen, zu heißem oder zu kaltem Essen – u. a. m. Seltener kommt auch mal der durch Giftblockade funktionelle Magensaftmangel vor, z. B. infolge verdorbener Speisen aus Konserven (Dosenwürstchen) oder Fisch und Wurst. Eine völlig geschwundene Magenschleimhaut läßt sich nicht mehr regenerieren. Solange jedoch die Keimschicht zur Neubildung von Schleimhautzellen vorhanden ist, besteht kein Grund zur Verzweiflung. Erfahrungsgemäß folgt dem chronischen Magensaftmangel der Magenkrebs, und dies ist das Endstadium. Auch haben die meisten Krebspatienten einen deutlichen Magensaftmangel, was zu der Frage hinleitet, ob der fehlende Magensaft ursächlich an der Krebsentstehung beteiligt ist und man durch Heilung eines Achylikers auch dem Krebs kausal beikommen kann. Naheliegend ist der Schluß, daß die fehlende Säureableitung in den Magen, einen Rückstau ins Blut bedingt und das Puffersystem mit dem Überschuß fertig werden muß. Ist das Puffersystem jedoch überfordert, dann wird die Säure einfach ins Bindegewebe abgeschoben, womit das Krebsmilieu seinen Anfang nimmt. Daher haben Krebspatienten in der Regel stets übersäuerten Harn und übersäuertes Gewebe, aber eine Tendenz zur Blutalkalose. Man sollte den Magensaftmangel sehr ernst nehmen und all seine Kunst daransetzen, um ihn auszuheilen. Auch der Patient muß auf den Ernst der Lage aufmerksam gemacht werden, denn er ist für seine Krankheit mitverantwortlich.

Die Ernährungstherapie bei Magensaftmangel vermag hier – neben den unersetzlichen Bitterstoffen der Heilkräuter – weit besser zu helfen als jede Chemotherapie. Einerseits muß die fehlende Säure substituiert, andererseits mit Schleimdrogen und schleimspendenden Lebensmitteln versucht werden, das Magenmilieu so umzustimmen, daß der Saft wieder von selbst fließt.

Anregende Lebensmittel für mangelnde Magenfunktion

Für die Aufbesserung des fehlenden Säuremilieus eignen sich am besten zitronensäurehaltige Fruchtsäfte – möglichst unverdünnt. Zum Beispiel Pampelmuse, Grapefruit und Zitrone. Sehr wertvoll und unterstützend ist auch der Apfelessig. Immer wieder gelobt werden saure Äpfel, die man – gut gekaut – vor jeder Mahlzeit essen soll. Auch Johannisbeersaft vermag sehr gut zu helfen und kann vorab als Getränk, mit Zitronensaft vermischt, gegeben werden.

Damit das fehlende, eiweißverdauende Pepsin möglichst natürlich ersetzt wird, sollten anfangs zu jeder Mahlzeit Ananasstückchen – frisch von der Frucht – zu den Hauptmahlzeiten gegeben werden, auch Kiwi hat eiweißverdauende Enzyme und der pulverisierte getrocknete Saft der Papayafrucht. Falls noch genügend regenerierende Schleimhautreserven vorhanden sind, kann der verdünnte Saft der Gewürzpaprika helfen, man sollte jedoch mit scharfen Sachen sehr vorsichtig sein, denn nicht wenige Achyliker haben darin jahrelang gesündigt. Zu diesen Lebensmitteln müssen jedoch auch schleimhaltige Nahrungsmittel in kleinen Mengen hinzukommen, denn der Achyliker kann ja meist nicht mehr genügend Magenschleim bilden, was für den weiteren Verdauungsprozeß im oberen Dünndarm von eminenter Bedeutung ist. Daher sollten 2–3 Löffel Haferschleim, Weizenkleie, Leinsamen u. ä. zu den Mahlzeiten eingenommen werden. Dem Achyliker möchte ich dringend raten, in der ersten Zeit mindestens 10mal am Tag kleine Portionen zu sich zu nehmen und das für ¼ Jahr. Im Prinzip kann er alles essen was nicht reizt, nicht ätzt, zu kalt oder zu heiß ist. Die Gewürze sollten reichlich, aber nicht zu scharf sein, siehe S. 115. Alkohol, Nikotin, konzentrierte Süßigkeiten und überhaupt alles, was künstlich angereichert ist, muß weggelassen werden.

1. Frischkornbrei (1 Portion)

60 g	Getreide	– mittelfein schroten und 5–12 Stunden einweichen
120 g	Wasser	
1	säuerlicher Apfel	– mit der Schale raffeln
1	Orange oder Grapefruit	– klein schneiden, mit allen anderen Zutaten mischen und sofort servieren
2 TL	Zitronensaft	
1 TL	Honig (nach Belieben)	
1 TL	Nüsse gerieben	
1 EL	Sauerrahm oder Sauermilch	

2. Sauerkraut-Rohkost (1 Portion)

200 g	frisches Sauerkraut	– mit einer Gabel lockern und klein schneiden
1	säuerlicher Apfel	– mit der Schale fein raffeln
	gelbe Rübe	– fein raffeln und alles mischen
1 EL	Öl	
1 Prise	gemahlener Kümmel	
2–3 EL	Joghurt	

3. Rettich-Rohkost (1 Portion)

1	Rettich	– fein raffeln
1	Gelbrübe	– fein raffeln
1 Becher	Joghurt	– verrühren und mit dem Gemüse mischen
2 EL	Sauerrahm	
	Hefewürze	
1 EL	Garten- oder Wildkräuter	

4. Die Heilkost bei Darmerkrankungen

Kein anderes Organ läßt sich über die Ernährung besser beeinflussen als der Darm. Es müßte jedem gesunden Menschenverstand einleuchten, daß die Qualität des zugeführten Nahrungsbreies ganz entscheidend auf das Darmmilieu einwirkt, ähnlich wie auch der minder- oder hochwertige Kraftstoff, die Motorleistung und Lebensdauer wesentlich mitbestimmt. Von größter Bedeutung für das Wohl und Wehe des Gesamtorganismus sind die Milliarden Bakterien der Darmflora, deren biochemische Produkte steuernden Einfluß auf den Gesamtstoffwechsel haben – unabhängig davon, wie gut oder schlecht die inneren Organe arbeiten. Wie sehr es auf diese kleinen Symbionten ankommt, wird uns im Tierreich deutlich vorgeführt. Es ist doch höchst erstaunlich, warum Pflanzenfresser – z. B. die Kuh – trotz der einseitigen Wiesenkost ein so biologisch hochwertiges Nahrungsprodukt wie die Milch liefert. Aber wir brauchen nicht unbedingt den Vergleich mit domestizierten Tieren; auch wildlebende Pflanzenfresser – z. B. die Elefanten – stellen uns angesichts ihrer riesigen Eiweißmasse vor die Frage, welche Kräfte wohl in ihnen sein mögen, die sie so entstehen und erhalten ließen. Es gibt nur eine vernünftige Antwort darauf: Eine intakte Darmflora holt jene Energie- und Wirkstoffe selbst aus dem kärglichsten Futterangebot heraus und leitet sie dem Organismus zu. Dabei geben Darmbakterien selbst noch nützliche Substanzen und energiereiche Zündstoffe – z. B. alle Vitamine und biogenen Amine – an den Wirtsorganismus ab. Daher ist die Forderung der Naturheilkunde, solch eine Nahrung aufzunehmen, die naturbelassen und frei von bakterientötenden Zusatzstoffen ist; denn nur so kann eine dynamische Darmflora erhalten bleiben und für ein gesundes Stoffwechselgleichgewicht sorgen. Auf das Bakterienmilieu kommt es an, keine noch so schönen Gelehrtentheorien können mich vom Gegenteil überzeugen. Wir sollten also darauf achten, daß nur solche Nahrungsstoffe in unseren Körper gelangen, die einen positiven Anstoß auf eine gesunde Symbiontenflora hat und gleichzeitig das Aufkommen von Fäulniserregern, Gas- und Gärungsbildnern, mit ihren gefährlichen Stoffwechselgiften z. B. Phenol, Indol, Indikan, Skatol und die stinkenden Schwefelwasserstoffe, das Darmblut verseuchen und die Leber schädigen.

Folgende Lebensmittel haben auf die Darmflora einen positiven regenerierenden Effekt:
Buttermilch, Molke, Joghurt, gestöckelte Milch, Milchzucker, Kefir, milchsauer vergorenes Gemüse und Sauerkraut, Apfelessig und Muttermilch. Sie alle fördern die Milchsäurebakterien und verhindern im unteren Darmabschnitt das Aufkommen schädlicher Mikroorganismen.

Einen natürlichen, antibiotischen Effekt wobei keine gesunden Keime vernichtet werden, erreicht man mit folgenden Lebensmitteln: getrocknete Heidelbeeren, frisch geriebenem Apfel, Sauerkraut, Brombeeren, Himbeeren, Bananen, Ebereschenbeeren, Holunderbeeren, Apfelessig, Mandeln, Möhren, Knoblauch, Zwiebeln, Kürbiskerne, Honig und Propolis. Kürbiskerne bei Darmparasiten.

Einer Darmübersäuerung infolge mangelndem alkalisierendem Bauchspeicheldrüsensaft – z. B. nach Entzündungen oder altersbedingter Schwäche, auch bei langzeitiger Zufuhr industrialisierter Gärungskost – begegnet man am besten mit der Trennkost nach Dr. Walb (siehe S. 235).
Darmbakterien richten ihren Stoffwechsel hauptsächlich nach dem Angebot aus. Bei einer konzentrierten Eiweiß-Kohlenhydratkost produzieren sie im Übermaß Säure, die vom Darm ins Blut übergeht. Daher sollten vermehrt Basenbildner und neutrale Kost den Speisezettel bereichern. Zu den Basenbildnern gehören viele Gemüsefrüchte – vor allem grünes Stengel- und Blattgemüse – Kohlarten und verschiedene Früchte (siehe S. 38 und 39.)

Entzündungshemmende und entzündungswidrige Stoffe für den kranken Darm befinden sich in folgenden Lebensmitteln:
Apfel, Bananen, Feigen, Heidelbeeren, Holunderbeeren, Hafer- und Leinsamenschleim, Weizenkleie, Möhren, rote Bete, Kartoffeln, Kürbis, Kohlarten, Lauch, Mangold, Sellerie und Wacholderbeeren. Die Molke hat eine ganz ausgezeichnete Heilwirkung auf den entzündeten Darm – siehe in meinem Büchlein: „Erfolgreiche Naturheilbehandlung bei Magen-, Darm-, Leber- und Galleerkrankungen".

Rezepte für Darmentzündungen

1. Frischkornbrei (1 Portion)

50 g	Hafer oder Weizen	– mittelfein schroten und 5–12 Stunden einweichen
100 g	Wasser	
1	Apfel	– mit der Schale fein reiben
1	Banane oder	– zerdrücken
100 g	Heidelbeeren	
2	eingeweichte Feigen	– fein schneiden
1 EL	Leinsamen	– frisch schroten und alles mischen
1 EL	Sahne	

2. Holunderbeersuppe (1 Portion)

150 g	Holunderbeeren	– aufkochen lassen,
¼ l	Wasser	im Mixer pürieren
etwas	Zitronenschale	
1 TL	Hafer frisch geschrotet	– mit etwas Wasser anrühren, in die Suppe geben und nochmals aufkochen lassen
etwas	Honig	– abschmecken
1	Apfel	– mit der Schale fein reiben und dazugeben

3. Kartoffelschnee (1 Portion)

250 g	Kartoffeln	– mit der Schale kochen, abschälen und durch die Kartoffelpresse drücken,
1 Prise	Meersalz	– würzen
1 TL	Petersilie	

4. Gelbe-Rüben-Rohkost (1 Portion)

200 g	gelbe Rüben	– fein raffeln
1	Apfel	
1 TL	Öl	– vermischen
1 TL	Zitronensaft	
1 TL	Leinsamen frisch geschrotet	– darüberstreuen

Gegen Stuhlgangsträgheit helfen folgende Lebensmittel:
Weizenkleie 2–3 EL täglich. Sechskornfrischbrei als Müsli zum Frühstück. Eingeweichte Pflaumen oder Feigen, eventuell auch diverses Trockenobst. Abführend wirkt auch der Apfelsaft, Kirschsaft und Sauerkraut.
Im übrigen fördert eine zellulosereiche Vollwertkost mit Vollkorn und Getreideerzeugnissen, Rohkost aus Obst und Salaten sowie frisches Gemüse, den Stuhlgang.

1. Müslirezept für den trägen Darm (1 Portion)

60 g	Getreide nach Wahl	– grob schroten und einweichen
120 g	Wasser	
1	Apfel	– mit der Schale grob raffeln
100 g	frische Ananas	– würfeln
2	eingeweichte Feigen	– klein schneiden
1 EL	Nüsse	– hacken oder mahlen
1 EL	Sahne oder Joghurt	
1 EL	Leinsamen	– frisch schroten alles miteinander mischen und sofort servieren

2. Müslirezept für den trägen Darm (1 Portion)

60 g	Weizen	– 2 Tage gekeimt Weitere Zubereitung wie bei Müsli 1
1	Apfel	
100 g	Heidelbeeren	
3	eingeweichte Pflaumen	
1 EL	Nüsse	
1 EL	Sahne oder Joghurt	
1 EL	Leinsamen	

Spezielle Heilkost bei Durchfall (Diarrhöe)

Akute Durchfallerkrankungen lassen sich in wenigen Tagen mit einer Apfelrohkostdiät wesentlich bessern. Die noch nicht ganz reifen Äpfel – 4–5 Stück – werden fein gerieben und sofort gegessen. Schon am nächsten Tag lassen die Durchfälle nach und verschwinden nach wenigen Tagen ganz. Getrocknete Heidelbeeren haben einen ähnlichen Heileffekt; sie eignen sich besonders für Kinder. Bei Säuglingen mit gluten-bedingtem Durchfall eignet sich die Bananendiät. Nähere Hinweise finden Sie auf S. 138. Die Bananendiät in der Kinderpraxis hat sich auch positiv bei Kinderärzten herumgesprochen, vor allem bei der gefürchteten Sprue.

Auch die altbewährte Karottensuppe gehört zu den Mitteln der Wahl bei Säuglingsdurchfällen.

Danach sollte man auf basische Gemüsesäfte, Sojamilch, Haferschleim, Buttermilch, Joghurt (Bioghurt) sowie kaltgeschlagene Pflanzenöle und echtem Imkerhonig als Kohlehydratspender umsteigen. Diese Kost sollte wegen Rückfallgefahr, mindestens zwei bis drei Tage eingehalten werden. Nach 5 Tagen Übergang auf breiige bis feste Kost, ähnlich wie ich sie auf S. 210 beschrieben habe.

Rezepte für den durchfallempfindlichen Darm

1. Weizenschrotbrei mit Heidelbeeren (1 Portion)

100 g	Weizen	– mittelfein schroten
300 g	Wasser	– zum Kochen bringen, Weizen unter Rühren dazugeben
1 Pr.	Salz	und aufkochen, dann 10–15 Minuten ausquellen lassen
1 TL	Honig	– abschmecken
1 TL	Zitronensaft	
2 EL	Sahne	
100 g	Heidelbeeren frisch oder tiefgefroren	– daruntermischen

Statt Weizen kann auch Dinkel genommen werden.

2. Gelbe-Rüben-Suppe (4 Portionen)

250 g	gelbe Rüben	– fein raffeln
½	Zwiebel	– fein würfeln
1 EL	Butter	– zusammen andünsten
1 l	Gemüsebrühe	– aufgießen
50 g	Weizen fein geschrotet	– einrühren und 10 Minuten kochen lassen
	Hefewürze Meersalz	– würzen
250 g	gelbe Rüben	– fein raffeln, roh zur Suppe geben und nicht mehr kochen lassen
5 EL	Sahne	– unterziehen
1 EL	Petersilie fein gehackt	

3. Frischkornbrei (1 Portion)

60 g	Getreide	– mittelfein schroten und 5–12 Stunden einweichen
120 g	Leitungswasser	
1	Apfel	– mit der Schale fein reiben
1	Banane	– mit der Gabel zerdrücken
1 EL	Nüsse gemahlen	und alles mischen
1 EL	Sahne	

4. Gemüsebouillon (1 Portion)

250 g	Gemüse	– zerkleinern (z. B. Kartoffeln, Gelbrüben, Lauch)
1 EL	Butter	– andünsten
1 EL	Wasser	
½ l	Wasser	– aufgießen und 30 Minuten kochen lassen, abseihen
	Hefewürze (Reformhaus)	– würzen
1 EL	frische Kräuter	– feinhacken und dazugeben

Blähungen

Die sehr häufigen Blähungen sind zu 90% durch eine krankhafte Ausbreitung von gasbildenden Darmbakterien (Aerobacter) verursacht, welche bei entsprechenden Wachstumsbedingungen, schwere Folgeerkrankungen nach sich ziehen können. In meinem Darmbüchlein habe ich die Entstehungsbedingungen näher erläutert. In einem Satz zusammengefaßt: „Kunstklima, sitzende Lebensweise und denaturierte Büchsen- und Pappschachtelkost" sind die wesentlichen Faktoren dieser Erkrankung. Es gibt allerdings auch Lebensmittel die Blähungen verursachen, je nach individueller Darmbeschaffenheit und Konstitution. Zu den häufigsten, gasbildenden Nahrungsmitteln zählen Hülsenfrüchte, frisches Brot, manche Kohlarten: z. B. Rosenkohl und Kohlrabi, Süßigkeiten, manche Obstarten: z. B. Mirabellen und Birnen. Kommt die Blähung nur vereinzelt vor, dann hat das mit einer krankhaften Darmflora nichts zu tun, sondern ist eine sensibilisierte Reaktionsform auf bestimmte Nahrungsmittel. Im Prinzip wird die Blähung ähnlich behandelt wie die Verstopfung und Stuhlgangsträgheit. Man sollte alle Lebensmittel verzehren, die einen regenerierenden Heileffekt auf die Darmflora und Darmschleimhaut ausüben, und die Speisen immer gut würzen. Siehe S. 115.

Zwei Antiblähungsrezepte

Kümmeltee:	Siehe S. 113
Angelikalikör:	60 g Angelikasamen oder feingehackte Wurzeln, 8 g Fenchelsamen, 8 g Anissamen, 6 g Koriandersamen; alle Teile werden fein zerstoßen und in 220 g reinem Weingeist angesetzt. Nach 8 Tagen gibt man 1 Pfund Fruchtzucker in ca. 1 Liter Brunnenwasser hinzu; am folgenden Tag wird in einem feinmaschigen Tuch abgeseiht.

Darmentzündungen, Darmgeschwüre

Zu den gefährlichsten Dünndarmerkrankungen gehört der Morbus Crohn. Er ist fast immer auf den Endabschnitt des Dünndarms lokalisiert und verläuft chronisch in Schüben. Der langsame, geschwürige Zerfall des terminalen Dünndarms, wird häufig begleitet von Afterfissuren und Afterfisteln, die oft auch der Crohnschen Erkrankung vorausgehen. Es wäre bei dieser noch sehr rätselhaften Erkrankung nicht sinnvoll, auf mögliche Ursachen einzugehen, da wohl auch eine erbliche Disposition mitspielt. Diätetisch ist dieser Erkrankung nicht immer beizukommen, da viele Nahrungsmittel nicht vertragen werden und der, durch gestörte Nährstoffaufnahme stark geschwächte Kranke weder längere Zeit fasten kann, noch gewillt ist, eine Heildiät durchzuhalten. Eine ähnlich tückische Erkrankung ist das Dickdarmgeschwür. Auch hier tappt die Medizin noch im dunkeln, man diskutiert über Nahrungsmittelintoleranz, Autoimmunvorgänge und anderes. Vieles spricht dafür, daß allergische Vorgänge – z. B. Abneigung gegen Milchprodukte – der Colitis ulcerosa Vorschub leisten. Sollte eine Verschlimmerung nach Milcheiweiß auftreten, müssen alle Milchprodukte abgesetzt werden.

Ich plädiere bei beiden Erkrankungen für die Molke – eventuell mit Sojamilch vermischt. Man nimmt stündlich davon einen kräftigen Schluck. Das Mischungsverhältnis sollte 1 : 1 sein.

Jedwede Rohkostform – Obst und Gemüse – wird selten vertragen, auch scharfe Gewürze verschlimmern alles. Desgleichen milchsäurereiche Kost. Man hat es eben mit dem Endstadium einer jahrelang chemisch behandelten Erkrankung zu tun, die fast ausschließlich bei zivilisierten Wohlstandsbürgern mit sitzender Lebensweise und industrialisierter Kost auftritt und im letzten Stadium dem chirurgischen Messer anheimfällt.

Für den Fall, daß die reizlose Molke nicht vertragen wird oder ein Widerwille besteht, empfehle ich dem Colitiskranken bei der Chemie zu bleiben und eine bilanzierte Astronautenkost einzunehmen. Diese von der NASA entwickelte Formeldiät für Orbitflüge, enthält alle bisher bekannten Nähr- und Wirkstoffe und ist völlig frei von Ballaststoffen. Da sie bereits im oberen Dünndarmabschnitt vollständig aufgesaugt wird, bleiben der untere Dünndarm und der Dickdarm frei von den Schlacken und werden so geschont. Heilungen, die Anlaß zur Dauerverordnung geben könnten, stehen noch aus, wohl aber bedeutende Besserungen. Man darf bei all dem nicht vergessen: die Astronautenkost ist keine gesunde Kost, denn sie wurde ja nur für kurze Raumflüge konzipiert und nicht für eine Dauernahrung. Dort, wo die naturheilkundliche Heilkost aussichtslos ist, gibt es für die Chemie erst recht keine Heilungen, sondern nur eine symptomatische Unterdrückung.

5. Die Heilkost bei Leber- und Galleerkrankungen

Das Für und Wider der Fettdiskussion klärt sich spätestens bei der Frage, warum der Leberkranke einen extremen Fettekel zeigt. Es ist in der Krankendiät sattsam bekannt, daß der Zustand des Leberkranken nach fettreichen Mahlzeiten sich verschlechtert und in kritischen Fällen nicht mehr umkehrbar ist. Fett – namentlich tierische Fette – erfordern nämlich einen erheblich größeren Energieaufwand zu ihrer Verstoffwechselung, als pflanzliche Fette. Zum anderen weiß die Leber oftmals nicht, wohin mit den gesättigten Fettsäuren – vor allem den großmolekularen Chylomikronen mit einem Triglyceridanteil von 85% (siehe S. 27), welche die Lymphe und das Darmblut überschwemmen und von der armen Leber mit großem enzymatischem Aufwand (Triglyceridlipase, Lipoproteinlipase) verarbeitet werden müssen. Eine kranke Leber ist dazu nicht mehr in der Lage, hier muß zunächst eine fettarme Schonkost für die nötige Verschnaufpause sorgen, damit sie sich wieder erholen kann. Interessant ist auch die Beobachtung, daß Leberkranke einen regelrechten Fleischekel entwickeln und allein dieses Phänomen den aufmerksamen Behandler alarmieren müßte. Von der offiziellen Medizin wird eine medikamentöse Leberbehandlung abgelehnt, da die Leber selbst Arzneistoffe abbaut und jede weitere Medikamentenbelastung die Leberleistung beeinträchtigt. Das gilt jedoch nur für die chemischen Blockademittel, deren schädliche Wirkung immer mehr in den Vordergrund rückt und für den Vertrauensschwund in der Medizin gesorgt hat. Pflanzliche Heilmittel, so wie ich sie in meinem Büchlein: „Erfolgreiche Naturheilmittel bei Magen-, Darm-, Leber- und Galleerkrankungen“ vorgestellt habe, sind auch für die kranke Leber sehr hilfreich und können den Krankheitsverlauf bedeutend abkürzen. Die Naturheilkunde kennt sich in der Leberdiät weit besser aus als die offizielle Medizin, denn ihr alter Erfahrungsschatz reicht noch in die Zeit zurück, als man von einer chemischen Vergiftungsmedizin nichts wußte und der Arzt oder Heiler oftmals nichts anderes zur Hand hatte als Molke, Kuhmilch, eine Handvoll Löwenzahnblätter und ein nasses Handtuch. Wer weiß, was in zwanzig Jahren ist, möglicherweise müssen wir wieder auf altbewährte, ganz einfache Methoden zurückgreifen, deren Nutzen nicht nur in ihrer Unschädlichkeit liegen, sondern die auch den Heilungswillen anspornt und den inneren Arzt zu einem mächtigen Glauben anschwellen läßt. Unsere chemisierte Apparatemedizin hat den Arzt zum Medizininingenieur erniedrigt, ihm – angesichts eines abstrakten Datenberges aus Karteien und Computern – jedes Gefühl für organische Ganzheit geraubt und ist dabei, ihm den letzten Rest an natürlicher Heilerempfindung zu nehmen. Alle meine Bücher betonen dieses Problem, daher fordere ich die Ärzte auf, sich neu zu besinnen und die Apparatemedizin samt der Arzneichemie in den Winkeln einer Notfallmedizin zu belassen, dort mag sie ihren segensreichen Platz haben. Leber- und Gallediät kann sehr erfolgreich sein, es kommt nicht nur zu einer vorübergehenden Remission, sondern, je nach Länge und Konsequenz, zu einer echten Ausheilung.
Als Entgiftungsorgan benötigt die Leber:

1. schwefelhaltige Aminosäuren, z. B. L-Cystein und Methionin in ausreichenden Mengen, wie sie im Milcheiweiß vorkommen.
2. Reichlich Vitamine aus Obstsäften.
3. Enzyme und Spurenelemente aus Gemüse und Rohkost.
4. Genügend Kohlehydrate aus natürlichen Zuckerquellen (Honig, Fruchtzucker).
5. Ausreichend Ballaststoffe aus zellulosereicher Kost (Getreide, Gemüse, Obst).

Zu meiden sind tierische Fette und Kochsalz.

Welche Nahrungsmittel sind dem Leber-Gallekranken förderlich?

Grundsätzlich sollte dem Leberkranken anfangs nur Milcheiweiß in Form von Magerquark – täglich mindestens 300 g, das entspricht einer Eiweißzufuhr von 52 g – zugeführt werden. Außer den schwefelhaltigen Aminosäuren enthält die Milch Lezithin und Cholin. Das Cholin hilft der Leber, die fettigen Einlagerungen abzubauen (Fettleber) und steigert die Sauerstoffverwertung. Der hohe Phosphorgehalt substituiert die nötige Energie im Karussell des Zitronensäurezyklus und fördert den Giftabbau. Von den Obstsäften möchte ich besonders die Zitrusfruchtsäfte und den schwarzen Johannisbeersaft erwähnen. Beide haben erfahrungsgemäß die beste Wirkung auf die Leber. Wer Gemüsesäfte bevorzugt, sollte Möhrensaft, Rote-Bete-Saft, Artischockensaft, Kürbis- und Tomatensaft verstärkt einsetzen. Man darf das allerdings nicht zu eng sehen, denn auch alle blutwirksamen Gemüse- und Obstsäfte (siehe S. 168) können sehr hilfreich sein, entscheidend ist, daß sie frisch gepreßt und keine Erhitzung durchgemacht haben. Von den Salaten helfen Chicorée-, Rettich- und Radieschensalat, in geringen Mengen eventuell auch Bohnensalat. Zur schon klassischen Diät zählt unter den Gemüsen die Kartoffel-Quark-Diät. Kartoffeln aus biologischem Anbau sind nicht nur gute Vitamin-C-Spender, sondern auch reich an Schwefel, der zusammen mit den Eiweißen des Magerquarks eine potenzierte Wirkung auf den Leberstoffwechsel entfaltet. Alle o.g. Gemüsesäfte können natürlich auch als gedünstete Gemüsebeilage verwendet werden. Kohlehydrate müssen zur Vermeidung von Zuckerüberschwemmungen – das gilt auch für den Fruchtzucker – am besten in Form der Vitamin-B-reichen Weizenkeime gegeben werden. Selbstverständlich sollte auch der echte Imkerhonig nicht zu kurz kommen, da der Invertzucker – neben seinen Enzymen und Spurenstoffen – von der Leber zehnmal so schnell verstoffwechselt werden kann, als der reine Traubenzucker und außerdem den Glykogenstoffwechsel viel weniger belastet. Zur Kartoffel-Quark-Diät ist jeden 2. Tag 1 Spiegelei von freilaufenden Hühnern durchaus begrüßenswert, da im Ei neben Lezithin, Cholin und Phosphor auch alle Vitamine vereinigt sind. Von den Fetten genügt das Milchfett aus der Vollmilch. Leberwirksam sind insbesondere Sonnenblumenöl, Olivenöl, Leinöl und Nußöle. Besonders gelobt wird das Öl des Sesamen und der Pistazien. An Getränken sind außer den Leber- und Galletees – siehe in meinem Büchlein– „Erfolgreiche Naturheilbehandlung bei Magen-, Darm-, Leber- und Galleerkrankungen“ – die Molke zu empfehlen, die vor allem wertvolles Eiweißrohmaterial für die Abwehr liefert (Präalbumine) und die lebenswichtige Orotsäure.

Ungünstig auf den kranken Leberstoffwechsel wirken folgende Lebensmittel
Alles gebratene, gebackene und geröstete Fleisch (bedingt Gallestauungen und überfordert den Harnstoffwechsel). Fisch, Schlagsahne, Mayonnaise, Schmalz und gehärtete Fette. Frisches Brot, Kuchen, Gebäck, Nudeln, Bratkartoffeln, Gurken, Paprika, scharfe Gewürze, fettige Saucen, Hülsenfrüchte (liegen zu lange im Darm) Konserven aller Art, Senf, eisgekühlte Getränke, Kaffee, fetter Käse, außer Schichtkäse, Schokolade, Konfitüren und Schleckereien.
Das Nährstoff- bzw. Mengenverhältnis untereinander sollte beim Leberkranken ca. 70 g Milcheiweiß, 25 g Fett aus pflanzlicher Quelle und 120 g Kohlehydrate sein. Siehe auch S. 22.

Durchführung der Diät:
Im akuten Stadium – z. B. bei Leberentzündungen – sollten die ersten Tage, da der Patient sowieso appetitlos ist und meist nur etwas zu trinken verlangt, nur Obstsäfte oder Gemüsesäfte zu den Hauptmahlzeiten gereicht werden, siehe weiter oben. Zwischendurch sind Lebertees angezeigt oder Molke, die mit Fruchtsäften geschmacklich aufgebessert wird. Am 3. oder 4. Tag kann man schon Milchreissuppe, Kartoffelpüree, Eisuppe oder Reistomatensuppe geben. Je nach Zustand, sollte bald auf die Kartoffel-Quark-Diät umgestiegen werden, am besten vormittags und nachmittags je drei kleine Mahlzeiten, damit die Leber immer auf sanfte Weise angeregt wird. Schon in der 2. Woche wird morgens der Frischkornbrei mit Weizenkeimen und Nußmus gereicht, denn die nötigen Kohlehydrate sind sehr wichtig für den Energiebedarf. Wenn der Kranke das Müsli verweigert, kann alternativ Haferflocken mit Weizenkeimen gegeben werden. Täglich mindestens 2 TL Imkerhonig möglichst am Morgen! In der dritten Woche sollten Salate und fein zubereitete Rohkostplatten den Speisezettel auflockern, hierbei wird der Kohlehydratanteil nur unwesentlich erhöht, dafür aber die Enzymaktivität der Leber und der Vitaminstoß. Meist kann schon ab der 4. Woche eine aus o. g. Lebensmitteln, individuelle Heildiät begonnen werden, die mindestens 1 Jahr andauern muß, um eine vollständige Ausheilung zu erreichen.

Hier ein paar schmackhafte Rezepte bei Leber- und Galleerkrankungen

1. Chicoréerohkost (1 Portion)

1 Stange	Chicorée	– in 1 cm breite Streifen schneiden
1	Apfel rotschalig	– grob raffeln
½ Becher	Joghurt	– miteinander verrühren und sofort mit dem Chicorée mischen
½	Banane	
1 TL	Zitronensaft	
1 Pr.	Meersalz	
	Honig	
etwas	Feldsalat	– damit garnieren

Rezepte für Frischkornbrei siehe S. 92

2. Spinatsuppe (1 Portion)

½	Zwiebel	– fein würfeln
1 EL	Wasser	– dünsten
60 g	Spinat fein gehackt	– zugeben
¼ l	Gemüsebrühe	– aufgießen und 10 Minuten leise kochen lassen
60 g	Spinat fein gehackt	– zugeben und nicht mehr kochen
1 Pr.	Meersalz	– würzen
	Muskat	
1 EL	Sahne	

Nach Belieben mit 1 TL Weizenvollkornmehl binden.

3. Kartoffeln mit Kräuterquark (1 Portion)

250 g	Kartoffeln	– in der Schale dämpfen, mit der Schale essen
125 g	Quark	– cremig rühren und würzen
1–2 EL	Milch	
	Meersalz	
	Hefewürze	
1 EL	Garten- oder Wildkräuter	

6. Die Gallensteindiät

Die leidigen Probleme der Gallensteindiät sind mehr eine Frage der Beherrschung des Bauchdämons und seiner Gelüste, als einer schicksalhaften Veranlagung. Es stimmt zwar, daß dunkelhäutige Rassen, z. B. Afrikaner, nur selten Gallensteine bekommen, aber das dürfte wohl mehr an ihren natürlichen Eßgewohnheiten, ihrer schnelleren Darmpassage und schließlich an dem höheren Cholesterinverbrauch liegen, denn der vermehrte Verbrauch des Cholersterins in der Haut wird vor allem durch die dunklen Hautpigmente angeregt. Es ist kein Zufall, daß in den Industrienationen, vornehmlich der weißen Rasse, nahezu 80% aller Gallensteinträger Cholesterin- und Cholesterinkalksteine aufweisen. Entweder wird zu viel Nahrungscholesterin aufgenommen oder zu wenig im Körper abgebaut, infolge eines Mangels an cholesterinabbauenden Stoffen, oder der Organismus produziert selbst zuviel Cholesterin. Was ist nun richtig? Letzteres kommt sehr selten vor. Dagegen ist die Zufuhr aus dem Nahrungscholesterin, wie der steigende Fleisch- und Fettkonsum beweist, die Hauptursache. Die Möglichkeit, daß auch ein fehlerhafter Dünndarm, die für die Löslichkeit des Cholesterins wichtige Gallensäure nicht mehr resorbiert (zurücksaugt), ist ebenfalls gegeben, kommt aber weit seltener vor. Um zumindest Cholesterinsteine zu verhindern, sollten also cholesterinhaltige Lebensmittel (siehe S. 20) unbedingt gemieden werden. Eine nicht zu unterschätzende Ursache sind wohl auch streßbedingte Stauungen der Gallenflüssigkeit, welche durch Gallengangsverkrampfungen zu lange im Gallenblasensystem verweilt und hierdurch zu Salz ausfällt. Diätetisch läßt sich hier wohl keine Lösung herbeiführen, vielmehr ist dem nur durch eine neue Lebenseinstellung beizukommen, so wie ich sie in meinem Büchlein: „Der Weg der Gesundheit geht über den inneren Frieden“ dargelegt habe.

Hier einige Lebensmittel, die galleanregend sind:
Honig, Oliven, Paprikasaft, Radieschen, Meerrettich, schwarzer Rettich, Artischocken, Gelbwurzel und viele Gewürze (siehe S. 115)
Zu meiden sind alle tierischen Fette aus Fleisch, Schweineschmalz, Speck, Wurst, Fettgebackenes, Torten, Schokolade, Süßigkeiten, Marzipan, Eier, Mayonnaise, Cremesuppen, Buttersaucen, Pasteten, Pfannkuchen, fetter Käse, Blätterteig, Weißbrot, alle Röstprodukte, vor allem Kaffee, der erhebliche Gallenschmerzen verursachen kann. Als Risikofaktoren sind hauptsächlich Übergewicht, Bewegungsmangel, Diabetes, überkalorische Kost und ständig erhöhter Blutfettspiegel zu bewerten.

7. Die Ernährung des Diabetikers

Die Zuckerkrankheit ist eine Wohlstandskrankheit und kommt fast ausschließlich in den hochindustrialisierten Ländern mit einem „hohen Lebensstandard“ vor. Während der Hungerjahre – Ende des Ersten und Zweiten Weltkrieges und kurz danach – sank die Zahl der Diabetiker auf weniger als 0,1%. Mittlerweile hat sie die Rekordmarke von 3% überschritten, das sind mehr als 2 Mio. Diabetiker allein in der BRD. Schätzungen über die Zahl derer, die einen latenten Diabetes haben, hauptsächlich in der Altersgruppe der 55–65jährigen, belaufen sich auf etwas über 8%. Angesichts dieser Zahlen muß man sich fragen, wie lange wir noch in der Lage sind, diese Volkskrankheit zu finanzieren, denn der Diabetiker bleibt in der Regel ein Leben lang behandlungsbedürftig und belastet die Versicherungsgemeinschaft mehr als gewöhnliche Kranke. Sieht man einmal von der steigenden Zahl der insulinabhängigen Jugenddiabetiker ab, so ist Diabetes eine Ernährungskrankheit, ähnlich wie die Gicht und meist erworben, bzw. angefressen, das beweisen die Statistiken. Auslösend für den Diabetes können Streß, Defektheilungen, Alkoholexzesse und Kopf- oder Bauchherde sein – z. B. chronische Mandelentzündungen, doch immer geht ihr eine jahrelange Fehlernährung voraus mit nackten isolierten Kohlehydraten aus Weißmehlprodukten, industrialisierten Süßigkeiten, biologisch toter Konservenkost, überzuckerten Getränken – z. B. Cola und Limonade, Nikotin und Tablettengiften aus der Chemotherapie. Daher muß der Diabetiker auf all diese Dinge künftig verzichten, wenn er ein diabetisches Enddrama verhindern will. Etwa 85% aller Diabetiker haben schon vor Ausbruch der Erkrankung ein erhebliches Übergewicht und eine latente Leberschwäche. Es müssen also zwei wesentliche Voraussetzungen erfüllt sein:
1. Abbau des Übergewichtes mittels einer langsamen Reduktionskost mit 1600 Kalorien,
2. eine Leberschutzkost, wobei alle Lebergifte wie Alkohol und künstliche Zusatzstoffe, in der Ernährung weitgehendst eliminiert sind (siehe S. 222).

Allgemein sollte der Tagesablauf einen regelmäßigen Rhythmus haben, die Diät auf den individuellen Geschmack abgestimmt und von konstantem Energiewert sein (BE, Kohlehydratanteil). Regelmäßiger Sport oder sportliche Freizeitgestaltung als anregendes Kreislauftraining zur Belebung aller Organfunktionen.
In meinem Büchlein: „Erfolgreiche Naturheilbehandlung bei Haut- und Stoffwechselerkrankungen" habe ich eine Menge naturheilkundlicher Tips und Rezepte für den Diabetiker gegeben, die ihm so manche Tablette und eventuell häufige Insulindosen erparen helfen.
Dem jugendlichen Diabetiker bleibt die Insulinsubstitution wohl nicht erspart, er wird mit einer diätetischen Einstellung allein nicht auskommen; dennoch empfehle ich ihm eine naturheilkundliche Behandlung. Z.B. einen Giftausleitungsversuch mit Nosoden und anschließend eine Kräftigung der Bauchspeicheldrüse und der Leber mit regenerierenden Vitalstoffen aus natürlichen Quellen; denn es gibt Anhaltspunkte dafür, daß Pestizide und Schwermetallanreicherungen das Inselorgan in seiner Funktion blockieren und einen schweren Insulinmangel auslösen. Selbstverständlich muß der Diabektiker weiterhin während dieser Behandlung sein Insulin spritzen oder Präparate einnehmen, erst nach Behandlungsabschluß kann ein Glucosebelastungstest Aufklärung über den Erfolg geben.
Für den Erwachsenendiabetes und Altersdiabetes genügt oft schon die Ernährungsumstellung. Es hat sich auch gezeigt, daß die alleinige Einnahme von Tabletten zu vorzeitigen Komplikationen führt und nicht ausreicht. Hauptsächlich zeigen sich frühzeitige Gefäßschäden in der Endstrombahn, d.h. es kommt zu einer Glykoproteineinlagerung in den kleinen Blutgefäßen und damit zu schweren Durchblutungsstörungen. Zuvorderst werden die Blutgefäße der Augennetzhaut und der Nieren zerstört, häufig auch die Blutgefäße der Zehen (diabetisches Gangrän). Wer einmal solche Fälle behandelt hat, weiß, wie schwer sie zu bessern sind, wenn der Patient eine „wilde Diät" nach Gefühl und Laune durchführt. Daher rate ich jedem Diabetiker, sich streng an die Diätanweisungen seines Arztes zu halten und alle meine Ratschläge, die an dieser Stelle stehen, zu beherzigen.

Von den Lebensmitteln, die günstig auf die diabetische Stoffwechsellage einwirken, sind folgende bekannt:
Heidelbeerblätter, getrocknete Bohnenschalen, Gurken, sie beherbergen einen insulinartigen Stoff, verschiedene Kohlarten, Sojaprodukte, Tompinambur, Zwiebel, die insulinanregend wirkt und der Hafer – unser stärkstes Entsäuerungsmittel. Der Hafer kann bei kritischen Blutzuckerwerten etwa um 300 mg% eine schwere Ketoazidose, d.h. eine Überschwemmung mit Ketonkörpern aus der Leber verhindern.

Bevor wir uns nun mit der Diät beschäftigen, müssen wir uns ein wenig mit Kalorien und Brot-Einheiten befassen.
1 Brot-Einheit = 12 g Kohlehydrate, das entspricht z.B. 25 g Schwarzbrot (nicht ganz 1 Scheibe), 60 g Kartoffeln, 15 g Teigwaren, z.B. Nudeln und ca. 100 g Obst, wobei der Süßigkeitsgrad entscheidend ist. Zwei Scheiben Roggenvollkornbrot haben ca. 3 BE, 2 Scheiben Knäckebrot 2 BE, 10 g Butter enthält 1 BE, 20 g Edamer

Käse hat 1,5 BE und 100 g Tomaten enthalten 0,4 BE. Wer mehr über die BE-Umrechnung wissen möchte, sollte sich an die Deutsche Diabetikergesellschaft wenden, die entsprechende Umrechnungstabellen zur Verfügung stellt.
Der übergewichtige Diabetiker sollte eine Reduktionskost von ca. 1500–1600 Tageskalorien durchführen, nach dem Schema, wie ich sie auf Seite 204 beschrieben habe. Je nach individuellem Energietagesbedarf sollte der übergewichtige Diabetiker etwa 400 Kalorien unter dem Tagesbedarf liegen, dadurch nimmt er täglich ca. 100 g ab, das macht im Monat 3000 g, in zwei Monaten 6 kg. Ich meine, daß dies für den diabetischen Stoffwechsel keine Belastung darstellt und unbedenklich ist. Bei einer unterkalorischen Reduktionskost von 1600 Kalorien sollte die Nährstoffrelation nach dem derzeitigen Erkenntnisstand aus

20% Eiweiß das entspricht	78 g oder 320 Kalorien
35% Fett entspricht	60 g oder 560 Kalorien
45%Kohlehydrate gleich	176 g oder 720 Kalorien

Dabei ist es trotz naturheilkundlicher Diät nicht gleichgültig, welche Art von Eiweiß, Fetten und Kohlehydraten aufgenommen werden; sondern solche kommen in Frage, die in Ballaststoffe eingebunden sind und von den Magen-Darmenzymen nur langsam herausgelöst werden können. Schwerlösliche und langsam aufsaugbare Kohlehydrate finden sich vor allem in Vollkornerzeugnissen und zellulosereichem Gemüse. Dagegen ist es reinstes Gift, wenn ein Diabetiker Weißmehlprodukte, z. B. Weißbrot, Semmeln, Kuchen, Plätzchen, Konditoreiwaren und Nudeln, ißt, da die schnell ins Blut übergeführten Kohlehydrate zu hohen Blutzuckerwerten führen, die einer Art Überschwemmung gleichkommen und diese Flut um so länger anhält, je weniger Insulin vorhanden ist.
Um einmal mit dem Vorurteil aufzuräumen, daß ein Vollkornmüsli zu viel Kalorien sprich BE hat, hier die Gegenrechnung:
Für ein Vollkornmüsli benötigt man 3 gehäufte EL Weizenschrot, das entspricht 60 g getrocknetem Weizenschrotmehl. In Kalorien umgerechnet sind das 42,9 gleich 3,5 BE. Rechnet man noch ½ Glas Joghurt und ½ geriebenen Apfel dazu, dann sind das kaum nennenswerte Kaloriensteigerungen; denn beide haben einen so geringen kalorischen Anteil, daß man sie leicht vernachlässigen kann. Schon allein mit dem morgendlichen Vollkornmüsli läßt sich der Kohlehydrattagesbedarf zu ¼ abdecken und gibt den ganzen Vormittag hindurch ein außerordentliches Sättigungsgefühl, weil die Kohlehydrate langsam, aber kontinuierlich ins Blut eingeschleust werden. Fette und Eiweißanteile sollten möglichst aus pflanzlichen Produkten abgedeckt werden, z. B. aus Nüssen, Sojavollmehl und -produkten, Milcheiweiß, Bohnen, Haferflocken, Weizenkleie, Bierhefe, Linsen usw. Fleisch kann nur als eine Zusatzkost gewertet werden, auch für den Diabetiker. Die jahrelange Empfehlung voluminöser Steaks für Diabetiker hat sich in der Praxis als Bumerang erwiesen, zumal diese einseitige Eiweißmast zu den bekannten physiologischen Veränderungen führt, wie ich sie auf S. 29 und S. 251 beschrieben habe. Die Fettfrage ist in der Diabetikerdiät meines Erachtens noch nicht befriedigend gelöst. Der Weg der Mitte etwa 35% Fettanteil, also ca. 60 g, sollte überwiegend aus pflanzlichen Fetten, mit einem hohen Anteil an

ungesättigten Fettsäuren (Distelöl, Sonnenblumenöl, Nußöle, Leinöl) gedeckt werden. Man kann sich in der Fettzufuhr leicht verschätzen, z. B. 10 g Streichfett aus Butter entspricht einem mittleren Brotaufstrich. Theoretisch dürfte der Diabetiker also bei einer Reduktionskost von 1600 Kalorien über den Tag verteilt 6 Scheiben Butterbrote essen. Ähnlich sieht es bei Edamer Käse mit 45% Fettanteil aus. Eine große Scheibe wiegt etwa 30 g, das entspricht einer Menge von 111 Kalorien, theoretisch also 5 Scheiben täglich. Da auch in den Hauptmahlzeiten viele Fette versteckt sind, mindestens 20% von der Tagesmenge, ist das bei der zugeführten Fettmenge in Rechnung zu stellen.
Schließlich sei noch auf die Essenszeiten hingewiesen. Viele kleine Mahlzeiten verhindern Blutzuckerspitzenwerte und veranlassen den inneren Arzt zu einem physiologisch-gleichmäßigen Energiehaushalt. Er kann in aller Ruhe überschüssige Fette einbauen und die Kohlehydrate z. B. als Glykogen deponieren. Er benötigt weniger Insulin, braucht für den Energiebedarf keine Ersatzstoffe ins Blut zu schicken (Ketonkörper), und im übrigen kann er seinen Reparaturaufgaben besser nachgehen. Auch als Diabetiker sollten wir den inneren Arzt ernst nehmen, denn nicht er ist am Diabetes schuld, sondern meist die langjährigen Ernährungssünden und die falsche Lebenseinstellung. Auch der seelisch verursachte Diabetes, z. B. durch jahrelang hinuntergeschluckten Ärger – heute als Frustration bezeichnet – behinderte den inneren Arzt. Die Krankheit mag vielleicht manchem die Gelegenheit geben, eine gelassenere Lebenseinstellung zu gewinnen, d. h. sich von Identifikationen, Bindungen, Sympathien sowie Antipathien ein wenig frei zu machen und sein Bewußtsein jenseits von Habenwollen zu richten.

Sieben Tage vitalstoffreiche Vollwertkost für den Diabetiker

Tagespläne mit 8–9 BE pro Person.
Je nach Grad der Erkrankung sind mehr Zwischenmahlzeiten und Erhöhung der Beilagen möglich.

1. Tag:

Morgens:	Frischkornbrei Tee aus Bohnenschalen, Heidelbeer- und Brombeerblättern, Holunderblüten, Frauenmantel, Brennesseln
Vormittags:	1 Glas Sauerkrautsaft
Mittags:	Topinambursalat Zucchiniauflauf mit Hafer Tomatensauce
Nachmittags:	Quarkcreme mit 75 g Beeren
Abends:	Grüner Salat mit Radieschen Eier in grüner Sauce 120 g Pellkartoffeln

Getränke zu den Mahlzeiten und zwischendurch: Mineralwasser, Tees wie zum Frühstück, Haferwasser pur oder gemixt (BE evtl. berücksichtigen), Brottrunk.

2. Tag:

Morgens:	siehe 1. Tag
Vormittags:	1 kleine gelbe Rübe
Mittags:	Tomatensalat
	Lauchsuppe
	Haferpfannkuchen mit Apfelquarkfülle
Nachmittags:	1 kleine Orange
Abends:	Radicchiosalat
	Handkäse mit Musik
	1 Scheibe Vollkornbrot (30 g), Butter

3. Tag:

Morgens:	siehe 1. Tag
Vormittags:	1 Glas Hafertrunk
Mittags:	Sauerkrautsalat
	Provenzialischer Eintopf mit Sojasprossen
	Reis (30 g roh)
	Erdbeermix
Nachmittags:	1 Joghurt, 1 Scheibe Knäckebrot
Abends:	Hafersalat mit Gemüse

4. Tag:

Morgens:	siehe 1. Tag
Vormittags:	1 Tomate
Mittags:	Bunter Paprikasalat
	Broccoli mit Käsesauce
	120 g Pellkartoffeln
	Orangenquark
Nachmittags:	1 kleine Banane
Abends:	Chicoréesalat mit Käse
	1 Scheibe Vollkornbrot (30 g)
	Butter

5. Tag:

Morgens:	siehe 1. Tag
Vormittags:	100 g Wassermelone (ohne Schale)
Mittags:	Wirsingsalat
	Pikantes Bohnengemüse
	Weizengrütze
Nachmittags:	½ Scheibe Vollkornbrot (15 g)
	20 g Frischkäse mit Kräutern
Abends:	Kohlrabisalat
	Zwiebelomelette
	100 g Apfel

Die genaue Rezepteanleitung finden Sie im Rezepteanhang von S. 336 bis S. 346.

6. Tag:

Morgens:	siehe 1. Tag
Vormittags:	Hafertrunk
Mittags:	Gurkensalat in Dillsauce Champignon-Zwiebelgemüse Hirse pikant (70 g roh)
Nachmittags:	50 g Beeren mit Weizenkeimen
Abends:	Gemischter Salat Angemachter Camembert 1 Scheibe Vollkornbrot (30 g)

7. Tag:

Morgens:	siehe 1. Tag
Vormittags:	1 Glas Sauerkrautsaft
Mittags:	Blumenkohlsalat Krautgulasch Topinambur (200 g roh) Ananas mit Sahne
Nachmittags:	1 Stück Gebäck
Abends:	Salatplatte Pikanter Quark 1 Scheibe Vollkornbrot (30 g)

8. Die Heilkost bei Nieren- und Unterleibserkrankungen

Die Heildiät bei Nierenerkrankungen verlangt Umsicht und Erfahrung. Dabei ist natürlich die Art und Schwere der Erkrankung zu berücksichtigen und die Konstitution des Kranken. Eiweißreiche Kost ist dem Nierenkranken genausowenig zuträglich wie salzreiche, da der chronisch entzündeten Niere die tubuläre Rückresorption des Eiweißes nicht mehr gelingt und dies eine Belastung für das kranke Nierengewebe darstellt. Für die ableitenden Harnwege (Nierenbecken und Blase) eignet sich am besten die Schaukeldiät, welche im Wechsel den Harn alkalisiert und ansäuert, da bestimmte Bakterien nur im Säuremilieu gedeihen, während andere das alkalische Milieu bevorzugen. Chronische Nierensteinbildungen – allen voran die Oxalat- und Uratsteinbildung (Harnsäuresteine) – sind eine Domäne der Präventivmedizin und können nur mit einer entsprechenden Diät erfolgreich vorgebeugt werden. Das gleiche gilt für die Gicht (siehe S. 39), welche sich ebenfalls durch eine überwiegend vegetarische, purinfreie Kost vorbeugen läßt.

Ganz allgemein, ohne nähere Krankheitszuordnung, lassen sich folgende Nahrungsmittel als nierenwirksam herausstellen:
Meerrettich, Sellerie, Kapuzinerkresse sowie Wacholderbeeren, vermögen mit ihren scharfen, ätherischen Ölen nachweislich die Nierendurchblutung zu steigern, was besonders bei nierenbedingtem Hochdruck zu berücksichtigen ist. Der

Spargel hat eine noch nicht näher erforschte, wassertreibende Wirkung, ebenso abgekochtes Reiswasser und Kartoffelsaft. Des weiteren steigern Gartenkürbis, Wassermelone, Gurken und Bohnen die Harnausscheidung. Von den Getreidefrüchten sind Sojabohnen, Mais und Reis günstig für die Nieren, Linsen sollte man wegen der harnsäurebildenden Purinkörper meiden. Zur blutreinigenden Frühjahrskur greift man gerne auf Kirschen und Zitrusfrüchte zurück und zu den nierengrießausleitenden Beerenfrüchten zählen seit alters die Hagebutte, Berberitzenbeere und schwarzer Holunder. Neuerdings wird auch die Eberesche (siehe S. 154) als gutes Nierenmittel gelobt.

Spezielle Heilkost bei akuter Nierenentzündung

Die in meinem Büchlein „Erfolgreiche Naturheilbehandlung bei Nieren- und Unterleibserkrankungen" beschriebenen Ursachen und Symptome dieser Erkrankung möchte ich hier nicht nochmals wiederholen. Hingewiesen sei nur noch einmal auf die häufige Herdbelastung durch Zähne, Mandeln, Nasennebenhöhlen und vor allem durch ein giftiges Darmmilieu, von der sich die Bakterien auf dem Blut- oder Lymphwege in eine schwache, oftmals medikamentenbelastete Niere einnisten können.

Eine alte ärztliche Erfahrung sagt, daß eine akute Nierenentzündung – die unbehandelt bleibt – spätestens nach 6 Wochen in eine chronische übergeht und nicht mehr heilbar ist. Zwar kann durch geeignete diätetische Maßnahmen auch noch eine chronische Entzündung wesentlich gebessert werden, aber eine vollständige Ausheilung ist nur in den seltensten Fällen möglich.

Und so führen Sie die Nierendiät durch:

Zuerst versuchen Sie mittels eines hohen Einlaufes mit Glaubersalz (20 g auf ¼ l Wasser), eine gründliche Darmentleerung herbeizuführen. Hiernach folgt Bettruhe und für 4–5 Tage strenges Fasten, in welcher nur Flüssigkeit erlaubt ist. Am besten einen Nierentee aus Goldrute und Brennesselblätter – siehe auch in meinem Nierenbüchlein. Die Flüssigkeitsmenge sollte 1–1½ l pro Tag betragen, damit die Nieren gut durchspült werden. Sollte nach 5 Tagen keine Besserung erkennbar sein, dann müssen zwei Safttage eingeschaltet werden, am besten mit Molke und Kürbisfruchtfleisch. Danach wird die Fastenkur für 4 Tage wiederholt. Der Erfolg läßt beim zweiten Anlauf selten auf sich warten. Sollte die Ausscheidung recht spärlich sein, was meist auf Verkrampfungen der Nierenarterien zurückzuführen ist, dann bedarf es noch eines kräftigen Wasserstoßes, indem man 1–1½ l Bärentraubenblättertee innerhalb 1 Stunde austrinkt. Grundsätzlich muß man auf verstärkte Kaliumzufuhr achten, entweder in Form hochkonzentrierter Tabletten oder Gemüse- und Fruchtsäften – z. B. Aprikosensaft (frisch gepreßt), Feigensaft, Kartoffelsaft oder einfach Gemüsecocktail aus dem Reformhaus oder dem Bioladen.

Die ersten Anzeichen einer deutlichen Besserung sind eine Normalisierung des Blutdrucks, Rückgang der Beinödeme und Gesichtsaufschwemmungen, wieder vermehrte Wasserausscheidung und Normalisierung der Harnwerte.

Im Anschluß an dieses Kapitel finden Sie einige Küchen- und Speisenrezepte für empfindliche Nieren, die Sie einmal versuchen sollten.

Der Nierenhochdruck und seine diätetische Behandlung
Eigentlich gehört dieses Thema zu den Herz- Kreislauferkrankungen, dennoch zählt diese Hochdruckform zu den Nierenkrankheiten, da ein nierenbedingter Hochdruck meist auf Grund mangelnder Nierendurchblutung zustande kommt. In meinem Büchlein: „Erfolgreiche Naturheilbehandlung bei Herz-Kreislauferkrankungen", habe ich dieses Thema ausführlich dargestellt und viele Behandlungstips gegeben. Nierenhochdruck wird am besten mit einer Wacholderbeerenkur (siehe S. 113) behandelt. Kaliumreiche Nahrung in Form von Vollkornprodukten, Müsli, Gemüse- und Fruchtsäften ist selbstverständlich. Meidung von Kochsalz und natriumhaltiger Kost und möglichst 2–3 Rohkosttage sind die besten Waffen gegen diese Krankheit. Die Wacholderbeerenkur kann, wenn sie nach Vorschrift durchgeführt wird, mindestens für ½ Jahr beibehalten werden.

Die Heilkost der chronischen Nierenentzündung
Nicht so einfach verhält es sich bei der chronischen Nierenentzündung, denn ein einmal chronisch entzündetes Nierengewebe läßt sich nur noch mit einer konsequent durchgeführten Dauerdiät ausheilen. Die Schulmedizin ist in diesem Punkt sehr skeptisch, denn nach ihrer Meinung liegt ein komplexes Autoimmungeschehen vor, d. h. zirkulierende Immunkomplexe (Antigen-Antikörper-Verbindungen), die nur sehr schwer löslich sind, lagern sich in die Wände der Nierengefäße ein und lösen dadurch eine entzündliche Dauerreaktion aus. Es ist aber in naturheilkundlichen Kreisen inzwischen sattsam bekannt, daß solche immunologischen Entzündungsreaktionen nach Beseitigung der zumeist mit Streptokokken befallenen Herde – vor allem im Kopf- und Darmbereich – verschwinden.
Um die Dauerdiät in allen Variationen überzeugend darzustellen, muß ich zunächst auf die durch den inneren Arzt hervorgerufenen physiologischen Stoffwechselanpassungen eingehen, wie sie bei dieser schweren Nierenerkrankung und verwandten Gruppen vorliegen.
Entscheidend für die Diäteinschätzung und die Gesamtverfassung sind die Harnbefunde. Je nachdem, ob eine Eiweißverlustniere (Urinschaum) oder eine Blutverlustniere (dunkler rötlicher Urin) vorliegt, muß der Organismus die renalen Verluste durch verschiedene Gegenregulationen ausgleichen. Erhöhte Eiweißverluste bedingen in der Regel Gewebswasseranschwellungen (Ödeme), weil durch das Fehlen der wasseranziehenden Eiweiße das Blutserum in die Gewebe abfließt. Mit dieser Wasserverlagerung kommt es gleichzeitig zu einem starken Natriumanstieg im Körper, was sich in erhöhtem Blutdruck zeigt und der Vermehrung des Zellwassers.
Bei Blutverlusten verliert der Organismus vor allem Eisen über die Nieren, was diätetisch unbedingt berücksichtigt werden muß.
Im fortgeschrittenen Stadium, wenn sich zunehmend eine Niereninsuffizienz einstellt, d. h. die Niere nicht mehr in der Lage ist, die harnpflichtigen Stoffe aus dem Stoffwechsel zu entfernen, kommt es zu einer Anhäufung von Stoffwechselschlacken, die gravierende Allgemeinveränderungen im Gefolge haben. So häufen sich im Blut Stickstoffverbindungen aus dem Eiweißstoffwechsel, außerdem steigen Phosphate und Kaliumwerte oft kritisch an. Überhöhte Serumphosphate

bedingen jedoch einen hormongesteigerten Calciumabbau aus dem Knochengewebe, was noch dadurch verstärkt wird, daß der nierenbedingte Vitamin-D Block und die verminderte Calciumaufnahme im Dünndarm letztlich zu einer Zerstörung des Skelettsystems führt. Während bei der chronischen Nierenentzündung das Natrium häufig noch bewahrt wird, kann es bei der Salzverlustniere zur Verarmung an Natrium kommen. Dies muß auf jeden Fall diätetisch beachtet werden. Die Übersäuerung setzt zumeist dann ein, wenn die Produktion des Ammoniak in den Nierenzellen beeinträchtigt ist. Wird im Falle der Niereninsuffizienz zuwenig Ammoniak produziert, dann kommt es infolge der zu geringen Abgabe von Wasserstoffionen zu einer Blockade des neutralisierenden Bicarbonats und zum Anstieg der versäuernden Chloridionenkonzentration. Diätetisch ist hier auf eine streng salzlose Kost zu achten.
Chronische Nierenentzündung und die entsprechenden Abwandlungen haben in fast jedem Organ sekundäre Störungen zur Folge und verlangen eine angepaßte Diät. Z.B. produziert die Leber wegen des erhöhten Eiweißverlustes schwer nierengängige spezielle Fetteiweißverbindungen, damit im Blut genügend Eiweiß kreist. Das aber läßt den Fettspiegel im Blut steil ansteigen und gefährdet wiederum die Blutgefäße.
Man sieht also, wie kompliziert die Verhältnisse liegen und es erscheint ratsam, hier eine Diät nach Labor- und Harnwerten zu erstellen und nicht aufs Geratewohl etwas zusammenzumixen.
Bei der chronischen Nierenentzündung liegt fast immer eine Kombination von Eiweiß- und Blutverlusten vor, deshalb muß auf eine hochwertige Eiweißdiät mit genügend Mineralstoffen – hauptsächlich Eisen – geachtet werden. Ist der Blutdruck hoch – etwa über 180 mm Hg, dann sollte auf Kochsalz völlig verzichtet werden, ebenso auf natriumreiche Kost. Ein Kardinalfehler ist die Zufuhr von Fleisch, Fisch und Geflügel. Günstig erscheint mir die Milch bzw. Molke und Quark, da infolge des o.g. Knochenabbaues der Organismus vermehrt Calcium benötigt – vor allem bei Niereninsuffizienz. Die Molke hat relativ wenig Phosphor, einen mittleren Kalium- und Natriumanteil, aber hochwertige Albumine und leberwirksame Stoffe. Zwischendurch Gemüse- und Obsttage, am besten in Rohkostform, siehe S. 169. Kritisch wird es, wenn sich im Blut erhöhte Harnstoffwerte zeigen und weiter anhäufen. In solchen Fällen empfehle ich, mehrere Reistage einzulegen oder eventuell auch Mais, dessen essentieller Eiweißgehalt noch ausreichend ist, sich jedoch im unteren Grenzbereich bewegt. Freilich darf man es nicht unterlassen, die Speisen schmackhaft zu würzen, z.B. mit salzfreien Hefeextrakten und Gewürzen, denn der Gaumengenuß gibt Lebensfreude. Niemals sollte man eine eiweißfreie Diät durchsetzen, z.B. mit reinen Obst- und Gemüsesafttagen, da die daraus resultierende Schwächung des Gesamtorganismus nicht mehr aufgeholt werden kann, wenn bereits ein vitaler Knick feststellbar ist. Bei der Salzverlustniere ist die tägliche Zufuhr von 2 g Kochsalz erlaubt, selbst wenn Gewebsaufschwemmungen vorhanden sind, denn es gibt auch die Möglichkeit, daß das Natrium mit dem Gewebswasser in die Zelle abfließt. Alle Salate und Getreideprodukte sind erlaubt. Ei, Käse und Nüsse sowie Hülsenfrüchte sollten wegen des sehr hohen Phosphatgehaltes gemieden

werden. Zu meiden sind auch konzentrierte Bierhefe und Magermilchpulver. Am Ende des Kapitels finden Sie spezielle Rezepte für die Nieren.

9. Nierensteine durch Diät vermeiden

Normalerweise werden die Salze im Harn in Lösung gehalten. Dafür sorgen mehrere Substanzen, die einen im alkalischen, die anderen im sauren Milieu. Es ist sonach eine Frage nach der kompletten substantiellen Ergänzung und auch eine Milieufrage. Z. B. kann man durch Ansäuern des Harns mit der Aminosäure Methionin die weicheren Magnesiumammoniumphosphatsteine (Tripelphosphatsteine) auflösen und ihr Anwachsen verhindern. Uratsteine (Harnsäuresteine) können mit Hilfe von Zitronensäure, welche den Harn alkalisiert, z. T. aufgelöst werden. Kalziumoxalatsteine werden durch Magnesiumsalze unschädlich gemacht. Man sieht schon, worauf es ankommt: Es ist die richtige substantielle Mischung in einem bestimmten Milieu! Amerikanische Forscher konnten in ausgedehnten Tierversuchen experimentell Nieren- und Blasensteine durch künstlichen Magnesium- und Vitamin-B6-Mangel erzeugen. In einer Kontrollgruppe gelang es, durch reichliche Magnesium- und B6-Gaben bei gleicher Tierfütterung Calciumoxalatsteine zu verhindern. Freilich darf man nun diese Ergebnisse nicht überbewerten, denn das Steingeschehen ist sehr komplex, und häufig liegt ihr eine ererbte Disposition zugrunde. So ist es durchaus nicht selten, daß z. B. durch vermehrte renale Calciumausscheidung die Steinbildung begünstigt wird, obwohl die Vitamin-B6-Versorgung ausreichend ist. Diätetisch sollten Träger mit Kalziumoxalatsteinen die Oxalatsäurezufuhr aus bestimmten Nahrungsmitteln meiden, z. B. Sellerieknollen, rote Rüben, grüne Bohnen, Sauerampfersalat, Endiviensalat, Petersilie, Stachelbeeren, Rharbarber, schwarzer Tee. Calciumhaltige Nahrungsmittel aus Milchprodukten, darunter auch Vollmilchschokolade und Pralinen, müssen ebenfalls gemieden werden. Die reichliche Zufuhr magnesiumhaltiger Lebensmittel ist wünschenswert, nicht nur zur Steinprophylaxe, sondern weil Magnesium in vielen Enzymen ein zentrales Atom ist. Unter anderem haben Bierhefe, Sojamehl, Weizenkleie, Weizenkeime, Mandeln, Cashewnuß, Paranuß, Banane, Spinat, Kohlrabi und Sellerie einen sehr hohen Magnesiumgehalt. Von den Lebensmitteln mit hohem Vitamin-B6-Anteil sind zu nennen: Bierhefe, Reiskleie, Haferflocken, Vollkornprodukte, Sojamehl und Haselnuß.

Harnsäuresteine können mit der bekannten Zitronensaftkur zum Stillstand gebracht werden, kleinere lassen sich damit auflösen, siehe in meinem Büchlein: „Erfolgreiche Naturheilbehandlung bei Nieren- und Unterleibserkrankungen". Wichtig ist durch alkalisierende Mineralwässer mit einem hohen Hydrogenkarbonatgehalt den Harn so weit zu alkalisieren, daß sich die Harnsäuresteine langsam auflösen. Keinesfalls dürfen Säuerlinge getrunken werden, das würde die Uratsteinbildung nur noch fördern. Zu vermeiden sind alle purinhaltigen Lebensmittel, vor allem Innereien, Wurst und Linsen.

Phosphatsteine können nur dann wirkungsvoll verhütet werden, wenn phosphathaltige Nahrung soweit wie möglich reduziert wird. Darunter vor allem Eidotter, Hülsenfrüchte, Vollmilch und Magermilchpulver, Bierhefe, Käse, viele Nußarten und Weizenkleie. Durch Spülungen mit Säuerlingen – von ca. 2 Liter pro Tag – lassen sich Phosphatsteine ohne Operation langsam beseitigen.

10. Die Schaukeldiät bei Nieren- und Blasenentzündungen

Nierenbecken- und Blasenentzündungen kommen gehäuft bei Frauen vor, da die Colibakterien vom After einen nur kurzen Weg zur Blase haben und nicht selten den Harnleiter bis ins Nierenbecken hinaufwandern. Die Folge sind langwierige Entzündungen, die heute mit Antibiotika nicht immer erfolgreich angegangen werden. Um antibiotische Folgeerkrankungen –hauptsächlich des Darms und der Leber – erst gar nicht in Kauf nehmen zu müssen, empfehle ich die Schaukeldiät. Sie ist eng verwandt mit der Hay'schen Trennkost und der abgewandelten Form nach Dr. Walb. Dr. Howard Hay hat damit bei sich selbst eine schwere Nierenerkrankung (Nierenschrumpfung) ausgeheilt und diese Diät in einem Buch veröffentlicht. Gleichsinnige Erfahrungen machte auch Dr. Walb, der ebenfalls einen schweren Schrumpfnierenfall ausheilen konnte. Das Prinzip ist die Trennung von kohlehydratreichen und eiweißreichen Nahrungsprodukten, die einen unterschiedlichen Ansäuerungsgrad auf das Darmmilieu und den Harn haben (siehe S. 38).
Bei der Schaukeldiät versucht man 2–3 Tage durch eine säuernde Kost, die auf alkalisches Milieu eingestellten Bakterien, sowohl im Darm wie auch in den Nieren und dem Blasengewebe, die Lebensgrundlage zu entziehen. Danach geht man auf alkalisierende Kost für denselben Zeitraum über und macht den säurebildenden Bakterien das Leben schwer.
Der Nachweis der Harnalkalisierung und Ansäuerung ist sehr leicht mit entsprechenden Teststreifen (Indikatorstreifen) zu erbringen. (Gibt's in Apotheken.)

Alkalisierend wirken folgende Lebensmittel:
Gemüse, Kartoffeln, Salate, Pilze, Frischmilch, Obst, Fruchtsäfte und Melasse.

Säuernd sind: Fleisch, Getreideprodukte (Brot, Mehl, Nudeln), eiweißreiche Gemüsefrüchte, z. B. Sojabohnen, weiße Bohnen, Nüsse, Reis, Eier, Fisch, Käse, Sauermilchprodukte, Quark, Bierhefe, Backwaren, Schokolade und Rübensirup.

Weitgehendst neutral sind u. a.: pflanzliche Öle, wenig Butter. Die Neutralität hängt von der zugeführten Dosis ab.

Welche Lebensmittel wirken speziell auf die Blase günstig?
Kürbisfruchtfleisch und Kerne, Melone, Gurken, Holunderbeeren, Johannisbeeren, Zitrusfrüchte und Weintrauben.

Wochenplan für empfindliche Nieren siehe S. 232

1. Tag:

Morgens: Frischkornbrei
Vollkornbrot, Butter, Honig, Quark
Tee von Hagebutten, Brennesseln, Wacholder, Salbei, Bärentraubenblättern
Mittags: Rohkost: Endivien, gelbe Rüben
Bohnensuppe, Kartoffeln, Kräuterquark
Abends: Kopfsalat, Weizenkeime, Tomate
Vollkornbrot, Butter, Schnittlauch, 1 Apfel
Tee wie morgens

2. Tag:

Morgens: siehe 1. Tag
Mittags: Rohkost: Tomaten, Sellerie
Polenta, Blattspinat mit Pinienkernen
Obstsalat
Abends: Rohkost: Radicchio, Fenchel, Grapefruit
Kräuterreissalat
Tee wie am 1. Tag

3. Tag:

Morgens: siehe 1. Tag
Mittags: Rohkost: rote Rüben, Endivien
Hirsotto, Möhrengemüse mit Kerbel
Erdbeermix
Abends: Tsatziki, Vollkornbrot, Butter
Bananencreme
Tee wie am 1. Tag

4. Tag:

Morgens: siehe 1. Tag
Mittags: Rohkost: Rettich, Tomaten
Kartoffelsalat, Maiskolben
Apfeldessert
Abends: Rohkost: Radicchio, Honigmelone
Blumenkohlsuppe, Vollkornbrot
Tee wie am 1. Tag

5. Tag:

Morgens: siehe 1. Tag
Mittags: Rohkost: Blumenkohl, Radieschen
Lauchsuppe
Apfelpfannkuchen, Hagebuttensauce
Abends: Rohkost: Weizenkeime, Kohlrabi
Kräutersauce, Pellkartoffeln
Tee wie am 1. Tag

6. Tag:	
Morgens:	siehe 1. Tag
Mittags:	Rohkost: Chicorée, Grapefruit, Walnüsse Nudeln mit Lauch-Champingnonsauce rohes Apfelmus
Abends:	Rohkost: Zucchini, Frühlingszwiebel, Tomate süße Hirsespeise Tee wie am 1. Tag

7. Tag:	
Morgens:	siehe 1. Tag
Mittags:	Rohkost: Rettich, Tomate, Kresse Risotto, Paprikagemüse Beerendessert
Abends:	Kopfsalat, Gurke, gelbe Rübe Vollkornbrot mit Butter, Radieschenscheiben und Schnittlauch, Hefewürze Tee wie am 1. Tag

Die genaue Rezepteanleitung finden Sie im Rezepteanhang von S. 347 bis S. 355.

11. Rheuma durch Ernährungsumstellung heilen

Rheuma wird heute von der offiziellen Medizin als eine Autoimmunerkrankung des Bindegewebes aufgefaßt. Die Meinungen über den Entstehungsmodus gehen allerdings sehr weit auseinander und sind Gegenstand von oft fruchtlosen Diskussionen.
Für uns steht fest, daß Rheuma aus einer Stoffwechselentgleisung des Bindegewebes herrührt und, einmal salopp gesagt, nur durch eine Bindegewebsentschlakkung und Herdsanierung ausgeheilt werden kann. In meinem Büchlein: „Erfolgreiche Naturheilbehandlung bei Wirbelsäulen- und Gelenkerkrankungen", bin ich auf die Behandlung von Rheuma ausführlich eingegangen.
Hört man die Heilungsberichte von Rheumakranken, die nur aus einer radikalen Ernährungsumstellung erklärbar sind, dann wird man müde, nach neuen Einzelmitteln Ausschau zu halten, denn nichts überzeugt mehr, als hautnah erlebte Heilungen, dagegen verkehren sich alle wissenschaftlich verbrämten Theorien zu eitlem Geschwätz.

Für den Rheumatiker gibt es zwei Wege:
Der erste Weg ist schwerer und erfordert innere Konsequenz und ein entsprechendes Durchhaltevermögen. Es ist die Kehrtwendung in der Ernährung, d. h. vom Fasten (siehe S. 175) zur Rohkost (siehe S. 169) und schließlich zur Heilnahrung.

Der zweite Weg ist der sanftere und für alle diejenigen geeignet, welche eine langsame, stetige Ernährungsumstellung bejahen und schon lange im Sinn haben. Hier geht also der Weg von der Zivilisationskost zunächst zur Vollwertkost und schließlich in die Heilkost über. Daß sich die Heilungszeit durch den langsamen

Umstellungsprozeß wesentlich verlängert, versteht sich von selbst, daher erfordert auch diese Methode oft mehr Geduld und Stehvermögen, während durch erstere die Rheumaerkrankung gewissermaßen im Generalangriff erstürmt wird. Sie ist nur für Schnellentschlossene geeignet, die klare Fronten wünschen und eine Entweder-Oder-Entscheidung herbeiführen wollen.
Leider gibt es für Rheuma keine Lebensmittel, die einen besonderen Heileffekt fördern; denn wir haben es mit dem allgegenwärtigen Bindegewebe zu tun, das in jedem Organsystem und in allen Zwischenzellspalten ausgebreitet ist. Die Naturheilkunde kennt zwar eine Reihe von Lebensmitteln, die bevorzugt bei Gelenkschmerzen und allgemeinen Muskelschmerzen empfohlen werden, sie kann aber keine genauen Angaben darüber machen, inwieweit diese Lebensmittel kausal in das Schmerzgeschehen eingreifen, d.h. ob sie mehr ausscheidend, entzündungswidrig oder stoffwechselregulierend wirken. Nun, man muß eingestehen, daß in dieser Hinsicht noch viel Forschungsarbeit vor uns liegt; wir sollten aber dennoch der Erfahrung vertrauen und nicht warten, bis alles wissenschaftlich bestätigt ist; denn die Wissenschaft ist selbst dem Wandel unterworfen, und immer nur vorläufiges Hilfswissen. Ein Beispiel dafür sind die Newton'schen Mechanikgesetze, die durch Jahrhunderte als unumstößliches Dogma galten; sie werden heute angesichts eines sich ausweitenden kybernetischen Bewußtseins in völlig neuem Licht gesehen, wieviel mehr also die Medizin, in der die biologischen Feinstregulationen und Regelkreise fast unüberschaubar ineinandergreifen und vom involvierten Geist zu höherem Leben und Bewußtsein transformiert werden.

Speziell bei Gelenkschmerzen bieten sich folgende Lebensmittel an:
Johannisbeeren, Wacholderbeeren, Sojabohnen und -mehl, Mandeln, Molke, Sauerkraut und die Zwiebel, welche einen besonders schmerzlindernden Effekt hat. Alle ausscheidungsanregenden Mittel sollten den Vorzug erhalten: siehe Heildiät bei Nieren- und Unterleibserkrankungen S. 230 und der Gichtdiät siehe S. 41. Vorteilhaft sind wegen der hohen Bindegewebsaffinität alle hautwirksamen Mittel, z.B. Aprikosen, Avocados, Heidelbeere, Holunder, Spinat, Gurken, Sojabohnen, Tomaten, Hafer, Möhren, Vollkornmehl und Weizenkeimöl sowie Leinsamenöl. Selbstverständlich muß auch das Abwehrgeschehen einbezogen werden, hier helfen folgende Lebensmittel: Zitrusfrüchte, Kiwi, Himbeeren, Brombeeren, Johannisbeeren, Holunder, Hagebutte, Broccoli, Propolis, Meerrettich, Zwiebel, Sauerkraut, Sojaprodukte und Honig. Das mag vorerst genügen!
Die Rohkostformen und ihre Durchführung finden Sie auf Seite 169. Wir wollen uns jetzt mit dem zweiten Weg befassen, den sanften Weg der langsamen Ernährungsumstellung, mit dem Ziel einer lebenslangen Heilkost. Wenn wir von einer denaturierten Zivilisationskost zu einer Vollwertkost kommen wollen, dann müssen wir zunächst einmal den Unterschied deutlich machen. Auf Seite 85 habe ich ein eigenes Kapitel dafür eingeschaltet, ich brauche mich also hier nicht zu wiederholen. Der Weg von der Vollwertkost zur Heilnahrung ist viel leichter als der erste Schritt, weil uns die überaus positiven Vitalerfahrungen mit der Vollwertkost, von der enormen Heilkraft der vollwertigen Lebensmittel überzeugen.

1. Stufe der Ernährungsumstellung:

a) Verzicht auf industrialisierte Süßigkeiten: z. B. Bonbons, Pralinen, Schokolade, gezuckerte Nahrungsmittel aus Konserven und Schachteln.
Als Ersatz bietet sich Honig, süßes Obst, z. B. Trockenobst und süße Obstsäfte an.

b) Verzicht auf gesalzenes Knabbergebäck und geröstete Weißmehlprodukte, z. B. Salzstangen, Kartoffelchips, Salzplätzchen u. ä.
Ersatzweise dafür vermehrter Einsatz von Kräuter- und Hefewürze.

c) Verzicht auf Kaffee, Cola, Kakao, Limonade, Instant-Getränken und Alkohol. Als Ersatz bieten sich schwarzer Tee, Kräutertee's, Fruchtmolke, Kornkaffee, Fruchtsäfte an.

2. Stufe der Ernährungsumstellung

Streichung der Wurst vom Speisezettel. Statt dessen mehr Käse, vegetabile Aufstriche, z. B. aus Soja, Getreide und Quark.
Verzicht auf Schweinefleisch, Mastfleisch, sowohl aus Konserven als auch frisch vom Schlachter. Alternativ: Bratlinge aus Getreide, Gemüse und Nüssen.

3. Stufe der Ernährungsumstellung

Umstellung des Frühstücks vom Weißbrot bzw. Weißmehlbrötchen auf Vollkornmüsli, am besten als Frischkornbrei mit Trockenobst z. B. Rosinen, Nüssen und Honig geschmacklich aufgebessert, siehe Müslirezeptteil S. 92.

4. Stufe der Ernährungsumstellung

Verbannung jedweder konservierter und erhitzter Nahrungsmittel vom Speisezettel: z. B. Gemüse- und Obstkonserven, lediglich Tiefkühlgemüse ist erlaubt. Bevorzugung frischer Bauernmilch vom nächstgelegenen Bauernhof sowie frische häufig wechselnde Gemüsesorten und Obst; entweder vom Bauern direkt oder an biologischen Gemüseständen auf dem Markt.

5. Stufe und Ebene der Heilnahrung

Backen mit frisch gemahlenem Korn (Kuchen, Plätzchen, Brot), Herstellung von Quark und Molke aus Bauernmilch, Rohkosttage und Frischkostplatten zu den Hauptmahlzeiten. Ferner selbstgepreßte Säfte, milchsaure Konservierung von Gemüse und einmachen von Beeren- und Baumobst. Viel Obstsalate und Gemüseplatten, wenig Eier, wenig fetten Käse, Butter und Sahne. Dafür kaltgepreßte Pflanzenöle aus Sonnenblumenkernen, Nüsse und Weizenkeime. Täglich 1 Löffel echten Imkerhonig, wenig Marmelade, dafür natürliches Fruchtmus, z. B. Hagebuttenmark oder Sanddornmus. Alle Speisen mit Hefewürze und Küchengewürzen kräftig aromatisieren, siehe S. 115. Grundsätzlich immer frisch gemahlenes Vollkornmehl einsetzen. Im Biosnacky gekeimtes Getreide als Salatbeigabe.
Wer auf diesem Wege seine Ernährung langsam umstellt, läuft nicht Gefahr, mittendrin abzubrechen, sondern hält durch und erlebt zunehmende Beschwerdefreiheit. Das ist der Dank des inneren Arztes für unseren Verzicht auf industrialisierte Genußgifte und Büchsenkost. Jeder, der das einmal an sich erlebt hat, wird die Vollwertkost nicht mehr missen mögen und sich immer mehr die Frage vorlegen, wohin sich eigentlich unsere Lebensmittelindustrie verirrt hat und wes-

halb die offizielle Medizin der Vollwertkost mit Gleichgültigkeit und hochmütiger Ignoranz begegnet. Ich meine, daß keine andere Krankheit mit einer radikalen Ernährungsumstellung so tiefgreifend beeinflußt werden kann wie Rheuma, und die Heilerfolge lassen alle kindischen Gegenargumente verstummen.

Zum Abschluß dieses Kapitels hier noch einige Rezepte für Rheumakranke.

1. Frischkorngerichte siehe S. 92

2. Chicoréesalat mit Grapefruit (4 Portionen)

4	Stangen Chicorée	– in 1 cm breite Ringe schneiden
1	Banane	– in Scheiben schneiden
1	rosa Grapefruit	– in Stücke schneiden
1	Joghurt	– verrühren, mit den Salatzutaten mischen und sofort ser-
1 EL	Zitronensaft	vieren
1 EL	Orangensaft	
1 TL	Kräutersenf	
1 TL	Honig	
1 EL	Walnüsse	– hacken und darüberstreuen

3. Tomaten-Gurkensalat (4 Portionen)

400 g	Tomaten	– achteln
400 g	Gurken	– mit der Schale würfeln
1–2	Frühlingszwiebeln	– in Ringe schneiden
1 EL	gehackte Petersilie	
etwas	Meersalz	– Marinade rühren und zum Gemüse geben
3 EL	Obstessig	
1 TL	Kräutersenf	
1 TL	Honig	
½–1	Knoblauchzehe	
4 EL	Olivenöl	

4. Gelbrübengemüse mit Kräutersahne (4 Portionen)

1 kg	gelbe Rüben	– in Scheiben schneiden
1	Zwiebel	– würfeln und
1 EL	Butter	– andünsten
1 EL	Wasser	
etwas	Gemüsebrühe	– nach Bedarf aufgießen und 15–20 Minuten garen
	Hefewürze	
1 TL	Honig	
	Kräutersalz	– abschmecken
100 g	Sahne	– steifschlagen
2 EL	frische Kräuter	– feingehackt darunterziehen und beim Anrichten auf die gelben Rüben geben

5. Risotto (4 Portionen)

1	Zwiebel	– würfeln
1 EL	Butter	– andünsten
1 EL	Wasser	
250 g	Naturreis	– zugeben
½ l	Gemüsebrühe	– aufgießen, aufkochen und bei geringer Temperatur quellen lassen
		– mit einer Gabel lockern
1 EL	Petersilie	– darüberstreuen

12. Einige Heilkostbeispiele bei Erkältungs- und Grippeanfälligkeit

Eine Erkältungs- und Grippeanfälligkeit kann viele Ursachen haben, die hier aus Platzgründen nicht dargestellt werden können. Falls Sie darüber mehr wissen wollen, bitte ich dies in meinem Büchlein: „Erfolgreiche Naturheilbehandlung bei Kopf-, Hals- und Erkältungskrankheiten", nachzulesen. Daß Ernährungsfehler zu einer der Hauptursachen gehören, steht außer Frage, zumal Abwehrzellen und das gesamte dahinterstehende Steuersystem von der Zufuhr vitaler, lebendiger Nährstoffe direkt abhängig sind. Bei längerem Verzehr biologisch toter Nahrung, wie sie fast nur in Büchsen- und Pappschachtelkost vorkommt, entstehen nicht nur degenerative Erkrankungen (die sind meist schon Endstadien), sondern zuerst einmal Abwehrschwäche die sich u. a. in häufigem Schnupfen, Halsentzündungen, grippalen Infekten und periodischen Fieberschüben äußert. Es müßte auch dem größten Skeptiker einleuchten, daß bei einer Krankheitsentstehung immer die äußeren Sicherungen zuerst betroffen sind. Der innere Arzt hat die Abwehrsysteme ringartig um seine Heiligtümer aufgebaut, so daß zunächst die Abwehr überwunden werden muß, bevor der Feind ins Innere vordringen kann. Nun hat die alte Naturheilkunde in Jahrhunderten einige Erfahrung mit den Gegenregulationen des inneren Arztes gemacht und sich immer wieder mit einfachen Nahrungsmitteln behelfen müssen, die erfahrungsgemäß bei einem kränkelnden Organismus Besserung zeigte. Zu den bewährtesten dieser Mittel gehört der frische schwarze Holunderbeersaft, er wurde schon in den ältesten Kräuterbüchern erwähnt.

Weitere abwehrstärkende Mittel aus der alten Naturheilkunde sind:
Propolisgranulat, Bienenwabenhonig, Petersilie, Thymian, Salbei, Brennessel, Melasse, Dinkel, Buchweizen, Knoblauch, Zwiebeln, Meerrettich, Möhren, Fenchel, Gartenkresse, Sauerkraut, Grünkohl, Mangold, Rharbarber, Pistazie, Kichererbsen, gestöckelte Milch, diverse Beeren, z. B. Johannisbeeren, Erdbeeren, Preiselbeeren, Heidelbeeren, Hagebutte, Wacholderbeeren und Stachelbeeren. Schon seit langem ist bekannt, daß unser heimischer Apfel, die Kirschen und Zwetschgen abwehrsteigernd wirken. Mit der Einführung der Südfrüchte, wie Zitrone, Kiwi, Orangen, Ananas und Grapefruit bzw. Pampelmuse, bekamen

wir weitere abwehrsteigernde Nahrungsmittel hinzu, die unserem Wunsch nach Abwechslung entgegenkommen. Wir brauchen uns also nicht zu sorgen, daß die Nahrungsmittel nicht ausreichen, um Abwehrschwächen zu beseitigen; eines müssen wir dabei schon beachten: „Immer frisch" und das können wir am besten zu Hause verwirklichen, wo wir sowohl über die Herkunft als auch über die Frischequalität eines Nahrungsmittels die volle Kontrollmöglichkeit haben.

Und hier ein paar Vollwertrezepte für die Abwehr:

1. Frischkorngerichte siehe S. 92

2. Rote-Rüben-Salat (4 Portionen)

200 g	Rote Rüben	– fein raffeln
200 g	Sellerie	– fein raffeln
200 g	Äpfel	– mit der Schale raffeln
200 g	Sauerrahm	– Salatsauce rühren und das Gemüse sofort dazugeben
2 EL	Zitronensaft	
2 TL	geriebener Meerrettich	
½ TL	Kräutersalz	
1 EL	Sonnenblumenkerne	– darüberstreuen

3. Fenchel-Gelbrübensalat (4 Portionen)

300 g	Fenchel	– in feine Streifen schneiden
300 g	gelbe Rüben	– grob raffeln
1	säuerlicher Apfel	– würfeln (mit der Schale)
2 EL	gehacktes Fenchelgrün	
¼ TL	Kräutersalz	– Marinade rühren, mit den übrigen Zutaten mischen
1 TL	Honig	
1 Pr.	Ingwer	
3 EL	Sahne	
2 EL	kaltgepreßtes Öl	
1 EL	Zitronensaft	
1 EL	gehackte Haselnüsse	– darüberstreuen

13. Spezielle Heilkost bei Hauterkrankungen

Es scheint bei der Übersicht der Hautkrankheiten und bei der Vielzahl der Ursachen und Entstehungsbedingungen fast aussichtslos, spezielle Heildiäten aufzustellen. Das ist auch nicht die Absicht und wäre reinste Scharlatanerie, wollte man diesen Eindruck erwecken. Es sollen nur einige Erfahrungsmittel vorgestellt werden, die sich bei längerer Einnahme bewährt haben. Daß Haut-

krankheiten überwiegend aus inneren Ursachen entstehen, steht außer Zweifel. Ein typisches Beispiel ist die Psoriasis, die Schuppenflechte. Auch manche Ekzeme oder die hormonell verursachte Akne sind Krankheiten, die ihre Stoffwechselursachen haben. Es gibt natürlich Hauterkrankungen, die durch Kontaktallergie entstehen, andere wiederum sind durch Viren und Bakterieninvasion hervorgerufen oder manche auch durch Parasiten. Interessant ist, daß in der Bundesrepublik ca. 2 Mio. an Neurodermitis leiden und gerade diese sich mit einer Diät vorzüglich ausheilen läßt. Man könnte also die Frage aufwerfen, ob und in welchem Ausmaß eine Hauterkrankung auch eine Mangelerkrankung ist, infolge Verarmung von Vitaminen, Mineralien, Fettsäuren, Spurenelementen usw. Die Antwort ist nicht leicht, kann aber teilweise bejaht werden.
Sicher ist nur eines, daß es erfahrungsgemäß Lebensmittel gibt, die bei Hauterkrankungen helfen und die wollen wir jetzt einmal vorstellen:
Bei der Neurodermitis hat sich die Nachtkerze bzw. deren Öl, ganz ausgezeichnet bewährt. Akne läßt sich günstig mit Bierhefetabletten beeinflussen. Die Bierhefe ist überhaupt ein probates Mittel gegen alle möglichen Hautleiden. Ich halte die Nüsse bei Hautkrankheiten für besonders geeignet, vor allem die Pistazie und Sesam. Auch äußerliche Einreibungen mit dem Öl der beiden Nüsse sind sehr brauchbar und verkürzen die Ausschläge. *Weitere Mittel sind:* Haferflocken, Artischocken, Gurken, Möhren, Chicorée, Knoblauch, Weizenkeime, Leinsamen, Weizenvollmehl, Maiskeimöl, Rosmarin, Honig, Ananas, Avocados, Apfel, Weintraubenkur, Mangos, Limone, Hagebutte, Ebereschenbeeren, Wacholderbeeren, Holunderbeeren, rote Bete, Spinat und fast alle Salate. Über Kräuter und Naturheilmethoden erfahren Sie mehr in meinem Büchlein: „Erfolgreiche Naturheilbehandlung bei Haut- und Stoffwechselerkrankungen".

Und hier ein paar Vollwertrezepte gegen allgemeine Hauterkrankungen:

1. Frischkorngerichte siehe S. 92

2. Kartoffelsalat mit Gurke (4 Portionen)

750 g	Kartoffeln	– weichkochen, schälen und in Scheiben schneiden
1 TL	Kümmel	
1	Eigelb	– eine Mayonnaise rühren, abschmecken, mit den Kartoffeln mischen und 30 Minuten ziehen lassen
½ TL	Kräutersenf	
½ TL	Meersalz	
¼ TL	Honig	
⅛ l	kaltgepreßtes Öl	
1 Pr.	Cayennepfeffer	
1	Knoblauchzehe	
1	Zwiebel	
5 EL	Sauerrahm	
1	Salatgurke	– in Würfel schneiden und alles mit den Kartoffeln mischen
100 g	Sojasprossen	– darüberstreuen
1 Bund	Schnittlauch	

3. Gelbrübensalat mit Leinsamen (4 Portionen)

500 g	gelbe Rüben	– fein raffeln
4	säuerliche Äpfel	– grob raffeln
von 2	Zitronen der Saft	– sofort darübergießen
2 EL	Leinsamen	– frisch schroten
1	Joghurt	– damit anmachen
1 EL	Apfelessig	
1 TL	Honig	
1 EL	kaltgepreßtes Öl	
2 EL	gehackte Petersilie	

4. Obstsalat mit Weizenkeimen (4 Portionen)

½	Ananas	– würfeln
1	Mango	– in Stücke schneiden
250 g	Weintrauben	– halbieren
100 g	Weizenkeime	– grob hacken
2 EL	Mandeln	
1 EL	Zitronensaft	– mit dem Obst mischen
1 EL	Honig	
100 g	Sahne	– steifschlagen und den Obstsalat damit garnieren

5. Obstsalat mit Weizenkeimen (4 Portionen)

50 g	Weizenkörner	– 2 Tage keimen
2	Orangen	– jeweils klein schneiden
2	Äpfel	
2	Kiwifrüchte	
1	Banane	
3	Feigen	
2 EL	gehackte Walnüsse	
1 EL	Honig	– verrühren und vorsichtig mit dem Obst mischen
2 EL	Zitronensaft	
2 EL	Joghurt oder Sahne	

14. Richtige Vollwertkost kann den Krebs verhindern

Die Wissenschaft kommt immer mehr zu der Einsicht, daß Krebs eine Milieuerkrankung des gesamten Organismus ist und, daß die Tumorlokalisation letztlich nur die Ausgeburt oder Ausstülpung dieser Allgemeinerkrankung sein muß. Es hat also überhaupt keinen Sinn, nur das lokale Krebsgeschehen zu behandeln und das tumorerzeugende Milieu zu vernachlässigen. Die Möglichkeit, mit Vollwerternährung das Krebsmilieu umzustimmen, hat schon Professor Zabel an seiner Berchtesgadener Klinik erkannt und daraus die therapeutischen Konsequenzen gezogen. Zabel hat anhand unzähliger Laborkontrollen seine interne Krebstherapie erarbeitet und eine Krebskost konzipiert, welche die entgleisten biochemischen Serumwerte wieder in den Normbereich bringen und im übrigen die Endotoxine des Darmes auf ein Minimum reduzieren. Dafür hat er 30 Jahre gebraucht und jeder, der in der Praxis steht, weiß, welche mühsame und detektivistische Kleinarbeit dahinter steckt. Warum die interne Krebstherapie nach Prof. Zabel nicht schon längst in die Schulmedizin aufgenommen wurde, bleibt alles in allem recht unverständlich. Die übliche denaturierte Krankenhauskost an den Kliniken ist bestenfalls nur Füllmittel und kaum geeignet, das geschwächte Immunsystem und die entgleiste Stoffwechsellage des Krebskranken umzustimmen. Wir werden auf die spezielle Krebskost später zurückkommen.

Gibt es einen nachweisbaren Zusammenhang zwischen Ernährung und Krebs?
Abgesehen von den -zig karzinogenen Stoffen aus industriellem Flugstaub, Autoabgasen, Spritz- und Düngemitteln, lassen sich aus den rassischen und völkischen Ernährungsgewohnheiten durchaus Zusammenhänge erkennen.
Prof. Wynder, Präsident der American Health Foundation, fand z.B. heraus, daß Japaner in ihrem Heimatland nur sehr gering für Darmkrebs anfällig sind. Übersiedeln sie dagegen in ein fremdes Land, z.B. in die USA, und nehmen die dortigen Ernährungsgewohnheiten an, dann steigt bei ihnen die Mastdarmkrebsrate in demselben Maße wie bei den Amerikanern. Umgekehrt erkranken mehr Amerikaner an Magenkrebs, wenn sie nach Japan übersiedeln und weniger Japaner an Magenkrebs in Amerika. Die Häufigkeit des Magenkrebs in Japan ist eine Folge übermäßigen Verzehrs von poliertem Reis und geräuchertem rohem Fisch. Daß einseitige Eßgewohnheiten den Krebs fördern, zeigt auch den häufigen Speiseröhrenkrebs und Magenkrebs in Ungarn, wo nach wie vor der heiße Schnaps beliebt ist. Derartige Unsitten halten sich so lange hartnäckig, bis endlich der Zusammenhang auch vom Naivsten erkannt wird. Überhaupt hat's der hochprozentige Alkohol krebsig in sich; nicht wenige bekommen davon Magenkrebs. Die American Health Foundation war es auch, die eine Beziehung zwischen fett- und cholesterinreicher Nahrung – hauptsächlich aus tierischer Herkunft – und krebsige Entartung der Bauchspeicheldrüse herausfand. Erhöhte Gallensäurekonzentrationen, die aus Cholesterinabbau entstehen, werden regelmäßig im Stuhl von Mastdarmkrebspatienten angetroffen. Der Fastendoktor Buchinger stellte nach Jahrzehnten ärztlicher Erfahrung fest: „In meinem bisherigen Leben darf ich feststellen, daß auffallend häufig gerade die starken Esser an Krebs erkranken, genauer gesagt, die üppig und fleischreich lebenden Esser.“
Daß Raucher und Alkoholiker eher zu Krebs neigen, ist heute jedem bekannt, es muß allerdings hinzugefügt werden, daß gerade die üppigen Esser o. g. Genußgiften eher zusprechen.
Ein indirekter Zusammenhang zwischen Ernährung und Krebs läßt sich auch über die quantitative Bestimmung des Mineralspiegels im Blut herstellen. Fast immer ist bei Krebskranken das Zell-Kalium und der Eisengehalt erniedrigt. Der erhöhte Kochsalzgenuß wird von den meisten Krebskranken bejaht, und in der Tat hat sich herausgestellt, daß Natriumchlorid in höheren Konzentrationen

schädlich für die Abwehrzellen ist, welche nicht mehr die eingefangenen Zelltrümmer und Bakterien enzymatisch auflösen können. Auf den von S. 47 habe ich in der Besprechung der Spurenelemente die Beziehung zwischen Krebsarten und fehlenden Spurenelementen – vor allem der essentiellen – herausgearbeitet. In einem Satz zusammengefaßt, läßt sich sagen, daß eine Ernährung, die arm an Spurenelementen ist, dem Krebs Tür und Tor öffnet und man braucht sich nicht zu wundern, wenn die mineralverarmte Industriekost krebsdisponierte Patienten erst zu wirklichen Krebspatienten macht.

Das gleiche Bild bietet sich bei den Vitaminen

Neuerdings hört man wieder mehr von bestimmten Antikrebs-Vitaminkombinationen – z. B. die Vitamine E, C und A. Das Vitamin C gilt schon seit langem als Antikrebsvitamin, man müßte allerdings nach seinem Erforscher Prof. L. Pauling, der dafür 1954 den Nobelpreis bekam, pro kg Körpergewicht 70 mg schlucken, das entspricht bei einem Gewicht von ca. 70 kg nicht ganz 5 g. Die Wirkung des Vitamin C (Ascorbinsäure) ist vorwiegend in ihrer Entgiftungsleistung zu sehen, hauptsächlich werden die karzinogenen Nitrosamine unschädlich gemacht. Andererseits schädigen auf längere Sicht solche hohe Dosen die Niere und treffen damit die Harn- und Giftausscheidung, was wie ein Bumerang wirken muß.
Vitamin E und Selen, beide in verschiedenen Medikamenten vereinigt, sollen nach Auskunft der Hersteller auf Grund klinischer Studien eine Krebsschutzwirkung haben; verschiedentlich wurden auch Heilungen gesehen.
Wie dem auch sei, jedes Vitamin, ob B, A, C, D, F, E usw., welches über längere Zeit in einem Organismus wie dem menschlichen fehlt, muß zwangsläufig zu Stoffwechselentgleisungen führen, die unter Umständen den Krebs begünstigen.
Nicht zu vergessen ist die karzinogene Wirkung bestimmter chemischer Arzneimittel, infolge ihrer vitaminabbauenden oder hemmenden Eigenschaften. Bestimmte Schlafmittel erhöhen die Vitamin-D-Ausscheidung, andere Mittel, z. B. Ovulationshemmer, verstärken die Vitamin-B6-Ausscheidung, und manche Entwässerungsmittel steigern den Verlust von Vitamin B1, das nicht nur für den normalen Ablauf des Kohlehydratstoffwechsels unentbehrlich ist, sondern gleichzeitig zusammen mit Molybdän eine neutralisierende Wirkung auf krebserzeugende Stoffe hat.
So gibt es nicht bloß Vitaminmangelzustände wegen einseitiger oder minderwertiger Ernährung, sondern auch – und das mehr, als mancher annimmt – wegen chemotherapeutischer Blockaden und Ausscheidungsverstärkern. Ich glaube in dem kurzen, skizzenhaften Abriß ist deutlich geworden, daß eine fehlerhafte Ernährung – insbesondere der Mangel an Vitaminen und Spurenelementen – eine Krebsdisposition verstärkt und auslösen kann.
Bevor ich zu den eigentlichen Grundsätzen einer zeitgemäßen Krebskost komme, möchte ich noch ganz kurz Einiges zu den ungesättigten Fettsäuren bemerken. Die hochungesättigten Fettsäuren (siehe auch S. 18) haben eine Reihe von Eigenschaften, die für die Aufrechterhaltung des Stoffwechsels fundamental sind. Sie liefern vor allem das Rohmaterial für die so wichtigen Zellatmungsenzyme und die Zellmembranen. Die Grundlagenforschung im Krebsgeschehen hat her-

ausgefunden, daß die lipoiden Membranstrukturen (Glykolipide) bei Krebszellen fehlerhaft verändert sind und die Zufuhr hochungesättigter Fettsäuren diesen Defekt teilweise beheben kann. Falls Sie darüber mehr wissen wollen, dann lesen Sie mein Büchlein: „Krebszellen sind SOS-Zellen"... Da nun die Zellmembranen (Außenhaut) nicht nur eine bloße Abschirmung sind, sondern ein hochempfindliches Kommunikationssystem zu anderen Zellen, muß bei seiner Störung notwendigerweise auch der Funkverkehr untereinander behindert sein. Genau das aber liegt bei Krebszellen vor. Schon aus dem geht hervor, wie wichtig die hochungesättigten Fettsäuren sind. Man schätzt, daß ungefähr ein Eßlöffel Sonnenblumenöl täglich nötig ist, um den Bedarf an ungesättigten Fettsäuren voll zu decken.

Die Eiweißfrage
oder wieviel Eiweiß und welches soll ein Krebskranker zu sich nehmen?

Es ist völlig absurd und zeugt von Ernährungsfanatismus, zu behaupten, daß der totale Eiweißentzug die Krebszellen aushungern könnte. Ich nenne hier die Dinge gleich beim Namen: „Breußkur u. ä.". Ich habe selbst in den Anfängen geglaubt, da wäre was dran und mußte schließlich aufgeben, nachdem mir zwei Patienten, welche die Kur auf eigene Verantwortung wagten, an Entkräftung gestorben sind. Zu ihrer Entschuldigung muß angemerkt werden, daß sie bereits im fortgeschrittenen Stadium waren und einer der Patienten erhebliche Strahlenschäden hatte.
Es gilt mir dennoch als sicher, daß der rigorose Eiweißentzug den Gesamtorganismus so weit schwächt, daß letztlich das Immunsystem und die Abwehrvitalität zusammenbricht und damit die Metastasenausbreitung ungehindert voranschreiten kann.
Die Eiweißmenge hat sich auch hier nach Größe und Gewicht zu richten; allerdings rate ich eher zu weniger als bei einem Gesunden.
Viel wichtiger und diätetisch bedeutsamer ist die Art des Eiweiß und seine Qualität. Prof. Zabel hält nur solches Eiweiß für tauglich, das die Fäulnis im Darm verhindert. Er nennt vor allem das Milcheiweiß, Hefe- und Sojaeiweiß und das Eiklar. Auf Grund praktischer Erfahrungen verweist er darauf, daß das hochwertige Milcheiweiß wegen des Mangels oder Fehlens von Labferment im Magen möglichst vorverdaut sein sollte, zumal bei den meisten Krebskranken auch noch die Magensäure fehlt. Es bleibt also nichts anderes übrig, als dem Krebskranken fettarmen Quark im Wechsel mit Hefeeiweiß und Sojaprodukten zu geben. Magerquark beeinflußt den pH-Säurewert des Magens günstig, ist vorverdaut und enthält große Mengen an rechtsdrehender Milchsäure, die der Krebskranke dringend braucht. Vor allem enthält das Milcheiweiß alle essentiellen Aminosäuren und wichtige Vitamine und ist somit ein hochwertiges Nahrungsmittel. Man darf sicher sein, daß der Magerquark die Darmfäulnis verhindert und die Leber dadurch genügend Freiraum für andere immunologische Entgiftungsaufgaben bekommt. Man sollte als Getränk dem Patienten die Molke anbieten – am besten Diätmolke –, welche eine Reihe lebenswichtiger Bestandteile enthält (siehe auch S. 173), insbesondere die Orotsäure und verschiedene hochwertige Molkeproteine. Fast hartnäckig – ohne zu ermüden – weist Prof. Zabel immer wieder auf die Darmfäulnis hin, welche die Entgiftungsleistung der Leber des Krebskranken

sehr stark belastet. Hier sollte die Quarkdiät unbedingt zur Anwendung kommen. Ich selbst habe über zwei Wochen eine Quarkkur mit ungesättigten Fettsäuren an mir durchgeführt und kann die Wirkung nur loben. Diese enteralen Gifte stammen vorwiegend aus dem Fäulnismilieu des Darmes (Indol, Scatol, Phenol, Ammoniak usw.) und müssen von der Leber und im Blut von den schwimmenden Abwehrzellen abgefangen und neutralisiert werden. Gerade aber der Krebskranke braucht sein ganzes Immunsystem für die Ausmerzung des Krebses, daß jede Schwächung der Abwehr – insbesondere der Killerzellen – die Heilung erschwert. Als Kunstfehler in der internen Krebsbehandlung darf man die Eiweißmast bezeichnen (siehe auch S. 29). Nicht nur weil der Darmfäulnis Vorschub geleistet wird, sondern das Blut unter der Stickstoffüberladung leidet, die sich auf alle Organe verheerend auswirkt. Grundsätzlich sollte der Krebskranke täglich 5–6 kleinere Mahlzeiten zu sich nehmen, damit die Darmtätigkeit stets in Gang gehalten wird.

Die Kohlehydratfrage
oder wieviel und welche Kohlehydrate soll der Krebskranke zu sich nehmen?

So, wie die Eiweißmast und das Übermaß an tierischem Eiweiß zur Darmfäulnis führt und das Wachstum fäulnisbildender Bakterien begünstigt, die wiederum schädliche biogene Amine freisetzen, so bedingt die überzuckerte Nahrung die Säuregärung im Darm und treibt den Stoffwechsel langsam, aber sicher in die Übersäuerungstendenz hinein, siehe auch S. 36.

Zabel ist hier klar und konsequent. Er lehnt den üblichen raffinierten und ordinären Zucker grundsätzlich ab und empfiehlt statt dessen den linksdrehenden Zucker in Form von Laeverol, Milchzucker oder Fruchtzucker. Die empfohlene Tagesmenge soll bei Laeverol 40 g nicht überschreiten.

Den Krebskranken soll man so behandeln wie einen Diabetiker!

Ich stimme ihm darin völlig zu, denn jedes überflüssige Zuckermolekül mästet den Tumor und fördert seinen Zerfall, mit der Gefahr der Metastasenausschwemmung. Erfolgreich aber kann eine Krebstherapie nur dann sein, wenn der Tumor langsam, aber sicher von den Abwehrzellen gekillt wird. Selbstverständlich ist die Kohlehydratfrage damit längst nicht erschöpft. Jedes Kohlehydrat, das wir dem Krebskranken zuführen, sollte naturbelassen sein. Eine Todsünde ist es, dem Patienten denaturiertes Getreide und die Produkte daraus und raffinierten Zucker usw. zu geben. Nur so kann man eine stoßweise Kohlehydratüberschwemmung vermeiden und den Gipfel der Zuckerkurven in engen Grenzen halten. Geradezu katastrophal wirkt sich reiner Traubenzucker als sogenannter Energiespender aus. Wer glaubt, mit Traubenzuckerlösungen den Patienten zu kräftigen, kräftigt seinen Tumor und handelt als Praktiker unverantwortlich.

Der morgendliche Nüchternblutzuckerspiegel ist ein untrüglicher prognostischer Wert für den weiteren Heilungsverlauf eines Karzinoms; wenn der Zuckerspiegel unter 100 liegt, ist die Prognose günstig.

Die biochemische Begründung, auf die vielleicht einige Kollegen nun warten, kann ich aus Platzmangel hier nicht anbringen, ich empfehle das in meinem Büchlein: „Krebszellen sind SOS-Zellen“ nachzulesen.

Ein anderes, ebenso wichtiges Moment, welches für eine weitgehendst zuckerfreie Krebsdiät spricht, ist der Schmerz! Patienten, die längere Zeit ohne Zucker ernährt werden, verlieren selbst bei drückendem Tumor ihre Schmerzen. Sie haben daher kaum ein gesteigertes Bedürfnis nach Zucker, wenn sie darüber erst einmal aufgeklärt wurden. Die Dosisanweisung für Fruchtzucker (Laevoral) lautet: Bei sehr geschwächten Patienten 30–40 Gramm Laevoral täglich, wobei die Höchstmenge pro Dosis 5 g nicht überschreiten soll. Zur Umstimmung der meist engleisten Darmflora soll der Krebskranke zusätzlich täglich drei gehäufte Teelöffel Milchzucker zugeführt bekommen.

Die Fettfrage
oder welche Fette und wieviel soll der Krebskranke zu sich nehmen?

Zabel und auch der ehemalige führende Vorstand des Heidelberger Krebsforschungszentrums, K. H. Bauer, stimmen darin überein, daß Tumorkranke mit hohem Cholesterinspiegel eine schlechte Prognose haben. Wie ich schon auf S. 19 ausführte, teilt sich das Cholesterin in ein VLDL und HDL auf, wobei das VLDL erst dann gefährlich wird, wenn der Gesamtspiegel erheblich über dem Normbereich liegt. Auch hier dürfen wir davon ausgehen, daß es vorwiegend die Spitzenwerte sind, welche dem Stoffwechsel Probleme machen und jede kurzfristige Überschwemmung durch ein Übermaß an zugeführten cholesterinhaltigen Nahrungsstoffen – besonders aus tierischen Fetten – der eigentlich schädigende Faktor ist.
Cholesterin an sich ist ein wichtiger Rohstoff und erfüllt in den erforderlichen physiologischen Mengen seine Aufgabe; wird es allerdings von außen durch tierische Fette verstärkt zugeführt, dann verkehrt es sich ins Gegenteil. Zabel forderte daher eine rein pflanzliche Fettdiät bei Krebskranken und das strikte Verbot von erhitzten Fetten. Therapeutisch wertvoll sind nur kaltgeschlagene Pflanzenöle mit einem hohen Gehalt an ungesättigten Fettsäuren. Ebenso wie bei Kohlehydraten gewinnt die Zelle aus den Fettsäuren 50% Energie in Form von ATP und baut mit dieser Energie die körperspezifischen Aminosäuresequenzen auf. Der dabei anlaufende Energiegewinnungszyklus unter Anwesenheit von Sauerstoffenzymen (Oxydasen), wird wesentlich von der Qualität der Fettsäuren und Kohlehydrate bestimmt. Daher kann man sagen, besonders die hochungesättigten Fettsäuren sind für einen reibungslosen und beschleunigten Ablauf dieser biochemischen Prozesse geeignet. Erinnert sei auch an das Strukturmaterial für Atmungsenzyme, Hormone und biogene Moleküle, welche von den ungesättigten Fettsäuren bereitgestellt werden. Man hat die ungesättigten Fettsäuren auch Zündfunken der Zellatmung genannt, wenngleich dies übertrieben und in mancher Hinsicht irreführend erscheinen mag; so kehrt es doch die hohe Bedeutung heraus. Es geht hier ja nicht allein um die Krebszelle und dem z. T. gestörten Atmungszyklus innerhalb ihres Stoffwechsels, sondern um den Gesamtorganismus und sein gestörtes Milieu. *Nur ein voll aktivierter Wirtsorganismus ist in der Lage, mit seinem Milliardenheer von Abwehrzellen, dem Krebsknoten und seinen Metastasen ein Ende zu setzen. Vergessen wir nicht: Für den inneren Arzt ist es ein leichtes, Gewebe innerhalb kürzester Zeit abzubauen; das beweist uns am eindrucks-*

vollsten die Fastenkur, warum sollte er also nicht auch dasselbe bei Krebszellen schaffen? Das ständige Angstgerede vom unheilbaren Krebs ist hausgemacht und beweist das mangelnde Vertrauen in die inneren Heilkräfte. Die Gesamttagesmenge für den Krebskranken sollte nicht unter 30 g sinken. Dabei ist zu beachten, daß nur kaltgeschlagenes, unraffiniertes Öl verwendet wird; keine Butter und keine Industriemargarine! Eine ideale Kombination ist die Quark/Öl-Speise. Sie besteht aus 50 g Magerquark, am besten Sanoghurt und einem TL Sonnenblumenöl, das aus Sonnenblumenkernen kalt gepreßt ist.
Salzborn hat die Tagesrationen bei Krebskranken bis zu 40 aufgeteilt; seine Anweisung war, alle ¼ Stunde einen Eßlöffel von der Mahlzeit. Auf diese Weise hatte er außergewöhnliche Heilerfolge und ich meine, wenn der Krebs eine Stoffwechselerkrankung ist, daß eben dann das Steuerorgan des Stoffwechsels, nämlich die *Darmflora,* das erste Organ ist, welches umgestimmt werden muß.
Zabel verweist auch mit Recht auf die oft fehlende Magensäure bei Krebspatienten. Das hat zur Folge, daß der Nahrungsbrei nicht genügend angesäuert und angedaut den Magenausgang verläßt und schließlich im unteren Darmabschnitt zu gären und zu faulen anfängt, was nicht nur die Entgiftungsleistung der Leber überfordert; sondern ebenso das ganze Darmenzymsystem in der Darmschleimhaut. Fäulnis, Übersäuerung und Dysbakterie sind die üblen Folgen, bis schließlich der Tumor in irgendeinem Körperteil manifest wird. Alle theoretischen Überlegungen zum Thema Krebs mögen zwar die eitlen Gelehrtenköpfe herausfordern; aber letztlich entscheidet der Erfolg in der Praxis und wirft somit alle Theorien über den Haufen. Ich bin felsenfest überzeugt, daß ein vergifteter Darm und falsche Eß- und Trinkgewohnheiten zumindest eine der Hauptursachen sind. Freilich sollte man tiefer gehen, z. B. welche seelischen Einflüsse bedingen Ernährungsfehler? Wir werden dieser Frage am Ende des Buches nachgehen.

Rezepte für den Krebskranken

Entnehmen Sie diese bitte aus folgenden Wochenplänen:
Wochenplan: Toprezepte für eine Sieben-Tages-Vollwertkost S. 186 / Erkältungsrezepte S. 242 / Siebenmal Rohkostteller S. 171 / Sieben Tage vitalstoffreiche Vollwertkost für den Diabetiker S. 228
Im übrigen empfehle ich die alkalisierenden Lebensmittel!

Fleisch, weniger ist mehr

Wie kommt es eigentlich, daß der Mensch vom Früchte- und Körneresser zum Fleischkonsumenten wurde? Ist es das Machwerk cleverer Geschäftemacher, die mit Werbesprüchen wie – „Fleisch ist ein Stück Lebenskraft" – das kritiklose Unbewußte ansprechen, oder ein trieb- und dranghafter Gierinstinkt nach dem Genuß des gebratenen Fleischaromas? Freilich – mit ein bißchen Phantasie erkennt jeder, daß das Jäger- und Wanderdasein unserer Urväter zwingend vom Fleischgenuß abhängig war, erst mit dem Seßhaftwerden und der mühsameren Felderbewirtschaftung änderte sich das. In Hungerszeiten – wenn Dürreperioden oder Überschwemmungen die Ernten vernichteten – mußten unsere Vorfahren ihre Haustiere schlachten, um sich über Wasser zu halten. Hier war das Fleisch

nur Notkost und es war eine bittere; denn wer schlachtete schon seine geschätzten Haustiere, die doch als Zug-, Nutz- oder Lasttiere andere Aufgaben zu erfüllen hatten.
Der niedrige Fleischverbrauch von 18 kg pro Kopf im Jahre 1810 steigerte sich mit Unterbrechungen bis 1984 auf 92 kg. Statistisch gesehen verkonsumiert jeder Bundesbürger pro Tag 250 g Fleischwaren. Jährlich werden in der BRD etwas über fünf Millionen Tonnen Fleisch verbraucht, mit dem traumhaften Verkaufserlös von 15 Milliarden DM. Ein fetter finanzieller Brocken also, den auch der Staatssäckel nicht missen möchte, egal ob dies langfristig nun wirtschaftlich rentabel ist oder nicht. Daß bei der Erzeugung einer Fleischkalorie durchschnittlich ca. acht pflanzliche Kalorien geopfert werden müssen, geht dabei völlig unter, und besonders deutlich wird das krasse Mißverhältnis zwischen Aufwand und Gewinn, wenn man sich die negativen Energiebilanzen ansieht. Danach ist der Energieeinsatz der Rinderzucht mit Grasweiden 4mal höher als der tatsächliche Energiegewinn aus dem erzeugten Fleisch. Bei der industriellen Geflügelzucht ist der Energieverlust 7½mal so hoch und völlig unrentabel, und absurd ist er bei der industriellen Rinder- und Schweinezucht, hier liegt der Energieverlust gleich 8mal so hoch. Unter Welternährungsgesichtspunkten und unter Berücksichtigung der erheblich angestiegenen Energiekosten, ist die konventionelle Fleischproduktion energieverschwendend und nur Geschäftemacherei; sie ist angesichts moderner Kalkulationshochrechnungen antiquiert und angesichts der auf uns zukommenden Welternährungsprobleme unverantwortlich. In einem Forschungsbericht der Max-Planck-Gesellschaft für Ernährungsphysiologie, kommt man zu dem Resümee, daß der Wissensstand über die biologische Wertigkeit der Muskelproteine noch recht lückenhaft ist und nicht genau definiert werden kann. Die Behauptung also, daß nur Fleisch in ausreichender Menge alle essentiellen Aminosäuren besitzt, ist pure Annahme und kann sich nicht auf fundierte wissenschaftliche Grundlagenforschung stützen. Reine oder überwiegende Fleischkost ist eine Eiweißmast, siehe S. 29. Prof. Gänsslen und insbesondere Prof. Wendt konnten nachweisen, daß die Fleischeiweiße sich in den Basalmembranen der feinen Haargefäße der Blutendstrombahnen ablagern und wie Eiweißspeicher funktionieren. Die eigentliche Katastrophe – die sich dabei abspielt – ist die Verstopfung der endothelialen Austrittspforten für die Nähr- und Wirkstoffe und der sich anschließende Stau von Nähr- und Schlackenstoffen, sowohl zur Zelle – wie auch von der Zelle zum Blutgefäß (Transitstrecke). Besonders die schleimigen Mukopolysaccharide des Schweinefleisches verkleistern die Haargefäße und führen zu schwerwiegenden ödematösen Gewebsaufquellungen – sogenannte Bindegewebskissen. Damit die Gewebsernährung gesichert ist, setzt der innere Arzt den Blutdruck herauf und steigert die Herzschlagfolge. Das aber ist bereits die Einläutung zum Circulus vitiosus, denn mit dem Blutdruck erhöht sich die Gefäßwandspannung und damit die Gefahr der Sklerose, also der Gefäßverhärtung. Daß erhöhter Fleischkonsum latente Harnsäuredisposition weckt, zu Blinddarmreizungen, Steinbildungen, Schilddrüsenüberfunktion, Hautausschlägen – insbesondere Schuppenflechte – und vor allem zur Darmfäulnis wesentlich beiträgt – darauf wurde in diesem Buch an anderen Stellen mehrfach hingewiesen.

Die Argumente, daß es ohne Fleisch nicht geht, werden in den kommenden Jahren, wenn wir uns der 6-Milliarden-Grenze nähern, verblassen und schnell vergessen sein.

Auch ohne Schwein schmeckt's fein

Aus den obigen Ausführungen dürfte hinreichend klar geworden sein, daß Fleisch bestenfalls eine Notkost sein kann. Das in manchen Ländern sehr beliebte Schweinefleisch gehört zu den unreinsten Fleischsorten überhaupt. Das Schweinefleisch wurde z. B. von den Gründern unserer Hochreligionen als unrein verboten. Moses hat es im 3. Buch 11/7 ausdrücklich untersagt, und Mohammed schreibt dieses Verbot in der 16. Sure fest, ganz zu schweigen von den vegetarisch lebenden Brahmanen und Buddhisten. „Unreines macht krank und siech", war die Hauptbegründung, und heute sind wir in der Lage, wissenschaftliche Anhaltspunkte aus der Biochemie ins Feld zu führen, die uns den Verzicht auf das so wohlschmekkende Schweinefleisch erleichtern.
Experimentell konnte Dr. H. H. Reckeweg nachweisen, daß an weißen Mäusen verfüttertes Schweinefleisch zu Kannibalismus führt und die Krebsanfälligkeit der Haut steigert. Boxerhunde reagieren auf Schweinefleisch besonders allergisch, sie bekommen davon juckende Hautausschläge und die Hunderäude. Ähnliche Beobachtungen machte man in zoologischen Tiergärten bei Großkatzen, z. B. Löwen und Tigern, die durch Schweinefleisch schnell verfetten und daraus verschiedene Folgeerkrankungen entwickeln. Forellenzüchter meiden die Fütterung mit Schweinefleisch, da es schon öfters vorkam, daß nach Fütterungsgaben die ganze Zucht binnen weniger Tage verendete. Experimentell läßt sich durch überwiegenden Schweinefleischgenuß eine Furunkulose, Hautjucken und Pickelbildungen auslösen, die nach Absetzen des Schweinefleisches wieder verschwinden.

Gibt es für diese Phänomene eine biochemische Erklärung, die auf wissenschaftlicher Grundlage steht?

Die Minderwertigkeit des Schweinefleisches ist auf seinen hohen Bindegewebsanteil zurückzuführen. Dieses lockere Bindegewebe macht es weich, saftig und leichter verdaulich, daher seine Beliebtheit. So läßt sich nur in Verbindung mit Schweinefleisch eine streichfähige Wurst herstellen, da die Stoffe für eine natürliche, schleimige Aufquellung sorgen. Diese biochemische Reaktion wird von der Chondroitin- und Mukoitinschwefelsäure bewirkt, die zusammen mit noch anderen Stoffen, viel Wasser an sich binden können. Gelangen nun diese Schwefelverbindungen in das menschliche Bindegewebe, so vollzieht sich der gleiche Vorgang: Alle Organe mit hohem Bindegewebsanteil, z. B. Haut, Knorpel, Gelenke, Muskeln und Sehnen, werden weicher und verlieren ihre Straffheit. Bei den Ab- und Umbauprozessen werden die überschüssigen Schwefelverbindungen teilweise in Schwefelwasserstoff abgebaut und gelangen so ins Blut. Der penetrante Gestank des Schwefelwasserstoffes ist jedem bekannt. Zu den weiteren Belastungsstoffen des Schweinefleisches zählt die hohe Histaminkonzentration. Histamin ist ein Gewebshormon, das bei allergischen Reaktionen und Gewebszerstörungen freigesetzt wird und die Erweiterung der kleinen Blutgefäße (Kapillaren) sowie eine Blutdrucksenkung bei gleichzeitiger Stimulierung der Magensekretion (Salzsäure) bewirkt. Mit erhöhten Histamingaben kann man experimentell ein Magengeschwür auslösen. Die zu hohe Histaminkonzentration sensibilisiert für eine ganze Reihe von Allergenen, schwemmt das Bindegewebe auf und steigert die Entzündungsbereitschaft. Allergiker, die Schweinefleisch essen, können selbst mit den besten Mitteln nicht geheilt werden. Das dritte große Übel am Schweinefleisch sind die erheblichen Mengen an Sexual- und Wachstumshormonen.

Bekanntlich müssen Eber schon Monate vor der Schlachtung kastriert werden (Hodenexstirpation), weil sonst das Fleisch „souchelt", wie der Metzger sagt. Es würde also zu sehr nach diesen penetranten Hormonen riechen. Es ist nicht abwegig anzunehmen, daß die stabilen Hormonmoleküle auch im menschlichen Organismus fortwirken, im Sinne einer gesteigerten sexuellen Erregbarkeit und niedere Triebwünsche wecken, die wesensfremd sind. Die tierquälerische Massentierhaltung in engen Eisenboxen und weißgefliesten neonerleuchteten Ställen, hat uns zwar ein Riesenangebot an Fleischwaren gebracht – aber was für eine Qualität?

Die wachstumsfördernden und arzneilichen Futtermittelzusätze: z. B. Antibiotika, Östrogenhormone, Thyreostatica (Schilddrüsenhemmer) und Psychopharmaka, wurden bei 14% der Rückstandsproben im Schweinefleisch entdeckt. Für den Verbraucher heißt das, daß er mit dem Schweineschnitzel und Kotelett auch Arzneimittelchemie aufnimmt, die vor allem dann zu einer Gefahr wird, wenn das Schwein zum Lieblingsfleisch gehört. Die chemischen Masttierhilfen aus den großindustriellen Labors und die künstliche, unnatürliche Stallhaltung hat es mit sich gebracht, daß die Fleischqualität auf der Strecke blieb. Wenn Sie z. B. ein Schweineschnitzel in der Bratpfanne brutzeln lassen und es durch den hohen Wassergehalt ca. 50% seines Gewichtes verliert, ohne braun und weich zu werden, obendrein fade schmeckt, dann haben Sie ein PSE-Fleisch erwischt, d. h. ein pal = blaß, soft = weich und exudate = exudativ (wäßrig). 1981 hat die Bundesanstalt für Fleischforschung am Münchner Schlachthof einen umfassenden PSE-Test durchgeführt und festgestellt, daß von 546 untersuchten Schweinen 38,8% die minderwertige PSE-Qualität aufwiesen. In Kulmbach wurde bei einer ähnlichen Untersuchung sogar 50% mit einer PSE-Qualität ermittelt.

Man kauft also für viel Geld minderwertige Qualität und riskiert durch züchterisch verursachte, chemische Rückstände seine Gesundheit. Da kann ich zum Schluß nur noch fragen: *Wer hat das Schwein eigentlich zur Sau gemacht?*

Genußmittel

„Dem Ochsen gibt das Wasser Kraft, / den Männern Bier und Rebensaft.
Drum Brüder, trinket Bier und Wein, / Wer möchte wohl ein Rindvieh sein."

Bier in Maßen ist eine Medizin

Das ist einer der alten Lobsprüche auf Bier und Wein, wobei anzufügen wäre:
„Drum Brüder, trinket Bier und Wein, / zuviel des Guten lasset sein."
Diodor, der griechische Geschichtsschreiber im 1. Jahrhundert v. Chr., berichtete

über einen ägyptischen Gerstensaft, den man Zythum nannte und der an Annehmlichkeit der Farbe und des Geschmacks dem Wein wenig nachstand. Der Gersten- und Weizensaft gehörte zu den frühesten Kulturgetränken und soll von den Summerern entdeckt worden sein. Die Summerer kannten auch das Speltbier, dem etwas Honig beigefügt wurde und für die Damen bestimmt war. Von den Summerern übernahmen die Babylonier die edle Braukunst. Rund 40% der jährlichen Getreideernten sollen die Sudkessel verschlungen haben. Es gab 20 Biersorten, und mitten auf dem Stadtmarkt zu Babylon gemahnte eine Gesetzessäule die Biertrinker zu mäßigem Genuß und sittlichem Verhalten.
Die Griechen stellten das starke Zythosbier her und Sklaven, wie Philosophen vom Format eines Aristoteles, lobten seine beruhigende bzw. sedierende Wirkung. Unsere germanischen Väter brauten neben dem Honigmet Biere aus Gerste und Weizen, die sie nicht selten zu wilden Gelagen anregten.
Bier aus den deutschen Brauereien wird aus Hopfen, Gerste, Hefe und Wasser gewonnen und gehört noch immer zu den naturreinsten Getränken. Die Bierhefe – z. B. von der „Schneiderweißen" – enthält einen hohen Vitamin-B-Gehalt. Eine halbe Hefeweißbier deckt den täglichen Vitamin-B-Bedarf ab, und die aus dem Malz z. T. unvergorenen Extraktionsstoffe, wie Zucker, Dextrine, Eiweiß, Mineralstoffe, Melanoidrine, Glycerin und organische Säuren, sind wertvolle Ergänzungsstoffe im täglichen Stoffwechselbedarf. Von den Spurenelementen sind der Molybdän- und Fluorgehalt (siehe S. 60) bemerkenswert, und besonders beim obergärigen Bier, wozu das Weizen- und Gerstenbier zählt, kann der relativ hohe Gehalt von 0,3% Milchsäure ein nützlicher Darmreiniger sein. Da zur Herstellung der Bierstammwürze heute überwiegend Hopfenextrakt verwendet wird und im Hopfen östrogenartige Pflanzenhormone in beachtenswerten Konzentrationen vorhanden sind, kann Bier für Frauen mit unregelmäßiger oder mangelhafter Unterleibsfunktion (Hypomenorrhoe, Dysmenorrhoe) und während klimakterischer Phasen ein nützliches Getränk sein. Starkbiere haben in der Regel den höchsten Stammwürzegehalt, allerdings auch Alkoholmengen bis zu 6,5%. Schon immer war das Bier ein wertvolles Nierendurchblutungsmittel. Bier wirkt stark harntreibend und spült die Nieren durch. Medizinisch kann es als kräftiges Diuretikum bezeichnet werden und als Mittel zur Ausspülung kleiner Nierensteine nützlich sein. Die Nachteile des Bieres sind allen bekannt. An dem steigenden Bierausstoß der Brauereien und dem zunehmenden Alkoholismus in den Industrienationen wird der Mißbrauch deutlich. Bier gilt als Beruhigungsgetränk, ist aber in dieser Menge tatsächlich ein Betäubungsmittel. Man sollte sich darüber im klaren sein, daß nicht das Bier an dieser Entwicklung schuld trägt, sondern die Menschen, die es zu dem mißbrauchen, wo es statt heilsam, giftig wirkt.

Kaffee im Kreuzfeuer der Kritik
In einem naturheilkundlichen Ernährungsbrevier darf die Besprechung des Kaffees nicht fehlen, denn auch der Kaffee ist ein Naturprodukt – wenn auch umstritten.
Der Kaffee wurde wohl zuerst in Äthiopien getrunken und kam zwischen dem 13. und 15. Jahrhundert nach Arabien, wo er vermutlich über Pilger seine schnelle

Ausbreitung in die gesamte islamische Welt fand. Als die Türken 1529 vergeblich Wien belagerten, übernahmen die Wiener von ihnen den Brauch des Kaffeetrinkens und führten damit den Kaffeegenuß in das Abendland ein. Kein geringerer als Johann Wolfgang von Goethe gehörte zu den regelmäßigen Kaffeetrinkern, seiner Initiative ist es auch zu verdanken, daß 1820 einer seiner Freunde die Isolierung des Koffeins gelang – einer der Hauptwirkstoffe der gerösteten Kaffeebohne. Kaffeetrinken war vom 16. bis 19. Jahrhundert auf vornehme Kreise beschränkt. Es gab aber in der Zeit der Restauration, von 1815 bis 1850, behördliche Verbote des Kaffeeausschankes, weil man befürchtete, daß die angeregten Politdiskussionen in den stark besuchten Kaffeehäusern eine Promoterfunktion für Revolten und reaktionäre Umtriebe haben könnten. Nun, heute dürfte dies endgültig der Vergangenheit angehören, denn Kaffee ist für den Staat zu einer wichtigen Einnahmequelle geworden; auch vom medizinischen Standpunkt sind – nach Abwägen aller Vor- und Nachteile – keine größeren Bedenken zu erheben.
Bis heute hat man im Kaffee 700 chemische Verbindungen gefunden, davon allein 500 im Röstaroma. Etwa 65% der wasserlöslichen Röstsubstanzen konnten näher analysiert und identifiziert werden, der Rest bleibt noch immer ein Geheimnis.
Von den Vitaminen ist nur das Niacin (Nikotinsäure) (siehe S. 75) von Bedeutung. Rein rechnerisch kann mit 1 Tasse Kaffee 10% des Tagesbedarfs gedeckt werden. An anorganischen, lebenswichtigen Mineralstoffen enthält Kaffee beachtliche Mengen an Kalium, Calcium, Magnesium, Phosphor und Schwefel.
Die arzneilich wirksamen Stoffe im Kaffee sind allerdings das Koffein, das Theophyllin und das mildere Theobromin.
Mit einer Tasse Kaffee nimmt man etwa 0,1 g Koffein auf. Wie wirkt nun dieser Purinabkömmling im Organismus, ab welcher Dosis ist er schädlich, und läßt sich der Kaffeegenuß mit naturheilkundlichen Prinzipien vereinbaren?
Schon nach einer ½ Tasse Kaffee steigert der Koffeineffekt die Rechengeschwindigkeit und Denkabläufe in der Großhirnrinde. Erhöht man die Dosis bis 0,3 g, das entspricht 3 Tassen Kaffee, dann nimmt die Großhirnleistung nochmals um 15% zu. Bei Überschreiten von drei Tassen verkehrt sich dieser Effekt jedoch ins Gegenteil, es stellen sich vermehrt Fehler ein, es kommt zu erhöhter Reizbarkeit, Schusseligkeit und oberflächlichem Gedankenwirrwarr; wohl als Folge von Vergiftungserscheinungen. Die toxisch tödliche Dosis des Koffeins liegt bei 10 g, das entspricht ca. 100 Tassen Kaffee nacheinander getrunken. Dem Koffein wird ein spezieller Herz-Kreislaufeffekt zugeschrieben. Tatsache ist allerdings, daß der Blutdruck unverändert bleibt, lediglich die Blutverteilung ändert sich. Es kommt zu einer Verengung der Bauchgefäße und zu einer Erweiterung der Hirngefäße, gleichzeitig hat es einen positiv inotropen Effekt auf die Herzmuskulatur. Die hohe diuretische Wirkung des Koffeins erklärt sich aus der gesteigerten Nierendurchblutung und der Hemmung der Kochsalzrückresorption. Die biochemische Forschung hat in den letzten Jahren einige Fragen aufgeklärt. Danach verhält sich Koffein zum Adrenalin und Noradrenalin synergistisch, d.h. der Aufbau des Nukleotid 3,5-AMP aus ATP, welcher von den beiden adrenergen Hormonen beschleunigt wird, wird von Koffein in seiner Wirkung verlängert, indem es den Abbau hemmt. Es zeigt sich also ein verstärkter Sympathikuseffekt. Die Zunahme

der Konzentration von 3,5-AMP in den Nervenzellen steigert den Zuckerumsatz und die Verbrennung von Fetten. Auch soll das Koffein erregend auf die Muskelzellmembranen sein, da es die dämpfende Calciumwirkung blockiert.
Die schädlichen Nebenwirkungen des Koffeins sieht man vor allem in der Sucht (Kaffeehaussucht), möglicherweise ist es die Koffein-Euphorie, die zur Abhängigkeit führt. In Bakterientesten konnte eine mutagene (erbschädigende) Wirkung des Koffeins nachgewiesen werden. Vereinzelte statistische Häufigkeitsmeldungen, die jedoch noch nicht ausreichend verifiziert sind, sehen einen Zusammenhang zwischen häufigem Kaffeegenuß und Tumorbildungen der Eierstöcke, der Prostata und der Bauchspeicheldrüse. Anhaltspunkte sieht man auch darin, daß bei bestimmten religiösen Gruppen, z.B. Adventisten und Hutterern, denen der Genuß von berauschenden Getränken wie Alkohol und Kaffee untersagt ist, die Krebshäufigkeit statistisch auffallend niedriger liegt. Französische Wissenschaftler ermittelten in einer Studie, daß Koffein auf Mäuse einen schwachen, uneinheitlichen teratogenen (keimschädigenden) Effekt habe, ferner wird in einer 1978 veröffentlichten Erklärung festgestellt, daß die Dosis von acht Tassen Kaffee in der Schwangerschaft, verbunden seien mit dem erhöhten Auftreten von angeborenen Mißbildungen. Da kann ich nur sagen, wer 8 Tassen Kaffee täglich während der Schwangerschaft trinkt, ist süchtig und macht sich an der Leibesfrucht eines Verbrechens schuldig. Kaffee ist während der Schwangerschaft abzulehnen, da genügend Anhaltspunkte für eine keimschädigende Wirkung vorliegen. Koffein stimuliert bereits in geringen Mengen die Insulin- und Gallenabsonderung, es fördert die Darmbewegung und damit den Stuhlgang. Nachteilig ist jedoch die säurelockende Wirkung auf die Magenschleimhaut; infolge der vermehrten Gastrinfreisetzung ist eine Aktivierung von Magengeschwüren möglich. Außerdem zeigt die Erfahrung, daß gallenempfindliche Patienten offenbar die Röststoffe nicht vertragen und auf Kaffeegenuß mit Gallenblasenschmerzen reagieren. Nicht verschwiegen werden soll die calciumfreisetzende Wirkung des Koffeins auf das Knochengewebe. Einfach gesagt: Koffein in größeren regelmäßigen Dosen entkalkt bzw. demineralisiert das Knochengewebe. Die fatale Folge ist die typische Altersosteoporose und damit die häufige Bruchbereitschaft. Wenn wir die weitverbreitete Osteoporose auf ihren Entstehungsmodus hin analysieren, dann dürfen wir annehmen, daß der übertriebene Kaffeegenuß mindestens 1 Risikofaktor ist. Aus all diesen mehr oder weniger fundierten Anhaltspunkten geht zumindest hervor, daß täglich mehr als zwei Tassen nicht gesundheitsförderlich sind. 15% der deutschen Bundesbürger trinken aber mehr als fünf Tassen pro Tag, was einer Koffeinaufnahme von 0,5 g entspricht und bereits im Bereich der toxischen Dosis liegt. Wesentlich besser verträglich ist das Koffein des Tees, welches im Gegensatz zum Kaffee an Gerbsäuren gebunden ist und daher nur sehr langsam vom Darm resorbiert werden kann. Außerdem hält die Wirkung des Teekoffeins viel länger an.

Koffeinfreier Kaffee?
Einen wirklich koffeinfreien Kaffee gibt es nicht, lediglich einen koffeinarmen Kaffee. Bei der Entkoffeinierung verbleiben von den 1,2 bis 2% Koffeingehalt

immerhin noch 0,036–0,06% Koffein, zudem enthält der koffeinarme Kaffee eine Reihe von erlaubten Zusatzstoffen, die bis zu 0,5% Volumenanteil betragen. Man sollte auch wissen, je mehr ein Lebens- oder Genußmittel einem Bearbeitungsprozeß ausgesetzt wird, desto mehr nimmt es gewollt oder ungewollt Chemie auf, und das ist wieder entgegen dem Grundsatz: „Laßt unsere Lebensmittel so natürlich wie möglich.“

V. KAPITEL

Zum Thema Chemie im Kochtopf

Je höher die Handelsklasse desto mehr Spritzgifte
Zurück zu einer dezentralen Mischwirtschaft
Die natürliche und chemische Konservierung von Lebensmitteln
Die großindustrielle chemische Konservierung
Konservierungsstoffe
Die Zusatzstoffe
Kleiner Exkurs in die Dosenküche
Resümee
Alternative Lebensmittel unter der Lupe
Ein neues Umweltbewußtsein?
Anmerkungen zur Psyche und Ernährung

Je höher die Handelsklasse, desto mehr Spritzgifte

Ein naturheilkundliches Ernährungsbrevier wäre unvollständig, würde es das heikle Thema über die chemische Behandlung und Konservierung unserer Lebensmittel übergehen oder ausklammern. Es kann aber nicht Sinn und Zweck sein, alle erdenklichen Gefahren aufzuzeigen, die von den Hunderten behördlich erlaubten Zusatzstoffen ausgehen. Eine kleine Übersicht und einige machtpolitische und merkantile Hintergründe, sollen jedoch den Blick für die Situation schärfen und zur sachlichen Abwägung des Für und Wider beitragen.

Noch im 17. Jahrhundert, als eine überwiegende Agrarstruktur in einer feudalen Ständeherrschaft die weitgehendste Selbstversorgung garantierte, war das Problem der Konservierung nur auf höfische Feinschmeckerkreise der Aristokratie beschränkt. Erst die starke Industrialisierung und Bevölkerungszunahme in den Städten hat es mit sich gebracht, daß Lebensmittelbeschaffung, Vorratshaltung und neue indirekte Verteilungswege über große Entfernungen, wirtschaftliche und effizientere Möglichkeiten erschlossen werden mußten, um den zunehmenden Problemen gewachsen zu sein. Auch der weltweite Warenaustausch über große Entfernungen hat wesentlich dazu beigetragen, die chemischen Möglichkeiten der Konservierung voll auszuschöpfen.

Man muß mit einem gewissen Widerwillen zugeben, daß es ohne Konservierung nicht geht, und es geht auch nicht mehr ohne industrielle Massenproduktion von Lebensmitteln, leider muß man sagen; denn wir nähern uns der Schallgrenze von 6 Milliarden Menschen auf diesem Planeten, und wie soll es da noch ohne industriell hergestellte Nahrungsmittel satte Menschen geben? Das Problem liegt aber nicht nur in der Frage, ob ein Nahrungsmittel über dem Fließband zu uns gelangt oder über den Gemüsehändler auf dem Marktplatz; sondern welche Qualitätskriterien für die Einschätzung unserer Nahrungsmittel festgelegt werden. Die Festlegung der Handelsklassen zeigen dies am deutlichsten. Lebensmittel in Europa und den USA werden zuvorderst nach ihrem Aussehen eingestuft, weil, so muß man feststellen, der Kunde mit dem Auge kauft. Der Handelsklasse I entsprechen die schönsten Obstsorten und Gemüse, je weiter die Handelsklassen absinken, desto unförmiger, fleckiger und unregelmäßiger ist das entsprechend eingestufte Obst und Gemüse. Diese verkehrte Qualitätsbestimmung hat aber dazu geführt, daß die wohlgeratenen, gutaussehenden Nahrungsprodukte aus der Landwirtschaft am schärfsten dem chemischen Sprühregen ausgesetzt sind; denn nur das bleibt frei von biologischen Wechselwirkungen, was chemisch massiv abgeschirmt ist. Handelsqualität ist, so wie sie zur Zeit gehandhabt wird, kein Qualitätsnachweis; man kann eher das Gegenteil postulieren: Alles, was herrlich fleckenlos glänzt und in ansprechenden Farben schimmert, ist chemisch behandelt und hat nur selten die entsprechende biologische Wertigkeit. Daher muß die Forderung lauten: Weg von den falschen Handelsklassen zu einer Neufestlegung der Qualitätskriterien.

Nahrungsmittel sind Lebensmittel, sie sollen zugleich Heil- und Genußmittel sein, denn was kann man sich Besseres wünschen als ein giftfreies, wohlschmeckendes Heilmittel, das wir ohne Bedenken täglich zu uns nehmen können?

Das Hauptkriterium ist die Lebensqualität – die biologische Wertigkeit, wobei es nicht so sehr auf die Vollständigkeit von bekannten biochemischen Bau- und Nährstoffen ankommt, als vielmehr auf rückstandsfreies Fruchtfleisch und biologisch-dynamische Aufzucht. Der Faktor Nährboden ist der Wichtigste, denn nur auf guten, giftfreien Nährböden kann eine gesunde Frucht wachsen. Inwieweit sich das zukünftig noch verwirklichen läßt, angesichts des industriellen Flugstaubes und der Bodenkontamination mit Schwermetallen, hängt von dem konsequenten Vollzug vernünftiger Umweltgesetze ab und dem geschärften Umweltbewußsein unserer Bürger.

Die Chemie in der Landwirtschaft und im Obstbau ist also vorrangig, nur für Schönheit und Höchsterträge nützlich, daß dies aber nur mit Höchstmengen an Herbiziden, Fungiziden und Insektiziden geht, ist klar. Die relative Zunahme der von 1971–1979 versprühten Herbizide in der BRD betrug sage und schreibe 79%, bei Fungiziden waren es 47%, Insektizide steigerten sich um 34% und die übrigen um 59%. Das ergibt eine Gesamtsteigerung von 62%. So der Jahresbericht des Industrieverbandes der Pflanzenschutzmittel.

Man rechnet z. B. im Obstbau, namentlich in der Apfelkultur, pro Hektar mit ca. 1000,- DM für Spritzmittel. Das macht bei 10 Hektar 10000,- DM allein für die chemische, hochgiftige Behandlung der Apfelbäume.

Daß die Kosten letztlich dem Käufer aufgebürdet werden, ist eigentlich logisch; gewissermaßen verzehrt der Käufer einen teuren, mit chemischen Rückständen durchsetzten Apfel. Zwar überschreiten die Rückstände in nur wenigen Fällen die Höchstgrenze, aber wie aus den Erhebungen der chemischen Landesuntersuchungsanstalt in Karlsruhe hervorgeht, waren im Jahre 1978 immerhin 46% aller Inlandsproben mit noch zulässigen Rückstandsmengen behaftet.

Nicht berücksichtigt ist bei diesen Angaben das Importobst, welches wegen der toleranteren Anwendungsbeschränkung – wohl aus handelspolitischen Gründen – wesentlich intensiver gespritzt wird und lediglich eine bestimmte Höchstmenge nicht überschreiten darf.

Wie konnte es aber zu dieser chemischen Abhängigkeit kommen, die noch dadurch kompliziert wird, daß in den letzten Jahren eine beängstigende Resistenzsteigerung der Schädlinge zu beobachten ist?

In dem von 1968 in der EG veröffentlichten Manshold-Plan wollte man in der Landwirtschaft einen Gesundschrumpfungsprozeß durch Produktkonzentration erreichen. Jeder Hof sollte sich auf möglichst wenig landwirtschaftliche Produkte spezialisieren, damit ein optimaler Arbeitseinsatz auf dem Bauernhof möglich würde.

Zentralisierung war in dem Plan ein anderes Zauberwort, welches wir in der kommunistischen Planmißwirtschaft zur Genüge kennen. Für die Mastviehwirtschaft z. B. bestimmte man riesige Leitgrößen, die eine hohe Wirtschaftlichkeit versprachen; etwa ab 450–600 Tiere für die Schweinemast, 10000 Legehennen und Masthennen für Eiererzeugung und Geflügelmast. Für die Getreide- und Hackfruchterzeugung empfahl man 80–120 ha und für die Milchproduktion mindestens 40–60 Kühe, nach oben hin waren keinerlei Grenzen gesetzt.

Daß bei solchen bürokratischen Richtlinien die mittelständischen Betriebe mit

geringem Vieh- und Flächenbestand auf der Strecke bleiben mußten, zeigte sich dann bald in der weiteren Entwicklung. Von 1960 bis 1976 ging die Zahl der landwirtschaftl. Betriebe um 46% zurück; und der Schwund geht kontinuierlich weiter. Die einseitige Spezialisierung auf wenige landwirtschaftliche Produkte hatte aber zur Folge, daß nur noch Monokulturen auf großen Flächen angebaut wurden; die natürlich, wie nicht anders zu erwarten, wegen des Aufkommens von aggressiven Schädlingen intensiv chemisch bearbeitet werden mußten. Nicht viel anders erging es den Großmästereien. Die Tiere wurden aus rationalen Überlegungen in engen Ställen gehalten und mit chemischen Zusätzen im „Kraftfutter" zu dem berühmten Schnitzel gemästet, das in der Bratpfanne auf die Hälfte schrumpft und obendrein noch nach Fischmehl schmeckt. Verlangt die einseitige, flächenintensive Felderwirtschaft den Einsatz gewaltiger Mengen an Pflanzenschutzmitteln, so die Mästereien und Legehühnerbatterien erhebliche Futtermittelzusätze aus der Chemie und häufig auch aus der Pharmakologie.
Ohne die Chemieindustrie wäre diese einseitige Entwicklung in der Landwirtschaft undenkbar gewesen. Jetzt, wo der Manshold-Plan z. T. realisiert ist, gibt es für die Landwirte kein Zurück mehr, sie müssen, da sie sich für eine einseitige Bewirtschaftung eingerichtet haben, mit der Chemie gemeinsame Sache machen – ungeachtet der Folgen.

Zurück zu einer dezentralen Mischwirtschaft!
Die Nachteile einer spezialisierten Landwirtschaft liegen klar auf der Hand: Zuviel Einsatz von Spritzmitteln, Überdüngung des Bodens, hohe Kosten für Fremdenergien (Schädlingsbekämpfungsmittel, synthetische Dünge- und Futtermittel), dadurch zwar hohe Ernte- und Fleischerträge, aber auf Kosten der biologischen Qualität (Vitamin- und Mineralstoffverarmung), verminderte Krankheits- und Schädlingsresistenz. Eine der gefährlichsten Zeitbomben der einseitigen Bewirtschaftung ist jedoch der sich jetzt abzeichnende dramatische Artenschwund, sowohl bei Pflanzen wie auch bei Tieren; und die zunehmende Verschlechterung der Trinkwasserqualität, durch stete aus der Überdüngung zunehmende Nitratkonzentration. Die Nitratbelastung ist in manchen Gebieten schon so weit vorangeschritten, daß das Leitungswasser zeitweise nicht genießbar war und stillgelegt werden mußte. Nitrat hat nachgewiesen eine krebserregende Wirkung, und zwar schon in geringen Dosen.
Die Vorteile der Mischwirtschaft auf kleinen Bauernhöfen stehen dem gegenüber: Weniger Einsatz bzw. sparsamer Verbrauch chemischer Fremdenergie von Spritz- und Düngemitteln, dadurch zwar weniger Fleisch- und Ernteerträge, aber dafür hochwertige, biologische Produkte, die gegen Krankheitserreger und Schädlinge wesentlich resistenter sind: weniger Schädlinge, weniger kranke Zuchttiere, infolge der vielseitigeren natürlichen Anbauweise und Stallhaltung. Gesündere Bodenbearbeitung, weniger Nitratbelastung des Grundwassers. Intaktes ökologisches Umfeld, in der die natürlichen Feinde für Insekten und Schädlinge erhalten bleiben. Die Mischwirtschaft ist zwar arbeitsintensiver, aber auch vielseitiger; sie macht mehr Freude. Der wirtschaftliche Hauptpluspunkt ist wohl der wesentlich geringere finanzielle Aufwand für Spritz- und Düngemittel sowie Futtermittel.

Wiegt man beide gegeneinander ab, dann muß man aus der ganzheitlichen Sichtweise, der Mischwirtschaft den absoluten Vorrang einräumen. Das Thema Zentralisierung ist für mich längst abgehakt, denn jede Zentralisierung ist Verlust an Vielfalt und Leben und stirbt an seiner eigenen Verödung.

Die natürliche und chemische Konservierung von Lebensmitteln

Seit frühester Zeit, seit Menschen auf Nahrungssuche waren, gab es mehr oder weniger erfolgreiche Versuche, Lebensmittel zum Zwecke der Vorratshaltung haltbar zu machen und gegen Zersetzung und Verfall zu schützen. Es war der Kampf gegen Fäulniserreger, Schimmelpilze und zersetzende Mikroorganismen; gegen aggressive Enzyme sowie Luft- und Lichteinwirkung und gegen räuberische Parasiten.

Räuchern
Zu den ältesten natürlichen Verfahren zählte das Räuchern. Diese primitive Methode wurde schon in Steinzeithöhlen versucht und wird heute nur noch auf Bauernhöfen und Fischerhütten mit Selbstversorgermentalität praktiziert. Meist werden Fische und Schweineschinken geräuchert und für mehrere Wochen in den Kamin gehangt. Die keimtötende Wirkung des schwarzen Rauches kann noch dadurch verstärkt werden, daß man das Fleisch mit einer Salzlösung einreibt. Je wärmer oder heißer der Rauch, desto kürzer ist auch die Räucherzeit. Bei kaltem Rauch, hoch im Kamin, muß das Gehänge mindestens mehrere Monate verbleiben, will man eine optimale Konservierung erreichen. Es entbehrte des natürlichen Menschenverstandes, wollte man hier von einer gesunden Konservierungsmethode sprechen. Jedem muß einleuchten, warum im geräucherten Schinken kein Mikroorganismus mehr existieren kann und auch Fleischparasiten keine Überlebenschance haben. Die im teerhaltigen Rauch anwesenden giftigen Stoffe durchdringen das ganze Fleisch und gelangen schließlich in jede Muskelritze, in jeden Gewebespalt. Was sie dort hinterlassen, sind schlicht und einfach gesagt „Krebsstoffe", einer von ihnen, mit dem chemischen Namen Benzpyren, ist ein polyzyklischer aromatischer Kohlenwasserstoff, der die Eigenschaft hat, mit Zucker eine unlösliche Verbindung einzugehen. Benzpyren gilt als einer der gefährlichsten krebserregenden Stoffe. Ein direkter Zusammenhang zwischen dem in Japan häufig auftretenden Magenkrebs und dem beliebten Verzehr geräucherter Fische braucht nicht erst konstruiert zu werden, sondern läßt sich einfach nicht mehr leugnen. Benzpyren entsteht auch beim Grillen. Denken Sie also daran, auch wenn der Gartengrill recht reizvoll ist, so kann häufiger Verzehr von Gegrilltem eine latente Krebsanlage wecken. Daher sollte man nur bei besonderen Gelegenheiten sein Grillgerät befeuern.

Trocknen
Eine ebenfalls uralte Methode, die auch heute noch sehr beliebt ist, ist das Trocknen durch Wasserentzug.

Damit der Trocknungsvorgang rasch und zügig vorangeht, sollte man einen Raum oder Ort mit Temperaturen von mindestens 40 °C zur Verfügung haben, am besten die hauseigene Sauna oder der im Sommer heiße Dachboden oder im Winter der Heizungskeller oder Kachelofen. Alle diese Örtlichkeiten müssen belüftbar sein, damit der Dunst entweichen kann. Getrocknet wird bei gedämpftem Lichteinfall, auf Holz- oder Kunststoffrost.
Ist die Trocknung beendet, dann werden die getrockneten Früchte, Beeren, Heilkräuter oder anderes, in luftdichte Behälter, z. B. Gläser oder Dosen gefüllt und in einem dunklen Raum aufbewahrt.
Die getrockneten Produkte halten sich ziemlich lange und erleiden nur geringe Qualitätseinbußen. Geschmack, Aroma, Würze und Inhaltsstoffe verlieren nur wenig an Wirkung, manchmal werden sie sogar noch gesteigert, z. B. durch Fermentierungsprozesse; daher ist Trocknen auch vom naturheilkundlichen Standpunkt durchaus eine wertvolle Methode.

Einmachen

Pökeln, Salzen, Säuern und Zuckern

Pökeln

Wenn Sie gerne Fleisch essen und Sie lesen auf der Verpackung: „mit Nitritpökelsalz konserviert oder behandelt", dann sollten Sie erst einmal überlegen, ob der Stoff wirklich so harmlos ist.
Der 1397 verstorbene Holländer Gillis Beukel war wohl der Entdecker der Fischpökelung, mit der es erstmals möglich wurde, das leichtverderbliche Fleisch für längere Seefahrten haltbar zu machen. Nun, die auch heute noch gängige Fleischpökelung ist ein kleiner Krimi und muß hier zur Darstellung kommen; damit der Verbraucher im Schutze eines ausreichenden Informationsstandes seine Beurteilung über die Pökelung sachlich abwägen kann. Gepökelt wird mit Natriumnitrat und zwar trocken oder flüssig. Bei der Trockenpökelung wird das Fleisch mit trockenem Pökelsalz eingerieben und anschließend eine längere Zeit gelagert. Dabei entzieht das Kochsalz einen Teil der Gewebsflüssigkeit, so daß es an seiner Oberfläche „schwitzt". Häufig wird im Anschluß daran die Naßpökelung durchgeführt. Bei einer Temperatur von ca. 6–8 °C wird das Fleisch in eine Pökellake, einer Lösung aus Salpeter, Kochsalz und Saccharose, eingebracht. Hier erfolgt dann die Endpökelung, die das Fleisch für den Verkauf erst richtig geeignet macht. Das Nitrat des Salpeters wird durch bakterielle Einwirkung zu dem giftigen Nitrat reduziert. Nitrit ist der eigentliche Wirkstoff, der z. B. das typische Pökelaroma macht und dem Fleisch die schöne rosarote Farbe gibt. Dieser Effekt, in der Fachsprache auch Schönung oder Umfärbung bezeichnet, ist für den Metzger einer der wesentlichen Gründe für den Gebrauch der Pökelmethode. Ein anderes gewichtiges Argument ist die Vorbeugung gegen den gefürchteten Wurstvergifter Clostridium botulinum, dessen lebensgefährliches Neurotoxin therapeutisch kaum beherrschbar ist. Sosehr man auch diesen Argumenten wohl-

wollend gegenüberstehen mag, so schwerwiegend und fast noch gewichtiger sind die Gegenargumente; namentlich aus der Krebsforschung. 2 Gramm Nitrit sind für erwachsene Menschen bereits die tödliche Dosis. In dieser Menge oxydiert das Hämoglobin zum nicht mehr funktionstüchtigen Metahämoglobin und blokkiert den Sauerstoff- und Kohlensäuretransport. In der Erforschung der karzinogenen Stoffe hat man herausgefunden, daß Nitrit zusammen mit den in Lebensmitteln und Organismen vorkommenden Aminen (das sind Eiweißstoffe) im salzsauren Milieu reagieren und die hochkrebsigen Nitrosamine bilden. Diese Verbindungen gehören zu den stärksten karzinogenen Stoffen, die wir kennen. Prof. Dietrich Schmäl vom Heidelberger Krebszentrum meint: „Sie können Tumore vom Scheitel bis zur Sohle auslösen!“
Bei einer Untersuchung von 34 gepökelten Fleischwaren waren 77% mit Nitrosaminen verseucht. Nitrosamine entstehen z. B. auch beim Grillen und Braten, je dunkler der Braten gebräunt, desto nitrosaminhaltiger. Obwohl von der WHO, der auch die BRD angeschlossen ist, die Empfehlung besteht, alle krebserzeugenden und krebsverdächtigen Stoffe in Lebensmitteln zu eliminieren, bzw. als Zusatzstoffe zu verbieten, ist bei uns Nitratzusatz immer noch erlaubt und erst 1981 gesenkt worden. Die seit 1982 bestehende Kennzeichnungspflicht ist zwar sehr begrüßenswert und sicher der richtige Weg, aber Nitrat und Nitrit müßten grundsätzlich verboten werden.

Salzen
Durch Salzen oder Salzlösungen werden alle Keime vernichtet und somit eine Konservierung z. B. von Fleisch und Fisch erreicht. Die hohen Salzkonzentrationen lassen sich jedoch aus dem Fleisch nicht mehr ganz entfernen; daher kann das Salzen nur eine Notmaßnahme sein und ist aus gesundheitlicher Sicht nicht geeignet, Lebensmittel als Heil- und Gesundheitskost zu konservieren.

Einsäuern mit Essig und Milchsäure
Die Säuerung von Lebensmitteln gehört zu den besten, natürlichen Konservierungsverfahren, die wir kennen. Es gibt zwei Hauptmittel:
1. Der Essig, eine organische Säure, die meist aus Obst oder Wein destilliert wird.
2. Die Milchsäure, welche das Stoffwechselprodukt der Milchsäurebakterien und in der Lage ist, alle unerwünschten Erreger zu verdrängen.
Die Essig-Konservierung verhindert die Ausbreitung von Bakterien, da sich in Säuren die Bakterienwände auflösen. Aber auch die guten Milchsäurebakterien werden dabei vernichtet. Essig kann daher nur dort nützlich sein, wo man auf Milchsäure verzichten muß, weil z. B. der Geschmack unerwünscht ist. Hauptsächlich Gemüse u. a. wird mit Essig haltbar gemacht. Um den scharfen Essiggeschmack abzumildern, gibt man etwas Zucker hinzu, Fäulnisprozesse kann man mit etwas Salzzugabe unterbinden.
Milchsäure (siehe auch S. 44) ist der Konservierungsstoff der Wahl, soweit er sich mit dem Säuerungsprodukt vereinbaren läßt.
Durch künstliche Impfung mit biologisch wertvollen Milchsäurebakterien, z. B. Bifidusgruppen, kann man die Milchsäuregärung in einem geeigneten Milieu, z. B. Weißkohl, Bohnen, Sellerie, Gurken, rote Bete u. a. wesentlich beschleunigen.

Die Milchsäuregärung verhindert die Ausbreitung von Fäulnis- und Krankheitserregern, sie bewirkt durch den Gärungsprozeß eine Aromatisierung der Gemüse, macht sie daher schmackhafter und bekömmlicher. Milchsaures Gemüse ist leichter verdaulich und schafft eine gesunde Darmflora.

So impfen Sie Ihr Gemüse selbst:
Als milchsaures Gemüse eignen sich besonders folgende Gemüsearten: Broccoli, rote Bete, gelbe Rüben, Gurken, Bohnen, Zwiebeln, Wirsing, Tomaten, Kohlrabi, Weiß- und Rotkohl, Sellerie und Rettich. Das Einsäuern sollte man nur in entsprechenden Spezialgläsern vornehmen, die mit einer Entlüftungsvorrichtung ausgestattet sind (Wasserrinne), damit das überschüssige Gas, etwa Kohlendioxyd, entweichen kann. Die Gläser müssen sehr sauber sein; ebenso sollte das Gemüse vor dem Einmachen gut gereinigt werden. Die Gemüse werden in kleine Stücke geschnitten und sorgfältig in die Gläser gefüllt. Sobald das Glas gefüllt ist, wird das Gemüse leicht angedrückt und eventuell mit schmackhaften Gewürzen gemischt. Hierzu eignen sich: Dill, Estragon, Knoblauch, Wacholder, Zwiebel, Lorbeer, Meerrettich, Basilienkraut u. a.
Nach den Gewürzen wird in das Glas naturreine Molke gegeben und alles gut verschlossen. Die gefüllten Gläser läßt man etwa eine Woche an einem warmen Ort (Küche, Kachelofen) stehen, bis die Gärung einsetzt. Man erkennt sie an der starken Trübung der Flüssigkeit.
Das Einsäuern im größeren Gärtopf sollte nur mit Salzzugabe erfolgen, eventuell Meersalzkonzentration, um Schimmelpilzbildung und Fäulnis während der Eingärung vorzubeugen.

Zuckern
Dieses typische Hausfrauenverfahren wird sehr häufig zum Einmachen von Obst angewendet. Zucker entzieht dem Obst Wasser und macht ab einer Konzentration von 5% viele Bakterien unwirksam. Bedauerlicherweise wird zum Einmachen viel zuviel Zucker verwendet. Über die Nachteile eines übermäßigen Zuckerkonsums siehe S. 31.

Hitzekonservierung und Homogenisieren

Pasteurisieren, Sterilisieren, Ultraerhitzung, Homogenisieren

Pasteurisieren
Diese Methode wird vorwiegend bei Milch und Obstsäften angewandt. Dabei wird für mindestens 40 Sek. das zu konservierende Nahrungsmittel einer Temperatur von 60–70 °C ausgesetzt. Erfahrungsgemäß werden alle virulenten Mikroorganismen bei dieser Hitzeeinwirkung abgetötet. Der Nachteil ist die Zerstörung von hitzelabilen Nähr- und Wirkstoffen, in erster Linie wird das Vitamin C und Enzyme vernichtet.

Sterilisieren
Dieses aus der Klinik übernommene Verfahren wird heute auch in der Lebensmittelindustrie angewendet. Dabei werden unter Vakuumbedingungen die Lebens-

mittel – meist Gemüse, Fleisch, Obst und Fisch – bis zu 140 °C erhitzt. Der Entkeimungseffekt ist dabei so gründlich, daß im Lebensmittel nichts mehr lebt; ebenso alle Vitamine und Nährstoffe unwirksam geworden sind. Man kann sagen, das Lebensmittel ist biologisch tot.

Ultraerhitzung
Die Methode wird hauptsächlich bei der Milch angewandt. Dabei wird für 2,5 Sek. in Form von Dampfinjektion die Milch auf 150 °C erhitzt. Diese Milch bleibt wochenlang trinkbar und schmeckt wie fades Konservenwasser. Die vollständige Entkeimung wird mit dem völligen Verlust von Nähr- und Wirkstoffen erkauft. Das dabei denaturierte, wertlos gewordene Milcheiweiß kann vom Organismus nicht mehr als biologischer Baustein verarbeitet werden. Auch hier ist das einstige Lebensmittel nur noch totes Füllmittel.

Homogenisierung
Bei diesem Verfahren wird die Milch mit hohem Druck durch feinste Düsen gepreßt; dabei zerplatzen die großmolekularen Fettkügelchen und verteilen sich gleichmäßiger in der Milch. Homogenisierte Milch ist erfahrungsgemäß gegen äußere Einflüsse empfindlicher und wird eher ranzig. Zu bedenken ist auch, daß abgestandene, homogenisierte und pasteurisierte Milch, wie sie in der Vollmilch gegeben ist, als Sauermilch nicht genießbar ist. Ich habe dies längere Zeit selbst beobachtet und kaufe deshalb meine Milch direkt vom Bauernhof.

Kühllagern und Gefrieren
ist eines der natürlichsten Frischhaltemethoden und garantiert eine lange Vorratshaltung. Der allgegenwärtige Kühlschrank in den Industrienationen und mittlerweile auch in der dritten Welt, ermöglicht mit seinen abgestuften Temperaturzonen (Gefrierfach), eine je nach Bedarf unterschiedliche Kühlung. Bei niedrigen Temperaturen über den Nullpunkt von 3–6 °C wird die Aktivität der Mikroorganismen stillgelegt und verzögert so den Zersetzungsprozeß.
Das Gefrieren, auch Frosten genannt, geschieht meist bei Temperaturen von −20 bis −30 °C in der Tiefkühltruhe. Dabei erstarrt alles Leben, sozusagen werden Bakterien auf Eis gelegt und unwirksam. Wichtig ist neben einer guten Ausgangsqualität, daß das Lebensmittel schnell eingefroren wird und luftdicht verpackt ist (Plastikfolie), da durch den Ausdünstungsvorgang während des Einfrierens leicht unerwünschte Veränderungen vor sich gehen könnten. Aufgetaute Lebensmittel sollte man nicht erneut einfrieren, wegen der Zersetzung der ursprünglichen Zellulose- und Eiweißstrukturen und der Entstehung nicht verwertbarer Zerfallsstoffe. Das gleiche gilt für wiederaufgewärmte Speisen.

Richtig einkellern
Mutter Natur hat es so eingerichtet, daß ausgereiftes Gemüse und Obst in seiner natürlichen Umgebung auch über längere Zeit den vollen Wirkstoff- und Nährstoffgehalt bewahrt, um allen Lebewesen auch in kargen Winterszeiten eine Überlebensmöglichkeit zu geben. Einige Gemüse – z. B. die Kartoffel, Möhren, rote Bete – haben noch 6 Monate nach der Erntezeit kaum Vitamineinbußen, andere zeigen nur geringe Verluste, wenn sie in ihrer natürlichen Umgebung

bleiben. Die Natur konserviert durch Kühle, Laubbedeckung und Erde. Wenn wir diese Materialien beim Einkellern berücksichtigen, bleiben unsere Lebensmittelvorräte über Monate unversehrt und zwar ohne chemische Zusätze.
Geeignet fürs Einkellern sind Kartoffeln, Karotten und Möhren, rote Bete, Steckrüben, Sellerie, Rettich, Chinakohl, Äpfel, Hagebutten, Knoblauch und Endivien. Von den Kohlarten hält sich Grünkohl am längsten, Weißkohl, Rotkohl und Kohlrabi nur 1–2 Monate und Wirsing höchstens drei Wochen.

Wie muß der Keller beschaffen sein – die Lagerungstechnik
Der Kellerboden sollte am besten aus Lehm oder fest gestampfter Erde sein. Da heute fast alle Keller einen Betonboden haben oder mit Ziegelsteinen und Fliesen ausgelegt sind, muß als Ersatz atmungsaktives Holz den Betonboden bedecken.

Lagerungstechnik: Gemüse, besonders Wurzelgemüse, legt man am besten in größeren Holzkisten schichtweise in nicht zu trockenem Sand ein, die Kisten müssen wegen des Luftdurchzuges immer auf Lattenrosten stehen. Die besten Temperaturen liegen bei 5–6 °C Grad, über 10° und unter 0° ist ungünstig. Obst sollte in Lattenkisten ebenfalls schichtweise zwischen Stroh und Blättern (trockenes Herbstlaub) eingelagert werden. Die Lattenkisten sorgen für eine gute Durchlüftung und verhindern zu schnelle Fäulnis. Wer keine Lattenkisten zur Verfügung hat, kann sich auch mit laubbedeckten Holzregalen behelfen. Sehr wichtig ist, daß das geerntete Obst ungewaschen gelagert wird. Bei Gemüse ist ebenfalls auf eine ungewaschene Lagerung zu achten und auch darauf, daß sie mit der Wurzel gelagert werden. Man kann Gemüse mit der Wurzel nach oben in größeren Gebinden aufhängen. Auf dem Kellerboden dürfen Lebensmittel nur über laubbedeckten Holzrosten ausgelegt werden. Um Parasiten und Mikroben in Schach zu halten, sollten die in Kisten aufbewahrten Lebensmittel mindestens einmal in der Woche gut durchmischt werden. Bestimmte Obstsorten – z. B. Äpfel – müssen nahe am stets geöffneten Kellerfenster stehen, damit die Reifeausdünstung gut entweichen kann. Wer keinen Keller zur Verfügung hat, kann auch den Dachboden zur Vorratshaltung benutzen. Wegen der Frostgefahr und der häufiger wechselnden Temperaturen ist er allerdings nicht so gut geeignet.

Die großindustrielle chemische Konservierung

Seit 1984 müssen alle Zusatz- und Fremdstoffe, die in Lebensmitteln verarbeitet werden, gekennzeichnet sein. Allerdings gibt es Ausnahmen und Verwässerungen, denn z. B. auf Bier- und Weinetiketten, auf die wir noch zu sprechen kommen, brauchen keine Angaben zu stehen. Manche Zutaten müssen nur mit dem allgemeinen Klassennamen, z. B. Dickungsmittel, gekennzeichnet werden. Und am unverständlichsten ist die bloße Kennzeichnung mit der EG-Kodenummer, siehe S. 355.
Die gesetzliche Konservierungsstoffverordnung wird bei uns in Deutschland als die fortschrittlichste gepriesen. Die auf 37 eng bedruckten Seiten im Lebensmittel-

und Bedarfsgegenständegesetz enthaltenen Konservierungsmittel, werden ziemlich verharmlost und als weitgehendst unbedenklich hingestellt.
Wie ich eingangs schon erwähnte, geht es ohne großindustrielle Lebensmittelherstellung nicht mehr, wenn wir nicht verhungern wollen. Dennoch ist Mißtrauen angebracht und ein geschärftes Giftbewußtsein vonnöten, wenn wir mitbestimmen wollen. Die Zukunft unseres Planeten wird ganz entscheidend davon abhängig sein, inwieweit wir giftfrei produzieren und leben und das nicht nur auf biochemischer, materieller Ebene; sondern zuvorderst auf der psychisch-geistigen.
Die festgelegte Höchstmengenverordnung über die erlaubten Konzentrationen von Fremd- und Zusatzstoffen in Lebensmitteln, betreffen vorwiegend Gemüse- und Obstkonserven, Margarine und Fische.

Zugelassen sind zur Zeit folgende Konservierungsstoffe: *Ameisensäure, Sorbinsäure, Propionsäure, Benzoesäure und PHB-Ester*
Von den Zusatzstoffen, die nicht konservieren, sondern nur stabilisieren, geschmacklich verbessern oder die Verarbeitungsqualität des Nahrungsmittels steigern, seien weitere 8 wichtige genannt: *Aromastoffe, Emulgatoren, Süßstoffe, Farbstoffe, Dickungs- und Bindemittel, Antioxydantien, Säuren und Salze und Antiverdichtungsmittel.*

Die radioaktive Strahlenkonservierung
Fast alle „fortschrittlichen" Industrienationen der Erde wenden heute die wesentlich kostengünstigere radioaktive Entkeimung und Konservierungsmethode an. Dabei entfallen teure Stromkosten für die Tiefkühllagerung und für aufwendige chemische Verbindungen, z.B. Oberflächenbehandlungsmittel gegen Schimmelpilze. Ja, diese modernste aller Konservierungsmethoden hält unaufhaltsam ihren siegreichen Einzug in der Lebensmittelindustrie; obwohl über die strukturverändernden, chemischen Prozesse durch harte Gammastrahlen inzwischen ganze Bücher geschrieben wurden. Selbstverständlich werden die Lebensmittel dabei nicht radioaktiv; sondern nur von den Strahlen durchdrungen; aber die biochemische Zusammensetzung leidet darunter. Fest steht, daß Fette, Eiweiße und Kohlenhydrate, Vitamine u.a. Stoffe eine Veränderung erfahren. Erwiesen ist auch, daß eine ganze Reihe giftiger Stoffe entstehen, die zwar in höchst geringer Konzentration anfallen, jedoch nachgewiesen werden konnten. Zudem ist völlig unklar, wie die energiereichen Strahlen auf die chemischen Rückstände in den Nahrungsmitteln wirken und ob nicht gegebenenfalls neue, noch giftigere Verbindungen entstehen. Nach dem neu novellierten deutschen Lebensmittelrecht sind z.Z. einige Lebensmittel, z.B. Gewürze, für Strahlenkonservierung freigegeben. Es ist abzuschätzen, daß man bei dieser Sonderregelung nicht lange stehen bleiben wird. Für uns, die wir im April 1986 von Tschernobyl geschockt und sensibilisiert sind, bleibt die radioaktive Bestrahlung von Lebensmitteln eine zusätzliche Enttäuschung, die in uns die Ahnung weckt, daß man mit wissenschaftlichem Deckmäntelchen schließlich alles das, was den Umsatzraten der Konzerne nützt, verharmlost.

Ameisensäure
Die Ameisensäure ist ein organisches, bei Mensch, Tier und Pflanze vorkommendes Stoffwechselprodukt. Medizinisch wird sie äußerlich zur Hautreizung eingesetzt; in der Homöopathie bei Neuralgien und bestimmten Symptomenbildern, die der Ameisensäurewirkung ähneln. Als Konservierungsstoff werden nur die Formiate, also die Salze z. B. Natriumformiat angewendet. In mancher Hinsicht ist die Ameisensäure ein Vorteil z. B. in der Futtermittelkonservierung. Damit die Futtermittel in den großen Silos nicht verderben, setzt man 4%ige Natriumformiatlösung hinzu, die eine Art Milchsäuregärung herbeiführt. Die biologische Milchsäuregärung in der Tierfutterindustrie ist auf jeden Fall zu begrüßen. Ameisensäureintoxikationen kommen selten vor. Da die Ameisensäure im Organismus neutrale Salze bildet und vollständig verstoffwechselt wird, kann man sagen, daß Ameisensäure zu den harmlosen und ungefährlichen Konservierungsstoffen gehört.

Sorbinsäure
Sorbinsäure zählt zu den ungesättigten Fettsäuren und wird vom Stoffwechsel vollständig abgebaut. Als Antimykotikum greift sie nicht nur Bakterien an, sondern auch Pilze, in dem sie durch Blockierung der Stoffwechselenzyme das Wachstum hemmt. Sie ist mindestens gegen 16 Pilzarten wirksam, die mit Vorliebe Fleisch, Käse und Brot befallen. Speziell den Schimmelpilz mit dem gefährlichen Lebergift Aflatoxin zerstört die Sorbinsäure. Andererseits kann es durchaus sein, daß die Sorbinsäure auch in die Enzymsysteme der menschlichen Zelle eingreift, zumindest läßt sich dies vorstellen, was jedoch noch nicht nachgewiesen ist. Die selektive Wirkung der Sorbinsäure macht sie zu einem sehr geeigneten und bis jetzt unersetzlichen Konservierungsstoff, denn die zur Käsereifung notwendigen Milchsäurebakterien und anderen Kleinstlebewesen greift sie nicht an. Viel gebraucht wird sie in der Margarineherstellung und für Brot und Backwaren.

Propionsäure
Über diesen Konservierungsstoff liegen mir wenig Informationen vor. Biochemisch handelt es sich um eine gesättigte Fettsäure, die z. B. als körpereigenes Produkt im Schweiß, Kot und in der Galle vorkommt. Sie entsteht durch bakterielle Zersetzung von Glycerin, Alanin und Asparaginsäure im Darm, womit sie zu einem Zwischenstoffwechselprodukt wird. Letztlich wird sie zu Wasser und Kohlensäure verstoffwechselt. Auch wenn die Propionsäure ein menschliches und tierisches Stoffwechselprodukt ist, dürfte ein Übermaß ebenfalls schädliche Folgen haben, z. B. die Propionazidämie, die eine ähnliche Symptomatik zeigt wie die Übersäuerung, siehe S. 37.

Benzoesäure
Die Benzoesäure ist nur halb so wirksam wie die Sorbinsäure. In Pflanzen kommt sie häufig vor, z. B. in Beerenfrüchten – Heidelbeere und Brombeere – auch in verschiedenen Gemüsefrüchten, z. B. Kohl und Kartoffeln. Sie ist also eine natürlich vorkommende, organische Säure, die nur dann zum Gift werden kann, wenn sie überdosiert wird. Ebenso wie die Sorbinsäure hemmt die Benzoesäure das Enzymsystem von Mikroorganismen und hindert sie am Wachstum. Theore-

tisch könnte dies auch an menschlichen Zellen geschehen; doch sollte man auf der anderen Seite froh sein, daß uns überhaupt Konservierungsstoffe für die Haltbarmachung zur Verfügung stehen. Ich halte die Benzoesäure schon deshalb für ungefährlich, weil sie ein Zwischenprodukt des menschlichen und tierischen Stoffwechsels ist und auch im Urin vorkommt.

PHB-Ester

Der volle Name dieses Stoffes lautet: Parahydroxybenzoesäure-Ester. Es ist ein Enzymgift, das blockierend in den Stoffwechsel von Mikroorganismen eingreift. Da PHB-Ester im tierischen Organismus so nicht vorkommt, ist er ein Fremdstoff und dürfte in höheren Dosen dieselbe Wirkung auch in der menschlichen Zelle entfalten. Man sollte daher Nahrungsmittel, die mit PHB-Ester konserviert sind, nur in kleinen Mengen verzehren, etwa 150 g pro Tag, alles was darüber hinausgeht, könnte gefährlich sein.

Die Zusatzstoffe

Aromastoffe

Das große Gebiet der Aromastoffe kann hier nur schwerpunktmäßig abgehandelt werden. Aromastoffe sind flüchtige und langwirkende Geschmacks- und Geruchsstoffe, die wegen des Verlustes der natürlichen Aromen den bearbeiteten und gelagerten Lebensmitteln zugesetzt werden. Es muß auch hier eingesehen werden, daß es ohne Aromastoffe nicht geht und gegen den Zusatz natürlicher Aromen, z. B. aus ätherischen Ölen von Pflanzen, nichts einzuwenden ist. Aromastoffe haben auch einen wichtigen ernährungsphysiologischen Wert.

1. Durch ihren appetitanregenden Geruch und Geschmack, regen sie die Verdauungssäfte an und machen die Speisen bekömmlicher.
2. Haben kräftige Aromen – z. B. Essenzen – eine hemmende Wirkung auf die zersetzenden Bakterien in Speisen und auf die des Darms und verhindern das Aufkommen von Fäulnis.

Problematisch wird die Unbedenklichkeitsfrage, wenn es um die künstlichen Aromastoffe geht, die heute aus Kostengründen in steigendem Maße zugesetzt werden. Die großindustrielle Lebensmittelaromatisierung bemüht sich zwar, naturidentische Aromen herzustellen und einzusetzen, aber es gibt noch viele offene Fragen bezüglich der vollständigen Verstoffwechselung und möglicher genetischer Belastungen. Meine Empfehlung dazu kann nur sein: entweder nur natürliche Aromastoffe oder aromakonservierende Lebensmittelbearbeitungstechniken.

Emulgatoren

Emulgatoren werden überwiegend synthetisch hergestellt und verbinden Stoffe, die in der Natur normalerweise getrennt bleiben. So gibt es hydrophile Emulgatoren, die Wasser und Öl miteinander verbinden, z. B. mit Wasser gestreckte Öllösungen. Andere sind lipophil, d. h. daß sie Fette und Wasser zu einem Softfett vereinigen, z. B. bewirkt Lezithin (siehe S. 22) in der Margarine dieses Kunststück. Häufig werden beide Emulgatoren gleichzeitig verwendet. Zwar sind fast alle Emulgatoren Fettsäureverbindungen (Mono- und Diglyceride), die auch im menschlichen Stoffwechsel verwertet werden können; aber sie sind eben synthetisch. Ein Höchstmaß an verbindenden Eigenschaften weisen die acylierten Mono- und Diglyceride auf, da sie Essigsäure, Weinsäure, Zitronensäure und andere Säuren ebenfalls binden können. Laßt die Nahrungsmittel so natürlich wie möglich, heißt einer unserer naturheilkundlichen Leitgedanken; daher sollte man Emulgatoren in der Lebensmittelindustrie sehr sparsam verwenden. Im Speiseeis, Schlagsahne, Margarine, Wurstwaren und vielen emulsionsartigen Fertigsoßen werden große Mengen Emulgatoren gebraucht.

Süßstoffe

Die Geschichte der Süßstoffe ist lang und von dunklen Schatten begleitet. Es liegen die widersprüchlichsten Meldungen vor; sowohl aus medizinisch ernstzunehmenden Kreisen, wie aus den Blättern des heute so beliebten Katastrophenjournalismus. Selbst wenn man alle Argumente verarbeitet hat, steht man immer noch vor einem großen Fragezeichen. Der erste großindustriell hergestellte Süßstoff mit dem Namen Dulcin wurde, nachdem er lange im Handel war, aus dem Verkehr gezogen, als man feststellte, daß Ratten davon Leberkrebs bekamen. Die Abbauprodukte des bei uns erlaubten Cyclamats führten bei Hamstern zu Chromosomenbrüchen und bei Ratten zu Blasentumoren. Daraufhin zogen die USA Cyclamat aus dem Verkehr und einige andere Länder den Süßstoff Saccharin. Zur Klarstellung muß allerdings hinzugefügt werden, daß die betreffenden Versuche mit unrealistisch hohen Dosen und unreinen Substanzen durchgeführt wurden. Das Heidelberger Krebsforschungszentrum hat in eigenen langangelegten Studien keinerlei Anhaltspunkte für eine krebserzeugende Wirkung des Cyclamat finden können. Daher wurde es vom Bundesgesundheitsamt nicht aus dem Verkehr gezogen. Wie aber soll man aus diesen Fakten schlau werden? Da hilft dann nur noch die innere Stimme und der Grundatz – so natürlich wie möglich. Dem Diabetiker sei gesagt, daß Süßstoff in den offiziell empfohlenen Dosen keine schädliche Wirkung hat; dennoch sollte er auf die insulinsparenden, natürlichen Quellen zurückgreifen, siehe S. 226.

Gibt es einen Naturstoff, der eine den synthetischen Süßstoffen vergleichbare Süßkraft besitzt?

Die Frage ist eigentlich kindisch; denn schon immer war die Natur unsere große Meisterin und hält noch viele Geheimnisse für die Zukunft bereit. Es gibt ein afrikanisches Mondsamengewächs, das ein Protein mit dem Namen Monellin beinhaltet, welches der Süßkraft des Cyclamats sehr nahe kommt. Es käme nur darauf an, genügend Plantagen anzubauen, um den Weltbedarf zu decken.

Farbstoffe, die Schönungsgaukler

In der offiziellen Zusatzstoffliste gibt es 49 verschiedene Farbstoffe, die erlaubt sind. 90% davon sind synthetisch hergestellt, wobei nicht wenige naturidentische Verbindungen einen hohen Reinheitsgrad haben. Daß Farbstoffe nicht ganz ungefährlich sind, bewies der Japaner Kinosita an dem leberkrebserzeugenden Buttergelb, das jahrelang als Farbstoff den Lebensmitteln zugesetzt wurde. Farbstoffe sind reine Kosmetik und keineswegs lebensnotwendig. Es stimmt zwar,

daß der Mensch auch mit dem Auge ißt und kauft und für viele Händler eine farbenfrohe Auslage den Geschäftserfolg mitbestimmt. Doch muß auch gesagt werden, daß es reine Gaukelei ist, wenn dem Konsumenten ein Hühnerei aus Legebatterien verkauft wird, das mit Hilfe von Futtermittelfarbstoffen ein herrliches Dottergelb aufweist, welches es ursprünglich nicht hat.
Wären unsere Nahrungsmittel ursprünglicher und natürlicher, dann bräuchten wir weniger Farbstoffe.

Dickungs- und Bindemittel
Aus küchentechnischen Gründen setzt man den Nahrungsmitteln häufig Stoffe zu, um sie z. B. cremiger, elastischer und fülliger oder steifer zu machen. In der Mehrzahl sind diese Stoffe natürlicher Herkunft und bestehen bis auf die Gelatine aus Kohlehydraten und Stärke. Man verwendet am häufigsten folgende Stoffe: Agar-Agar, Gelatine, Pektine, Guakernmehl, Alginsäure, Traganth, Johannisbrotkernmehl, Carrageen und den rein synthetischen Zelluloseäther. Leider können wir aus Platzgründen nicht alle besprechen, aber wir wollen mindestens drei herausgreifen:

Gelatine z. B. wird aus Tierhäuten und -knochen gewonnen und besteht aus minderwertigen Eiweißen. Wer reiner Vegetarier ist, sollte das wissen; denn die Gelatine wird vielen pflanzlichen Produkten zugesetzt. Andererseits ist ernährungsphysiologisch gegen Gelatine nichts einzuwenden, soweit das tierische Ausgangsprodukt gesund und ohne Rückstände ist. In der Heilkunde nützt uns die Gelatine als Knochen- und Gelenkmittel und zur Linderung bei Magen- und Darmgeschwüren.

Agar-Agar, dieser Stoff wird aus verschiedenen Rotalgen gewonnen und bildet nach kurzem Aufkochen, wie Gelatine, eine Gallerte, die besonders gut zum Einmachen geeignet ist. Agar-Agar gilt als Geheimrezept bei allen unklaren bakteriell verursachten Darmbeschwerden (Dysbakterie, Dysbiose, Dyspepsie und okkultem Stuhl).

Pektine. Die Pektine sind im Pflanzenbereich häufig vorkommende Quellsubstanzen, z. B. in Äpfeln, Zitrusschalen und sonstigem Obst. Da sie durch ihr Quell- und Giftbindungsvermögen den Dickdarm zur Entleerung reizen, sind sie ein begrüßenswerter Zusatzstoff.

Antioxydantien
Um die zerstörende Sauerstoffeinwirkung (Oxydation) zu verlangsamen, setzt man den Nahrungsmitteln Antioxydantien zu. Das Ranzigwerden von Fetten oder die Bräunung von Fruchtfleisch ist ein Beispiel für den oxydativen Zerfallsprozeß. Ranziges Fett riecht nicht nur unangenehm, sondern verliert auch seine wertvollen Vitamine und Wirkstoffe. Zudem bilden sich kritische Konzentrationen von Zerfallsprodukten, z. B. Peroxyde oder Buttersäure, die ab einer bestimmten Dosis giftig sind. Antioxydantien sind gewissermaßen bedingt sauerstoffabweisend und insofern konservierend. Bei den Fetten, ob pflanzlich oder tierisch, setzt man Vitamin E hinzu und bei Früchten und Gemüse Vitamin C als

Antioxydans. Dagegen ist nichts einzuwenden, soweit die Vitaminzusätze die gewöhnlichen Dosen nicht übersteigen.

Säuren und Salze

Die phosphorsauren Salze, mit dem Sammelbegriff Phosphate, werden wegen ihrer vielseitigen Eigenschaften meines Erachtens in zu großen Mengen den Nahrungsmitteln zugesetzt. Sie steigern die Quellfähigkeit, indem sie Wasser an sich binden, verschönen und stabilisieren die Farben, verbessern Konsistenz und Geschmack und noch einiges mehr.

Phosphate brauchen auf der Verpackung nicht deklariert zu werden, denn für schädigende Wirkungen gibt es keine wissenschaftlich fundierten Anhaltspunkte – zumindest nicht bei uns. Anders in den Vereinigten Staaten, wo seit geraumer Zeit über den möglichen Zusammenhang von Phosphatanreicherungen im cerebralen System (Gehirn) und besonders Verhaltensstörungen bei Kindern diskutiert wird. Man spricht u. a. von MzD (Minimale zerebrale Dysfunktion) oder von MzI (Minimale zerebrale Insuffizienz) und malt gelegentlich den Teufel an die Wand. Daß an der Polyphosphat-Geschichte allerdings etwas dran ist, wird auch von namhaften Wissenschaftlern nicht mehr in Abrede gestellt. Nun darf man bei allem Eifer auch nicht übersehen, daß wir mit der Nahrung mindestens pro Tag 500–1000 mg natürliche Phosphate aufnehmen, die der Organismus zu energiereichen Verbindungen aufbaut (ATP). Ohne das ATP-System könnte der Organismus weder Kohlehydrate noch Fette verstoffwechseln und schon gar nicht spezifische Aminosäureketten aufbauen. Das aufgenommene Phosphor wird auch zu 90% als anorganisches Phosphat wieder ausgeschieden. Die der Phosphatintoxikation nachgesagten Symptome – vor allem bei Kindern – sind: mangelnde Konzentration, Merkschwäche, desorientiertes Fabulieren, gesteigerte Aggressivität und Gereiztheit, Unfähigkeit zu abstraktem Denken und amoralisches, böswilliges Verhalten. Pickt man die typisch asozialen Persönlichkeitsdefekte heraus, dann gäbe es für die übrigen Symptome in der Tat eine somatische Erklärung.

Überschüssiges Phosphor im Blut aktiviert die Nebenschilddrüsen, die ihrerseits ein Hormon freisetzen (Parathormon), das die Knochensubstanz mobilisiert und verstärkt das Calcium austreibt. Erhöhter Calciumspiegel im Blut bedingt eine Fülle von Symptomen, darunter auch solche, wie sie oben geschildert wurden. Wenn z. B. gleichzeitig starker Durst, häufige Harnabsonderungen, Darmblähungen, Muskelschwäche mit leichter Ermüdbarkeit zusätzlich beobachtet werden, ist es berechtigt, von einer Phosphatintoxikation zu sprechen, soweit ärztlicherseits keine anderen Anhaltspunkte gefunden werden. Wer jedoch asoziale Persönlichkeitsdefekte – die rein geistigen Ursprungs sind – allen möglichen giftigen Substanzen zuschiebt, verbaut sich und anderen die Möglichkeit, den inneren Reifungsprozeß durch harte, konstruktive Selbstkritik voranzutreiben.

Von den Säuren wird am häufigsten die Zitronensäure verwendet. Weil sie als wichtiges Stoffwechselprodukt auch im Organismus vorkommt, glaubt man, daß sie weitgehend unbedenklich ist. Die Zitronensäure wirkt bakterienhemmend, entfärbend, antibasisch bzw. neutralisierend und entschleimend. Über die medizinische Wirkung habe ich ausführlich auf S. 144 berichtet. Bei vielen Lebensmitteln ist die Zitronensäure zugesetzt, z. B. in Milch, Brot, Margarine, Gemüsekonserven, Butter, u. a.

Antiverdichtungsmittel, Fließmittel, Rieselhilfsmittel
Um Nahrungsmittel vor dem Verklumpen, Verbacken und Verkleben zu bewahren, überzieht man sie mit einer speziellen Schicht und erreicht so eine ausreichende Riesel- und Fließfähigkeit. Dazu verwendet man z. B. Silikate, etwa die kolloidale Kieselsäure. Ein anderer Stoff ist das Benzoeharz. Inwieweit hier eine Schädigung oder Unverträglichkeit auftreten kann, ist mir nicht bekannt.

Kleiner Exkurs in die Dosenküche

Vom naturheilkundlichen Standpunkt ist die Dosenkost abzulehnen. Nicht aus weltanschaulichen Gründen – wie vielleicht mancher meint – nein – gewichtige Argumente sprechen dagegen. Konserven sind im Schnitt zwei Jahre haltbar. Jedem müßte klar sein, daß ein Nahrungsmittel, das für solange Zeit haltbar gemacht ist, unter massiven keimtötenden Einwirkungen steht. Ein biologisch lebendes Nahrungsmittel könnte niemals ohne Zersetzungserscheinungen eine derartige Zeitspanne überdauern.
Es soll hier am Beispiel der Aprikose in geraffter Form dargestellt werden, wie und mit welchen Mitteln dieser Eindosungsvorgang abläuft.
Da die mechanische Schälung zu aufwendig wäre, werden die Aprikosen auf chemischem Wege mittels Natronlauge, von ihrer vitaminreichen Haut befreit. Danach werden die Früchte in eine Zuckerlösung getaucht, um die Schrumpfung zu verhindern. Nun setzt man sie für 20 Minuten einer Hitze von ca. 100–200 °C aus, bei der jedes Leben in der Frucht vernichtet wird (Sterilisation siehe S. 264).
Ist die Dose verschlossen, dann kommt es zu einer Diffusion der Kaliumionen in die Dosenflüssigkeit und damit zu einer Kaliumverarmung des Obstes. Es ist nicht abwegig, ähnliches auch bei den anderen Mineralien und Spurenelementen anzunehmen.
Bei unlackierten Innenwänden vieler Importdosen greifen die Obstsäuren die Zinnschicht meist punktförmig an und lösen das Zinn heraus. Über die Zinnvergiftungssymptome, siehe S. 61. Selbst in lackierten Weißblechdosen wurden z. B. bei Ananas bis zu 170 mg/kg Zinn gefunden, bei Birnen waren es gar 450 mg/kg, und absolute Spitzenwerte von 2000 mg/kg zeigten sich bei den häufig unlackierten Importdosen. Schon 300 mg Zinnaufnahme können Vergiftungserscheinungen auslösen.

Woran erkennt man verdorbene Konserven?
1. Wenn beim Öffnen der Dose Gase zischend entweichen (Bombagen).
2. Wenn der Deckel gewölbt ist.
3. Wenn beim Öffnen die Flüssigkeit gärt.
4. Wenn schlierige Zeichnungen von dunkelgrauer Farbe an den Innenwänden zu sehen sind, dann dürfte Zinn in den Konserveninhalt übergegangen sein.
5. Wenn dem Konserveninhalt ein unangenehmer Geruch entströmt.

Daß im übrigen der Konserveninhalt, bevor er dort verschlossen wird, alle industriellen und chemischen Bearbeitungsstadien durchlaufen hat, ist logisch. Niemand will hier die Konserven verteufeln; aber die Konservenkost ist reine Füllkost und selbst für den Befürworter kann sie nicht mehr als gesundes *Lebensmittel* angesehen werden, sondern bestenfalls als Notkost.

Resümee

Im Rückblick auf das Thema „Chemie im Kochtopf" ist es schwierig, einen integralen Standpunkt einzunehmen. Wie ich eingangs schon sagte, geht es heute ohne moderne, großtechnische Lebensmittelverarbeitung nicht mehr; dazu sind die drängenden Versorgungsprobleme angesichts des rasanten Bevölkerungszuwachses auf diesem Planeten zu akut. Weniger Chemie im Kochtopf kann es nur dann wieder geben, wenn wir nicht nur mit dem Auge kaufen, sondern mit biologischem Qualitätsbewußtsein und wenn wir bereit sind, in der Küche die Mühen einer Frischkostzubereitung auf uns zu nehmen. Es ist die Wechselwirkung „Angebot und Nachfrage", die uns den Chemiekrieg mit der Natur gebracht hat. Weder ist der Lebensmittelfabrikant noch der Großbauer, noch der Händler allein verantwortlich. Auch wir Konsumenten müssen endlich begreifen, daß Hersteller und Vertreiber sich nach unseren Wünschen richten, und je ausgefallener und mäkeliger sie sind, desto radikaler werden die Bearbeitungsmethoden sein. So bleibt nur zu hoffen, daß wir alle wieder zurückfinden zu einem natürlichen und schlichten Ernährungsbewußtsein wie einst unsere Väter, die sicherlich auch ohne Cola und Pommes frites zufrieden waren.

Alternative Lebensmittel unter der Lupe

Sind biologische Nahrungsmittel aus dem ökologischen Anbau der Ausweg?

Es gibt verschiedene Richtungen und Wege, Lebensmittel ökologisch anzubauen, z. B. biologisch-dynamisch und organisch biologisch, sie alle haben gemeinsam, den natürlichen Energie- und Stoffkreislauf der Pflanze und des Bodens aufrechtzuerhalten. Die natürliche Nährstoffzufuhr aus organisch biologischen Verwesungsstoffen, wie sie uns die Natur ständig demonstriert, ist im ökologischen Anbau großgeschrieben. Hinzu kommen noch vielseitige Fruchtfolgen, reiche Mischkulturen, intensivere Bodenbearbeitung und die Berücksichtigung kosmischer bzw. planetarischer Einstrahlungen. Die Vorteile dieser Anbauweise liegen klar auf der Hand:

1. Vollwertigere, nährstoffreichere Frucht mit niedrigen bzw. kaum nennenswerten Düngerückständen, z. B. Stickstoffbelastung (Nitratdüngung). Langjährige vergleichende Untersuchungen zwischen organisch gedüngten und chemisch gedüngten Nutzpflanzen ergaben folgende Steigerungen an wertgebenden Pflanzeninhaltsstoffen:

Die folgende Tabelle zeigt den qualitativen, wertgebenden Anstieg von Pflanzeninhaltsstoffen bei organisch-biologischer Düngung:

Trockensubstanz	plus 23%	Kalium	plus 18%
Relativer Eiweißgehalt	plus 18%	Calcium	plus 10%
Ascorbinsäure Vitamin C	plus 28%	Phosphor	plus 13%
Gesamtzucker	plus 19%	Eisen	plus 77%
Methionin	plus 23%		

An unerwünschten (wertmindernden) Stoffen enthielten die biologisch gedüngten Pflanzen 93% weniger Nitrat (siehe S. 262) und 12% weniger Natrium.
Die Lagerverluste, z. B. Gewichtsschwund, Fäulnis und Schimmelbefall, waren bei den biologisch angebauten Produkten im Schnitt um 15,4% niedriger als bei den konventionell angebauten Erzeugnissen.
Bei systematischen Rückstandsuntersuchungen auf Insektizide und Herbizide ergaben sich ganz erhebliche Unterschiede, die zu denken geben.

Gemüseproben	*ausländisch*	*inländisch*	*biologisch*
Gesamtzahl	76	25	51
Rückstände	37%	5%	0
Obstproben	*ausländisch*	*inländisch*	*biologisch*
Gesamtzahl	74	55	13
Rückstände	55%	44%	8%

2. Sind die Bioprodukte um 15,4% besser lagerfähig und somit für die Vorratshaltung geeigneter.
3. Zeigen sie keine oder nur sehr geringe Rückstände aus der Petrochemie. Zu diesen Vorteilen kommt noch die größere Schädlingsresistenz und robustere Klimaverträglichkeit der biologischen Anbauprodukte hinzu.

Die Wiederverwendung und Aussaat widerstandsfähiger Landrassen im biologischen Anbau wäre sehr zu begrüßen und würde es dem Bauern ermöglichen, sich von der mächtigen Lobby der Saatgutfirmen (Shell, Elf, Sandoz, Ciba Geigy) zu lösen. Am Saatgutproblem erkennt man den Teufelskreis der mehrfachen Abhängigkeit. Das heutige, durch Genmanipulation hochgezüchtete Saatgut, sollte bei großer Schädlingsresistenz gleichzeitig auch hohe Ernteerträge garantieren. Man kann diese Bemühungen heute als weitgehendst für gescheitert ansehen, denn die nur auf Quantität gezüchteten Saaten wurden gegen Schädlinge und Witterungseinflüsse von Jahr zu Jahr anfälliger, das beweist der steigende Einsatz von Pflanzenschutzmitteln (siehe S. 259) und das Aufkommen neuer, noch nie dagewesener Pflanzenkrankheiten.
Wären die Landwirtschaftsinstitute bei den robusten Landrassen geblieben und hätten sie statt auf Quantität, mehr auf Qualität Wert gelegt, dann müßten wir heute bei weitem nicht so viel Spritzmittel einsetzen. Auch ist zu befürchten, daß die Saatgutfirmen – die ja auch die großindustriellen Hersteller von Pflanzenschutzmitteln sind – aus Sorge um ihre Absatzmärkte an resistenten Sorten gar

nicht so interessiert sind. Und schließlich ist zu bedenken, daß z.B. Ciba Geigy ja auch Arzneimittel herstellt, welche gegen Krankheiten eingesetzt werden, die von Pestizidrückständen aus Agrarprodukten herrühren, und denkt man noch ein bißchen weiter, dann sitzt da vielleicht da ein Regierungsvertreter im Aufsichtsrat mit einem 5stelligen Jahreshonorar, der wird doch nicht so dumm sein ... usw.; den Rest kann sich jeder denken.

Aus den o.g. Analysen zeigen sich gravierende Qualitätsunterschiede, die vom Wert des biologischen Anbaues überzeugen. Wer Gegenteiliges behauptet, müßte an seinem gesunden Menschenverstand zweifeln. Die gängigen Einwendungen der Gegner der biologischen Landwirtschaft sind:

1. Zu geringe Erträge. Dem ist zu entgegnen, daß zwar pro Hektar im konventionellen Anbau mehr Frisch- bzw. Naßgewicht geerntet wird, nicht aber Trockengewicht. Durch die chemische Mineraldüngung nimmt die Pflanze mehr Wasser auf und erhält dadurch ein wäßriges Fruchtfleisch, das am Rohgewicht einen erheblichen Anteil hat. Biologische Erzeugnisse haben bis zu $^1/_3$ weniger Wasseranteil. Wir kaufen also für teures Geld Wasser, welches aus der Leitung zum Minimalpreis zu haben ist.
2. Nur hohe, stickstoffhaltige Kunstdüngergaben garantieren hohe Ernteerträge; biologische Düngung sei nicht mehr zeitgemäß und könne die anstehenden Welternährungsprobleme nicht lösen. Dem ist zu erwidern, daß mit steigender Mineraldüngung die biologische Eiweißwertigkeit sinkt und damit der Nährwert. Die Welternährungsprobleme lassen sich nur mit einer generellen Umstrukturierung der Nahrungsproduktion beherrschen; wie etwa die Verlagerung der Eiweißproduktion von der energie- und kalorienfressenden Massentierhaltung, hin zu pflanzlichem Eiweiß – z.B. Soja und Getreidefrüchte. Würde das zur Verfügung stehende Weideland für die pflanzliche Proteingewinnung voll genutzt, dann hätten wir mit Sicherheit keinen Eiweißmangel zu beklagen.
3. Biokost sei viel zu teuer! Dieses Argument hat manchmal seine Berechtigung, denn in der Tat liegt der Preis für biologisch gezogenem Gemüse um ca. 70–100% über dem Supermarktpreis der kommerziell erzeugten Produkte. Bedenkt man aber, daß z.B. das teure Fleisch wegfällt und Konfitüren und Konserven eben auch nicht billig sind, dann relativiert sich manches. Wer mit der Biokost Erfahrung hat, weiß, daß mit Vollwertkost das Sättigungsgefühl eher einsetzt und länger anhält, daß man weniger ißt und sich langsam, aber sicher die Naschsucht abgewöhnt. Berücksichtigt man nun noch den höheren Wassergehalt der herkömmlichen Kost, die Rückstände und den geringeren Nährwert, dann schlägt das Pendel zugunsten des höheren Preises aus, und man greift für diese Vorteile gerne etwas tiefer in die Tasche. Die Preisfrage hängt ja auch entschieden davon ab, ob ich seltene, schwer zu beschaffende Lebensmittel kaufe oder solche, die in großen Mengen produziert werden, dafür aber auch billiger sind. Wahrscheinlich werden die Preise in den Bioläden früher oder später durch die aufkommende Konkurrenz sinken und nicht wenige Konsumenten direkt vom Erzeuger beziehen; dies wäre allerdings eine Entwicklung, die dem Handel auf Dauer schaden würde.

Ein neues Umweltbewußtsein?

So mancher wird in diesem Buch Informationen über die Agrarchemie, Umweltgifte und ihre Rückstände in Lebensmitteln vermissen. Nun, ich habe das Thema bewußt ausgeklammert, weil darüber eine Unmenge, zumeist pseudowissenschaftlicher Literatur existiert mit allen möglichen Katastrophenstorys. Es ist mir ein Ärgernis, wenn auf der einen Seite ausgerechnet Vertreter des Umweltschutzes aus der alternativen Szene an den luxusorientierten Segnungen unserer Gesellschaft ungeniert partizipieren, z. B. Auto, Fernseher, Stereoanlage usw. und gleichzeitig nach einschneidenden Umweltschutzgesetzen rufen, die auf längere Sicht der Wirtschaft die freie Entfaltung nehmen und ihr damit das Wasser abgraben. Auch ist es völlig utopisch und zeugt von mangelnder Wirklichkeitseinschätzung, aus einem hochentwickelten Industriestaat wieder einen Agrarstaat machen zu wollen. So können wir das Dilemma der sich zunehmend anreichernden Umweltgifte nicht in den Griff bekommen. *Solange unser luxuriöses Anspruchsniveau nicht mindestens um die Hälfte heruntergedimmt wird, wird sich da nicht viel ändern; egal wer das politische Ruder in der Hand hält.*

Mit Gesetzen kann man keinen Bewußtseinswandel bewirken und schon gar nicht neue Werte setzen. Zwänge führen nur zu Gegenreaktionen und geben keine Einsichten. Unser Luxusanspruch ist es, der uns den Chemiedreck und die Schwermetallbelastung gebracht hat; denn wohlgewachsene, zarte holländische Möhrchen der Handelsklasse I, können eben nur mit massiver Chemie gezogen werden und Leichtmetallfahrräder, die nicht rosten, nur aus Aluminiumverhüttung hergestellt werden, deren Schadstoffausstoß trotz Filtrierung eine gefährliche Belastung darstellen. Lebensqualität ist etwas ganz anderes als Luxuskonsum und ein dickes Bankkonto. Es ist eine innere Qualität; der Harmoniepunkt, welcher die Persönlichkeit und die äußere Welt zu einem Ganzen verbindet. Wer diesen Punkt oder diese innere Mitte gefunden hat, stellt an die Gesellschaft und an seine Mitmenschen weit weniger Ansprüche und ist mit einer einfachen Lebensweise zufrieden. Dem äußeren Wandel muß zunächst ein innerer vorausgehen; und zwar durch Einsicht und wahres Verstehen, erst dann können wir auf einen natürlichen, zwanglosen Umweltschutz hoffen. Freilich will niemand die guten Ideen und Ansätze verkennen, die heute verschiedentlich publiziert werden, z. B. die biologische Schädlingsbekämpfung mit wachstumshemmenden Hormonen und die Züchtung von natürlichen Feinden oder die Rückkehr zur biologischen Anbauweise mit Mischkulturen und natürlichen Düngemitteln; aber diese Ideen können nur verwirklicht werden, wenn dem ein innerer Bewußtseinswandel vorausgeht, sonst bleibt alles Kosmetik.

Es nützt gar nichts, den Teufel an die Wand zu malen und mit Panikmache Änderungen herbeizwingen zu wollen; vielmehr muß jeder für sich still anfangen zu höheren Einsichten zu kommen. Nur so kann man dem Industriegigantismus und der zentralistischen Verbürokratisierung den Boden entziehen.

Anmerkungen zur Psyche und Ernährung

Ernährung ist nicht alles, aber sie ist der Nährboden, auf dem alle möglichen Krankheiten gedeihen. So könnte man in einem Satz die Bedeutung der Ernährung umreißen. Die einen behaupten, nur seelische Harmonie sei für die Gesundheit ausschlaggebend, allein sie bewahrt vor Einseitigkeit und Überernährung. Andere wieder sagen, Ernährungsgewohnheiten seien familiär und traditionell geprägt und hätten mit den seelischen Befindlichkeiten kaum etwas zu tun. Und es gibt solche, die meinen, die Auswahl der Nahrung sei eine reine Geschmacksfrage, die vom Klima, Rasse und jahreszeitlichem Angebot bestimmt wird.
Eine Ansicht ist immer nur ein Teilaspekt einer umfassenden Wahrheit, und es scheint unmöglich, die Wahrheit auf einen Nenner zu bringen. Greift man etwa das rassische Problem auf, dann wird man zugeben, daß z. B. Südeuropäer und Orientalen ihre Speisen schärfer würzen, aromareiche Nahrungsmittel bevorzugen und mehrere Gänge lieben. Für Franzosen und Italiener ist Essen nicht nur die Befriedigung des Hungergefühls, sondern Mittelpunkt ihres geselligen Zusammenseins und Pflege von Kulturbewußtsein. Das familiär geprägte Ernährungsbewußtsein ist natürlich auch vom Temperament und den Landessitten wesentlich mitgeprägt. Hierbei spielt die rassische und völkische Mentalität eine nicht geringe Rolle, denn die Auswahl der Speisen und ihre Zubereitungsform spiegelt auch etwas von der Bewußtseinsausrichtung und Lebenseinstellung wider. Es wäre also eine Vermessenheit, wollte man aus der rassischen Mentalität oder psychischen Grundtönung eine Art seelisch disponierte Ernährungseinstellung ableiten; dafür fehlen die ethnologischen Grundlagenforschungen und vor allem eine wirklich objektive Unvoreingenommenheit.
Anders sieht es bei den individuellen Ernährungs- und Diätfehlern aus, die nicht selten aus einer seelischen Fehlhaltung resultieren. Das Essen als Ersatzbefriedigung oder Ablenkung ist weit verbreitet. Die abgedrängten Konflikte aus dem Unbewußten vagabundieren meist unerkannt zwischen bewußten und unbewußten Empfindungen umher und brechen plötzlich als unerklärliche Launen oder Mißstimmungen ins Bewußtsein ein. Der Mensch wird von ihnen beherrscht, d. h. sie dominieren für eine gewisse Zeit seine Stimmung – er muß sie erleiden. Um sie aus dem Seinsbewußtsein zu beseitigen, hat er nur drei Möglichkeiten:

1. Er übergibt sich mit all seinen Mißstimmungen dem Schöpfer, das ist die religiöse Entlastung.
2. Er versucht die Mißstimmung zu analysieren, indem er eine Konfliktaufdekkung versucht, das ist die bewußte Verarbeitung, die jedoch eine scharfe Selbstbeobachtung und schonungslose Selbstkritik erfordert.
3. Er verdrängt die Mißstimmung gewaltsam oder durch Ablenkung – z. B. durch Sinnengenuß, indem er seinem Gaumen etwas Gutes zukommen läßt in Form von voluminösen Mahlzeiten, meist mit einem kräftigen Schuß Alkohol kombiniert und den nachfolgenden Zigaretten.

Die Frage, ob ein permanent seelisch gestörter Mensch zu einer gesunden Ernährung findet, müßte man eigentlich verneinen; denn alle Vernunft spricht dagegen. Die Erfahrung hat aber in solchen Fällen das letzte Wort, und auch ein seelisch gestörter Mensch kann über die Ernährung Konflikte zwar nicht lösen; aber leichter bewältigen, das habe ich an mir selbst erlebt. Vollwertkost ist nämlich als Ersatzbefriedigung oder Ablenkung für Frustrationen und Mißstimmungen weit weniger geeignet, als die oft überzuckerte, bzw. starkgewürzte und gesalzene, mit chemischen Geschmacksverstärkern durchsetzte Industriekost. Zwar schmeckt die Vollwertkost bedeutend besser, weil durch ihr großes Nährstoffangebot die Geschmacksempfindungen eine umfassendere Anregung erfahren; aber ihr fehlt die einseitige, oft konzentrierte Geschmacksausrichtung. Das hat zur Folge, daß der an Vollwertkost Gewöhnte kaum auf die Idee kommt, seine Probleme mit Zwischenmahlzeiten zu lösen, zumal er auch nach den üblichen Essenszeiten ein lang nachhaltiges Sättigungsgefühl hat; sondern er wird je nach Veranlagung den Konflikt oder das Problem mit einer der beiden erstgenannten Möglichkeiten zu lösen suchen. Diese Erfahrung konnte ich an mir selbst machen, womit für mich klar geworden ist, daß die Vollwerternährung zur seelischen Konfliktbereinigung beiträgt. Eine andere Erfahrung ist die Beobachtung, daß Vollwertkost in einem kaum merklichen Umstimmungsprozeß zur Mäßigung und Bescheidenheit erzieht, zumindest was die Ansprüche sinnlicher Genüsse anlangt. Das erklärt sich vielleicht mit der umfassenden Befriedigung des Stoffwechsels, der eben all das, was er dringend braucht, mit einer vollwertigen Ernährung zugeführt bekommt. Damit berühren wir ein heikles Thema, nämlich die Frage, inwieweit mit Vollwertkost auf die Psyche direkt Einfluß genommen werden kann; von den indirekten Einflüssen einmal ganz abgesehen. Der Stoffwechsel ist der Resonanzboden der Psyche, die vielleicht in ihrer subtilsten Energiestruktur ein holistisches Abbild des gesamten Universums ist; daher auch in sich die Ganzheit birgt. Das Bestreben der Seele oder ihr natürliches So-Sein, ist die Mitte zu wahren; jener sakrale Punkt, der stets im ewigen Jetzt existiert. Die in der lebenden Materie ablaufenden Stoffwechselvorgänge sind ebenfalls bemüht, durch enzymatisch verursachte Redoxreaktionen diese Mitte bzw. Gleichgewichtslage zu erlangen. Da der Stoffwechsel sich jedoch innerhalb eines räumlich begrenzten Mediums abspielt und ständige Störfaktoren, wie meteorologisch-klimatische, als auch emotionale und Nährstoffenergien dieses Gleichgewicht verändern, erfolgen die Ausgleichsbestrebungen zyklisch, d. h. in zeitlichen Intervallen. Aus dieser Sicht könnte man alle zugeführten Nährstoffe als Störfaktoren bezeichnen, die der Stoffwechsel durch Abbau, Aufbau, Integration und Ausscheidung zu eliminieren sucht. Die Gesamtpersönlichkeit ist jedoch bestrebt, in der Welt der Erscheinungen ihr Sein zu verwirklichen. Dieser mächtige Anspruch erfordert substantielle Selbsterhaltung durch Nahrungsaufnahme. Die Nähr- und Energiestoffe aus der Nahrung sind also einerseits Energien, die den Stoffwechsel in ein subtiles Ungleichgewicht bringen, andererseits ihm wiederum solche Energien zuführen, mit denen er in der Lage ist, alle exogenen und endogenen Störfaktoren auszugleichen. Wunschbilder und Erwartungshaltungen des Mentals, Identifikationsbilder und Emotionen, seien sie nun harmonisch oder dissonant, strahlen in den Stoffwechsel ein und werden entsprechend reflektiert; in Form von subtilen Unregelmäßigkeiten im enzymatischen Auf- und Abbaugeschehen. Freilich vermag ihrerseits eine Stoffwechselentgleisung jene sakrale Mitte – das göttliche Selbst der Seele – nicht

zu berühren, da es außerhalb der Raum-Zeitstruktur ist; aber sicherlich im vordergründigen Egoanspruch, dem materiellen Verwirklichungsstreben mit seinen Begehrungen, Wünschen und Wollen. Ein durch Ernährung krankhaft veränderter Stoffwechsel ist also eine seelische Belastung, die so weit gehen kann, daß der Wunsch nach einer materiellen Existenz aufgegeben und nur noch die Sehnsucht nach dem Tod bleibt. Insofern ist der Stoffwechsel für das Gesamtwohlbefinden elementar.
Ein Beweis für die somatische Rückwirkung auf die emotionelle und geistige Ordnung bzw. Unordnung, sind Bakteriengifte infolge denaturierter Industriekost, wie sie in toxischen Darmfloraverschiebungen sichtbar werden. Paterson und Vannier haben die Symptome, die in den meisten Fällen seelischer Art sind, im einzelnen dokumentiert. Zusammengefaßt stehen folgende Symptome im Vordergrund: Depression mit Selbstmordneigung, unruhig und reizbar, Anfälle von schlechter Laune, zornig und aufbrausend, beklemmende Furcht, Müdigkeit, unentschlossen und verringerter Antrieb.
Die Erfahrung von der „Lebensmüdigkeit" eines alternden Organismus bestätigt das. Unlust und Abgespanntheit ist wie eine subtile Lähmung; wie wenn tausend kleine Stricke die inneren Funktionen binden würden und sich immer fester zusammenzögen. Diese Empfindung drückt der an Vitaminen und Enzymen verarmte Stoffwechsel aus, der beim alten Menschen durch Alterungsprozesse entsteht und beim jungen Menschen durch die mineralstoff- und vitaminverarmte Industriekost. Damit wird offensichtlich, daß eine biologisch tote Nahrung die Fähigkeit des Stoffwechsels, eine Gleichgewichtslage zu erzielen, bei zusätzlich negativ-seelischer Einstrahlung völlig aus den Angeln hebt. Diese Situation haben wir heute weltweit. Infolge der rasch fortschreitenden Industrialisierung und Verstädterung wächst das Anspruchsdenken, damit auch die Frustration und Konflikte und natürlich die industrielle Nahrungsherstellung. Wir können zwar auf Lebensmittelmassenherstellung nicht mehr verzichten; aber die industrielle Massenherstellung könnte sich durch neue Techniken des Vertriebes und der Verarbeitung auf Vollwertkost einstellen. Wenn eine biologisch-minderwertige Nahrung auf die Stoffwechselordnung negativen Einfluß nimmt, stellt sich schließlich die Frage, ob umgekehrt die „geistige Unordnung" zu einer ebenso ungeordneten, disharmonischen Nahrungsaufnahme, Lebensmittelwahl und Verwertung führt? Die Beobachtung an gestreßten, von Alltagshetze und Erfolgsstreben gejagten Menschen scheint dies voll zu bestätigen. Ernährungsfehler können also nicht nur aus seelisch unbewältigten Konflikten herrühren; sondern direkt aus der geistigen Ebene verursacht sein. Wie ich an anderer Stelle schon sagte, ist die ewige Mitte im Geist zentriert, der wiederum diese Mitte nur durch die Rückbindung zum Schöpfer halten kann. Eine Abkoppelung vom Schöpfer muß den Verlust der geistigen Mitte bedeuten und schließlich das geistige Chaos mit katastrophalen Auswirkungen auf die Psyche und den Stoffwechsel des Biosystems. Die chaotisch-geistige Resonanz wird sich schließlich in einer ungeordneten Lebens- und Verhaltensweise äußern, die sich zuvorderst auf das Essensverhalten und die Wahl der Speisen auswirkt. Durchaus ist vorstellbar, daß, je größer die geistige Unordnung ist, desto verkünstelter und unnatürlicher die

Nahrung. Die Frage nach der geistigen Unordnung läßt sich nur so beantworten, daß der Geist – das holistische Abbild des Universums – sich nur dann bewahren kann, wenn er im Schöpfer verankert bleibt. Es ist wohl kaum nötig, an dieser Stelle die strukturelle und geistige Ordnung des Universums zu verdeutlichen. Dennoch sei wiederum darauf hingewiesen, daß die nötige Vitalität und Verwirklichungskraft, die zurück zu der universalen Ordnung führt, auch von einer vitalstoffreichen, naturbelassenen Ernährung abhängt.
Eine Vollwertkost kann das Wesen eines Menschen natürlich nicht ändern, aber sie kann auf einen harmonischen Stoffwechselablauf Einfluß nehmen und das somatische Wohlbefinden steigern helfen. Das hat indirekt wieder positive Rückwirkungen auf die seelische Empfindung und kann näher zur ewigen Mitte hinführen. Höchste Lebensqualität kann nur diese eine ganzheitliche Mitte sein, die es zu verwirklichen gilt. Dazu mag die Ernährung ihren bescheidenen, aber doch unentbehrlichen Beitrag leisten. Jeder sollte sich darüber im klaren sein, daß nur eine Vollwerternährung das erbringen kann. Ich hoffe, mit diesem Buch einigen den Einstieg in die biologische Vollwertkost erleichtert zu haben mit dem Wunsch, daß die Vollwertkost in großen (Hotels, Krankenhäusern) und kleinen Haushalten zur Normalität wird.

VI. KAPITEL

Rezepteanhang

Die Gichtheilkost
7 Tagesplan (siehe S. 41)

1. Tag:

Frischkornbrei (pro Person)

3 EL	Getreide	– Zubereitung siehe S. 92
ca. 100 g	Wasser	
1	Apfel	
1	Orange oder	
½	Grapefruit	
1 TL	Zitronensaft	
1 EL	Sahne, Milch oder Dickmilch	
1 EL	gehackte Nüsse	
1 EL	eingeweichte Trockenfrüchte	
1 TL	Honig nach belieben	

Grüner Salat mit Radieschen

1	Kopfsalat	– in mundgerechte Stücke pflücken
1 Bund	Radieschen	– in Scheiben schneiden
1 EL	gemischte Kräuter	– dazugeben und erst vor dem Servieren mit der Marinade anmachen
½	Zwiebel fein gehackt	
¼ TL	Meersalz	– miteinander verrühren
½ TL	Honig	
	Pfeffer a. d. Mühle	
2 EL	Apfelessig	
4 EL	Sonnenblumenöl	

- Die Mengenangaben sind jeweils, wenn nichts anderes angegeben, für 4 Personen.
- Öle sollen immer als sogenannte „kaltgepreßte Öle“ verwendet werden (Sonnenblumen-, Oliven-, Lein-, Distelöl).
- 1 EL = 1 gestrichener Eßlöffel
- 1 TL = 1 gestrichener Teelöffel
- 1 Pr. = 1 Prise
- 1 Msp. = 1 Messerspitze

Kräuterspätzle mit Buchweizenbutter

500 g	Weizen oder Roggen	– sehr fein schroten und mit den übrigen Zutaten zu einem zähen Teig verarbeiten. 30 Minuten ruhen lassen.
5	Eier Gr. 3	
1 TL	Meersalz	
2 EL	Sonnenblumenöl	
3 EL	feingehackte Kräuter	
300–500 g	Wasser	
zum Kochen:		
reichlich	Salzwasser	– den Teig portionsweise durch ein großlochiges Sieb oder mit dem Spätzlehobel in das kochende Wasser einarbeiten. Jeweils aufkochen lassen und mit einer Schaumkelle herausnehmen, wenn sie an die Oberfläche kommen, in einer Schüssel warm stellen.
2 EL	Öl	
60 g	Butter	– erhitzen
2 EL	Buchweizen grob geschrotet	– etwas anbräunen
1	Knoblauchzehe	– durchpressen und dazugeben, über die Spätzle verteilen

Tomatensalat

500 g	Tomaten	– in Scheiben schneiden
1 Bund	Frühlingszwiebeln	– in feine Ringe schneiden
1 EL	Schnittlauch	
½ TL	Kräutersenf	– Marinade herstellen und über die Tomaten gießen
½ TL	Meersalz	
1 TL	Honig	
	Pfeffer a. d. Mühle	
2 EL	Obstessig	
4 EL	Olivenöl	

Fruchtsalat mit Weizenkeimen

1	Grapefruit	– Obst kleinschneiden, vorsichtig mischen und auf 4 Schälchen verteilen
1	Banane	
1	Apfel	
2	Mandarinen	
8 EL	gekeimte Weizenkörner	
4	Feigen eingeweicht	
2 EL	gehackte Nüsse	
etwas	Honig	
Saft 1	Zitrone	
Saft 1	Orange	
100 g	Sahne	– steifschlagen, würzen und über das Obst geben
etwas	Vanillepulver	

Currysuppe

4 EL	Weizenvollkornmehl	– in einem Pfännchen trocken lichtgelb rösten, erkalten lassen
1 große	Zwiebel fein gehackt	– andünsten
1 EL	Butter	
2 EL	Curry	– zugeben, kurz mitdünsten
½ l	Gemüsebrühe	– aufgießen, den Weizenschrot unter Rühren einstreuen,
½ l	Milch	auf kleiner Hitze 10 Minuten garen
1	Apfel mit der Schale fein gerieben	– zugeben
3 EL	Sahne	– unterziehen

2. Tag:

Pikanter Kohlrabisalat

2	zarte Kohlrabi mittelgroß	– raspeln
400 g	Tomaten	– würfeln
1	Joghurt 150 g	
1 EL	Obstessig	
2 EL	Sonnenblumenöl	– und unter die Salatsauce heben
½ TL	Salz	
1	kleine Zwiebel	
1TL	Kapern	
1 Bund	Schnittlauch oder Dill	

Zarte Kohlrabiblätter mit verwenden. Sie sind mineralstoffreicher als die Knollen!

Kartoffelsuppe mit Lauch

400 g	Kartoffeln	– Gemüse kleinschneiden und andünsten
300 g	Lauch	
200 g	Sellerieknolle	
200 g	gelbe Rüben	
1	Zwiebel	
2 EL	Butter	– aufgießen, würzen und ca. 30 Minuten kochen lassen
1½ l	Gemüsebrühe	
	Meersalz, Majoran, Muskat, Rosmarin Pfeffer a.d. Mühle	
4 EL	Sahne	– unterziehen
1 EL	gehackte Petersilie	

Apfelschlemmerei

250 g	Weizenvollkornmehl	– in einer Schüssel vermischen
1 TL	Zimt gem.	
1 Prise	Nelken gem.	

125 g	kalte Butter	– einschneiden
100 g	Honig	dazugeben und alle Zutaten mit den Händen abbröseln, dann zu einer Kugel formen Teig ½ Stunde ruhen lassen
1 kg	Äpfel	– vierteln, Kernhaus entfernen und in feine Scheiben schneiden

Eine Auflaufform ausfetten und die Apfelscheiben darin verteilen, den kalten Teig als Streusel darauf geben und zugedeckt backen, etwas abkühlen lassen.

ca. 30 Minuten bei 220 °C

100 g	Sahne	– steifschlagen und damit garnieren

Reissalat mit Sellerie

150 g	Naturreis Salzwasser	– 30 Minuten kochen, abtropfen und abkühlen lassen
1	säuerlicher Apfel	– mit der Schale fein würfeln
250 g	Bleichsellerie	– 1 cm breite Stücke schneiden
2 EL	Rosinen	
2 EL	gehackte Mandeln	
5 EL	Sonnenblumenöl	– Marinade rühren und mit den übrigen Zutaten mischen, durchziehen lassen
Saft 1	Zitrone	
¼ TL	Meersalz	
1–2 EL	Curry	
	Pfeffer a. d. Mühle	
½ Becher	Joghurt	

3. Tag:

Gelbe Rüben - Zucchinisalat

300 g	gelbe Rüben	– mittelfein raffeln
250 g	kleine Zucchini	
1 EL	gehackte Mandeln	
1 EL	gehackte Petersilie	
150 g	Joghurt	– verrühren und mit den übrigen Zutaten mischen
2 EL	Sonnenblumenöl	
2 EL	Zitronensaft	
¼ TL	Meersalz	
	Pfeffer a. d. Mühle	
1 EL	gehackte Petersilie	– darüberstreuen

Vollkornnudeln mit Champignonsauce

Champignonsauce

100 g	Lauch	– klein schneiden
1	große Zwiebel	
1	Knoblauchzehe	
1 EL	Butter	– andünsten
1 EL	Wasser	
½ l	Gemüsebrühe	– aufgießen und 10 Minuten kochen lassen
250 g	Champignons	– ganz oder geschnitten dazugeben
1 EL	Weizen fein gemahlen	– einrühren und 5 Minuten leise kochen lassen
30 g	Butter	– dazugeben und abschmecken
6 EL	Sauerrahm	
	Kräutersalz	
	Pfeffer	
	Petersilie fein gehackt	

Vollkornnudeln

400 g	Vollkornnudeln	– in reichlich Wasser nicht zu weich kochen, abgießen, warm abbrausen und in einer Schüssel anrichten
	Salzwasser	
1 EL	Öl	
2 EL	geriebener Käse	– darüberstreuen

Buttermilchgetränk mit Erdbeeren

½ l	Buttermilch	– miteinander mixen und sofort servieren
150 g	Erdbeeren	
1 TL	Honig	
1 TL	Zitronensaft	
1 Prise	Vanillepulver	

Rohkostplatte mit Dill-Joghurtsauce

etwas	Eichblattsalat	– Blätter ganz lassen
¼	Chinakohlsalat	– grob schneiden
250 g	Tomaten	– in Scheiben schneiden
1	Zwiebel	– fein würfeln
1	Kohlrabi	– grob raffeln
1 Bund	Radieschen	– in Scheiben schneiden
2	hartgekochte Eier	– vierteln
1 EL	gemischte Kräuter	

Eine Platte mit Eichblattsalat auslegen, das übrige Gemüse darauf anordnen. Die Salatsauce extra reichen.

Dill-Joghurtsauce

1 Becher	Joghurt	– alles gut verrühren
1 Becher	Sauerrahm	
1 EL	Obstessig	
1 TL	Kräutersenf	
1 TL	Honig	
	Kräutersalz	
	Pfeffer a. d. Mühle	
2 Bund	Dill fein gehackt	

Tomatenbutter

100 g	weiche Butter	– glattrühren und mit den übrigen Zutaten mischen, vorher kühl stellen
1 TL	Paprika süß	
1 TL	Tomatenmark	
3	grüne Oliven sehr fein geschnitten	
etwas	Kräutersalz	

4. Tag:

Gurken-Rettichsalat

1	Salatgurke	– mit der Schale grob raffeln
1	Rettich	– grob raffeln und sofort in die Sauce geben
¼ TL	Kräutersalz	– Zutaten gut verrühren, den Salat sofort servieren
1 Prise	gemahlener Koriander	
1 EL	Apfelessig	
1 EL	Sonnenblumenöl	
6 EL	Sauerrahm	
1 EL	Schnittlauch	

Bouillonkartoffeln mit Senfsprossen

1 kg	Kartoffeln	– schälen, waschen in Stücke schneiden und
30 g	Butter	– andünsten
1 l	Gemüsebrühe	– aufgießen
3	Lorbeerblätter	– zugeben und 10 Minuten bei geringer Hitze garen
1 EL	getrockneter Thymian	
300 g	gelbe Rüben	– in Scheiben schneiden
350 g	Knollensellerie	– würfeln, zu den Kartoffeln geben und weitere 10 Minuten garen
350 g	Wirsing	– in breite Streifen schneiden
650 g	Lauch	– in Ringe schneiden, zum Eintopf geben und würzen, 10 Minuten weitergaren
	Meersalz	
	Pfeffer a. d. Mühle	
1 Tasse	Senfsprossen	– vor dem Servieren unterziehen
1 EL	gehackte Petersilie	– darüberstreuen

Fruchtquark

250 g	Quark 40%	– glattrühren, abschmecken
etwas	Milch	
	gemahlene Vanille	
1 TL	Honig	
1	Orange	– Obst klein schneiden und unter den Quark mischen
1	rosa Grapefruit	
1	Banane	
1 EL	Rosinen	
1 EL	gehackte Nüsse	

Tomaten-Avocadosalat mit Sojasprossen

500 g	Fleischtomaten	– in Scheiben schneiden
2 EL	Zitronensaft	– gut verrühren und die Tomaten vorsichtig darin marinieren
½ TL	Honig	
	Meersalz	
	Pfeffer a.d. Mühle	
einige	Basilikumblätter fein geschnitten	
5 EL	Sonnenblumenöl	
1	Avocado	– schälen, halbieren, in dicke Scheiben schneiden und auf 4 Teller schräg anrichten, die Tomaten ebenfalls verteilen und mit der restlichen Marinade die Avocadoscheiben beträufeln
3 EL	Sojasprossen	– darüberstreuen
1 EL	Pinienkerne	

5. Tag:

Endivien-Orangensalat

1	Endiviensalat	– in ½ cm breite Streifen schneiden
2	Orangen	– teilen, in Stücke schneiden
1	Apfel	– mit der Schale grob raffeln
1 Becher	Joghurt	– Salatsauce pikant abschmecken, mit dem Salat mischen und sofort servieren
2 EL	Obstessig	
3 EL	Sonnenblumenöl	
1 TL	Kräutersenf	
1 TL	Honig	

Polenta

200 g	Maisgrieß	– in die kochende Brühe einrühren, 20 Minuten ausquellen lassen
800 ml	Gemüsebrühe	
30 g	Butter	– unterziehen
3 EL	Käse gerieben	– darüberstreuen

Paprikagemüse

1 kg	Paprikaschoten grün, rot und gelb	– teilen, entkernen und in große Stücke schneiden
5	Zwiebeln	– halbieren, grob schneiden
1 EL	Sonnenblumenöl	– darin andünsten, die Paprikaschoten zugeben und 10 Minuten dünsten
1 EL	Butter	
250 g	Tomaten	– achteln, zugeben und weitere 5 Minuten dünsten, würzen und abschmecken
2	zerdrückte Knoblauchzehen	
	Oregano, Thymian	
	Kräutersalz	
1 EL	Petersilie	

Apfeldessert

4	Äpfel	– mit der Schale in feine Scheiben schneiden
2 EL	Zitronensaft	– damit beträufeln
1 EL	Akazienhonig	– mit den übrigen Zutaten zugeben, vorsichtig mischen
4	Feigen geschnitten	
2 EL	Mandelstifte	
1 TL	Zimt	
1 Prise	Nelkenpulver	
6 EL	Sahne	– damit begießen

Radicchiosalat fruchtig

1	Kopf Radicchio	– in mundgerechte Stücke teilen
50 g	Feldsalat	– putzen, gut abtropfen lassen
½	Honigmelone	– in Stücke schneiden
von 2	Orangen der Saft	– Salatsauce rühren, Melonenstücke darin marinieren, dann den gut abgetropften Salat untermischen
¼ TL	Pfeffer a. d. Mühle	
1 TL	Kräutersenf	
5 EL	Olivenöl	
¼ TL	Meersalz	

Hirse–Quarkcreme

100 g	Hirsekörner	– zum Kochen bringen und 20 Minuten quellen lassen; abkühlen
350 g	Wasser	
125 g	Quark	– Zutaten verrühren, die Hirse dazugeben und abschmecken
2 EL	Honig	
1	Eigelb	
2 TL	Zitronensaft	
von 1	Zitrone die Schale	
3 EL	gehackte Haselnüsse	
50 g	eingeweichte, geschnittene Aprikosen	
1	Eiweiß	– steif schlagen und unterheben

6. Tag:

Weißkrautsalat

300 g	Weißkraut	– Strunk entfernen, sehr fein schneiden und mit dem Salz
1 TL	Salz	ca. 5 Min. stampfen
3 Stangen	Staudensellerie	– in Scheiben schneiden
1	rote Zwiebel	– fein würfeln
1	Apfel	– vierteln, entkernen, würfeln
3 EL	Obstessig	und sofort mit der Marinade anmachen
1 TL	Honig	
2 EL	Öl	
½ Becher	Sahne	
	Pfeffer a.d. Mühle	
	Schnittlauch	

Buchweizen-Käse-Auflauf

1	Zwiebel fein gehackt	– andünsten
2 EL	Sonnenblumenöl	
250 g	Buchweizen	– dazugeben und bei kleiner Hitze 20–25 Minuten garen
½ l	Gemüsebrühe	
	Kräutersalz	
	Muskatnuß	
	Koriander	
	Pfeffer	
	Oregano	
3	Eigelb	– unter den fertigen Brei rühren
3 EL	gehackte Nüsse	
3	Eiweiß	– steifschlagen und unterziehen In eine gefettete Form füllen
150 g	geriebener Käse	– darüberstreuen
		30 Min. backen bei 175°C

Gemischte Rohkost

250 g	Gurken	– grob raffeln und sofort mit der Salatsauce anmachen
250 g	Rettich	
250 g	gelbe Rüben	
150 g	Sauerrahm	– gut verrühren
	Meersalz	
	Pfeffer a.d. Mühle	
1 TL	Honig	
1 TL	Paprika süß	
¼	Salatkopf	– Rohkost auf Salatblättern anrichten und garnieren
4	Stücke Wassermelone	
	Zitronenmelisse	

7. Tag:

Chinakohlsalat

300 g	Chinakohl	– in Streifen schneiden
1	Apfel	– jeweils mit der Schale würfeln
1	Birne	
30 g	Korinthen	
1 TL	Honig	– gut verrühren und über den Salat gießen
2 TL	geriebener Meerrettich	
1 TL	Ingwerpulver	
3 EL	Zitronensaft	
2 EL	Sahne	
1 EL	Sonnenblumenöl	
	Pfeffer a. d. Mühle	
1 Prise	Meersalz	

Grünkernklößchen

250 g	Grünkern	– mittelgrob schroten und in
750 ml	Gemüsebrühe	– einrühren, aufkochen und 30 Minuten quellen lassen
20 g	Butter	– zugeben und etwas abkühlen
3	Salbeiblätter	– fein schneiden
1	Knoblauchzehe	– zerdrücken
2	Vollkornzwieback	– zerbröseln (oder Semmelbrösel)
2	Eier	– und alle Zutaten zu einem
	Meersalz	Teig verarbeiten
	Pfeffer a. d. Mühle	10 Klößchen formen und in
	Salzwasser	– ziehen lassen
3 EL	geriebener Käse	– beim Servieren darüberstreuen

Tomatensauce

1	Knoblauchzehe	– zerdrücken
1	Zwiebel	– würfeln und in
2 EL	Olivenöl	– andünsten
1 EL	Obstessig	– damit ablöschen
500 g	Tomaten	– geviertelt zugeben und weiterdünsten,
¼ l	Gemüsebrühe (oder halb Brühe, halb Milch)	– nach einigen Minuten aufgießen und alles pürieren oder mixen
	Meersalz	– würzen und abschmecken
2 EL	Sahne	
1 EL	Rotwein	
1 Prise	Thymian	

Wirsing gedünstet

1	Kopf Wirsing	– in breite Streifen schneiden
1	Zwiebel	– hacken
20 g	Butter	– darin andünsten, Wirsing zugeben und locker durchmischen, kurz dünsten, das Gemüse soll knackig bleiben
1 EL	Wasser	
	Meersalz	
⅛ l	Gemüsebrühe	
	Pfeffer	
	Muskat	
20 g	Butter	– unterziehen

Zimteis

¼ l	Sahne	– fast steif schlagen
2	Eigelb	– zugeben und weiterschlagen, bis die Masse fest ist
70 g	Honig	
2 TL	Zimt	
2	Eiweiß	– zu Eischnee schlagen und unterheben
1 EL	gehackte Walnüsse	– darüberstreuen

Zum Gefrieren in eine Schüssel oder andere Form füllen.
Vor dem Servieren mindestens 1 Stunde in den Kühlschrank stellen, dann in Scheiben schneiden oder mit dem Portionierer entnehmen.

Champignonsalat

5 EL	Sahne	– Marinade herstellen und vorsichtig mit den Salatzutaten mischen 15 Minuten ziehen lassen
3 EL	Sonnenblumenöl	
3 EL	Zitronensaft	
1 TL	Kräutersenf	
	Kräutersalz	
	Pfeffer a. d. Mühle	
250 g	frische Champignons	– in Scheiben schneiden
1	grüne Paprikaschote	– fein würfeln
2	Tomaten	– achteln, halbieren
2	hartgekochte Eier	– achteln, halbieren
50 g	mittelalter Gouda	– würfeln
1 EL	gehackte Petersilie	
½ Kästchen	Kresse	– zum Garnieren

Toprezepte für eine Sieben-Tages-Vollwertkost (siehe Seite 186)

1. Tag:

Grundrezept für Frühstücksfrischkornbrei siehe S. 282 und S. 92

Feldsalat

4 EL	Sonnenblumenöl	– Alle Zutaten gut verrühren und kurz vor dem Anrichten mit dem Salat mischen
1–2 EL	Essig	
1 EL	Sauerrahm oder Dickmilch	
¼ TL	Kräutersalz	
1 EL	gehackte Kräuter	
2 TL	sehr fein gewürfelte Zwiebeln	
1	Knoblauchzehe	
200 g	Feldsalat	

Sauerkrautfrischkost

500 g	rohes Sauerkraut	– mit der Gabel lockern, klein schneiden
1	Zwiebel	– fein würfeln
1	Apfel	
¼–½	Ananas	– klein schneiden
4 EL	Sonnenblumenöl	– Salatsauce rühren und mit den übrigen Zutaten mischen
2 EL	Zitronensaft	
1 TL	Honig	
einige	Walnüsse	– zum Garnieren
etwas	Feldsalat	

Kartoffelgemüse mit Käsesauce

500 g	Kartoffeln	– waschen, schälen und in dicke Scheiben schneiden
300 g	gelbe Rüben	– waschen, in Scheiben schneiden
750 g	Lauch (brutto)	– putzen, waschen in 2 cm dicke Scheiben schneiden
20 g	Butter	– Kartoffeln darin andünsten, mit
⅜ l	Gemüsebrühe	– aufgießen und 10 Minuten garen gelbe Rüben und Lauch zugeben und weitere 15 Minuten garen.
100 g	geriebener Emmentaler	– in der Sauce schmelzen lassen
(1 EL	Senf mittelscharf)	– nach Belieben dazugeben
1 Becher	Sahne	
	Salz, Pfeffer	– abschmecken
1 EL	Zitronensaft	
1 Bund	Schnittlauch	– untermischen und anrichten
4 EL	Kresse- oder Senfsprossen	– abschneiden und darüberstreuen

Apfelmus roh

500 g	Äpfel	– Äpfel vom Kernhaus befreien und mit allen übrigen Zutaten im Mixer pürieren
1	Zitrone Saft und Schale	
1 EL	Honig Zimt	– abschmecken und mit Nüssen bestreuen
½ Tasse	Milch oder Sahne	
3 EL	grob gehackte Hasel- oder Walnüsse	

Kalte Joghurt-Kräutersuppe

4 Becher	Sahnejoghurt (¾ l)	
1 EL	Essig	
2–3 EL	Olivenöl	– gut miteinander verrühren
1–2	Knoblauchzehen	
1 Bund	Dill	
1 Bund	Petersilie Salz, Pfeffer	
1	Salatgurke	– mit der Schale fein raffeln und alles kräftig abschmecken und kühl stellen
50 g	Walnüsse gehackt	– vor dem Servieren darüberstreuen
einige	Oliven grün oder schwarz	– damit garnieren

Nach Belieben kann man einige zerstoßene Eiswürfel in die Suppe geben.

2. Tag:

Bunter Weißkrautsalat

0,5 kg	Weißkraut	– sehr fein schneiden, mit Salz mischen und stampfen, bis sich Flüssigkeit bildet (ca. 10 Minuten)
1 TL	Salz	
1	gelbe Rübe	– groß raffeln
½	grüne Paprika	– in Streifen schneiden

Marinade:

100 g	Sahne	
3 EL	Essig	– gut verrühren und mit dem Gemüse mischen, etwas ziehen lassen
etwas	Honig Pfeffer a.d. Mühle	
3 EL	Öl	
viel	Schnittlauch	– darüberstreuen

Nudeln mit Kräuter-Sahnesauce

250 g– 400 g	Vollkornnudeln (Spaghetti,Band- nudeln)	– in reichlich Salzwasser mit Öl bißfest kochen, abtropfen lassen
1 EL	Öl Salz	
1	Zwiebel	– fein würfeln
1	Knoblauchzehe	– zerdrücken und in
20 g	Butter	– glasig dünsten
250 g	Sahne	– zugießen und in der offenen Pfanne sämig einkochen lassen
etwas grob	Zitronensaft gemahlener Pfeffer Salz	– abschmecken
3–4 EL	gehackte Kräuter (Schnittlauch, Petersilie,Dill, Basilikum) oder Wildkräuter	– zugeben, – Nudeln mit Sauce vermischen
100 g	Emmentaler gerieben	– zum Essen reichen

Statt der Kräuter kann man auch 150 g feingewiegten Spinat nehmen.

Bananen mit Fruchtsoße

pro Person:		
½–1	Banane Zitronensaft	– in Scheiben schneiden und sofort in Gläser verteilen, mit etwas Zitronensaft beträufeln
300 g	Erdbeeren Himbeeren Brombeeren frisch oder gefroren	– Früchte mit Honig, Rum und Vanille mixen und darübergießen
2–3 EL	Honig	
1–2 EL	Rum	
etwas	gemahlene Vanille	
etwas	Kakao	– zum Bestreuen
1–2 EL	gehackte Mandeln oder Nüsse oder Sesam	

Eissalat mit Tomaten

½ TL	Salz	
2 EL	Essig	
4 EL	Sonnenblumenöl	– Zutaten zu einer Sauce rühren und locker mit dem Gemüse mischen
1	Knoblauchzehe	
2 EL	gehackte Kräuter	
½	Eissalat	– in 2 cm breite Streifen schneiden
300 g	Tomaten	– halbieren und in Scheiben schneiden

Grünkernsalat

150 g	Grünkern	– 30 Minuten köcheln und anschließend abkühlen lassen
300 ml	Wasser	
1 TL	gekörnte Gemüsebrühe	
1 kleine	Zwiebel	– fein würfeln
2	Birnen	
2	Äpfel	
½	Ananas	
150 g	Gouda oder anderer Käse	
3 EL	Obstessig	– zu einer würzigen, pikanten Sauce rühren und mit den übrigen Zutaten mischen. Einige Stunden kalt stellen.
	Kräutersalz	
1 TL	Sojasauce	
1 TL	Curry	
1 Stück	Ingwer frisch gerieben	
1 EL	Öl	
3 EL	Sauerrahm	
3 EL	Joghurt	

3. Tag:

Wirsingrohkost mit Sesam

300–400 g	Wirsing	– in sehr feine Streifen schneiden oder mit der Rohkostmaschine zerkleinern (grob raffeln)
1	rote Paprikaschote	– in feine Streifen schneiden
1	Apfel	– grob raffeln und
1 TL	Salz	– in die vorbereitete Marinade geben
3 TL	Essig	
2 EL	Öl	
3 EL	Sahne	
	Pfeffer a. d. Mühle	
1 TL	Honig	
½	Zwiebel feingeschnitten	
	Schnittlauch	
1 TL	Senf	
2 EL	Sesam	– in einer Pfanne ohne Fett rösten und über den angerichteten Salat streuen

Tomaten-Zucchini-Salat

3	Tomaten	– in ½ cm dicke Halbringe schneiden
3 kleine	Zucchini	– in dünne Scheiben schneiden
½	grüne Paprikaschote	– in Streifen schneiden
einige	Löwenzahnblätter	– waschen und trockenschütteln
½	Zwiebel	– in Ringe schneiden
½ TL	Kräutersalz	– gut verrühren und vorsichtig mit den Salatzutaten

½ TL	Honig	mischen
1	Knoblauchzehe	
	Pfeffer a.d. Mühle	
3 EL	Obstessig	
4 EL	Olivenöl oder anderes	

Roggentortillas mit Quarksauce

250 g	Magerquark	
⅛ l	Milch	– verrühren
	Salz	
½ Bund	Schnittlauch	– würzen und kühl stellen
3 EL = 40 g	Weizenvoll-kornmehl	– verrühren und 20 Minuten quellen lassen
⅛ l	Milch	
	Salz	
2	Eier Gr. 2	
20 g	zerlassene Butter	– unterrühren
1	rote Paprikaschote	
2	Schalotten	– fein würfeln und in
1	Knoblauchzehe	
20 g	Butter	– andünsten,
4 EL	Roggenkörner eingeweicht oder angekeimt	– zufügen und mit andünsten, (einige Paprikawürfel zurückbehalten)
2	Thymianzweige	– Das angedünstete Gemüse unter den Pfannkuchenteig
1 MS	Cayennepfeffer oder Chiligewürz	mischen und würzen
20 g	Butter	– in einer Pfanne erhitzen und 8–12 kleine Tortillas aus-
etwas	Olivenöl	backen
½ Bund	Schnittlauch	– beim Anrichten
restliche	Paprikawürfel	darüberstreuen, mit der Quarksauce servieren

Radicchiosalat

1 Kopf	Radicchio	– in Blätter zerlegen und waschen
3 Stengel	Bleichsellerie	– 1 cm breite Stücke schneiden

Salatsauce:

½ TL	Kräutersalz	– Salatsauce rühren und vorsichtig mischen
1 MS	gem. Koriander	
1 TL	Honig	
1 EL	Zitronensaft	
2 EL	Öl	
3 EL	Sauerrahm	
3 EL	gehackte Petersilie	– darüberstreuen

Hirsecreme mit Früchten (ergibt ca. 6 Portionen)

130 g	Hirse	– in das Wasser rühren, 5 Minuten kochen und 15 Minuten
von ½	Zitrone die Schale	auf der ausgeschalteten Platte quellen lassen.
300 g	Wasser	Abkühlen
70 g	Honig	
1 Prise	Salz	– würzen
	Vanille	
2 EL	gehackte Nüsse	
	oder Mandeln	
100 g	Sahne	– steifschlagen und unterheben. 1 Stunde kühlen
400 g	Obst oder	– eventuell klein schneiden und abwechselnd mit der
	Beeren nach	Creme in eine Glasschale füllen
	Jahreszeit	– mit einigen Früchten garnieren

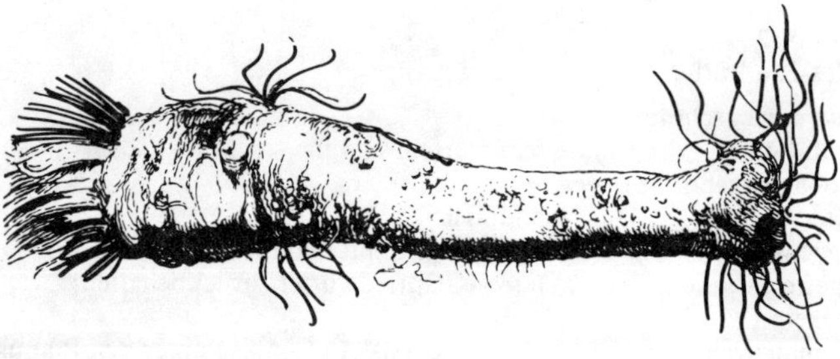

4. Tag:

Rettich-Kohlrabi-Rohkost

ca. 300 g	Rettich	– gründlich bürsten	– grob raffeln
1	Kohlrabi	– schälen	
	Kohlrabiblätter	– fein schneiden	

Sahne-Kräuter-Sauce

200 g	Sauerrahm	– mit der Sauce mischen und gleich servieren
1 EL	Essig oder	
	Zitronensaft	
¼ TL	Kräutersalz	
3 EL	feingehackte	
	Kräuter wie	
	Petersilie, Kerbel	
	Schnittlauch, Dill,	
	Estragon usw.	
	Pfeffer a. d. Mühle	

Es kann auch nur Rettich verwendet werden.

Wirsingcremesuppe

300 g	Wirsing	– Die Wirsingblätter in feine Streifen schneiden und in
¾ l	Gemüsebrühe	– weichkochen. Einige Streifen zurückbehalten, die anderen mit der Brühe
	Salz, Pfeffer, Muskat	– vermixen, abschmecken, die Wirsingstreifen dazugeben. Nochmal erhitzen mit
1	Eigelb	– legieren, die Suppe darf dabei nicht mehr kochen
⅛ l	Sahne	– halbsteifschlagen und in die Suppenschüssel geben oder auf den Tellern verteilen,
1 EL	gehackte Petersilie	– darüberstreuen

Quarknockerl

25 g	weiche Butter	– glatt rühren, alle anderen Zutaten nacheinander dazurühren und mindestens 15 Minuten quellen lassen
1 kleines	Ei	
1 EL	Honig	
250 g	Magerquark	
100 g	Weizen fein gemahlen	– Mit einem Eßlöffel Nockerl abstechen und ins kochende Wasser geben, 12–15 Minuten leise ziehen lassen.
1 Prise	Salz	– Vorsichtig herausheben, auf warmen Tellern servieren.
1 TL	Zimt	
1 ½ l	Wasser	
1 TL	Salz	

Aprikosensauce

125 g	getrocknete Aprikosen	– über Nacht einweichen und mit soviel Einweichwasser vermixen, daß eine dickflüssige Sauce entsteht.
etwas	Honig	
abgeriebene	Orangenschale oder Orangenlikör	

Nudelsalat mit Gemüse

250 g	Vollkornnudeln	– bißfest kochen
	Salzwasser	
1 EL	Öl	
4 EL	Obstessig	
1 EL	Kräutersenf	
	Meersalz	– kräftig miteinander verrühren
	Pfeffer	
8 EL	Sonnenblumenöl	
1	Zwiebel	– würfelig bzw. in Scheiben schneiden und mit allen übrigen Zutaten gut mischen. Durchziehen lassen
1	grüne Paprikaschote	
1	rote Paprikaschote	
3	Tomaten	
2	Frühlingszwiebeln	
1	Tomate	
1	hartgekochtes Ei	
1 EL	Schnittlauch	– zum Garnieren
1 Becher	Kresse	

5. Tag:

Feldsalat

150 g	Feldsalat	– gründlich waschen
¼ TL	Kräutersalz	
2 EL	Obstessig	
1 TL	Senf	
1 EL	Sauerrahm	kurz vor dem Anrichten mit der Marinade mischen
½	Zwiebel sehr fein geschnitten	
1	Knoblauchzehe	
4 EL	Sonnenblumenöl	

Lauch-gelbe-Rüben-Salat

250 g	Lauch	– in feine Streifen schneiden
250 g	gelbe Rüben	– raspeln
2 EL	gehackte Nüsse	
250 g	Joghurt oder Dickmilch	
1 EL	Sonnenblumenöl	– mit der Marinade mischen und abschmecken
½ TL	Senf	
¼ TL	Kräutersalz	
2 EL	gehackte Kräuter	
½ TL	Salatgewürz	

Gemüsesuppe mit Getreide

300 g (netto)	Gemüse, wie z. B. Lauch, gelbe Rüben, Kohlrabi, Zucchini	– jeweils klein schneiden
1	Zwiebel	– fein würfeln und zusammen in
1 EL	Butter	
1 EL	Wasser	– andünsten und 10 Minuten im geschlossenen Topf garen
50 g	fein gemahlenes Getreide (Weizen, Gerste, Hafer)	– in das Gemüse streuen und einige Minuten mitdünsten, danach mit
1 l	Gemüsebrühe	– aufgießen, wenige Minuten leise kochen lassen
½ Becher	Sauerrahm	
4 EL	süße Sahne	
	gehackte Petersilie	– zum Abschmecken
	Schnittlauchröllchen	
etwas	Majoran, Kümmel	
	Muskat	

Hirsepfanne mit Knoblauchsauce

1	Knoblauchzehe	– fein hacken
2	frische grüne Pfefferschoten oder rote getrocknete	

	Chilischoten	– quer in feine Streifen schneiden, in
1 EL	Olivenöl	– andünsten, Topf vom Herd nehmen
1 EL	Curry	– unterrühren,
200 g	Hirse	– dazugeben und mit
½ l	Gemüsebrühe Salz	– aufgießen, salzen und zugedeckt bei milder Hitze ausquellen lassen (20 Minuten)
250 g	Frühlingszwiebeln oder Lauch	– In der Zwischenzeit Gemüse putzen und fein würfeln bzw. in Ringe schneiden und in
250 g	gelbe Rüben	
250 g	Zucchini	
1 EL	Olivenöl	– zugedeckt dünsten, zuerst gelbe Rüben 5 Minuten, dann mit dem übrigen Gemüse weitere 5 Minuten

Das Gemüse soll noch knackig sein; mit der gut gewürzten Hirse locker mischen und 2 Minuten durchziehen lassen.

Knoblauchsauce:

2	Sahnejoghurt	– verrühren und
⅛ l	Sahne, Salz	
	Pfeffer a. d. Mühle	– gut würzen
1–2 Bund	Schnittlauch	
1–2	Knoblauchzehen	

Zucchinisalat pikant

1	Frühlingszwiebel	– mit dem Grün fein schneiden
1	Knoblauchzehe	– zerdrücken
35 g	Kapern	– fein hacken und mit
	Dill Basilikum fein Thymian gehackt Estragon	– mischen
2 EL	Öl	– und alle übrigen Zutaten dazumischen. Die Marinade 1 Stunde kühl stellen
4 EL	Zitronensaft	
1 EL	Kapernessig	
½ TL	Kräutersalz	
500 g	junge Zucchini	– grob raspeln und mit der Marinade mischen
1	Tomate	– in Scheiben schneiden und damit garnieren, sofort servieren

6. Tag:

Rote-Rüben-Salat

350 g	Rote Rüben	– gründlich bürsten bzw. waschen und mit der Schale in die Salatsoße reiben
200 g	Äpfel	
200 g	Sauerrahm	
2 EL	Zitronensaft	
2 TL	geriebener Meerrettich	
¼ TL	Kräutersalz	

Bunter Endiviensalat

1	Endivien	– in 1 cm breite Streifen schneiden

Salatsauce:

1 TL	Senf	– verrühren
½ TL	Salz	
1 TL	Honig	
3 EL	Essig	
4 EL	Öl	
½	Paprikaschote	– fein schneiden und alles vorsichtig mischen
1	Zwiebel	
1 EL	Kapern	
	Pfeffer a. d. Mühle	

Linsengratin

250 g	Linsen	– zum Kochen bringen und ca. 45 Minuten im geschlossenen Topf bei milder Hitze garen
¾ l	Wasser	
2–3 TL	gekörnte Gemüsebrühe	– würzen
	Salz, Pfeffer	
500 g	Lauch geputzt	– in der Zwischenzeit waschen und schräg in Scheiben schneiden, mit etwas Wasser 5 Minuten dünsten
20 g	Butter	– zugeben und würzen, Lauch und Linsen miteinander mischen
½ Becher	Crame fraîche	
	Salz	
150 g	Gouda grob geraffelt	– Die Hälfte des Lauch-Linsen-Gemisches in eine gefettete feuerfeste Form füllen, etwas Käse darauf streuen, dann die restlichen Linsen.
50 g	Sonnenblumenkerne	– Geriebenen Käse, Sonnenblumenkerne und Creme fraîche löffelweise darüber verteilen und goldbraun überbacken.
½ Becher	Creme fraîche	

Backen bei 200 °C bzw. 175 °C 25–30 Minuten

Salatplatte mit Kräuterrahm

etwas	Feldsalat	
½	Radicchio	
½ Bund	Radieschen	– in mundgerechte Stücke teilen und auf einer Platte hübsch arrangieren.
1 kleine	Zuchini	
2–3	Frühlingszwiebeln	
1	gelbe Rübe	
½ kleiner	Blumenkohl	
50 g	Champignons oder anderes Gemüse	

Rahmsauce:

1	Eigelb	– miteinander verrühren
3 EL	Zitronensaft	
1 EL	Kapernessig	

1 TL	Senf	
5 EL	Sonnenblumenöl	– in dünnem Strahl dazulaufen lassen, so daß eine dicke Mayonnaise entsteht
1 EL	kleine Kapern	
4 EL	gehackte Kräuter	– unterrühren
100 g	Sahne	– halbsteif schlagen und unterheben
je ¼ TL	Kräutersalz	
	Pfeffer, Curry	– damit würzen und zugedeckt im Kühlschrank ziehen lassen.
	Paprika süß	
	evtl. Knoblauch	Zur Salatplatte servieren

7. Tag:

Blaukrautsalat mit Früchten

250 g	Blaukraut	– fein schneiden, mit Salz vermischen und kurz stampfen
½ TL	Salz	
1	Apfel	– würfeln
1	Orange	– schälen und würfeln
1	Banane	– in Scheiben schneiden
1	Zwiebel	– fein würfeln
50 g	Rosinen	
1	Joghurt	– Marinade mit den übrigen Zutaten vermischen und zugedeckt ziehen lassen
von ½	Zitrone	
	der Saft	
3 EL	Sonnenblumenöl	
2 EL	Essig	
1 TL	Honig	
etwas	Pfeffer	
einige	Walnußhälften	– zum Garnieren

Grünkernbratlinge

250 g	Grünkern	– mittelfein schroten
75 g	Weizen	– fein schroten
400 g	Gemüsebrühe	– mit allen übrigen Zutaten vermischen und 2 Stunden quellen lassen.
2	Eier	
3 EL	Öl	Bratlinge ausformen
1 EL	Sesam	
3 EL	Hefeflocken	
	Sojasauce	
	Kräutersalz	
	Pfeffer a. d. Mühle	
50 g	geriebener Käse	
	Butter	– vorsichtig ausbacken

Champignonsauce

100 g 1 1 125 g	Lauch große Zwiebel Knoblauchzehe Sellerieknolle	– putzen, waschen, schälen und – fein schneiden bzw. würfeln
⅛ l 1 Glas	Wasser herber Weißwein	– aufkochen lassen und das Gemüse darin 10 Minuten dünsten
200 g	Champignons	– dazugeben, evtl. klein schneiden
30 g	Weizen fein gemahlen	– hineinrühren und 5 Minuten leise kochen lassen
30 g 6 EL etwas	Butter saure Sahne Zitronensaft Kräutersalz Pfeffer Petersilie	– zum Abschmecken und Verfeinern; – nicht mehr kochen lassen

Frischkäsezitroneneis mit Himbeeren und Kiwisauce

200 g 2 von 2 etwas 90 g	Doppelrahm-frischkäse Eigelb Zitronen der Saft Zironenschale Akazienhonig	– glattrühren
2 100 g	Eiweiß Sahne	– getrennt steifschlagen und vorsichtig unterheben. 2–3 Stunden gefrieren lassen.
2–3	Kiwi	– pürieren und auf 4 Teller verteilen – Eisportionen daraufgeben
einige	Himbeeren frisch oder gefroren	– damit garnieren

Tomatensalat mit Sojasprossen

500 g 2 4 EL	Tomaten Frühlingszwiebeln Sojakeimlinge	– in Scheiben aufschneiden – würfeln bzw. in Ringe schneiden – waschen, abtropfen lassen
½ TL 1 EL 2 EL 4 EL	Meersalz Sauerrahm Obstessig Sonnenblumenöl	– mit der Marinade mischen
2 EL	gehackte Kräuter wie Schnittlauch Dill, Borretsch Petersilie Kerbel Thymian	– mit den Kräutern bestreuen

Mit vitalstoffreicher Vollwertschutzkost vollwertig bis ins hohe Alter Sieben-Tages-Plan

Grundrezept für Frischkornbrei: pro Person:

3 EL	Getreide nach Wahl	– fein bis grob schroten und 2–12 Stunden einweichen
ca. 100 g	Leitungswasser	
1	Apfel mit Schale geraffelt	– vor dem Verzehr die übrigen Zutaten zugeben
ca. 125 g	Obst nach Jahreszeit	
1 EL	Nüsse gemahlen oder grob gehackt	
1 EL	Rosinen oder andere Trockenfrüchte	
1 TL	Honig nach Bedarf	
1 EL	Sahne, Milch oder ein Sauermilch-produkt	

Statt Getreideschrot können gekeimte oder eingeweichte Getreidekörner verwendet werden.

Getreideschrotbrei

100 g	Getreide (Weizen Dinkel, Gerste)	– mittelgrob schroten
300 g	Wasser	– mit dem Wasser unter Rühren aufkochen lassen, vom Herd nehmen und 10–15 Minuten quellen lassen
2 EL	Rosinen eingeweicht	– die restlichen Zutaten zugeben
5 EL	süße Sahne	

Nach Belieben kann auch frisches Obst nach Jahreszeit zugefügt werden.

Wochenplan mit Toprezepten für Ihre Vitalität (siehe S. 192)

1. Tag:

Sauerkrautsalat

500 g	rohes Sauerkraut	– auflockern und klein schneiden
2	säuerliche Äpfel	– mit der Schale grob raffeln
2	gelbe Rüben	– fein raffeln
3 EL	Zitronensaft	– Sauce mit kleinem Schneebesen gut verrühren und über die Salatzutaten gießen, gut vermischen
2 TL	Honig	
1 TL	Kräutersenf	
1 MS	Kümmelpulver	
	Pfeffer a. d. Mühle	
4 EL	Öl	
1 Bund	Schnittlauch	– fein schneiden und darüberstreuen
50 g	Feldsalat	– damit garnieren

Kartoffeln Bircher-Benner

1 kg	Kartoffeln	– gründlich bürsten, junge Kartoffeln nicht schälen, der Länge nach halbieren
2 EL	Sonnenblumen- oder Leinöl	– in einer kleinen Schüssel mischen und die Kartoffeln darin wenden
2 TL	Kräutersalz	
	Kümmel	– die Schnittfläche in den Kümmel drücken und auf das Kuchenblech setzen.
Butter für das Backblech		Oben kreuzweise einschneiden

Im vorgeheitzen Ofen bei 200 °C backen
je nach Kartoffelgröße 35–60 Minuten

Kräutercreme

250 g	Quark	– cremig rühren
150 g	Joghurt	
3 EL	Sonnenblumen- oder Leinöl	
1 EL	Zitronensaft	
4–5 EL	gemischte Kräuter fein gehackt	– damit abschmecken
1	Knoblauchzehe zerdrückt	
¼ TL	Selleriesalz	
	Pfeffer a. d. Mühle	

Griechischer Salat

1	Knoblauchzehe	– zerdrücken
1	grüne Paprikaschote	– entkernen, in Streifen schneiden
1	große Zwiebel	– halbieren, in Streifen schneiden
½	Salatgurke mit Schale	– würfeln
400 g	Tomaten	– würfeln
100 g	Schafskäse	– zerbröckeln
1 EL	Kapern	– klein hacken
6–8	schwarze Oliven	– halbieren und entsteinen
Salatsauce		
	Kräutersalz	Alle Zutaten nacheinander in eine Schüssel schichten, die Salatsauce darübergießen und vorsichtig mischen. Zugedeckt ziehen lassen.
	Pfeffer a. d. Mühle	
1–2 EL	Apfelessig	
4 EL	Olivenöl	
	Oregano	
2	hartgekochte Eier	– nach Belieben zum Garnieren verwenden.

2. Tag:

Bunter Kopfsalat

¼ TL	Meersalz	– Marinade mit dem Schneebesen verrühren und locker mit den gut abgetropfen Salatzutaten mischen
1 TL	Honig	
1 Prise	Pfeffer a. d. Mühle	
3 EL	Apfelessig	
6 EL	Öl	
½	Kopfsalat	– in mundgerechte Stücke teilen
1	Tomate	– in Scheiben schneiden
¼	Gurke	– mit der Schale in Scheiben schneiden
einige	Radieschen	– in Scheiben schneiden
einige	Löwenzahnblätter	– große Blätter schneiden
1 EL	gehackte Kräuter	– darüberstreuen

Kräutersuppe

60 g	Hafermehl	– ohne Fett im Topf leicht rösten
1 l	Gemüsebrühe Kräutersalz	– unter ständigem Rühren dazugeben und 5 Minuten kochen lassen.
100 g	geriebener Käse	– zugeben und schmelzen lassen
1 Kästchen	Kresse	– Kräuter hacken und zugeben
2 EL	Petersilie	
2 EL	Schnittlauch	
2 EL	Kerbelkraut	
1 kleines	Ei	– miteinander verrühren und vor dem Servieren unter die Suppe ziehen
3 EL	Sauerrahm	

Weizenschrotauflauf pikant

150 g	Sellerie	– Gemüse waschen, putzen und kleinschneiden
150 g	Lauch	
150 g	gelbe Rüben	
2 EL	Öl	– darin andünsten
1 EL	Wasser	
150 ml	Gemüsebrühe	– aufgießen und aufkochen lassen
150 g	Weizen grob geschrotet	– zugeben, zum Kochen bringen und 15 Minuten quellen lassen
½ l	Gemüsebrühe	
2 EL	Hefeflocken Meersalz Pfeffer a. d. Mühle	– Nach dem Abkühlen die weiteren Zutaten untermengen
3	Eigelb	
3	Eiweiß Fett für die Form	– steifschlagen und unterziehen, – in eine gefettete Auflaufform füllen
50 g	geriebener Käse	– darüberstreuen

30–40 Minuten bei 210 °C backen

Paprikagemüse

2	Zwiebeln	– fein würfeln
3	Knoblauchzehen	– zerdrücken
600 g	Paprikaschoten	– in 1 cm breite Streifen schneiden
300 g	Tomaten	– grob würfeln
3 EL	Sonnenblumenöl	– alles 2–3 Minuten andünsten, ca. 20 Minuten zugedeckt garen
1–2 TL	Gemüsebrühe (Instant)	– abschmecken
20 g	Butter	
100 g	Sauerrahm	
	Pfeffer a.d. Mühle	
	Meersalz	
	Paprika edelsüß	
	Petersilie,Thymian Oregano	– feingehackt darüberstreuen

Bleichselleriesalat mit Früchten

500 g	Bleichsellerie	– gewaschen in 2 cm lange Stücke schneiden
2	Birnen	– vierteln, entkernen, mit der Schale in dünne Blättchen schneiden
1	Orange	– schälen, in Spalten teilen und in Stücke schneiden
von 1	Zitrone der Saft	– alles sofort mit Zitronensaft begießen
1	Eigelb	– Salatcreme zubereiten und pikant abschmecken, mit den vorbereiteten Zutaten mischen
2 TL	Kräutersenf	
	Meersalz	
	Pfeffer a.d. Mühle	
2 TL	Honig	
2 EL	Joghurt	
6 EL	kaltgepreßtes Öl	
	Zitronenmelisse oder Estragonblätter	– zum Garnieren

3. Tag:

Blaukrautsalat mit Endivien in Meerrettichsauce

500 g	Blaukraut	– Strunk entfernen, sehr fein hobeln
1 kleiner	Endivien	– in dünne Streifen schneiden
6 EL	süße Sahne	– steifschlagen
½ TL	Meersalz	– mit den übrigen Gewürzen abschmecken, alles unter den Salat ziehen
1 TL	Honig	
2 EL	Zitronensaft	
2 EL	geriebener Meerrettich	
1 Prise	gemahlener Fenchel	
1 EL	gehackte Nüsse	– darüberstreuen

Tomatensauce

1	Zwiebel	– fein würfeln und andünsten
1	Knoblauchzehe	
3 EL	Olivenöl	
600 g	Tomaten	– grob würfeln und mit den übrigen Zutaten zu den Zwiebeln geben. 15 Minuten einkochen lassen
½ Tasse	Tomatenmark	
½ Tasse	Rotwein	
½ TL	Basilikum	
¼ TL	Koriander gemahlen	
¼ TL	Paprika	
½ TL	Thymian	
1 TL	Zitronensaft	
	Kräutersalz	
	Pfeffer a.d. Mühle	
½ TL	Honig	
⅛ l	Sahne	– zufügen und abschmecken

Zucchiniauflauf mit Leinsamenkruste

125 g	Vollkornhörnchen	– in reichlich Salzwasser bißfest kochen, abgießen
1 EL	Öl	
	Salz	
2	Zwiebeln	– in Streifen schneiden
2	Knoblauchzehen	– fein hacken
700 g	Zucchini	– grob raffeln und alles
3 EL	Öl	– 5 Minuten andünsten, abkühlen lassen
200 g	Sahne	– verquirlen, mit den übrigen Zutaten vermischen und kräftig abschmecken Nudeln, Gemüse und Sahne-Eiersauce miteinander mischen,
3	Eier	
viel	Schnittlauch	
150 g	Emmentaler grob geraffelt	
	Salz	
	Pfeffer a.d. Mühle	
10 g	Butter	– in eine ausgefettete feuerfeste Form füllen, mit
2 EL	geriebener Käse	– bestreuen bzw. belegen
2 EL	Leinsamen	
20 g	Butterflocken	

Auf mittlerer Leiste backen
35 Minuten bei 200°C

Andalusischer Kopfsalat

1 kleiner	Kopfsalat	– Blätter mundgerecht teilen
1	grüne Paprikaschote	– in Streifen schneiden
2	Tomaten	– in Scheiben schneiden
1 kleine	Zwiebel	– würfeln
einige	Oliven	– entkernen
½ TL	Salz	– Marinade zubereiten, mit den übrigen Zutaten mischen und sofort servieren
1 TL	Honig	
2	Knoblauchzehen	
3 EL	Apfelessig	
3 EL	Olivenöl	
1 EL	Sonnenblumenöl	
	Pfeffer a. d. Mühle	
1 EL	gehackte Petersilie	– darüberstreuen

Pikanter Avocadoaufstrich

1	reife Avocado	– halbieren, Kern entfernen, das Fruchtfleisch mit einem Löffel herausheben und mit einer Gabel zerdrücken
1 TL	Zitronensaft	– sofort zufügen
1 TL	Kräutersenf	
	Meersalz, Pfeffer	
1	Zwiebel	– sehr fein hacken und mit dem Fruchtfleisch kräftig abschmecken
1 EL	Kapern	
1	hartgekochtes Ei	
1 Bund	Petersilie	
1	Knoblauchzehe	

4. Tag:

Milder Rettichsalat

300 g	weißer Rettich	– sauber bürsten
200 g	Äpfel (oder nur Rettich)	– vierteln, Kernhaus entfernen und beides grob raffeln und
1 Becher	Joghurt	– sofort mit der Marinade mischen
½ TL	Salz	
½ TL	Essig	
1 EL	Schnittlauch	– darüberstreuen
1 EL	Kürbiskerne	
1 Kästchen	Kresse	– damit garnieren
1	Tomate	

Gemüsereis

2–3 2 EL	Zwiebeln Öl	– feinhacken und andünsten
750 g	Gemüse nach Wahl wie Lauch, gelbe Rüben, Sellerie, Kohlrabi, Blumenkohl usw.	– kleingeschnitten zugeben,
¼ l	Gemüsebrühe Curry, Salz	– aufgießen und ca. 20 Minuten garen
300 g	Naturreis Salzwasser	– in kochendem Wasser 30–40 Minuten garen, abgießen und mit dem Gemüse mischen
30 g etwas 1	Butter Sahne Knoblauchzehe	– abschmecken, evtl. nachwürzen
4 EL 2 EL	geriebener Käse Petersilie und Schnittlauch	– darüberstreuen

Kräuterkäsesauce

40 g	Weizenvollkornmehl	– ohne Fett im Topf leicht rösten
¼ l ¼ l 1	Milch Wasser Gemüsebrühwürfel Meersalz	– unter ständigem Rühren aufgießen und 10 Minuten leise kochen lassen
75 g 8 EL 40 g	Gruyère Käse gehackte Kräuter Butter	geraffelt zugeben – abschmecken

Grünkernsalat mit Gemüse

150 g	ganzer Grünkern	– 2 Stunden einweichen, dann ca. 30 Minuten kochen; abgießen und abkühlen lassen
½ ½ ½ 1 kleine	Salatgurke rote Paprikaschote grüne Paprikaschote Lauchstange	– fein würfeln – in Ringe schneiden
½ TL 1 TL 1 EL 3 EL 1	Kräutersalz Kräutersenf Pfeffer a. d. Mühle Obstessig Sonnenblumenöl zerdrückte Knoblauchzehe	– mit der Marinade mischen und etwas durchziehen lassen
1 EL	gehackte Kräuter	– daruntermischen

5. Tag:

Chinakohlsalat mit Ananas

200 g	Chinakohl	– in Streifen schneiden
100 g	Radicchio	– in mundgerechte Stücke teilen
2 Scheiben	Ananas	– fein würfeln
1 kleine	Zwiebel Kräutersalz Pfeffer a. d. Mühle	– sehr fein würfeln und mit den übrigen Zutaten eine Marinade rühren,mit dem Salat mischen und sofort servieren
1 Prise	Ingwerpulver	
2 EL	Apfelessig	
4 EL	Öl	

Gelbe Erbsensuppe mit Gemüseeinlage

250 g	ungeschälte gelbe Erbsen in	– im Einweichwasser 1 ¼ Stunden kochen
1 ½ l	Wasser eingeweicht	
4 TL	gekörnte Gemüsebrühe Salz, Muskat	– dazugeben und abschmecken und alles mit
30 g	Butter	
100 g	Creme fraîche	– mixen
150 g	gelbe Rüben	– in dünne Scheiben schneiden und mit wenig Wasser 5–8 Minuten dünsten
1 Bund	Frühlingszwiebeln	
20 g	Butter	
	Schnittlauch	– Das Gemüse in die Suppe geben und den Schnittlauch darauf verteilen

Apfelpfannkuchen

125 g	Weizen	– fein schroten
125 g	Buchweizen	
3	Eier	– mit den übrigen Zutaten gut verrühren und 30 Minuten quellen lassen
½ TL	Meersalz	
½ TL	Zimt	
¼ l	Milch	
¼ l	Wasser	
3	Äpfel	– mit der Schale grob raffeln und unter den Teig ziehen
	Butter oder Öl	– in kleinen Portionen ausbacken

Zitronen-Joghurt

1	Joghurt	– miteinander verrühren, zu den Pfannkuchen reichen
1 TL	Honig	
von 1	Zitrone die Schale	

Gemischter Tomatensalat

400 g	Tomaten	– in Achtel schneiden
300 g	Gurken	– mit der Schale klein würfeln
einige	Salatblätter	– in mundgerechte Stücke teilen
½ TL	Meersalz	– Marinade herstellen mit den Salatzutaten mischen
1 TL	Honig	
1 TL	Kräutersenf	
1	Knoblauchzehe	
3 EL	Apfelessig	
4 EL	Olivenöl	
	Pfeffer a. d. Mühle	
3 EL	feingehackte Kräuter	

Radieschenquark

250 g	Quark	– cremig rühren
3 EL	Sahne	
½ TL	Kräutersalz	
1 Bund	Radieschen	– fein würfeln
1 EL	Schnittlauch	– fein schneiden und unter den Quark mischen, abschmecken

6. Tag:

Blumenkohlrohkost

400 g	Blumenkohl	– fein raffeln und sofort in die Salatsauce geben
2	gelbe Rüben	
¼ l	Joghurt	– Salatsauce rühren
½ TL	Meersalz	
1 TL	Honig	
von 1	Zitrone der Saft	
	Zitronenmelisse	– fein schneiden und Salat damit bestreuen

Bohnengemüse italienisch

2	Zwiebeln	– halbieren, in Streifen schneiden
2	Knoblauchzehen	– fein hacken
1 EL	Butter	– darin andünsten
1 EL	Wasser	
800 g	grüne Bohnen	– in halbfingerlange Stücke brechen, zugeben, würzen und ca. 30 Minuten dünsten
	Bohnenkraut	
1 TL	gekörnte Gemüsebrühe	
	Meersalz, Pfeffer	
500 g	Tomaten	– achteln, 5 Minuten mitdünsten
2 EL	Butter	– untermengen
75 g	geriebener Käse (Parmesan o. a.)	
1 Bund	Petersilie	– feingehackt darüberstreuen

Polenta

200 g	Maisgrieß	– in die kochende Brühe einrühren, 20 Minuten ausquellen lassen
800 ml	Gemüsebrühe	
30 g	Butter	– unterziehen
1 EL	gehackte Kräuter	– zum Garnieren

Eissalat mit Sojasprossen

1	Eissalat ca. 500 g	– in ½ cm breite Streifen schneiden
1	rote Paprikaschote	– in feine Würfel schneiden
50 g	Sojasprossen	– abspülen, abtropfen lassen
1 Bund	Schnittlauch	– fein schneiden
1	Joghurt	– cremig rühren, pikant abschmecken
2 EL	Apfelessig	
3 EL	Öl	
1 TL	Kräutersenf	
1 TL	Honig	
	Meersalz	
	Pfeffer a.d. Mühle	

Buchweizendessert mit Früchten

75 g	Buchweizen	– zum Kochen bringen, 20 Minuten ausquellen lassen
200 g	Wasser	
¼ TL	Zimt	
2 TL	Honig	– zufügen
1 TL	Butter	
2 EL	Sahne	
2 EL	gehackte Nüsse	
1	säuerlicher Apfel	– Obst mit der Schale kleinschneiden und untermengen
1	Birne	
einige	Kirschen	
einige	Nüsse	– zum Garnieren

7. Tag:

Spinatsalat

250 g	Spinat	– gut waschen, verlesen, entstielen
1 kleine	Zwiebel	– fein würfeln
1	rote Paprikaschote	– in feine Streifen schneiden
¼ TL	Meersalz	– gut verrühren und vorsichtig mit den übrigen Zutaten mischen. Sofort servieren
1 TL	Honig	
1 TL	Kräutersenf	
1	Knoblauchzehe	
2 EL	Apfelessig	
4 EL	kaltgepreßtes Öl	

Gelbe Rübenrohkost

500 g	gelbe Rüben	– grob raffeln und sofort mit der vorbereiteten Marinade mischen
2	Äpfel	
2 EL	Haselnüsse	
4 EL	Sahne	
1	Joghurt	
3 EL	Zitronensaft	
1 TL	Honig	
1 TL	Kräutersenf	
enige	grob gehackte Haselnüsse	– damit bestreuen
1 EL	gehackte Petersilie	

Lauch überbacken

1,2 kg	Lauch (brutto)	– halbieren, gründlich waschen, in 3 cm lange Stücke schneiden und in
1 EL	Wasser	– 5 Minuten dünsten; in einer
1 EL	Butter	– gefetteten Auflaufform verteilen
200 g	Sahne	– gut mineinander verrühren, kräftig abschmecken und über den Lauch gießen
3	Eier	
150 g	geriebener Käse (Bergkäse, Appenzeller, Gruyère o.a.)	
1 EL	Meersalz, Pfeffer, Muskat gehackte Kräuter	

Backen bei 180 °C 30–40 Minuten

Sesamkartoffeln

800 g	Kartoffeln	– kochen, alte Kartoffeln schälen
3 EL	Sesam	– in einer Pfanne trocken rösten
50 g	Butter	– dazugeben
		– die fertigen Kartoffeln in der Sesam-Butter wenden

Bananen mit Kiwisauce und Himbeeren

4	Bananen	– der Länge nach teilen und auf Teller legen
4	Kiwifrüchte gemahlene Vanille	– im Mixer pürieren, über die Bananen gießen
4 EL	Himbeeren frisch oder gefroren	– damit garnieren
2 EL	gehackte Mandeln	– darüberstreuen

Apfel-Fenchel-Rohkost mit Datteln

2	Fenchelknollen à 300 g	– in feine Streifen hobeln oder schneiden
1	großer säuerlicher Apfel	– mit der Schale fein würfeln
50 g	frische Datteln	– halbieren, Kern entfernen und vierteln
200 g	Dickmilch	– Salatsauce bereiten, über den Salat gießen, gut durchmischen
½ TL	Kräutersenf	
1 TL	Honig	
4 EL	Zitronensaft	
¼ TL	Meersalz, Pfeffer	
2 EL	kaltgepreßtes ÖL	
2 EL	feingehacktes Fenchelgrün	– darüberstreuen

Ein Wochenbeispiel mit Vollwertrezepten für Herz- Kreislaufkranke (siehe S. 200)

1. Tag:

Broccolisalat

500 g	Broccoli	– in kleine Röschen teilen, Stiele raffeln
1 kleine	Zwiebel	– fein würfeln
1	Knoblauchzehe	– fein würfeln
¼ TL	Meersalz	– Zutaten zu einer Marinade verrühren
1 TL	Kräutersenf	
2 EL	Wasser	
2 EL	Essig	
2 EL	kaltgepreßtes Öl	
2 EL	Sahne	
	Pfeffer a. d. Mühle	
je 1 EL	Schnittlauch und Petersilie	– darüberstreuen
2 EL	Pinienkerne	

Linsensuppe

2	Zwiebeln	– in Ringe schneiden, bzw. fein würfeln und zusammen
1 Stück	Lauch (100 g)	
1	gelbe Rübe	
1 EL	Öl	

1 EL	Wasser	– andünsten
1½ l	Wasser	– aufgießen und zugedeckt 45–50 Minuten garen
2–3 TL	gekörnte Gemüsebrühe	– würzen und abschmecken
	Pfeffer a.d. Mühle	
1 TL	Koriander gemahlen	
½ Bund	Thymian oder	
½ TL	getrockneter	
1 Bund	Petersilie	
	feingehackt	– Die Suppe nach belieben mit dem Püriergerät pürieren
	Meersalz	
100 g	Sauerrahm	– unterziehen
3 EL	Kürbiskerne	– damit bestreuen

Reisauflauf mit Äpfeln

½ l	Milch	– erhitzen
1 Prise	Salz	
250 g	Rundkorn-Naturreis	– zugeben, aufkochen und bei milder Hitze 5 Minuten, dann ohne Temperatur ausquellen lassen. Abkühlen
500 g	Äpfel	– vierteln, entkernen, in dicke Scheiben schneiden
2 EL	Rosinen	– in heißem Wasser quellen lassen
2	Eigelb	– verrühren, den abgekühlten Reis und die Rosinen zufügen
250 g	Quark	
3 EL	Honig	
¼ TL	gemahlene Vanille	
von ½	Zitrone die Schale	
2	Eiweiß	– steifschlagen und unterheben
20 g	Butter	– eine feuerfeste Form ausfetten, Reisbrei und Äpfel schichtweise
20 g	Butterflocken	– einfüllen, mit Butterflocken belegen und backen

40–50 Minuten bei 200 °C

Champignonsalat

½	Endiviensalat	– in breite Streifen schneiden
1	rote Paprikaschote	– in feine Streifen schneiden
1	Zwiebel	– fein würfeln
250 g	Champignons	– feinblättrig schneiden
¼ TL	Meersalz	– Salatsauce vorsichtig mit den übrigen Zutaten mischen
½ TL	Honig	
½ TL	Kräutersenf	
2–3 EL	Apfelessig	
4 EL	kaltgepreßtes Öl	
2 EL	Petersilie	– feingehackt darüberstreuen
1	Tomate	– zum Garnieren

2. Tag:

Grünkohlrohkost

100 g	Sellerie netto	– fein raspeln
100 g	Möhren netto	– fein raspeln
150 g	Grünkohl	– gründlich waschen, von den Mittelrippen streifen und fein schneiden
1 kleine	Zwiebel	– fein würfeln und alles sofort mit der vorbereiteten Salatsauce mischen

Joghurtmayonnaise:

1	Eigelb	– gut miteinander verrühren
½ TL	Kräutersalz	
1 TL	Kräutersenf	
3 EL	Apfelessig	
5 EL	Öl	– langsam zugeben
1	Joghurt 150 g	– zugeben und abschmecken
	Pfeffer a. d. Mühle	
1 EL	Kräuter	

Kartoffelauflauf mit Roggenkörnern

100 g	Roggen	– über Nacht einweichen, dann 50 Minuten kochen und
250 ml	Wasser	30 Minuten ausquellen lassen
150 g	Zwieblen	– fein würfeln
20 g	Butter	– andünsten, Roggen zugeben, 10 Minuten dünsten
4	Eier Größe 3	– verrühren
100 g	Sauerrahm	
750 g	Kartoffeln	– schälen, waschen, in die Eiermischung grob hineinraffeln, sofort durchmischen und kräftig würzen
	Meersalz	
	Pfeffer a. d. Mühle	
10 g	Butter	– eine feuerfeste Form ausfetten, Kartoffelmasse, Roggenkörner und wieder Kartoffelmasse einfüllen
100 g	Sauerrahm	– in Klecksen auf dem Auflauf verteilen und backen
		45 Minuten bei 220°C

Rote-Rüben-Gemüse

500 g	Rote Rüben	– gründlich bürsten, Blatt- und Wurzelansatz entfernen, grob reiben und in
⅛–¼ l	Gemüsebrühe	– dünsten, ca. 20 Minuten
1 TL	geriebener Ingwer	– damit abschmecken, Herd abstellen und durchziehen
2–3 EL	Sauerrahm	lassen
	Basilikum	
1 EL	Butter	
etwas	Kresse	– vor dem Servieren damit bestreuen

Gemüsesuppe mit Grünkern

100 g	Grünkern (ganze Körner)	– in der Brühe zum Kochen bringen und 15 Minuten garen
1 ¼ l	Gemüsebrühe	
1	gelbe Rübe	– Gemüse klein schneiden, zur Gemüsebrühe dazugeben und 15 Minuten mitgaren
1 Stange	Lauch	
1 Stück	Sellerie	
1	Zwiebel	
100 g	Erbsen	
	Selleriegrün	– fein schneiden, zugeben und kurz ziehen lassen
	Liebstöckl	
	Schnittlauch	
	Meersalz, Pfeffer	– abschmecken
3 EL	Sahne	

Orangenquark

250 g	Quark 20%	– glattrühren
1 TL	Honig	
von ½	Orange den Saft	
1 ½	Orangen	– in Stücke schneiden und unter die Quarkcreme mischen

Paprikasalat mit Äpfeln

3	grüne Paprikaschoten	– in dünne Streifen schneiden
3	rotschalige Äpfel	– entkernen, mit der Schale würfeln
1 Bund	Petersilie	– fein schneiden
¼ TL	Meersalz	– Marinade herstellen und mit den Salatzutaten mischen
½ TL	Honig	
1 Prise	Ingwer	
1 TL	geriebener Meerrettich	
2 EL	Apfelessig	
2 EL	Joghurt	
2 EL	Öl	
etwas	Feldsalat	– zum Garnieren

3. Tag:

Rohkostplatte mit Paprikasauce

50 g	Radicchio	– in mundgerechte Stücke teilen
¼	Eissalat	– in 1 ½ cm breite Streifen schneiden
½	Gurke	– mit der Schale in Scheiben schneiden
3	Tomaten	– in Scheiben schneiden
1	Kohlrabi	– grob raffeln
1	rote Paprikaschote	– in Streifen schneiden
1	Zwiebel	– würfeln
100 g	gekeimte Weizenkörner	– Zutaten auf einer Platter anrichten und mit der Paprikasauce servieren
50 g	gehackte Haselnußkerne	

Paprikasauce:

2	Joghurt	– Zutaten gut verrühren, zum Schluß den Schnittlauch zugeben
4 EL	Sahne	
2 EL	Öl	
1 EL	Paprikamark	
½ TL	Meersalz	
1 TL	Honig	
2 EL	Apfelessig	
½ TL	Rosenpaprika	
1 Bund	Schnittlauch fein geschnitten	

Tomaten mit Waldorfsalat gefüllt

4	Fleischtomaten	– einen Deckel abschneiden und etwas aushöhlen (Fruchtfleisch für Saucen verwenden)

Waldorfsalat:

400 g	Knollensellerie	– dünn schälen
250 g	säuerliche Äpfel	– mit Schale
50 g	Walnußkerne	– alles zusammen in die vorbereitete Salatsauce raffeln

Joghurtmajonnaise:

1	Eigelb	– verrühren
2 EL	Apfelessig	
1 TL	Kräutersenf	
¼ TL	Meersalz	
5 EL	Sonnenblumenöl	– langsam zugeben, bis eine dickliche Creme entsteht
1	Joghurt	– dazugeben, abschmecken
		– Den Salat in die Tomaten füllen, mit
4	Walnußhälften	– garnieren
einige	Salatblätter	– anrichten

4. Tag:

Chicoréesalat mit Grapefruit

1	Joghurt	– im Mixer pürieren und sofort mit den übrigen Zutaten mischen
1	Banane	
4 EL	Öl	
2 EL	Obstessig	
½ TL	Kräutersalz	
1 TL	Kräutersenf	
300 g	Chicorée	– in ½ cm breite Ringe schneiden
1	Apfel	– fein würfeln
1	rosa Grapefruit	– schälen und klein schneiden
1 Bund	Schnittlauch fein geschnitten	– mit der Salatsauce vermischen

Gemüsetopf

200 g	Blumenkohl	– in Röschen teilen
200 g	grüne Bohnen	– in Stücke schneiden
200 g	gelbe Rüben	– stifteln
200 g	Lauch	– in 1 ½ cm breite Streifen schneiden
200 g	Zucchini	– mit der Schale würfeln
100 g	Sojasprossen	– abspülen
1	Zwiebel	– in Ringe schneiden
1 EL	Öl	– Gemüse andünsten
¼ l	Gemüsebrühe	– aufgießen, würzen und 15–20 Minuten garen. Das Gemüse soll knackig bleiben
	Meersalz	
	Pfeffer a. d. Mühle	
	Liebstöckl	– fein schneiden, zugeben
	Petersilie	
30 g	Butter	– unterziehen

Hirsotto

200 g	Hirse	– waschen, abtropfen lassen
1	Zwiebel	– würfeln und zusammen mit der Hirse
1 EL	Öl	– andünsten
½ l	Gemüsebrühe	– aufgießen, aufkochen und 20 Minuten bei geringer Hitze quellen lassen
	Meersalz	
1 EL	Petersilie	– vor dem Servieren darüberstreuen
4 EL	geriebener Käse	

Roggensalat

150 g	Roggen	– einige Stunden oder über Nacht einweichen
300 ml	Wasser	
1 TL	gekörnte Gemüsebrühe	– im Einweichwasser mit den Geschmackszutaten 30 Minuten leise kochen und weitere 30 Minuten ausquellen lassen
1	Lorbeerblatt	

1	Zwiebel	
1	grüne Paprikaschote	– feingewürfelt
1	Apfel	
2	gelbe Rüben	– grob geraffelt
50 g	Käse	– gewürfelt

Marinade:

1	Knoblauchzehe	– Mit der vorbereiteten Marinade gut vermischen und ziehen lassen
½ TL	Kräutersalz	
1 TL	Senf	
1 EL	Obstessig	
3 EL	kaltgepreßtes Öl	
½ TL	Paprika süß	
	Pfeffer a.d. Mühle	
2 EL	frische Kräuter feingehackt	– darüberstreuen
4	wachsweich gekochte Eier	– damit garnieren
1	Tomate geviertelt	

5. Tag:

Rote-Rüben-Kürbissalat

300 g	rote Rüben	– nur alte Knollen schälen, fein reiben
200 g	Kürbis (netto)	– fein reiben
3 EL	Öl	– unterrühren und gut mischen
2 EL	Sauerrahm	
1 EL	Apfelessig	
	Meersalz	
2 EL	Kokosflocken	

Tomatensalat

500 g	Tomaten	– in Scheiben schneiden
1 kleine	Zwiebel	– würfeln oder Ringe schneiden
¼ TL	Meersalz	– Marinade vorsichtig mit den Tomaten mischen
1 TL	Honig	
	Pfeffer a.d. Mühle	
½	Knoblauchzehe	
3 EL	Apfelessig	
4 EL	kaltgepreßtes Öl	
2 EL	Schnittlauchröllchen	

Pikanter Kräuterquark

500 g	Quark 20%	– cremig rühren und würzen
1 EL	Leinöl	
etwas	Milch	
	Kräutersalz	

1	rote Paprikaschote	– fein würfeln
1	grüne Paprikaschote	
2 EL	Garten- oder Wildkräuter	– fein schneiden und zum Quark geben

Eintopf mit weißen Bohnen

300 g	weiße Bohnen	– über Nacht einweichen
1 ¼ l	Wasser	
1	Lorbeerblatt	– im Einweichwasser ca. 60 Minuten garen
2	Gemüsebrühwürfel	
2 EL	Olivenöl	– in der Zwischenzeit das Gemüse klein schneiden und andünsten,
2 große	Zwiebeln	
1 Stange	Lauch	
1	gelbe Rübe	
2	Knoblauchzehen	
500 g	Tomaten	– nach 10 Minuten die geviertelten Tomaten zugeben, würzen und mit den Bohnen mischen, ziehen lassen
1 EL	Tomatenmark	
	Meersalz	
	Pfeffer	
	Thymian	
	Bohnenkraut	
	Rosmarin	
3 EL	saure Sahne	– einrühren

Flüssigkeit mit Gemüsebrühe oder Rotwein auffüllen

Obstsalat

2	Äpfel	– mit der Schale klein schneiden
2	Birnen	– Spalten in Stücke schneiden
1	Banane	– würfeln oder scheibeln
200 g	Weintrauben	– halbieren
2 EL	Walnußkerne	
3	Feigen	– in Streifen schneiden
100 g	süße Sahne	– miteinander verrühren und über das Obst gießen
1–2 TL	Honig	
etwas	Zitronensaft	
etwas	geriebene Ingwerwurzel	
6–8	Walnußkerne	– zum Garnieren

6. Tag:

Tomatencocktail

750 g	Tomaten	– grob würfeln
1	Apfel	– mit der Schale grob würfeln und in einem Mixer pürieren
1 TL	Paprika süß	
	Kräutersalz	
	Pfeffer a. d. Mühle	
½ TL	Honig	

	Eiswürfel	– nach Belieben in Gläsern mit Eiswürfeln servieren
2 EL	gehackte Petersilie	– darüberstreuen
2 EL	Pinienkerne	

Sollte der Cocktail zu dickflüssig sein, mit etwas Mineralwasser verdünnen.

Rohkostplatte mit Kräutersauce

50 g	Feldsalat	– putzen
½ Bund	Radieschen	– in Scheiben schneiden
2	Frühlingszwiebeln	– mit dem Grün in Ringe schneiden
2	gelbe Rüben	– grob raffeln
½	Blumenkohl	– grob raffeln
50 g	Champignons	– blättrig schneiden
1 Kästchen	Kresse	
100 g	Buchweizen (ganze Körner)	– ca. 2 Stunden einweichen
		Zutaten auf einer Platte anrichten
50 g	Cashewkerne	– damit bestreuen

Kräutersauce:

1 Becher	Joghurt	– gut verrühren und zur Salatplatte reichen
1 Becher	Sauerrahm	
1 TL	Kräutersenf	
	Meersalz	
1 TL	Honig	
	Pfeffer a.d. Mühle	
2 EL	Öl	
3 EL	kleingeschnittene Kräuter	

Fenchel-gelbe Rübensalat

300 g	Fenchelknollen	– in feine Ringe schneiden
300 g	gelbe Rüben	– fein raffeln
1	säuerlicher Apfel	– mit der Schale fein würfeln
2 EL	Fenchelgrün	
1 Becher	Dickmilch	– Salatsauce zubereiten und sofort über den Salat gießen, sehr gut durchmischen
2 EL	Öl	
4 EL	Zitronensaft	
1 TL	Honig	
¼ TL	Kräutersalz	
	Pfeffer a.d. Mühle	
4 EL	Sonnenblumenkerne	– darüberstreuen

7. Tag:

Avocadosalat mit Radicchio

2 EL	Apfelessig	– gut verrühren
½ TL	Kräutersenf	
½ TL	Meersalz	
½ TL	Honig	
4 EL	Öl	
1	Radicchio ca. 120 g	– in mundgerechte Stücke teilen
1	rosa Grapefruit	– sorgfältig schälen und in Stücke teilen
1–2	reife Avocados	– Fruchtfleisch (Hälften) in 1 cm breite Streifen schneiden oder würfeln
1 kleine	Zwiebel	– fein würfeln

Die Zutaten sofort in die Salatmarinade geben und vorsichtig mischen. In Portionen anrichten und mit einigen Avocadoscheiben garnieren.

Gerstenauflauf

150 g	Gerste	– mittelgrob mahlen und im Topf ohne Fett mit Curry kurz anrösten
50 g	Weizen	
1 TL	Curry	
0,5 l	Gemüsebrühe	– unter Rühren aufgießen, abschalten und 20 Minuten quellen lassen
1	Zwiebel feingehackt	– in den etwas abgekühlten Getreidebrei geben und kräftig abschmecken
3	Eigelb	
3 EL	geriebener Käse	
	Muskat	
	Meersalz	
2 EL	weiche Butter	
2 EL	gehackte Petersilie	
3	Eiweiß	– steif schlagen und unterziehen
20 g	Butter	– eine feuerfeste Form ausfetten und die Masse einfüllen
2 EL	Sesam	– darüberstreuen
etwas	Butter	– mit Butterflocken belegen

45 Minuten bei 200 °C backen

Melonen-Dessert

2 reife	Zuckermelonen	– halbieren, Kerne entfernen und das Fruchtfleisch würfeln
250 g	Erdbeeren oder Kirschen	– nach Bedarf zerkleinern
2	Kiwifrüchte	– kleinschneiden und das Obst vorsichtig mischen
3 EL	Quark	– cremig rühren und über das Obst gießen, nicht verrühren
3 EL	Sahne	
1 EL	Honig	
½ TL	Vanillepulver	
2 EL	gehackte Mandeln	– darüberstreuen

Feldsalat

200 g	Feldsalat oder 1 Endivien	– gut verlesen
¼ TL 1 TL 1 1 TL 2 EL 4 EL	Kräutersalz Kräutersenf Knoblauchzehe fein gewürfelte Zwiebel Apfelessig Öl	– mit der Marinade anmachen und sofort servieren

Sojasprossentoast

8 Scheiben	Vollkorntoast Butter	– mit Butter bestreichen
ca. 400 g	Tomaten	– in Scheiben schneiden und die Brote damit belegen
250 g	junger Gouda	– grob raffeln
375 g	Sojasprossen	– waschen, klein schneiden
1 Bund etwas	Petersilie Thymian Meersalz Pfeffer	– fein schneiden und alles mischen, auf den Broten verteilen und würzen

Im vorgeheizten Ofen bei 200 °C ca. 10 Minuten überbacken

Blattspinat

1 kg	Spinat	– gut verlesen, grobe Stiele entfernen
1 1 20 g	Zwiebel Knoblauchzehe Butter	– fein würfeln und andünsten, Spinat zugeben, öfters umwenden, bis er zusammenfällt. Ca. 10 Minuten garen
	Meersalz Muskat	– würzen
20 g	Butter	– zugeben
2 EL	Pinienkerne	– darüberstreuen

Ein Wochenbeispiel bei einer Reduktionskost von 1000 Kalorien (siehe S. 207)

- Die Kalorienangaben beziehen sich jeweils auf 1 Portion

1. Tag:

Grundrezept für Frischkornbrei ca. 330 kcal
(pro Person)

40 g = 2 EL	Getreide	– mittelgrob schroten und 2–12 Stunden in Wasser einweichen
ca. 80 g	Wasser	
1 (100 g)	Apfel, mit Schale geraffelt	– vor dem Verzehr die übrigen Zutaten zugeben
½	Banane oder	
100 g	Früchte, Beeren	
1 EL	Sauerrahm, Joghurt, Milch	
1 TL	gehackte Nüsse	

Statt Getreideschrot können gekeimte oder eingeweichte Körner verwendet werden.

Rettichsalat mit Äpfeln 65 kcal

300 g	Rettich	– gründlich bürsten und grob raffeln
200 g	Äpfel	– mit der Schale raffeln
4 EL	Sauerrahm	verrühren, Salat anmachen und sofort servieren
4 EL	Joghurt	
½ EL	Obstessig	
¼ TL	Meersalz	
1 EL	Schnittlauch	– darüberstreuen
2 EL	Kresse	– damit garnieren

Pellkartoffeln 90 kcal

500 g	Kartoffeln	– dämpfen; junge Kartoffeln mit der Schale essen

Chicoréesalat Hawai 120 kcal

1 große	Orange	– Obst in gleichgroße Stücke schneiden
1	Banane	
1	säuerlicher Apfel	
3 Stangen	Chicorée	– in 1½ cm breite Ringe schneiden und alles sofort mit der Marinade mischen
1 Becher	Joghurt 3,5%	
1 TL	Zitronensaft	
	Pfeffer a. d. Mühle	
1 EL	Kokosraspeln	– darüberstreuen

Eintopf mit grünen Bohnen 200 kcal

200 g	Zwiebeln	– halbieren, in Streifen schneiden
800 g	grüne Bohnen	– in Stücke brechen
200 g	grüne Paprikaschoten	– in breite Streifen schneiden
200 g	gelbe Paprikaschoten	– in breite Streifen schneiden
1 EL	Öl	– Zwiebeln andünsten, Bohnen und Paprika zufügen,
1 EL	Wasser	– würzen
	Bohnenkraut frisch oder getrocknet	
3 TL	Paprika edelsüß	
1 TL	Rosenpaprika	
3 TL	gekörnte Gemüsebrühe	
	Meersalz, Pfeffer	
⅛ l	Wasser	– aufgießen und 20–30 Minuten garen
250 g	Tomaten	– vierteln oder achteln, zufügen und 5 Minuten ziehen lassen
2 EL	gehackte Kräuter	– darüberstreuen

Tomatentoast 175 kcal

4 Scheiben	Vollkorntoast	– mit Butter bestreichen
20 g	Butter	
4	Tomaten	– in Scheiben schneiden und auf die Brote legen, salzen und mit Kräutern bestreuen
	Kräutersalz	
	Petersilie	
	Thymian	
60 g	Gouda 45%	– mit Käsestreifen belegen und im Backofen überbacken *ca. 10 Minuten bei 220°C*

2. Tag:

Radicchio mit Sellerie 125 kcal

1–2	Köpfe Radicchio	– die Blätter in mundgerechte Stücke teilen
1	Sellerieknolle	– gründlich bürsten und sofort in die Marinade raffeln
1 EL	Petersilie	– fein hacken und mit dem Salat mischen
etwas	Liebstöckl frisch oder getrocknet	
½ TL	Meersalz	– gut miteinander verrühren
1 Prise	gemahlener Koriander	
½ TL	Honig	
1 EL	Apfelessig	
2 EL	Öl	
5 EL	Sauerrahm	

Gelberüben-Fencheltopf 210 kcal

2	Zwiebeln	– halbieren, in dicke Scheiben schneiden
10 g	Butter	– darin andünsten
1 EL	Waser	
600 g	gelbe Rüben	– bürsten, ½ cm dicke Scheiben schneiden
300 g	Fenchelknollen	– halbieren, 1 cm dicke Scheiben schneiden
½ TL	gemahlener Koriander	– das Gemüse zu den Zwiebeln geben
	Pfeffer a. d. Mühle	– würzen
1 TL	Kräutersalz	
1 EL	Zitronensaft	
½ Tasse	herber Weißwein	– aufgießen und zugedeckt etwa 15 Minuten dünsten
30 g	Butter	– unterziehen
	Fenchelgrün	– fein hacken und zugeben
1 EL	Petersilie	

Kräuterreis 100 kcal
(pro Person 30 g)

120 g	Vollreis Salzwasser	– in kochendes Wasser geben und ca. 30 Minuten garen, abgießen
1 EL	gemischte Kräuter	– fein hacken und unter den Reis mischen

Gurkenkaltschale 160 kcal

2 Becher	Kefir (je 500 g)	– verrühren und pikant abschmecken
1 EL	Olivenöl	
2	Knoblauchzehen	
	Kräutersalz	
	Pfeffer a. d. Mühle	
2 Bund	Dill	
1 EL	Obstessig	
1	Salatgurke (700 g)	– mit Schale grob raffeln
400 g	Tomaten	– fein würfeln und mit der Sauce mischen. Gut gekühlt servieren

Dazu 1 Scheibe Vollkornbrot (35 g) 75 kcal

3. Tag:

Bunter Endiviensalat 130 kcal

1 kleiner	Endivien	– in 2 cm breite Streifen schneiden
1	rote Paprikaschote	– in feine Streifen schneiden
1	Fenchelknolle	– in feine Streifen schneiden
1	Zwiebel	– würfeln
1	Apfel	– mit der Schale würfeln
1 Becher	Joghurt	– Marinade rühren und vorsichtig mit den Salatzutaten mischen
1 EL	Sahne	
1 EL	Öl	
2 EL	Obstessig	
	Meersalz	
1 TL	Kräutersenf	
	Pfeffer a. d. Mühle	
1 EL	gehackte Kräuter	

Kartoffelauflauf mit Lauch 275 kcal

400 g	Kartoffeln	– in 1 cm große Würfel schneiden
700 g	Lauch (netto)	– in 1 cm dicke Ringe schneiden
100 g	Emmentaler gerieben	– dazugeben und mischen, die Masse in eine ausgefettete, feuerfeste Form füllen
2 EL	gehackte Petersilie	
1 TL	Curry	
2 TL	Kräutersalz	
	Pfeffer a. d. Mühle	
Guß:		
100 g	Sauerrahm	– verquirlen und über den Auflauf gießen
50 g	Joghurt	
1 Prise	Muskatnuß	
½ TL	Kräutersalz	
2	Eier	
1 EL	Reibkäse	– darüberstreuen und backen
1 EL	gehackte Haselnüsse	
		50 Minuten bei 200 °C

Sauerkrautsalat 140 kcal

500 g	frisches Sauerkraut	– lockern und klein schneiden
2	Äpfel	– mit der Schale fein würfeln
1	rote Zwiebel	– fein würfeln
1 EL	Öl	– damit gut vermengen
3 EL	Sauerrahm	
1 Prise	Kräutersalz	
1 EL	gehackte Nüsse	
50 g	Feldsalat	– zum Garnieren

Dazu 1 Scheibe Vollkornbrot (35 g) und 5 g Butter 115 kcal

4. Tag:

Chinakohlsalat mit Äpfeln 115 kcal

400 g	Chinakohl	– in Streifen schneiden
200 g	rotschalige Äpfel	– mit der Schale fein würfeln
100 g	Sauerrahm	– gut verrühren und sofort mit dem Salat mischen
100 g	Joghurt	
¼ TL	Paprika edelsüß	
¼ TL	Kräutersalz	
1 EL	frisch geriebener Meerrettich	
2 EL	Apfelessig	
1 EL	gehackte Walnüsse	– darüberstreuen

Wirsinggemüse 140 kcal

1 kg	Wirsing	– Strunk entfernen und in 2 cm breite Streifen schneiden
1	Tomate	– grob würfeln
1	Zwiebel	– fein würfeln
10 g	Butter	– darin andünsten, würzen und bei kleiner Hitze garen, dabei 1–2mal wenden. Das Gemüse soll knackig bleiben.
3 EL	Wasser	
	Meersalz, Pfeffer	
1 TL	gekörnte Gemüsebrühe	
je 1 TL	Koriander und Kümmel gemahlen	
30 g	Butter	– unterziehen
1 EL	gehackte Petersilie	– darüberstreuen

Hirsotto 130 kcal
(pro Person 30 g Hirse)

120 g	Hirse	– heiß waschen, abtropfen lassen
1	Zwiebel	– fein würfeln und
1 EL	Butter	– andünsten, Hirse zugeben
1 EL	Wasser	
300 ml	Gemüsebrühe	– aufgießen, zum Kochen bringen
	Meersalz	– würzen und 15–20 Minuten bei geringer Hitze garen. Nicht umrühren. Vor dem Servieren mit einer Gabel lockern.
	Pfeffer a. d. Mühle	

Salatplatte mit Ei 125 kcal

1 kleiner	Kopfsalat	– Gemüse klein schneiden und auf einer Platte anordnen
300 g	Gurke	
200 g	Tomaten	
200 g	grüne Paprikaschoten	
4	wachsweich gekochte Eier	– halbieren, anrichten
1 Bund	Schnittlauch	– darüberstreuen

Knoblauchsauce 75 kcal

2	Joghurt	– gut verrühren, abschmecken und zur Salatplatte reichen
100 g	Sauerrahm	
	Meersalz	
	Pfeffer a.d. Mühle	
1 Bund	Schnittlauch	
1–2	Knoblauchzehen	

Dazu je eine kleine Scheibe Vollkornbrot (25 g) und 5 g Butter 95 kcal

5. Tag:

Blaukrautsalat mit Käsesauce 160 kcal

350 g	Blaukraut	– in sehr feine Streifen schneiden
200 g	Lauch (netto)	– in sehr feine Streifen schneiden
100 g	Schafskäse	– durch ein Sieb drücken
1 Becher	Joghurt	– damit verrühren
1	Knoblauchzehe	– zerdrücken und alles gut abschmecken
	Meersalz	
	Pfeffer a.d. Mühle	
1 TL	Zitronensaft	

Nudeln mit Tomaten-Zucchinisauce 105 kcal
Tomaten-Zucchinisauce

500 g	Tomaten	– grob würfeln
200 g	Zucchini	– mit der Schale grob raffeln oder fein würfeln
3	Zwiebeln	– würfeln und in
1 EL	Olivenöl	– andünsten, das Gemüse zugeben,
1 EL	Wasser	
2 EL	Tomatenmark	– würzen
1 EL	Rotwein	
1	Knoblauchzehe	
1 TL	Majoran	
½ TL	Basilikum	
½ TL	Thymian	
¼ l	Gemüsebrühe	– aufgießen und ca. 20 Minuten kochen lassen
	Meersalz	

Vollkornnudeln 40 g Nudeln = 170 kcal

160 g	Vollkornnudeln	– in Salzwasser garen, abgießen und in einer vorgewärmten
	Salzwasser	Schüssel anrichten
2 EL	geriebener Käse	– darüberstreuen

Obstsalat mit Weizenkeimen 105 kcal

1 weiche	Banane	– zerdrücken und schaumig schlagen
1	Joghurt	– mit den übrigen Zutaten verrühren
etwas	Vanillepulver	
1 TL	Zitronensaft	

1	Apfel	– mit der Schale klein schneiden
1	Orange	– in Stücke schneiden, mit der Sauce übergießen
4 EL	gekeimte Weizenkörner	– damit garnieren

Italienische Gemüsesuppe 120 kcal

400 g	Gemüse wie (Lauch, Blumenkohl, gelbe Rüben, Kohlrabi, Erbsen, Sellerie)	– vorbereiten
1	Zwiebel	
1 EL	Öl	– andünsten
1 EL	Wasser	
1 l	Gemüsebrühe	– aufgießen, würzen und ca. 20 Minuten kochen
	Salz	
	Pfeffer	
	Liebstöckl	
3 EL	gekochter Reis (Rest)	– zugeben und erwärmen
2 EL	gehackte Kräuter	– zum Schluß zufügen
1 EL	geriebener Käse	

6. Tag:

Gelbrübensalat 120 kcal

300 g	gelbe Rüben	– sauber bürsten, raffeln
200 g	Äpfel	– mit Schale raffeln und sofort mit der Salatsauce mischen
1	Eigelb	– alles gut verrühren
2 EL	Apfelessig	
1 TL	Kräutersenf	
5 EL	Öl	
1	Joghurt	
¼ TL	Kräutersalz	
2 EL	gehackte Petersilie	– darüberstreuen
50 g	Feldsalat	– zum Garnieren

Überbackene Tomaten 160 kcal

4 große	Fleischtomaten	– halbieren, mit der Schnittfläche nach oben in eine ausgefettete, feuerfeste Form setzen
	Kräutersalz Pfeffer a.d. Mühle	– würzen
100 g	Greyerzer	– grob raffeln, mit den Estragonblättern und der Sahne verrühren.
1–2 Zweige	frischer Estragon	Die Masse auf die Schnittflächen der Tomaten verteilen.
3–4 EL	Sahne	Unterm heißen Grill backen, bis der Käse schmilzt.

Bunter Gemüseeintopf 290 kcal

1 kleine	Aubergine Salz	– grob würfeln, mit Salz bestreuen und 30 Minuten stehenlassen
500 g	Kartoffeln	– grob würfeln
je 1	rote und grüne Paprikaschote	– in breite Streifen schneiden
½	Staudensellerie	– daumenbreite Stücke schneiden
125 g	Zwiebeln	– in Ringe schneiden
400 g	Tomaten	– grob würfeln
1 EL	Öl Meersalz Pfeffer a. d. Mühle	– Gemüse, außer Auberginen, andünsten, würzen und 15 Minuten garen
2	Zucchini	– halbieren, in Scheiben schneide zusammen mit den Auberginen zugeben und weitere 15 Minuten garen
4 EL	Sauerrahm	– unterziehen
2 Bund	Basilikum	– feingeschnitten darüberstreuen

Selleriesalat 100 kcal

400 g	Sellerie	– gut bürsten, fein raffeln
2	Äpfel	– mit Schale fein oder grob raffeln und sofort mit folgender Marinade anmachen:
1 2 EL	Joghurt 3,5% Sauerrahm Meersalz Pfeffer a. d. Mühle	– gut verrühren

7. Tag:

Chicoréesalat mit Sojasprossen 110 kcal

250 g	Chicorée	– fingerbreite Streifen schneiden
200 g	Mandarinen	– in Spalten teilen
200 g	Äpfel	– mit der Schale würfeln
4 EL	Sojasprossen	– abbrausen und klein schneiden
1 EL	Zitronensaft	– sofort darübergießen
100 g 50 g 1 TL von ½ ½ TL etwas	Dickmilch Sahne 10% Senf Orange der Saft Kräutersalz flüssiger Süßstoff	– miteinander verquirlen und den Salat sofort damit anmachen

Mandel-Broccoli 185 kcal

800 g	Broccoli (netto) frisch oder tiefgefroren	– in wenig Wasser dünsten
	Meersalz	– zugeben, abschmecken

	Pfeffer a. d. Mühle	
2 EL	trockener Weißwein	
10 g	Butter	
2 EL	gehackte Mandeln	– daruntermischen

Gekochte Weizenkörner 100 kcal
(pro Person 30 g)

120 g	Weizenkörner	– einige Stunden einweichen
¼ l	Wasser	
1 TL	gekörnte Gemüsebrühe	– mit dem Einweichwasser aufkochen und 45–60 Minuten bei geringer Hitze garen. 20 Minuten ausquellen lassen. Nicht umrühren.
	Kräutersalz Hefewürze frische Kräuter	– damit abschmecken

Tomaten-Paprikasalat 190 kcal

400 g	Tomaten	– in Scheiben aufschneiden
300 g	grüne Paprikaschoten	– in Streifen schneiden
1 große	Zwiebel	– in Streifen schneiden
½	Salatgurke	– mit der Schale würfeln
¼ TL	Kräutersalz	– Marinade herstellen, vorsichtig mit den Salatzutaten mischen, 20 Minuten durchziehen lassen
1 Prise	Selleriesalz	
	Pfeffer a. d. Mühle	
2 EL	Apfelessig	
4 EL	kaltgepreßtes Olivenöl	
	Oregano	
	Thymian	
	Petersilie	
1	Knoblauchzehe	
100 g	Schafskäse	– zerbröckeln und darüberstreuen
einige	schwarze Oliven	

7 Tage vitalstoffreiche Vollwertkost bei Diabetes (siehe S. 228)

Die Gerichte sind so ausgewählt, daß sie von allen Familienmitgliedern – evtl. mit kleinen Änderungen – gegessen werden können.
Die Rezepte sind deshalb, wenn nichts anderes angegeben, jeweils für 4 Personen.

1. Tag:

Frischkornbrei 3½ BE (pro Person)

50 g	Getreide nach Wahl, bevorzugt Hafer, geschrotet oder gekeimt (Zubereitung siehe S. 92)
1	Apfel mittlerer Größe
½	Banane oder
1	Orange oder
50 g	Beeren
1 TL	Zitronensaft
1 EL	gehackte Nüsse, Sonnenblumenkerne oder geschroteter Leinsamen
1 EL	Sauerrahm, Dickmilch, Joghurt

Zucchiniauflauf mit Hafer 1 BE

2	Knoblauchzehen	– zerdrücken
200 g	Zwiebeln	– würfeln und in
1 EL	Öl	– andünsten, abkühlen
750 g	Zucchini	– grob raffeln (mit der Schale)
150 g	Emmentaler	– grob raffeln
3	Eier	
100 g	Sahne	
70 g	Hafer	– mittelgrob schroten
viel	Schnittlauch	
	Meersalz	– alle Zutaten mischen und kräftig abschmecken
	Pfeffer a. d. Mühle	
10 g	Butter	– die Masse in eine ausgefettete, feuerfeste Form füllen
1 EL	geriebener Käse	– darüberstreuen und backen
1 EL	Leinsamen	

40–45 Minuten bei 210 °C

Topinambursalat 1 ½ BE

500 g	Topinambur	– gut waschen und bürsten, grob raffeln
1	Zwiebel	– fein würfeln und sofort mit der Marinade mischen
¼ TL	Meersalz	
1 EL	Kräutersenf	
3 EL	Apfelessig	
5 EL	kaltgepreßtes ÖL	
einige	Salatblätter	– darauf anrichten
1 Bund	Schnittlauch	– fein schneiden und darüberstreuen

Tomatensauce 0 BE

1	Zwiebel	– fein würfeln und andünsten
1	Knoblauchzehe	
1EL	Olivenöl	
600 g	Tomaten	– grob würfeln und zugeben, abschmecken und etwa 15 Minuten kochen lassen
2 EL	Tomatenmark	
	Basilikum	
	Thymian	
	Kräutersalz	
	Pfeffer	
etwas	Süßstoff	
2 EL	Sahne	unterziehen

Hafertrunk

a) aus ganzen Körnern:

250 g	Hafer	– über Nacht quellen lassen
1 ½ l	Wasser	

Am nächsten Tag 30–40 Minuten leise kochen, bis die Körner platzen und der Mehlkern sichtbar wird.
Das Getreide abgießen und evtl. anderweitig verwenden.

b) aus Schrot:

1 gehäufter EL	Hafer	– grob schroten
½ l	Wasser	– damit verrühren und 15 Minuten leise kochen, dann abseihen

- Statt Hafer können auch andere Getreidearten verwendet werden (Weizen, Roggen, Nackthafer, Nacktgerste, Vollreis, Grünkern und Buchweizen).
- Getränke aus Getreidewasser sind wohlschmeckend und erfrischend. Sie haben die heilenden Kräfte des Getreides in sich aufgenommen.
  Hafertrunk (Getreidewasser) kann gemixt werden mit:
  Orangensaft
  Zitronensaft
  gelbe Rüben oder Gelbe-Rüben-Saft
  Sanddornmark ungesüßt
  Bananen
  Nußmus u. a.
  Abschmecken mit Süßstoff, Zitronensaft, Zimt usw.

Eier in grüner Sauce 0 BE

6	Eier	– hart kochen, halbieren und auf eine Platte legen
2 100 g 1 TL 1 Tropfen viel	Joghurt Sauerrahm Kräutersenf Meersalz Pfeffer a. d. Mühle Süßstoff gehackte Kräuter wie Schnittlauch, Dill, Petersilie, Kerbel, Estragon, Kresse	– gut verrühren, die Kräuter zugeben und über die Eihälften gießen

Quarkcreme mit Beeren ½ BE

250 g	Quark 20% Süßstoff	– cremig rühren
300 g	Beeren frisch oder gefroren Zitronensaft	– mit der Gabel zerdrücken und daruntermischen

Grüner Salat mit Radieschen 0 BE

1	Kopfsalat	– zerpflücken
1 Bund	Radieschen	– in Scheiben schneiden
1	Zwiebel	– feine Ringe schneiden
3 EL 2 EL 1 Prise 1 Tropfen 1 EL	Öl Obstessig Meersalz Süßstoff gehackte Kräuter	– Salatsauce rühren, Salat vorsichtig anmachen und sofort servieren

2. Tag:

Tomatensalat 0 BE

600 g	Tomaten	– in Scheiben schneiden
1 Bund	Frühlingszwiebeln	– in feine Ringe schneiden
3 EL 2 EL 1 TL 1 Prise 1 EL	Öl Obstessig Kräutersenf Meersalz gehackte Kräuter	
50 g	Feldsalat	– zum Garnieren

Lauchsuppe 1 ½ BE

400 g	Lauch (netto)	– in feine Streifen schneiden, in
10 g	Butter	– andünsten

40 g	Hafer fein geschrotet	– darüberstreuen und
1 l	Gemüsebrühe Meersalz	– aufgießen und 10–15 Minuten kochen lassen
30 g = 2 EL	Sauerrahm	– unterziehen
1 EL	Schnittlauch	– darüberstreuen

Haferpfannkuchen mit Quarkfülle 1½ BE

4	Eier	– einen dünnflüssigen Teig herstellen und 8 Pfannkuchen ausbacken. Die Fülle darauf verteilen, zusammenrollen, in eine feuerfeste Form legen, mit etwas Milch übergießen und überbacken
ca. 8 EL	Milch 3,5%	
65 g = 4 EL	Hafermehl	
1 Prise	Salz	
30 g	Butter	
		20 Minuten bei 200°C

Fülle:

250 g	Quark 20%	– cremig rühren
2 EL	Rum	
	Süßstoff	
2	Äpfel 200 g	– mit der Schale grob raffeln

Radicchiosalat 0 BE

2	Radicchioköpfe	– Blätter in mundgerechte Stücke teilen
1	Fenchelknolle	– halbieren, in Streifen schneiden
3 EL	Olivenöl	Marinade rühren und vorsichtig mit dem Salat mischen
2 EL	Zitronensaft	
1 Prise	Meersalz	
1 Prise	Pfeffer	
1 EL	Fenchelgrün	– fein gehackt darüberstreuen
1 EL	Nüsse	

Handkäse mit Musik 0 BE

500 g	Harzer oder Mainzer Käse	– in dünne Scheiben schneiden
2	Zwiebeln	– würfeln und darüber verteilen
3 EL	Öl	– miteinander verrühren und über den Käse gießen, durchziehen lassen
2 EL	Essig	
	Meersalz	
	Kümmel	

3. Tag:

Sauerkrautsalat 0 BE

500 g	frisches Sauerkraut	– lockern und fein schneiden
200 g	Äpfel	– mit der Schale grob raffeln

1	Zwiebel	– fein würfeln
1	rote Paprikaschote	– würfeln oder Streifen schneiden
3 EL	Öl	– alles mischen
1 EL	Leinsamen	– frisch gemahlen darüberstreuen

Provenzialischer Eintopf mit Sojasprossen 0 BE

200 g	Gemüsezwiebeln	– in Scheiben schneiden und andünsten
1	Knoblauchzehe	
1 EL	Olivenöl	
200 g	Zucchini	– Gemüse in Scheiben oder Stücke schneiden, zugeben und 20 Minuten garen
200 g	Auberginen	
200 g	Tomaten	
200 g	grüne Paprikaschoten	
200 g	Sojasprossen	
2 TL	Gemüsebrühe	– damit abschmecken
	Oregano, Thymian	
	Meersalz, Pfeffer	

Erdbeermix ½ BE (1 Portion)

⅛ l	Milch	– zusammen im Mixer pürieren und sofort servieren
2 EL	Sahne	
1	Ei	
	Süßstoff	
1 Prise	Vanillepulver	
50 g	Erdbeeren (o. a. Beeren) frisch oder tiefgekühlt	

Hafersalat mit Gemüse 1½ BE

120 g	Haferkörner	– einige Stunden einweichen, dann ca. 35 Minuten kochen und ausquellen lassen
250 g	Wasser	
1	Zwiebel	– fein schneiden
250 g	Wirsing	– in sehr feine Streifen schneiden
200 g	Lauch	– sehr fein schneiden
200 g	rote Paprikaschote	– in Streifen schneiden
1	Knoblauchzehe	
4 EL	Öl	– Marinade rühren und mit allen Zutaten mischen, durchziehen lassen
2 EL	Obstessig	
	Meersalz	
	Pfeffer	
1 EL	frische Kräuter	
1 Tropfen	Süßstoff	

4. Tag:

Bunter Paprikasalat 0 BE

200 g	rote Paprikaschoten	– jeweils in sehr feine Streifen schneiden und mit der Salatsauce mischen
200 g	gelbe Paprikaschoten	
200 g	grüne Paprikaschoten	
200 g	Zwiebeln	
4 EL	Öl	
2 EL	Obstessig	
1 Prise	Meersalz	
1 Prise	Pfeffer a. d. Mühle	
	Petersilie	

Broccoli mit Käsesauce 2½ BE

1 kg	Broccoli	– in Röschen teilen und in Salzwasser garen, herausnehmen und warm stellen
	Salzwasser	
1	Knoblauchzehe	

Käsesauce

40 g	Hafermehl	– im Topf ohne Fett leicht anrösten
½ l	Broccoli Kochwasser	– unter ständigem Rühren aufgießen und 5 Minuten kochen lassen
100 g	geriebener Käse 45%	– dazugeben und abschmecken
	Muskat	
	Meersalz	

Dazu Pellkartoffeln reichen

Chicoréesalat mit Käse 0 BE

4 Stangen	Chicorée	– in Streifen schneiden
4	Tomaten	– achteln
	hartgekochte Eier	– würfeln
200 g	Edamer 45%	– würfeln und sofort mit der Marinade anmachen
200 g	Joghurt	
1 EL	Obstessig	
½ TL	Kräutersenf	
½ TL	Tomatenmark	
	Meersalz	
	Pfeffer	
	Süßstoff	

Orangenquark 0 BE

250 g	Quark 20%	– cremig rühren
1	Orange	– in Stücke schneiden
von ½	Orange die Schale	
	Süßstoff	
1	Eiweiß	– jeweils steifschlagen und unterziehen
100 g	Sahne	

5. Tag:

Wirsingsalat 0 BE

500 g	Wirsing	– sehr fein schneiden
1	gelbe Rübe	– grob raffeln
1	grüne Paprikaschote	– in Streifen schneiden, mit der Marinade mischen und durchziehen lassen
	Schnittlauch	
3 EL	Sauerrahm	
1 EL	Öl	
1 EL	Zitronensaft	
1 TL	Senf	
1 Prise	Meersalz	
1 Prise	Pfeffer a.d. Mühle	
½	Zwiebel fein gewürfelt	

Pikantes Bohnengemüse 0 BE

750 g	grüne Bohnen	– in 4–5 cm lange Stücke brechen
250 g	Sellerie	– jeweils in kleine Würfel schneiden
1	Zwiebel	
1 EL	Öl	– andünsten und bei geringer Hitze 25–30 Minuten garen
	Meersalz	
	Pfeffer	
	Knoblauchzehe	
1	Fleischtomate	– grob würfeln und 5 Minuten vor Ende der Garzeit zugeben, abschmecken und
1 EL	Petersilie	– darüberstreuen

Weizengrütze (Bulgur) 3 BE

1	Zwiebel	– fein würfeln und andünsten
200 g	Weizen grob geschrotet	– zugeben
	Paprika	– kräftig würzen und
	Pfeffer	
	Meersalz	
	Thymian	
400 ml	Gemüsebrühe	– aufgießen und zugedeckt 15–20 Minuten garen
1 EL	gehackte Petersilie	– untermischen
3 EL	Sauerrahm	
3 EL	geriebener Käse	– darüberstreuen

Kohlrabirohkost 0 BE

800 g	Kohlrabi	– die Knollen fein raffeln, die Blätter fein schneiden
2 EL	Öl	– verrühren und mit dem Gemüse mischen
3 EL	Obstessig	
2 EL	Sahne	
1	Zwiebel fein geschnitten	
	Petersilie	
1	Tomate	– zum Garnieren

Zwiebelomelette 0 BE

400 g	Zwiebeln	– halbieren, in Streifen schneiden
10 g	Butter	– andünsten
8	Eier	– verquirlen, die Zwiebel daruntermischen
100 g	geriebener Emmentaler	
	Salz	
	Pfeffer	
20 g	Butter	– 4 Omelette ausbacken
1 EL	Petersilie	– feingehackt darüberstreuen

6. Tag:

Gurkensalat in Dillsauce 0 BE

800 g	Gurke	– mit der Schale in feine Scheiben hobeln
4 EL	Sauerrahm	– Marinade herstellen, mit der Gurke mischen und sofort servieren
2 EL	Zitronensaft	
1 Prise	Meersalz	
1 Prise	Pfeffer a. d. Mühle	
etwas	Süßstoff	
2 EL	feingehackter Dill	
etwas	feingehackter Borretsch	

Champignon-Zwiebelgemüse 0 BE

400 g	Zwiebeln	– halbieren, in Streifen schneiden
400 g	Champignons	– ganz lassen oder halbieren
1 EL	Öl	– Zwiebel darin andünsten und 15 Minuten garen, dann die Champignons zugeben
1 EL	Weißwein	
1 EL	Thymian frisch	– würzen und weiter 10 Minuten bei geringer Hitze garen
½ TL	gemahlener Koriander	
	Pfeffer a. d. Mühle	
30 g	Butter	– unterziehen
2 EL	Sauerrahm	
2 EL	gehackte Petersilie	– untermischen

Hirse pikant 3 BE

280 g 1 l 1	Hirse Wasser Meersalz gekörnte Gemüsebrühe Zwiebel	– ins kalte Wasser einrühren und mit der feingeschnittenen Zwiebel zum Kochen bringen, abschalten und 20 Minuten quellen lassen
1 1 EL ½ TL 2 EL	Tomate frische Petersilie Hefewürze Butter Kräutersalz	– fein gewürfelt mit den übrigen Gewürzen locker untermischen, abschmecken

Beeren mit Weizenkeimen ½ BE (1 Portion)

50 g 1 EL 1 EL	Beeren Joghurt Weizenkeime Süßstoff	– in ein Schüsselchen geben und mischen

Gemischter Salat 0 BE

200 g	Tomaten	– grob würfeln
200 g 200 g	Zucchini Kohlrabi	– jeweils grob raffeln
1 Bund 1 Bund	Radieschen Schnittlauch	– in Scheiben schneiden
3 EL 2 EL 1 TL 1 Prise	Öl Obstessig Kräutersenf Meersalz	– Salatsauce zubereiten und vorsichtig mit dem Gemüse mischen

Angemachter Camembert 0 BE

200 g 50 g	reifer Camembert weiche Butter	– mit einer Gabel zerdrücken
1 3–4 EL	Zwiebel fein gehackt Paprika süß Pfeffer Joghurt	– unterrühren und auf einer Platte gehäuft anrichten
1 EL	Schnittlauch	– darüberstreuen

7. Tag:

Blumenkohlsalat 0 BE

500 g 200 g	Blumenkohl gelbe Rüben	– fein oder grob raffeln
1 EL	Öl	– Salatsauce rühren und mit den Salatzutaten mischen

3 EL	Sauerrahm
3 EL	Gemüsebrühe
1 EL	Zitronensaft
1 TL	Kräutersenf
1 Tropfen	Süßstoff
1 EL	frisch gehackte Kräuter

Krautgulasch 0 BE

600 g	Weißkraut	– in 3 cm breite Stücke schneiden
200 g	grüne Paprikaschoten	– in schmale Streifen schneiden
150 g	Zwiebeln	– halbieren, in Streifen schneiden
1 EL	Öl	– und andünsten, Kraut und Paprika zugeben und einige Minuten dünsten
1 EL	Wasser	
200 g	Tomaten	– grob würfeln, dazugeben
je 2 TL	Rosen- und Edelsüßpaprika	– würzen und 25–30 Minuten garen, bis das Kraut gerade weich ist
1 TL	frischer Thymian	
	Meersalz	
	Pfeffer	
3 TL	gekörnte Gemüsebrühe	
4 EL	Sauerrahm	– unterziehen
2 EL	gehackte Petersilie	– darüberstreuen

Topinambur 2½ BE

0,8 kg	Topinamburknollen	gut waschen, bürsten und ungeschält kochen wie Kartoffeln, aber nicht so lange. Abgießen, in Scheiben schneiden und mit den Gewürzen mischen
	Salz, Kümmel gehackte Zwiebel Petersilie	

Pikanter Quark 0 BE

250 g	Quark 20%	– cremig rühren, würzen
⅛ l	Buttermilch	
1 TL	Kräutersenf	
2 TL	Hefewürze	
1	kleine Zwiebel	– jeweils fein würfeln und dazugeben
1	Essiggurke	
1 EL	Kapern	
1	hartgekochtes Ei	
1 Bund	Petersilie fein gehackt	

Gebäck aus Quark-Ölteig 1 BE

75 g	Magerquark	– miteinander verrühren
50 g	Öl	
50 g	Milch	
1 Prise	Salz	
	Süßstoff	
150 g	Weizenvollkornmehl	– dazugeben und rasch zu einem Teig verarbeiten
	Backpulver	
1 TL		

Daraus lassen sich herstellen:
- Zopf oder Wecken, in 9 Stücke geteilt = 1 BE
- 9 Hörnchen oder Taschen gefüllt mit Quark (Fülle mit Süßstoff zubereiten)
- Blechkuchen mit Quarkaufstrich, mit Mandelblättchen oder Obst belegen, in 9 Stücke teilen = 1 BE (Obst extra berechnen)

Ananas mit Sahne 1 BE

1 frische	Ananas	– in Scheiben teilen und auf 4 Teller legen
50 g	Sahne	– steifschlagen
1 Prise	Zimt	– würzen und auf die Ananasscheiben verteilen
1 Prise	Ingwer	
1 EL	Mandelsplitter	– darüberstreuen

Salatplatte 0 BE

1	Kopfsalat	– in Blätter teilen
2	Tomaten	– in Scheiben schneiden
1	Zwiebel	– in halbe Ringe schneiden
1	grüne Paprikaschote	– Streifen schneiden
1	Kohlrabi	– raffeln
1	Zucchini	– mit der Schale raffeln
2 EL	Kräuter	
3 EL	Öl	– Salatsauce herstellen und extra zur Salatplatte reichen
2 EL	Sauerrahm	
3 EL	Gemüsebrühe	
1 TL	Senf	
2 EL	Obstessig	
1 EL	frisch gehackte Kräuter	

Wochenplan für empfindliche Nieren (siehe S. 236)

(Die Mengen sind jeweils für 1 Person)
Rohkost wird ohne Salz zubereitet und dazu eine Sauce extra gereicht.
Zur Herstellung der Saucen werden kaltgepreßte Pflanzenöle (Sonnenblumen-, Distel-, Lein- und Olivenöl), Zitronensaft, Apfelessig und Würzkräuter verwendet.
Zum Würzen der Speisen sind geeignet: Gemüsebrühe gekörnt oder in Würfeln, Hefewürze und Hefeextrakt, jeweils salzlos.
Die Produkte sind in Reformhäusern und Naturkostläden erhältlich.

Salatsaucen

Sauce I	1 EL	ÖL
	1 TL	Zitronensaft
	¼ TL	Hefeextrakt
	¼	Zwiebel fein gehackt
		frisch gehackte Kräuter
Sauce II:	2 EL	Sauerrahm
	1 TL	Zitronensaft
	¼	Zwiebel fein gehackt
		Knoblauch nach Belieben
		frisch gehackte Kräuter
Sauce III:	1 EL	ÖL
	1 EL	Joghurt
	½ TL	Zitronensaft
	¼ TL	Kräutersenf
	¼	Zwiebel fein gehackt
		frisch gehackte Kräuter
Sauce IV:	2–3 EL	Joghurt
	¼ TL	Zitronensaft
	¼	Zwiebel fein gehackt
		frisch gehackte Kräuter

Jede Sauce kann mit 2–3 EL Gemüsebrühe verlängert werden.

1. Tag:

Frischkornbrei

50–60 g	Getreide nach Wahl	– Zubereitung siehe S. 92 oder 282
1	Apfel	
1	Banane oder	
100 g	anderes Obst	
1 EL	eingeweichte Trockenfrüchte	
1 EL	gehackte Nüsse	
1 EL	Sahne, Sauerrahm, Milch oder Joghurt	

Rohkost:

	Endivien	– in Streifen schneiden
	gelbe Rüben	– grob oder fein raffeln
	1 EL Nüsse	– gehackt oder ganz darüberstreuen
	Petersilie	

Bohnensuppe (grüne Bohnen)

100 g	Bohnen	– fein schneiden und in
1	Knoblauchzehe	
etwas	Bohnenkraut	
⅛ l	Gemüsebrühe	– weichkochen
1 EL	Vollkorn-weizenmehl	– in der kalten Milch anrühren
5 EL	Milch	
¼ l	Gemüsebrühe	– einrühren und 5 Minuten kochen
		– die weichgekochten Bohnen
	Majoran, Hefewürze	– dazugeben und abschmecken

Kräuterquark

125 g	Quark 20%	– cremig rühren, die übrigen Zutaten zugeben
½	Zwiebel	
	Hefewürze	
	gehackte Garten- oder Wildkräuter	

Kümmelkartoffeln

250 g	Kartoffeln	– gründlich bürsten, der Länge nach teilen, die Schnittfläche
1 TL	Kümmel	– mit Kümmel betupfen und damit auf ein gefettetes Backblech setzen.
1 TL	ÖL	– Mit Öl einpinseln, kreuzweise einschneiden und backen.
		35–45 Minuten bei 200°C

Rohkost:

	Kopfsalatblätter	– in mundgerechte Stücke teilen
2 EL	Weizenkeime	
1	Tomate	– in Würfel schneiden
1 EL	Sonnenblumenkerne	

Zutaten miteinander mischen und mit einer Salatsauce übergießen.

2. Tag:

Rohkost:

	Knollensellerei	– fein raffeln
1 TL	Zitronensaft	– sofort damit mischen
1 EL	Walnüsse	– grob hacken

1	Tomate	– in Scheiben schneiden, auf einem Teller anrichten, den Sellerie darauf verteilen

Polenta

50 g	Maisgrieß	– in
300 g	Gemüsebrühe	– einrühren, aufkochen und 20 Minuten quellen lassen
½ EL	Butter Muskat	– unterziehen und würzen

Blattspinat

1 TL	gehackte Zwiebeln	
1 TL	Butter	– andünsten
1 TL	Wasser	
300 g	Spinatblätter	– gut verlesen, grobe Stiele entfernen und zu den Zwiebeln geben, bei geringer Hitze garen
¼ TL	gekörnte Gemüsebrühe	– dazugeben
1 TL	Butter	
1 EL	Pinienkerne	

Obstsalat

1	kleine Orange	– Obst klein schneiden
1	Kiwi	
2	Feigen (frisch oder getrocknet)	
½	Becher Joghurt	– darüber verteilen
1 Prise	Zimt	– damit bestäuben

Kräuterreissalat

50 g	Naturreis	– weich kochen, abspülen und auskühlen lassen
200 g	Gemüsebrühe	
½	Zwiebel	– fein würfeln
1	Tomate	– würfeln und mit allen Zutaten mischen; durchziehen lassen
1 TL	gehackte Kräuter	
1 EL	Öl	
1 TL	Zitronensaft	
etwas	Hefewürze	

Rohkost:

	Radicchioblätter	– einen Teller damit auslegen
1	Fenchelknolle	– halbieren und feine Streifen schneiden
½	Grapefruit	– in Stücke schneiden und auf den Salatblättern verteilen, eine der Salatsauce darübergießen

3. Tag:

Rohkost:

	Endivien	– in Streifen schneiden
	rote Rüben	– fein raffeln und auf einem Teller anrichten

Hirsotto

50 g	Hirse	– andünsten
½	Zwiebel	
1 TL	Butter	
150 g	Gemüsebrühe	– aufgießen und 20 Minuten bei geringer Hitze garen
1 TL	Butter	– unterziehen
1 TL	Petersilie	– darüberstreuen

Möhrengemüse mit Kerbel

250 g	gelbe Rüben	– in Scheiben schneiden
½	Zwiebel	– würfeln und
1 TL	Butter	– andünsten
etwas	Gemüsebrühe	– dazugießen und garen
¼ TL	Hefewürze	– abschmecken
1 EL	Sahne	
1 TL	feingehackter Kerbel	– untermischen
1 TL	Mandelblättchen	

Erdbeermix

⅛ l	Milch	– mixen und sofort trinken
50 g	Erdbeeren	
	Vanillepulver	

Tsatziki

1	Joghurt	– alles gut verrühren
1 TL	Öl	
1 TL	gehackte Walnüsse	
1 TL	gehackter Dill	
¼ TL	Hefewürze	
½	Knoblauchzehe	
250 g	Salatgurke	– mit der Schale hineinraffeln, gut gekühlt essen

Bananencreme

1	Banane	– mit der Gabel zerdrücken und cremig schlagen
1 TL	Zitronensaft	
1	Apfel	– mit der Schale raffeln und untermischen
1 TL	Rosinen	– darüberstreuen
1 TL	Buchweizenkerne	

4. Tag:

Rohkost:

	Rettich	– grob raffeln
	Tomaten	– in Scheiben schneiden
	½ Zwiebel	– in Ringe schneiden oder würfeln
	Kresse	

Kartoffelsalat

250 g	Kartoffeln	– weich kochen, schälen und in Scheiben schneiden
50 g	heiße Gemüsebrühe	– zu den Kartoffeln geben und mischen, durchziehen lassen
1 EL	Öl	
1 EL	Zitronensaft	
½ EL	Sahne	
½	Zwiebel	
	Petersilie	– vor dem Servieren untermischen
	Dill	
	Schnittlauch	

Maiskolben gekocht

1–2	Maiskolben	– in der Milchreife geerntet, grüne Blätter und Fäden entfernen
ca. 1 l	Wasser	– weich kochen (ca. 15–20 Minuten)
1–2 EL	Butter	– dazu servieren

Apfeldessert

1	großer Apfel	– mit der Schale achteln und in feine Scheiben schneiden
1 TL	Zitronensaft	
3–4	Datteln, frisch oder getrocknet	entkernen und klein schneiden, alles mischen
1 EL	gehackte Nüsse	
1	Joghurt	– verrühren und über den Apfel gießen
¼ TL	Zimt	
½ TL	Honig	

Rohkost:

	Radicchioblätter	– in mundgerechte Stücke teilen
	Honigmelone	– schälen und in kleine Stücke schneiden
	einige Haselnüsse	– hacken oder ganz lassen

Blumenkohlsuppe

150 g	Blumenkohl	– in Röschen teilen und weich kochen
½ l	Gemüsebrühe	
¼ l	Kochbrühe	– etwas abkühlen lassen
1 EL	Mehl aus	– mit dem Schneebesen einrühren und aufkochen, 5 Minu-

	Hirse oder Reis	ten quellen lassen, den gekochten Blumenkohl dazu-
	Hefewürze	geben, abschmecken
1 EL	Sahne	
	Schnittlauch	

5. Tag:

Rohkost:

	Blumenkohl	– in Röschen teilen und grob raffeln
	Radieschen	– in Scheiben oder Stifte schneiden
	Schnittlauch	

Lauchsuppe

100 g	Lauch (netto)	– in feine Streifen schneiden
1 TL	Butter	– andünsten
1 EL	Wasser	
1 EL	Weizen fein geschrotet	– darüberstreuen
¼ l	Gemüsebrühe	– aufgießen und 15–20 Minuten garen
	Hefewürze	
1 EL	Sahne	– unterziehen
1 TL	Petersilie	– darüberstreuen

Apfelpfannkuchen

4 EL	Weizen oder Buchweizen	– fein schroten
8 EL	Milch oder Wasser	– gut verrühren und 30 Minuten quellen lassen
½ TL	Honig	
¼ TL	Zimt	
1	Eiweiß	
2	Äpfel	– mit der Schale grob raffeln oder in feine Scheiben schneiden, in den Teig geben und portionsweise in der Pfanne kleine Pfannkuchen ausbacken
	Butter	

Hagebuttensauce

4 EL	Hagebuttenmark (Reformhaus)	– glattrühren und so viel Flüssigkeit zugeben, daß eine sämige Beschaffenheit entsteht
etwas	Honig	
	Zitronensaft	
1–2 EL	Wasser oder Saft	

Rohkost:

1	Kohlrabi	– grob raffeln
2 EL	gekeimte Weizenkörner	– dazugeben
	Kohlrabiblätter	– junge Blätter fein schneiden und darüberstreuen

Pellkartoffeln mit Kräutersauce

250 g	Kartoffeln	– mit der Schale kochen, nur alte Kartoffeln dann schälen
½ TL	Kümmel	

Kräutersauce

125 g	Quark 20%	– cremig rühren und die übrigen Zutaten dazugeben
2–4 EL	Milch/Sahne	
	Hefewürze	
½	Zwiebel	
	Knoblauch	
	frische Garten- oder Wildkräuter	

6. Tag:

Rohkost:

	Chicorée	– in 1 cm breite Streifen schneiden
	1 Grapefruit	– in Stücke schneiden
	Walnüsse	– grob hacken

Nudeln

100 g	Vollkornnudeln	– weich kochen, abgießen
½ l	Gemüsebrühe	(Brühe aufheben und weiterverwenden)

Lauch-Champignonsauce

100 g	Lauch	– in Ringe schneiden und
1 TL	Butter	– andünsten
1 EL	Wasser	
¼ l	Gemüsebrühe	– aufgießen und 10 Minuten garen
50 g	Champignons	– blättrig schneiden und dazugeben
½ TL	Weizenvollkornmehl	einrühren und 5 Minuten leicht kochen
etwas	Hefewürze	– abschmecken
2 EL	Sahne	
	Petersilie	

Apfelmus roh

1	säuerlicher Apfel	– mit der Schale pürieren
1–2 EL	Milch oder Sahne	
½ TL	Honig	
1 Prise	Zimt	
1 EL	gehackte Nüsse	– darüberstreuen

Rohkost:

	Zucchini	– mit der Schale grob raffeln
	1 Frühlingszwiebel (mit Grün)	– in feine Würfel / Ringe schneiden
	1 Tomate	– achteln
	Petersilie	

Hirsespeise süß

50 g 150 g	Hirse Wasser	– aufkochen und 20 Minuten leise bei geringer Temperatur garen
1 TL 2 EL 2 EL	Honig Zitronenschale gehackte Nüsse Quark 20% Sahne	– mit den übrigen Zutaten mischen
	frisches Obst oder Beeren	– nach Belieben untermischen oder extra dazu reichen

7. Tag:

Rohkost:

	Rettich	– grob raffeln
	Tomaten	– in Scheiben schneiden
	Kresse	

Risotto

80 g ½ 1 TL	Naturreis Zwiebel fein gehackt Butter	– andünsten
200 g	Gemüsebrühe Hefewürze	– aufgießen, aufkochen und 30 Minuten quellen lassen
1 TL	Butter frische Kräuter	– mit einer Gabel locker untermischen

Paprikagemüse

250 g	Paprikaschoten (gelb, rot, grün)	– in breite Streifen schneiden
1	Zwiebel	– fein würfeln
1 TL 1 EL	Butter Wasser	– andünsten
1	Tomate	– grob würfeln, dazugeben
	Gemüsebrühe	– nach Bedarf aufgießen
	Hefewürze Thymian Oregano Knoblauch	– würzen
2 EL	Sauerrahm Petersilie	– unterziehen

Beerendessert

100 g	Beeren frisch oder tiefgefroren (Erd-, Him-, Blaubeeren)	– in ein Schälchen geben

1 EL	Quark	– cremig rühren und über die Beeren gießen
1 EL	Sahne	
	Honig	
	Vanillepulver	
1 TL	Pistazien	– darüberstreuen

Rohkost:

	Kopfsalatblätter	– in mundgerechte Stücke teilen
	Gurke	– mit der Schale in Scheiben hobeln
	gelbe Rübe	– grob raffeln
	1 EL Sonnenblumenkerne oder Weizenkeime	

Liste einiger Zusatzstoffe mit den dazugehörigen EG-Nummern

Zusatzstoff	*Nummer*	*Zusatzstoff*	*Nummer*
Emulgatoren		Farbstoffe	
Lecithine	E 322	Tartrazin	E 102
Salze der Speisefettsäuren	E 470	Amaranth	E 123
Mono- und Diglyceride von Speisefettsäuren	E 471	Erythrosyn	= E 127
Konservierungsstoffe		Zuckercouleur	= E 150
Ameisensaure	E 236	Kupferverbindungen des Chlorophylls	E 141
Benzoesäure	E 210	Brilliantschwarz	E 151
Orthophenylphenol	E 231	Carotine	E 160
pHB-Ester	E 214 – E 219	Methylviolett B	C 2
Nitrate	E 251 + E 252	Ultramarin	C 12
Nitrite	E 250	Aluminium	E 173
Propionsäure	E 280	Anorganische Säuren	
Schwefeldioxid	E 220	Orthophosphorsäure	E 338
Sorbinsäure	E 200	Polyphosphate	E 450 c
Antioxydationsmittel		Geschmacksverstärker	
Buthylhydroxyanisol	E 320	Mannit	E 421
Synthetisches Delta-Tocopherol	E 309	Sorbit	E 420
Octylgallat	E 311	Extraktionsmittel	
Verdickungs- und Geliermittel		Glycerin	E 422
Pektin	E 440	Essigsäure	E 260
Methylcellulose	E 461	Mononatriumcitrat	E 331
Agar-Agar	E 406		

Adressen der Verbraucher-Zentralen

Verbraucherzentrale
Berlin e. V.
1000 Berlin 30, Bayreuther Str. 40
Tel. (030) 240251

Verbraucherzentrale
Hamburg e. V.
2000 Hamburg 36,
Große Bleichen 23
Tel. (040) 341111

Verbraucherzentrale
Schleswig-Holstein e. V.
2300 Kiel, Bergstr. 24
Tel. (0431) 51286

Verbraucherzentrale des Landes
Bremen e. V.
2800 Bremen,
Katharinenklosterhof 1–3
Tel. (0521) 320565

Verbraucherzentrale
Niedersachsen e. V.
3000 Hannover 1, Georgswall 7
Tel. (0511) 326191

Verbraucherzentrale
Nordrhein-Westfalen
Landesarbeitsgemeinschaft
der Verbraucherverbände
4000 Düsseldorf 1, Mintropstr. 27

Verbraucherzentrale
Hessen e. V.
6000 Frankfurt 1,
Berliner Str. 27
Tel. (0611) 288231 und 285067
Beratungsstellen

Verbraucherzentrale
Rheinland-Pfalz e. V.
6500 Mainz 1, Große Langgasse 16
Tel. (06131) 24844

Verbraucherzentrale
des Saarlandes e. V.
6600 Saarbrücken, Hohenzollernstr. 11
Tel. (0681) 52047–49

Verbraucherzentrale
Baden-Württemberg e. V.
7000 Stuttgart Augustenstr. 6
Tel. (0711) 610923

Verbraucherzentrale
Bayern e. V.
8000 München 2, Haydnstr. 7
Tel. (089) 539188
Einkaufsberatung Tel. 531629
Ernährungsberatung Tel. 531030
Verbraucherberatung Kapuziner Str. 1
Tel. 539188

Stiftung Warentest
1000 Berlin 30, Lützowplatz 11–13
Tel. (030) 2631–1

Auskunftsdienst
1000 Berlin 30, Lützowplatz 11–13
Tel. (030) 2623014
Di–Fr 9–17 Uhr, Mo 9–18.30 Uhr

Arbeitsgemeinschaft
der Verbraucher
5300 Bonn-Duisdorf, Heilsbachstr. 20
Tel. (0228) 641011

Arbeitsgemeinschaft
Hauswirtschaft e. V.
5300 Bonn, Poppelsdorfer Allee 15
Tel. (0228) 224063

Verein zum Schutz
der Verbraucher
gegen unlauteren Wettbewerb e. V.
1000 Berlin 30, Lützowplatz 11–13
Tel. (030) 2611357

Literatur- und Quellenverzeichnis

Ahnefeld, F. W. (Hrsg.): *Grundlagen der Ernährungsbehandlung im Kindesalter,* Springer-Verlag, Berlin 1978

Anemüller, H.: *Gesund leben aber wie?* Paracelsus-Verlag GmbH, Stuttgart 1978

Anemüller, H.: *Extrem eiweißarme Diät bei Nierenerkrankungen.* In Heilkunst III, 1975

Anemüller, H.: *So schützen Sie sich vor Koronarerkrankungen und Herzinfarkt,* Helfer-Verlag, Bad Homburg v. d. Höhe

Anemüller, H.: *Iß dich gesund,* Gräfe und Unzer-Verlag, München 1976

Balzer, U. u. M.: Erfahrungen mit d. Demeter–Kanne–Brottrunk: *Getreidesäure – Der lebendige Milchsäuregipfel,* Greiserdruck, Rastatt

Binder, Walter: *Erfolgreiche Naturheilbehandlung bei Magen-, Darm-, Leber- und Galleerkrankungen,* Verlag für Naturmedizin und Bioenergetik, Deggendorf 1985

Bircher-Benner, M.: *Eine neue Ernährungslehre,* Wendepunkt-Verlag, Zürich 1940

Bircher-Benner, M.: *Vom Wesen und der Organisation der Nahrungsenergie,* Hippokrates-Verlag, Stuttgart 1936

Buchinger, Otto: *Das Heilfasten,* Hippokrates-Verlag, Stuttgart 1973

Bundesverband der diätetischen Lebensmittelindustrie e. V. Bad Homburg v. d. H.: *Grüne Liste 1986*

Cremer, H. D.: *Die große Vitamin und Mineralstofftabelle,* Gräfe und Unzer-Verlag GU München 1986

Eberhagen/Seng: *Lipide, Biochemie und Physiologie der Ernährung,* Thieme-Verlag, Stuttgart 1980

Eichler, W.: *Gift in unserer Nahrung,* Kilda-Verlag, Greven 1 1982

Ernährungsbericht 1984, 1985, 1986, Hrsg.: Deutsche Gesellschaft für Ernährung, Frankfurt 1986

Ferenczi/Seeger/Trüb: *Rote Beete in der Zusatztherapie bei Kranken mit bösartigen Neubildungen,* Haug-Verlag, Heidelberg 1970

Goethe, J. W.: *Goethe Brevier,* Gondrom-Verlag, Bayreuth 1984

Gutmann, W.: *Grundlage der Homöopathie und das Wesen der Arznei,* Haug Verlag, Heidelberg 1979

Hafer, H.: *Die heimliche Droge Nahrungsphosphat,* Kriminalistik Verlag, Heidelberg 1986

Heimann, W.: *Ernährungslehre u. Diätetik I.,* Thieme Verlag, Stuttgart 1980

Heupke/Weitzel: *Deutsches Obst und Gemüse in Ernährung und Heilkunde,* Hippokrates Verlag, Stuttgart 1950

Holtmeier, H. J.: *Diät bei Übergewicht und gesunde Ernährung,* Georg Thieme Verlag, Stuttgart, 6. Aufl. 1975

Katalyse-Umweltgruppe Köln e. V.: *Chemie in Lebensmitteln,* Verlag Zweitausendeins, 7. Aufl. 1982

v. Koerber/Männle/Leitzmann: *Vollwert-Ernährung,* Haug Verlag, Heidelberg, 5. Aufl. 1986

Kollath, W.: *Ernährung als Naturwissenschaft,* Haug Verlag, Heidelberg 1967

Kollath, W.: *Der Vollwert der Nahrung,* Band I und II, Haug Verlag, Heidelberg

Kollath, W.: *Regulatoren des Lebens- vom Wesen der Redox-Systeme,* Haug Verlag, Heidelberg, 2. Aufl. 1978

Kranz, B.: *Das große Buch der Früchte,* Südwest Verlag, München 1981

Kretschmer-Dehnhart, L.: *Die Ernährung des Krebsgefährdeten u. Krebskranken,* Haug Verlag, Heidelberg, 9. Aufl. 1986

Löffler/Petrides/Weiß/Harper: *Physiologische Chemie,* Springer Verlag, Berlin, 2. Aufl. 1979

Maronde Curt: *Über das Bier,* Sonderdruck, Fischer Taschenbuch Verlag GmbH, Frankfurt 1977

Mayr, P.: *Leicht bekömmliche biologische Küche*, Haug Verlag, Heidelberg, 2. Aufl. 1986
Pahlow, M., Apotheker: *Das große Buch der Heilpflanzen*, GU Gräfe und Unzer Verlag, München 1979
Philippeit/Schwartau: *Zuviel Chemie im Kochtopf?* Hrsg. Verbraucher-Zentrale, Hamburg e. V., Rowohlt Taschenbuch Verlag GmbH, Reinbek bei Hamburg
Rauch, E. u. Mayr, P.: *Milde Ableitungsdiät*, Haug Verlag, 9. Aufl. 1986
Rilling, S.: *Zur Spektralanalyse des Blutes*, vfm Dr. E. Fischer, Heidelberg
Rooth, G.: *Einführung in den Säure-Basen u. Elektrolyt-Haushalt*, vfm Dr. E. Fischer, Heidelberg
Schneider, E.: *Nutze die Heilkraft unserer Nahrung*, Band I u. II, Saatkorn-Verlag, Hamburg 1985
Schormüller, T.: *Lehrbuch der Lebensmittelchemie*, Springer-Verlag, Berlin, 2. Aufl. 1974
Truninger, B.: *Wasser- und Elektrolythaushalt*, Thieme Verlag, Stuttgart, 3. Aufl. 1971
Walb, L.: *Die Hay'sche Trennkost*, Haug Verlag, Heidelberg, 37. Aufl. 1984
Weiß, R. F.: *Lehrbuch der Phytotherapie*, Hippokrates-Verlag, Stuttgart, 3. Aufl. 1975
Wendt, L.: *Eiweißfasten* Haug-Verlag, Heidelberg, 2. Aufl. 1985
Wendt, L.: *Die Eiweißspeicherkrankheiten*, Haug-Verlag, Heidelberg 1984
Zabel, Werner: *Die interne Krebstherapie und die Ernährung des Krebskranken*, Bircher-Benner Verlag GmbH, Bad Homburg v. d. Höhe und Zürich, 11. Aufl. 1984
Zöllner, N.: *Gicht, Stoffwechsel–Ernährung–Endokrinium*, Springer-Verlag, Heidelberg 1973

Register

B

G

H

I

J

Maria Cornota
Aigen № 25